国家文化产业资金支持媒体融合重大项目

高等职业教育课程改革系列教材 · 财务会计类

校企合作开发教材

合作企业：江苏天圣达集团

江苏天衡会计师事务所有限公司无锡分所

Financial Accounting for Enterprise

U0792259

企业财务会计

第四版

朱光明 薛春燕 主编

东北财经大学出版社
Dongbei University of Finance & Economics Press
大连

图书在版编目（CIP）数据

企业财务会计 / 朱光明，薛春燕主编. —4版. —大连：东北财经大学出版社，2023.2（2024.3重印）

（高等职业教育课程改革系列教材·财务会计类）

ISBN 978-7-5654-4778-5

Ⅰ. 企…　Ⅱ. ①朱…②薛…　Ⅲ. 企业管理-财务会计-高等学校-教材　Ⅳ. F275.2

中国国家版本馆CIP数据核字（2023）第020682号

东北财经大学出版社出版

（大连市黑石礁尖山街217号　邮政编码　116025）

网　址：http://www.dufep.cn

读者信箱：dufep@dufe.edu.cn

大连天骄彩色印刷有限公司印刷　东北财经大学出版社发行

幅面尺寸：185mm×260mm　字数：553千字　印张：23.25　插页：1

2023年2月第4版　2024年3月第3次印刷

责任编辑：包利华　责任校对：张晓鹏

封面设计：冀贵收　版式设计：原　皓

定价：54.00元

教学支持　售后服务　联系电话：（0411）84710309

如有印装质量问题，请联系营销部：（0411）84710711

第四版前言

习近平总书记在中国共产党第二十次全国代表大会上的报告中提出“教育是国之大计、党之大计。培养什么人、怎样培养人、为谁培养人是教育的根本问题”“统筹职业教育、高等教育、继续教育协同创新，推进职普融通、产教融合、科教融汇，优化职业教育类型定位”“深化教育领域综合改革，加强教材建设和管理”等重要论述，其中重点提到了职业教育应该推进“产教融合”，应该“加强教材建设和管理”。作为“三教改革”的教材改革，对于高等职业教育的质量提升和适应产业发展需求具有重要意义。

“企业财务会计”课程是财务会计类专业核心课程。目前，高等职业院校财务会计类教材虽然多数冠以理实一体化教材、项目化教材等之名，但是真正做到理实一体化的还不多见，尤其是项目化很难在财务会计类教材中体现，这是因为财务会计类专业课程内容受政策、制度限制以及业务内容需要从业人员进行有效判断后才能确定。而财务会计类专业学生能力的培养不仅是基本技能的培养，更重要的是业务判断能力的培养，所以相关教材如果仅仅为了传授知识或训练技能都不能适应现实工作的需要，而是要真正体现理实一体，同时注重学生职业判断能力的培养和职业精神的养成。

《企业财务会计》正是基于以上原因，由校企合作开发，注重以真实业务和典型工作任务为载体组织教学单元。由于政府会计准则的颁布，为了区分政府财务会计，故本教材命名为《企业财务会计》，即体现企业会计要素的确认和计量。

本教材的主要特色和创新点如下：

1.体现职教内涵的新理念。培养高素质技术技能型人才是高等职业教育的目标，会计专业同样如此，但还要结合本专业的特点，即“业财融合”，培养学生的职业判断能力和综合管理能力，本教材充分体现会计职业教育的新内涵，体现会计人才培养的新理念。

2.紧扣财税变化的新内容。新会计准则的修订、新财税法规的实施，使原有教学内容发生了较大的变化。本教材以新修订的会计准则和财税法规为依据，会计确认和计量完全采用新修订的会计准则的内容，会计业务处理完全体现新税法的内容。

3.符合职教需求的新形式。由于教学对象的特点，结合会计教学的经验，在教材编写体例上力求新颖、有效、务实。本教材增加了“引例”“课堂讨论”“同步案例”“业务链接”“知识拓展”“老会计的经验点滴”“素养提升”等栏目，力求使学生在充满兴趣的情况下，获得会计职业能力、会计职业道德及职业精神的提升。

4.配套开发满足教与学需要的多种新资源。本教材除了配套的《企业财务会计习题与实训》之外，还配套开发符合教师教学与学生学习的多种资源，包括微课（视频课程）、在线开放课程、教学PPT，形成立体化、信息化教学资源。

通过该教材的使用，教师能够真正落实“教、学、做”一体化教学模式，改变传统教学以抽象的理论知识传授为主，学生被动接受，实际操作时无从下手，更没有培养职业判断能力和管理能力的弊端，代之以理论知识与实践技能并重、职业判断能力与管理能力同时提升的教学模式。

本教材由校企合作编写，无锡商业职业技术学院朱光明教授、薛春燕副教授任主编。具体编写分工如下：朱光明教授负责编写并修订第1章、第8章、第15章；薛春燕副教授负责编写并修订第10章、第11章；刘芳副教授负责编写并修订第2章、第3章；蒋亚琴副教授负责编写并修订第4章、第7章；吴浩忠讲师负责编写并修订第5章，第6章；李娜讲师负责编写并修订第9章、第12章、第16章；吴建新副教授负责编写并修订第13章、第14章。江苏天圣达集团、江苏天衡会计师事务所有限公司无锡分所等相关企业人员参与了教材的结构设计、内容选取、形式确定及相关原始凭证的提供；在教材编写过程中还得到了其他相关院校专家学者们的支持和帮助，在此一并表示衷心感谢。

本教材适合高等职业院校财务会计类各专业“企业财务会计”课程使用，也可用于在职会计人员继续教育。

编　者

2024年3月

目　录

会计人员职业道德规范

（中华人民共和国财政部，财会〔2023〕1号，2023年1月12日）

一、坚持诚信，守法奉公。牢固树立诚信理念，以诚立身、以信立业，严于律己、心存敬畏。学法知法守法，公私分明、克己奉公，树立良好职业形象，维护会计行业声誉。

二、坚持准则，守责敬业。严格执行准则制度，保证会计信息真实完整。勤勉尽责、爱岗敬业，忠于职守、敢于斗争，自觉抵制会计造假行为，维护国家财经纪律和经济秩序。

三、坚持学习，守正创新。始终秉持专业精神，勤于学习、锐意进取，持续提升会计专业能力。不断适应新形势新要求，与时俱进、开拓创新，努力推动会计事业高质量发展。

视频课程二维码导航

第1章　总　论

预习思考题

1. 会计基本假设是什么？

2. 会计要素及其关系如何？

学习目标

➢ 理论目标

1. 理解会计信息质量要求；

2. 明确会计要素基本内容；

3. 掌握会计要素计量原则和方法。

➢ 实务目标

在掌握会计基本假设及会计基础内容的基础上，能够根据会计要素的定义与特征，确认各种会计要素。

引例

无锡海华股份有限公司由太湖正清有限公司和李明贤个人投资成立，公司总注册资本为2 000万元。公司总经理为李明贤。公司主要从事家电的生产和销售，是增值税一般纳税人。2022年6月李明贤自行购置一台电脑，属家中自用，发票拿到公司报销，会计人员将其列为固定资产入账。

思考：会计人员的这种处理方法是否合适？如不合适，其不符合哪项会计假设？

由于企业所有权与经营权的分离以及资本市场的不断发展，致使企业会计逐步演化为两大分支：一是服务于企业内部管理信息及其决策需要的管理会计，又称对内报告会计；二是主要服务于企业外部利益相关者信息及决策需要的企业财务会计，又称对外报告会计。

企业财务会计是由确认、计量、记录和报告四个程序构成的一个有机整体。确认是指决定将交易或事项中的某一项目作为一项会计要素加以记录和列入财务报表的过程，是企业财务会计的首要程序，主要解决某一项目应否确认、如何确认和何时确认三个问题；计量是指对列入账户和财务报表中的会计要素确定其金额的过程，包括计量单位和计量属性两个方面；记录是在确认和计量基础上对交易或事项运用会计科目进行账务处理的过程；报告是确认、计量、记录的结果，是连接企业和投资者等会计信息使用者的载体和桥梁，投资者等信息使用者主要是通过充分披露的财务报告，了解企业的财务状况、经营成果和现金流量，判断企业的内在价值，预测企业未来的发展趋势，从而作出投资决策等。

所以，企业财务会计的概念可概括为：**企业财务会计是以会计准则为依据，对企业已发生或已完成的交易或事项中的财务数据，通过确认、计量、记录与报告等程序进行加工，旨在向企业内部管理当局和外部利益相关者提供会计信息的一种经济管理活动。**

1.1 会计基本假设与会计基础

1.1.1 会计基本假设

视频课程

会计基本假设

会计基本假设是企业会计确认、计量、记录和报告的前提，是对会计核算所处时间、空间环境等所作的合理设定。会计基本假设包括会计主体、持续经营、会计分期和货币计量。

1）会计主体

会计主体，是指企业会计确认、计量、记录和报告的空间范围。为了向财务报告使用者反映企业财务状况、经营成果和现金流量，提供对其决策有用的信息，会计核算和财务报告的编制应当集中反映特定对象的活动，并将其与其他经济实体区别开来。在会计主体假设下，**企业应当对其本身发生的交易或者事项进行会计确认、计量、记录和报告，反映企业本身所从事的各项生产经营活动。**明确界定会计主体是开展会计确认、计量、记录和报告工作的重要前提。

会计主体不同于法律主体。一般来说，法律主体必然是一个会计主体。例如，一个企业作为一个法律主体，应当建立企业财务会计系统，独立反映其财务状况、经营成果和现金流量。但是，会计主体不一定是法律主体，如企业集团编制合并报表，所依据的便是合并主体而非法律主体。

引例中，会计人员对公司资产与公司所有者个人资产没有划清界限，既然会计主体为公司，公司的资产就不能为个人生活所用，个人生活用设备也不能列为公司资产，否则会计主体的空间范围界限不清，不能如实反映相关会计信息。

2）持续经营

持续经营，是指在可以预见的将来，企业将会按当前的规模和状态继续经营下去，不会停产、破产、倒闭。在持续经营前提下，会计的确认、计量、记录和报告应当以企业持续的生产经营活动为前提，即会计主体将按照既定用途使用资产，按照既定的合约条件清偿债务，会计人员就可以在此基础上选择会计政策和估计方法。

3）会计分期

会计分期，是指将企业持续的生产经营过程人为划分为若干连续的、长短相同的期间。会计分期的目的，在于通过会计期间的划分，将持续经营的生产经营活动划分成连续、相等的期间，据以结算盈亏，按期编制财务报告，从而及时向财务报告使用者提供有关企业财务状况、经营成果和现金流量的信息。在会计分期假设下，企业应当划分会计期间，分期结算账目和编制财务报告。会计期间通常分为年度和中期。中期，是指短于一个完整的会计年度的报告期间。

根据持续经营假设，一个企业将按当前的规模和状态持续经营下去。要想最终确定企业的生产经营成果，只能等到一个企业在若干年后歇业时核算一次盈亏。但是，无论是企业的生产经营决策，还是投资者、债权人等的决策，都需要及时的信息，不能等到企业歇业时。因此，就必须将企业持续经营的生产经营活动划分为一个个连续的、长短相同的期间，分期确认、计量、记录和报告企业的财务状况、经营成果和现金流量。而且正是由于会计分期，才产生了当期与前期、后期的差别，出现了权责发生制和收付实现制的区别，才使不同类型的会计主体有了记账的基准，进而出现了应收、应付、折旧、摊销等会计处理方法。

4）货币计量

货币计量，是指会计主体在企业财务会计确认、计量、记录和报告时以货币为主要计量单位，反映会计主体的生产经营活动。在会计的确认、计量、记录和报告过程中选择货币作为基础进行计量，是由货币本身的属性决定的。货币是商品一般等价物的表现形式，是衡量一般商品价值的共同尺度，具有价值尺度、流通手段、贮藏手段和支付手段等特点。其他计量单位，如重量、长度、容积、台、件等，只能从一个侧面反映企业的生产经营情况，无法在量上进行汇总和比较，不便于会计计量和经营管理。因此，为全面综合反映企业的生产经营和有关交易或事项，会计确认、计量、记录和报告选择货币作为计量单位。当然，某些影响企业财务状况和经营成果的因素，如企业经营战略、研发能力、市场竞争力等，往往难以用货币来计量，但这些信息对于使用者决策来讲也很重要，为此，企业可以在财务报告中表外披露有关非财务信息。

企业进行会计核算应选择主要经济业务涉及的主要货币为记账本位币。

1.1.2 企业会计基础

企业会计的确认、计量和报告应当以权责发生制为基础。权责发生制基础要求，凡是当期已经实现的收入和已经发生或应负担的费用，无论款项是否收付，都应作为当期的收入和费用，记入利润表；凡是不属于当期的收入和费用，即使款项已经在当期收付，也不应作为当期的收入和费用。收付实现制是与权责发生制相对应的一种会计基础，它是以收付现金作为确认收入和费用的依据。

1.2 会计信息质量要求

会计信息质量要求是对企业财务报告中所提供会计信息质量的基本要求，是使财务报告中所提供会计信息对使用者决策有用应具备的基本特征，它包括可靠性、相关性、可理解性、可比性、实质重于形式、重要性、谨慎性和及时性等。其中，可靠性、相关性、可理解性和可比性是会计信息的首要质量要求，是企业财务报告中所提供会计信息应具备的基本质量特征；实质重于形式、重要性、谨慎性和及时性是会计信息的次级质量要求。

1）可靠性

可靠性要求企业应当以实际发生的交易或者事项为依据进行确认、计量和报告，客观反映符合确认和计量要求的各项会计要素及其他相关信息，保证会计信息客观可靠、内容完整。企业应当以实际发生的交易或者事项为依据，而不能根据尚未发生的甚至虚构的交易或事项为依据进行确认、计量、记录和报告，并在遵循会计信息重要性和成本效益原则的前提下，保证会计信息内容的完整性。

2）相关性

相关性要求企业提供的会计信息应当与财务报告使用者的经济决策需要相关，有助于财务报告使用者对企业过去、现在或者未来的情况作出评价或者预测。会计信息是否具有相关性，主要取决于三个因素，即反馈价值、预测价值和及时性。反馈价值是指会计信息应当能够有助于使用者评价企业过去的决策，证实或者修正过去的有关预测；预测价值是指会计信息能帮助使用者预测企业未来的财务状况、经营成果和现金流量；及时性本应从属于相关性，但为了强调此项要求，我国企业会计准则将它单独作为一项质量要求列出。

3）可理解性

可理解性要求企业提供的会计信息应当清晰明了，便于财务报告使用者理解和使用。企业编制财务报告、提供会计信息的目的在于使用，而要使使用者有效利用会计信息，应当能让其了解会计信息的内涵，弄懂会计信息的内容，这就要求财务报告所提供的会计信息应当清晰明了，易于理解。只有这样，才能提高会计信息的有用性、实现财务报告的目标、满足向使用者提供决策有用信息的要求。由于会计信息是一种专业性较强的信息产品，因此，在强调会计信息的可理解性要求时，是以使用者具有一定的企业经营管理和会计核算知识、并愿意付出努力去研究这些信息为基础的。

4）可比性

可比性要求企业提供的会计信息应当相互可比。

（1）会计信息的纵向可比性。为了便于使用者了解企业财务状况和经营成果的变化趋势，比较同一企业在不同时期的财务报告信息，从而全面、客观地评价过去、预测未来，会计信息质量的可比性要求同一企业对于不同时期发生的相同或者相似的交易或者事项，应当采用一致的会计政策，不得随意变更。但是，企业按照规定或者会计政策变更后可以提供更可靠、更相关的会计信息的，也可以变更会计政策，有关会计政策变更的情况应当在附注中予以说明。

（2）会计信息的横向可比性。为了便于使用者评价不同企业的财务状况、经营成果的水平及其变动情况，从而有助于使用者作出科学合理的决策，会计信息质量的可比性要求不同企业发生的相同或者相似的交易或者事项，应当采用规定的会计政策，确保会计信息口径一致、相互可比，即对于相同或者相似的交易或者事项，不同企业应当采用一致的会计政策，以使不同企业按照一致的确认、计量、记录和报告基础提供有关会计信息。

5）实质重于形式

实质重于形式要求企业应当按照交易或者事项的经济实质进行会计确认、计量、记录和报告，不应仅以交易或者事项的法律形式为依据。在实务中，交易或者事项的法律形式并不总能完全真实地反映其实质内容。所以，会计信息要想反映其所拟反映的交易或事项，就必须根据交易或事项的实质和经济现实，而不能仅仅根据它们的法律形式。例如，企业以融资租赁方式租入固定资产，虽然从法律形式上来看，企业并不拥有其所有权，但是由于租赁合同中规定的租赁期相当长，接近于该资产的使用寿命；租赁期结束时承租企业有优先购买该资产的选择权；在租赁期内承租企业有权支配资产并从中受益等，所以，从其经济实质来看，企业能够控制融资租入固定资产所创造的未来经济利益，因此，在会计确认、计量、记录和报告上应当将以融资租赁方式租入的固定资产视为企业自有的固定资产进行核算和管理，并反映在企业的资产负债表上。

6）重要性

重要性要求企业提供的会计信息应当反映与企业财务状况、经营成果和现金流量有关的所有重要的交易或事项；次要的交易或事项，在不影响会计信息质量和不误导信息使用者决策的前提下，可适当简化处理。企业会计信息的省略或者错报会影响使用者据此作出经济决策的，该信息就具有重要性。重要性的应用需要依赖职业判断，企业应当根据其所处环境和实际情况，从项目的性质和金额大小两方面来判断其重要性。例如，我国存货会计准则及其应用指南规定，商品流通企业采购商品过程中发生的进货费用应计入存货采购成本，但进货费用金额较小的，可以在发生时直接计入当期损益，这体现了会计信息质量的重要性要求。

7）谨慎性

谨慎性要求企业对交易或者事项进行会计确认、计量、记录和报告应当保持应有的谨慎，不高估资产或收益、不低估负债或费用。在复杂的市场环境中，企业面临着许多风险和不确定性，比如应收款项的可收回性、资产的使用寿命、售出存货可能发生的退货或者返修等。会计信息质量的谨慎性，要求企业在面临不确定因素的情况下作出职业判断时，应当保持必要的谨慎，充分估计各种风险及损失。

8）及时性

及时性要求企业对于已经发生的交易或事项，应当及时进行确认、计量和报告，不得提前或者延后。会计信息的价值在于帮助使用者作出经济决策，因此具有时效性。即使是可靠、相关的会计信息，如果不及时提供，失去了时效性，对于使用者的效用就大大降低，甚至不再具有任何意义。

1.3 会计要素及其确认与计量

视频课程
会计要素

会计要素是根据交易或事项的经济特征所确定的企业财务会计对象的基本分类，是确定财务报表结构和内容的基础，所以又称财务报表要素。我国企业会计要素按照其性质分为资产、负债、所有者权益、收入、费用和利润。其中，资产、负债和所有者权益要素侧重于反映企业的财务状况，是构成资产负债表的基本要素；收入、费用和利润要素侧重于反映企业的经营成果，是构成利润表的基本要素。

视频课程
会计要素计量属性及其应用

1.3.1 反映企业财务状况的会计要素及其确认

1）资产

（1）资产的定义

资产是指企业过去的交易或者事项形成的、由企业拥有或者控制的、预期会给企业带来经济利益的资源。资产应当具备下列几个特征：

❶资产预期会给企业带来经济利益。

资产预期会给企业带来经济利益，是指资产直接或者间接导致现金和现金等价物流入企业的潜力。

❷资产应为企业拥有或者控制的资源。

资产作为一项资源，应当由企业拥有或者控制，具体是指企业享有某项资源的所有权，或者虽然不享有某项资源的所有权，但该资源能被企业所控制。

❸资产是由企业过去的交易或者事项形成的。

资产应当由企业过去的交易或者事项所形成。过去的交易或者事项包括购买、生产、建造行为或者其他交易或事项。即只有过去发生的交易或事项才能形成资产，企业预期在未来发生的交易或者事项不确认资产。

(2) 资产的确认条件

一项资源要确认为资产，首先应当符合资产的定义。除此之外，还需要同时满足以下两个条件：

❶与该资源有关的经济利益很可能流入企业。

❷该资源的成本或者价值能够可靠地计量。

2) 负债

(1) 负债的定义

负债是指企业过去的交易或者事项形成的、预期会导致经济利益流出企业的现时义务。负债应当具备下列几个特征：

❶负债是企业承担的现时义务。

负债必须是企业承担的现时义务，它是负债的一个基本特征。其中，现时义务是指企业在现行条件下已承担的义务。未来发生的交易或者事项形成的义务，不属于现时义务，不应当确认为负债。

❷负债的清偿预期会导致经济利益流出企业。

负债清偿会导致经济利益流出企业，是负债的又一重要特征。只有企业在履行义务时会导致经济利益流出企业，才符合负债的定义；如果不会导致经济利益流出企业，就不符合负债的定义。

❸负债是由企业过去的交易或者事项形成的。

负债应当由企业过去的交易或者事项所形成。过去的交易或者事项包括购买货物、使用劳务、接受银行贷款等。即只有过去发生的交易或者事项才形成负债，企业将在未来发生的承诺、签订的合同等交易或事项不确认负债。

(2) 负债的确认条件

将一项现时义务确认为负债，首先应当符合负债的定义，除此之外，还需要同时满足以下两个条件：

❶与该义务有关的经济利益很可能流出企业。

❷未来流出的经济利益的金额能够可靠地计量。

3) 所有者权益

(1) 所有者权益的定义

所有者权益是指企业资产扣除负债后，由所有者享有的剩余权益。企业的所有者权益又称为股东权益。所有者权益反映了所有者对企业资产的剩余索取权，是企业资产中扣除债权人权益后应由所有者享有的部分。

(2) 所有者权益的来源构成

所有者权益按其来源主要包括所有者投入的资本、直接计入所有者权益的利得和损失、留存收益等，通常由实收资本（或股本）、资本公积（包括资本溢价或股本溢价、其他资本公积）、盈余公积（包括法定盈余公积、任意盈余公积）、其他综合收益、未分配利润等构成。

所有者投入的资本，是指所有者投入企业的资本部分，既包括构成企业注册资本或者股本部分的金额，也包括投入资本超过注册资本或者股本部分的金额，即资本溢价或者股本溢价。

直接计入所有者权益的利得和损失，是指不应计入当期损益、会导致所有者权益发生增减变动的、与所有者投入资本或者向所有者分配利润无关的利得或者损失（注：利得是指由企业非日常活动所形成的、会导致所有者权益增加的、与所有者投入资本无关的经济利益的流入；损失是指由企业非日常活动所发生的、会导致所有者权益减少的、与向所有者分配利润无关的经济利益的流出）。

留存收益是企业历年实现的净利润留存于企业的部分，主要包括累计计提的盈余公积和未分配利润。

（3）所有者权益的确认条件

由于所有者权益体现的是所有者在企业中的剩余权益，因此，所有者权益的确认主要依赖于其他会计要素，尤其是资产和负债的确认；所有者权益金额的确定也主要取决于资产和负债的计量。例如，企业接受投资者投入的资产，在该资产符合企业资产确认条件时，也相应地符合了所有者权益的确认条件。

1.3.2 反映企业经营成果的会计要素及其确认

1）收入

（1）收入的定义

收入是指企业在日常活动中形成的、会导致所有者权益增加的、与所有者投入资本无关的经济利益的总流入。收入应当具备下列几个特征：

❶收入应当是企业在日常活动中形成的。

收入应当是企业在其日常活动中所形成的。其中，日常活动是指企业为完成其经营目标所从事的经常性活动以及与之相关的活动。比如，工业企业制造并销售产品、商业企业销售商品、保险公司签发保单、咨询公司提供咨询服务、软件企业为客户开发软件、安装公司提供安装服务、商业银行对外贷款、租赁公司出租资产等，均属于企业的日常活动。明确界定日常活动是为了将收入与利得相区分，因为企业非日常活动所形成的经济利益的流入不能确认为收入，而应当计入利得。

❷收入是与所有者投入资本无关的经济利益的总流入。

收入应当会导致经济利益的流入，从而导致资产的增加。比如企业销售商品，必须要收到现金或现金等价物或者有权利收到现金或现金等价物，才表明该交易符合收入的定义。但是企业经济利益的流入有时是由所有者投入资本的增加所导致的，所有者投入资本的增加不应当确认为收入，应当将其直接确认为所有者权益。

❸收入本身会导致所有者权益的增加。

与收入相关的经济利益的流入会导致所有者权益的增加，不会导致所有者权益增加的经济利益的流入不符合收入的定义，不应确认为收入。例如，某企业向银行借入款项，尽管该借款导致了企业经济利益的流入，但是该流入并不导致所有者权益的增加，反而使企业承担了一项现时义务，因此，企业对于因借入款项所导致的经济利益的增加，不应将其确认为收入，应当确认为一项负债。

（2）收入的确认条件

收入的确认除了应当符合定义外，还应当满足严格的确认条件。

企业应当在履行了合同中的履约义务，即在客户取得相关商品控制权时确认收入。取得相关商品控制权，是指能够主导该商品的使用并从中获得几乎全部的经济利益。

2）费用

（1）费用的定义

费用是指企业在日常活动中发生的、会导致所有者权益减少的、与向所有者分配利润无关的经济利益的总流出。费用应当具备下列几个特征：

❶费用应当是企业在日常活动中形成的。

费用应当是企业在其日常活动中所形成的。这些日常活动的界定与收入定义中涉及的日常活动相一致。因日常活动所产生的费用通常包括销售成本、职工薪酬、折旧费、无形资产摊销费等。将费用界定为日常活动所形成的，目的是将其与损失相区分，因企业非日常活动所形成的经济利益的流出不能确认为费用，应当计入损失。

❷费用是与向所有者分配利润无关的经济利益的总流出。

费用的发生应当会导致经济利益的流出，从而导致资产的减少或者负债的增加（最终也会导致资产的减少）。其表现形式包括现金或者现金等价物的流出，存货、固定资产和无形资产等的流出或者消耗等。鉴于企业向所有者分配利润也会导致经济利益的流出，而该经济利益的流出属于所有者权益的抵减项目，不应确认为费用，应当将其排除在费用之外。

❸费用会导致所有者权益的减少。

与费用相关的经济利益的流出最终应当会导致所有者权益的减少。不会导致所有者权益减少的经济利益的流出不符合费用的定义，不应确认为费用。

（2）费用的确认条件

费用的确认除了应当符合定义外，还应当满足严格的条件，即费用只有在经济利益很可能流出从而导致企业资产减少或者负债增加，且经济利益的流出金额能够可靠计量时才能予以确认。因此，费用的确认至少应当符合以下条件：❶与费用相关的经济利益很可能流出企业；❷经济利益流出企业的结果会导致资产的减少或者负债的增加；❸经济利益的流出金额能够可靠地计量。

3）利润

（1）利润的定义

利润是指企业在一定会计期间的经营成果，包括收入减去费用后的净额、直接计入当期利润的利得和损失等。利润通常是评价企业管理层业绩的一项重要指标，也是投资者、债权人等财务报告使用者进行决策时的重要参考。

（2）利润的来源构成

利润包括收入减去费用后的净额、直接计入当期利润的利得和损失等。其中，收入减去费用后的净额反映的是企业日常活动的业绩；直接计入当期利润的利得和损失反映的是企业非日常活动的业绩。直接计入当期利润的利得和损失，是指应当计入当期损益、最终会引起所有者权益发生增减变动的、与所有者投入资本或者向所有者分配利润无关的利得或者损失。企业应当严格区分收入和利得、费用和损失，以更加全面地反映企业的经营业绩。

（3）利润的确认条件

利润反映的是一个收入减去费用、利得减去损失后的净额的概念，因此，利润的确认主要依赖于收入和费用以及利得和损失的确认，其金额的确定也主要取决于收入、费用、利得、损失金额的计量。

1.3.3 会计要素计量属性及其应用

会计计量是为了将符合确认条件的会计要素登记入账并列报于财务报表而确定其金额的过程。企业应当按照规定的会计计量属性进行计量，确定相关金额。

计量属性是指会计要素金额的确定基础，主要包括历史成本、重置成本、可变现净值、现值和公允价值等。

1）历史成本

历史成本，又称实际成本，就是取得某项资产时支付的现金或其他等价物。在历史成本计量下，资产按照其购置时支付的现金或现金等价物的金额，或者按照购置资产时所给付对价的公允价值计量；负债按照其因承担现时义务而实际收到的款项或者资产的金额，或者承担现时义务的合同金额，或者按照日常活动中为偿还负债预期需要支付的现金或者现金等价物的金额计量。企业对会计要素计量时，一般应当采用历史成本。

2）重置成本

重置成本，又称现行成本，是指按照当前市场条件，重新取得同样一项资产所需支付的现金或现金等价物金额。在重置成本计量下，资产按照现在购买相同或者相似资产所需支付的现金或者现金等价物的金额计量；负债按照现在偿付该项债务所需支付的现金或者现金等价物的金额计量。重置成本多应用于盘盈资产的计量。

3）可变现净值

可变现净值，是指在正常生产经营过程中，以预计售价减去预计进一步加工成本、预计销售费用及相关税费后的净值。在可变现净值计量下，资产按照其正常对外销售所能收到现金或者现金等价物的金额扣减该资产至完工时估计将要发生的成本、估计的销售费用以及相关税金后的金额计量。可变现净值通常应用于存货资产减值情况下的期末计量。

4）现值

现值是对未来现金流量以适当的折现率进行折现后的价值，是考虑了货币时间价值的一种计量属性。在现值计量下，资产按照预计从其持续使用和最终处置中所产生的未来净现金流入量的折现金额计量；负债按照预计期限内需要偿还的未来净现金流出量的折现金额计量。现值通常用于非流动资产可收回金额的计量和以摊余成本计量的金融资产价值的确定等。

5）公允价值

公允价值，是指市场参与者在计量日发生的有序交易中，出售一项资产所能收到或者转移一项负债所需支付的价格。公允价值主要应用于交易性金融资产的计量等。

在采用重置成本、可变现净值、现值、公允价值等计量属性时，应当保证所确定的会计要素金额能够取得并可靠计量，所以，一般情况下，对于会计要素的计量，应当采用历史成本。

❀课堂讨论

1. 静态和动态情况下会计要素之间有何关系？
2. 为什么对会计要素计量一般应采用历史成本计量原则？

本章概要

财务会计是由确认、计量、记录和报告四个程序构成的一个有机整体。会计基本假设是企业会计确认、计量、记录和报告的前提，是对会计核算所处时间、空间环境等所作的合理设定。企业财务会计的确认、计量、记录和报告应当以权责发生制为基础。会计信息质量要求是对企业财务报告中所提供会计信息质量的基本要求。会计要素是根据交易或事项的经济特征所确定的财务会计对象的基本分类，是确定财务报表结构和内容的基础，所以又称财务报表要素。而会计计量是为了将符合确认条件的会计要素登记入账并列报于财务报表而确定其金额的过程。

概念回顾

企业财务会计　会计主体　持续经营　会计分期　货币计量　权责发生制　资产　负债　所有者权益　收入　费用　利润　历史成本　重置成本　可变现净值　现值　公允价值

法规链接

第2章　货币资金

预习思考题

1. 库存现金盘点出现盘盈、盘亏，如何进行账务处理？

2. 未达账项是什么？其包括哪几类？如何编制银行存款余额调节表？

3. 其他货币资金的内容有哪些？

学习目标

理论目标

1. 熟悉现金管理制度的规定；

2. 熟悉银行结算制度的规定。

实务目标

1. 能熟练办理现金收付款业务；

2. 能熟练办理银行结算业务；

3. 能规范登记日记账；

4. 能准确编制现金盘点表、正确处理现金长短款；

5. 能准确编制银行存款余额调节表。

引例

无锡海华股份有限公司因业务发展需要，从人才市场招聘了具有中专学历的张某担任出纳。刚开始，张某勤恳敬业，公司领导和同事对他的工作都很满意。但受到同事在股市赚钱的影响，张某开始涉足股市。然而事非所愿，张某进入股市很快被套牢，急于翻本又苦于没有资金，他开始对自己每天经手的现金动了邪念，凭着财务主管对他的信任，拿财务主管的财务专用章在自己保管的空白现金支票上任意盖章取款。月底，银行对账单也是其到银行提取且自行核对，因此在很长一段时间未被发现。至案发，张某的犯罪行为使公司蒙受了巨大的经济损失，教训是非常深刻的。

思考：无锡海华股份有限公司在管理制度中存在哪些管理漏洞，应如何防范？

2.1　库存现金确认与计量

2.1.1　库存现金确认

库存现金是指存放于企业财会部门、由出纳人员经管的货币。库存现金是企业流动性最强的资产，企业应当严格遵守国家有关现金管理制度，正确进行现金收支的核算，监督现金使用的合法性与合理性。

1）现金的使用范围

❶职工工资、津贴；

❷个人劳务报酬；

③支付给个人的各种奖金；
④各种劳保、福利费用以及国家规定的对个人的其他支出；
⑤向个人收购农副产品和其他物资的价款；
⑥出差人员必须随身携带的差旅费；
⑦结算起点（1 000元）以下的零星支出；
⑧中国人民银行确定需要支付现金的其他支出。

除上述情况可以用现金支付外，其他款项的支付应通过银行转账结算。

2）现金管理“八不准”

❶不准用不符合财务制度的凭证顶替库存现金；
❷不准谎报用途套取现金；
❸不准单位间相互借用现金，扰乱市场经济秩序；
❹不准利用银行账户代其他单位和个人存入或支取现金，逃避国家金融监管；
❺不准将单位收入的现金以个人储蓄名义存入银行；
❻不准保留账外公款（即小金库）；
❼不准发行变相货币，如以任何内部票据代替人民币在社会上流通；
❽不准坐支或者未按开户银行核定的坐支范围和限额坐支现金。

3）开户单位现金收支应当依照规定办理

（1）开户单位现金收入应当于当日送存开户银行，当日送存确有困难的，由开户银行确定送存时间。

（2）开户单位支付现金，可以从本单位库存现金限额中支付或从开户银行提取，不得从本单位的现金收入中直接支付（即坐支）。因特殊情况需要坐支现金的，应当事先报经开户银行审查批准，由开户银行核定坐支范围和限额。坐支单位应当定期向开户银行报送坐支金额和使用情况。

（3）开户单位从开户银行提取现金时，应当写明用途，由本单位财会部门负责人签字盖章，经开户银行审核后，予以支付。

（4）因采购地点不确定，交通不便，生产或市场急需，抢险救灾以及其他特殊情况必须使用现金的，开户单位应向开户银行提出申请，由本单位财会部门负责人签字盖章，经开户银行审核后，予以现金支付。

4）现金的限额

现金的限额是指为了保证企业日常零星开支的需要，允许单位留存现金的最高数额。这一限额由开户银行根据单位的实际需要核定，一般按照单位3～5天日常零星开支的需要确定，边远地区和交通不便地区开户单位的库存现金限额，可按多于5天但不超过15天的日常零星开支的需要确定。日常零星开支不包括企业每月发放工资和不定期差旅费等大额现金支出。

2.1.2 库存现金计量

为了反映和监督企业库存现金的收入、支出和结存情况，企业应当设置“库存现金”科目，借方登记企业库存现金的增加，贷方登记企业库存现金的减少，期末借方余额反映期末企业实际持有的库存现金的金额。

库存现金日记账（为方便表述，本书也称“现金日记账”）是由出纳人员根据审核无误的现金收、付款凭证和银行存款付款凭证，序时逐笔登记，用来反映现金的增减变动与结存情况的账簿。

出纳人员应根据当日库存现金日记账的账面余额自行盘点核对，做到日清月结，账款相符；同时，企业还应组织清查人员对库存现金进行定期或不定期清查，确定库存现金的实有数，并与库存现金日记账的账面余额核对，以查明账实是否相符和盈亏情况。

视频课程 现金清查流程及核算

【例2-1】无锡海华股份有限公司（简称“海华公司”）2022年12月发生如下经济业务：

（1）该公司购买文件夹、计算器，款项已通过现金付讫。该业务涉及的原始凭证见表2-1、表2-2。

表2-1

报账（付款）审批单

部门：办公室　　2022年12月02日

经手人	黄洁	事　由	支付办公用品费
项目名称	金　额（元）	付款（结算）方式	备　注
管理费用	280.00	现金	
合　计	280.00		
单位负责人审批	财务主管	部门领导	出纳员
同意。 李明贤	同意。 张兵	同意。 赵茹	陈美丽

附单据1张

现金付讫

表2-2

江苏增值税普通发票

发票联

3216232320　　№ 52183641

开票日期：2022年12月02日

购买方		密码区
名　　称：无锡海华股份有限公司 纳税人识别号：91160102244212469M 地址、电话：无锡市滨湖区太湖东路128号85680721 开户行及账号：中国工商银行无锡太湖支行6222464654546553		（略）

货物或应税劳务、服务名称	规格型号	单位	数量	单价	金额	税率	税额
*文具*文件夹		个	10	13.027	130.27	13%	16.94
*计算器货币专用设备*计算器		个	10	11.751	117.51	13%	15.28
合　计					¥247.78		¥32.22
价税合计（大写）	⊗贰佰捌拾元整				（小写）¥280.00		

销售方	备注
名　　称：无锡林翰办公用品有限公司 纳税人识别号：91320200703500060A 地址、电话：无锡市嘉业路5号85618811 开户行及账号：无锡中行南长支行518358218657	无锡林翰办公用品有限公司 91320200703500060A 发票专用章

收款人：朱其玉　　复核：殷娟惠　　开票人：魏采采　　销售方（章）

第二联 发票联 购买方记账凭证

要求：制单会计根据原始凭证填制记账凭证。

海华公司该业务的实务操作指导见表2-3。

表 2-3 **实务操作指导**

经办人	出纳	制单会计	稽核会计	会计主管	财务经理	单位负责人
1. 填写报账（付款）审批单并经部门领导审批	7. 再次审核单据无误后支付现金并在原始凭证上加盖“现金付讫”章 8. 登记库存现金日记账	4. 审核报账（付款）审批单、销售发票 5. 编制记账凭证	6. 审核记账凭证	9. 系统记账	2. 审批报账（付款）审批单	3. 审批报账（付款）审批单

制单会计根据原始凭证编制的记账凭证见表 2-4。

表 2-4 **记账凭证**

2022 年 12 月 02 日　　记字第 1 号

摘要	科目		借方金额											贷方金额											√
	总账科目	明细科目	亿	千	百	十	万	千	百	十	元	角	分	亿	千	百	十	万	千	百	十	元	角	分	
购买办公用品	管理费用	办公费							2	8	0	0	0												
	库存现金																			2	8	0	0	0	
合计								¥	2	8	0	0	0						¥	2	8	0	0	0	

附件 2 张

会计主管：张兵　记账：赵振翔　出纳：陈美丽　复核：张兵　制单：赵振翔

（2）2022 年 12 月 15 日，海华公司准备发放工资，财务经理要求出纳员持现金支票到银行支取现金 108 000 元。该公司开户银行为工行太湖支行（账号 6222464654546553）。

要求：填写相关凭证并办理现金提取业务。

海华公司该业务的实务操作指导见表 2-5。

表 2-5 **实务操作指导**

出纳	制单会计	稽核会计	会计主管	财务经理	单位负责人
1. 填写报账（付款）审批单并经部门领导审批 4. 签发现金支票 7. 将现金支票正联送交银行提现 11. 登记库存现金日记账	8. 审核报账（付款）审批单、现金支票存根 9. 编制记账凭证	10. 审核记账凭证	12. 系统记账	2. 审批报账（付款）审批单 5. 审核现金支票并加盖财务专用章（正面、背面）	3. 审批报账（付款）审批单 6. 审核现金支票并加盖法人代表章（正面、背面）

其中，出纳填写现金支票正联及存根（见表 2-6），财务经理在现金支票正联正面（见表 2-6）和正联背面（见表 2-7）加盖公司财务专用章。单位负责人在现金支票正联正面和正联背面加盖法人代表章。

表2-6 **现金支票正面**

中国工商银行
现金支票存根
23097141
附加信息

出票日期 2022年12月15日

收款人：无锡海华股份有限公司
金 额：¥108 000.00
用 途：提取现金发工资

单位主管 李明贤 会计 张兵

中国工商银行 现金支票 23097141

本支票付款期限十天

出票日期(大写)贰零贰贰年壹拾贰月壹拾伍日 付款行名称：工行无锡太湖支行
收款人：无锡海华股份有限公司 出票人账号：6222464654546553

人民币（大写）	亿	千	百	十	万	千	百	十	元	角	分
壹拾万零捌仟元整			¥	1	0	8	0	0	0	0	0

用途 提取现金发工资
上列款项请从
我账户内支付
出票人签章 复核 记账

（印章：无锡海华股份有限公司 财务专用章；李明贤印）

表2-7 **现金支票背面**

附加信息：发工资

收款人签章
2022年12月15日

（印章：无锡海华股份有限公司 财务专用章；李明贤印）

身份证件名称： 发证机关
号码

（贴粘单处）

海华公司该业务涉及的原始凭证见表2-8。

表2-8 **海华公司该业务原始凭证**

序号	单据名称	对应编号
1	报账（付款）审批单	略，格式参照表2-1
2	现金支票存根	表2-9

表2-9

中国工商银行
现金支票存根
23097141
附加信息

出票日期 2022年12月15日

收款人：无锡海华股份有限公司
金 额：¥108 000.00
用 途：提取现金发工资

单位主管 李明贤 会计 张兵

由制单会计赵振翔完成相关业务记账凭证的系统编制工作；由稽核会计完成相关业务记账凭证的系统审核工作；由出纳陈美丽完成相关业务的出纳签字工作；由会计主管张兵完成相关业务的主管签字工作。编制如下记账凭证（为节省篇幅，以会计分录代替，下同）：

借：库存现金　　108 000　附件 2 张

　贷：银行存款　　108 000

（3）2022 年 12 月 15 日，海华公司根据“工资结算汇总表”（考虑职工名单太多，故省略，只按车间或部门来分类）办理现金付款业务。

要求：填写相关凭证并办理现金付款业务。

海华公司该业务涉及的原始凭证见表 2-10。

表 2-10　海华公司该业务原始凭证

序号	单据名称	对应编号
1	报账（付款）审批单	略，格式参照表 2-1
2	工资结算汇总表	表 2-11

表 2-11　工资结算汇总表

2022 年 12 月

车间、部门名称		标准工资	奖金	加班工资	津贴补贴	应付工资	代扣款项			实发工资
							医疗保险	养老金	公积金	
第一车间	生产工人	19 000	5 000	2 100	3 500	29 600	700	2 900	2 600	23 400
	管理人员	11 000	3 500		2 400	16 900	600	3 000	2 700	10 600
第二车间	生产工人	16 000	2 600	2 500	4 300	25 400	500	2 700	2 300	19 900
	管理人员	10 700	2 100		3 200	16 000	700	3 600	3 400	8 300
辅助生产车间		13 000	5 300	1 500	1 300	21 100	300	1 900	1 500	17 400
厂部管理人员		14 000	6 300		4 200	24 500	450	3 700	3 200	17 150
医务部门		5 300	2 400		1 000	8 700	200	1 400	1 200	5 900
工程人员		4 500	1 800		1 200	7 500	150	1 100	900	5 350
合　计		93 500	29 000	6 100	21 100	149 700	3 600	20 300	17 800	108 000

现金付讫

编制如下记账凭证（以会计分录代替）：

借：应付职工薪酬——职工工资　　108 000　附件 2 张

　贷：库存现金　　108 000

视频课程

现金报销业务处理

（4）海华公司销售部业务经理王海于 2022 年 12 月 25 日预借差旅费 1 000 元。（部门负责人张涛；公司负责人李明贤；会计主管张兵；出纳陈美丽）

要求：按下列业务流程，根据预借差旅费领款单办理现金支付业务。

由出差人员到财会部门领取并填写“预借差旅费领款单”（简称借款单）（见表 2-13），按照借款单所列内容填写完整，然后送所在部门的领导和有关人员审查签字。（各单位可以根据需要使用统一的“预借差旅费领款单”，也可以使用普通的借据或者借款凭证）

海华公司该业务涉及的原始凭证见表 2-12。

表 2-12 海华公司该业务原始凭证

序号	单据名称	对应编号
1	报账（付款）审批单	略，格式参照表 2-1
2	预借差旅费领款单	表 2-13

表 2-13 预借差旅费领款单

2022 年 12 月 25 日

借款部门	销售部	职务	业务经理	出差人姓名	王海
借款事由	差旅费			出差地点	上海
预借款金额人民币(大写)	壹仟元整				¥1 000.00
部门负责人审批意见	同意 张涛		公司负责人审批意见		同意 李明贤

现金付讫

出纳：陈美丽　　收款人：王海

编制如下记账凭证（以会计分录代替）：

借：其他应收款——王海　　1 000　　附件 2 张

　贷：库存现金　　1 000

（5）海华公司门市部 2022 年 12 月 30 日发生销售业务，收银员收取现金，清点无误后，将增值税专用发票的发票联和抵扣联交客户，记账联留存，同日，收银员到公司财务部办理交款业务。

要求：复核相关凭证并办理现金收款业务。

海华公司该业务涉及的原始凭证见表 2-14。

表 2-14 海华公司该业务原始凭证

序号	单据名称	对应编号
1	销售单	表 2-15
2	增值税专用发票（记账联）	表 2-16

表 2-15 销售单

购货单位：无锡华晨机电设备有限公司　　单据编号：111121

地址和电话：无锡东绛路 809 号 88706543

纳税人识别号：91381300104082110A

开户行及账号：江苏银行北塘支行 2122345678

制单日期：2022 年 12 月 30 日

编码	产品名称	规格	单位	单价	数量	售价	税金	合计
LX001	铝型材		千克	23.007823	692.8	15 939.82	2 072.18	18 012.00
合计	人民币（大写）：壹万捌仟零壹拾贰元整						¥18 012.00	

总经理：冯勇　　销售经理：任星星　　会计：刘晓梅　　经手人：张云

表 2-16

江苏增值税专用发票

№ 75453800

8102167130　　此联不作报销、扣税凭证使用　　开票日期：2022年12月30日

购买方	名　　称：无锡华晨机电设备有限公司 纳税人识别号：91381300104082110A 地 址、电 话：无锡东绛路809号 88706543 开户行及账号：江苏银行北塘支行 2122345678			密码区	（略）		
货物或应税劳务、服务名称	规格型号	单位	数量	单价	金额	税率	税额
*有色金属压延材*铝型材		千克	692.8	23.007823	15 939.82	13%	2 072.18
合　计					¥15 939.82		¥2 072.18
价税合计（大写）	⊗壹万捌仟零壹拾贰元整				（小写）¥18 012.00		
销售方	名　　称：无锡海华股份有限公司 纳税人识别号：91160102244212469M 地 址、电 话：无锡市滨湖区太湖东路128号 85680721 开户行及账号：中国工商银行无锡太湖支行6222464654546553			备注	无锡海华股份有限公司 91160102244212469M 发票专用章		

第一联 记账联 销售方记账凭证

收款人：陈美丽　　复核：李芳　　开票人：张婷婷　　销售方（章）

编制如下记账凭证（以会计分录代替）：

借：库存现金　　18 012　　附件2张（表2-15和表2-16）

　贷：主营业务收入　　15 939.82

　　　应交税费——应交增值税（销项税额）　　2 072.18

（6）海华公司将收到的零星货款18 012元送存银行。

要求：填写相关凭证并办理现金送存业务。

海华公司该业务的实务操作指导见表2-17。

表 2-17　**实务操作指导**

银行	出纳	制单会计	稽核会计	会计主管
3.收款核对后在现金缴款单上加盖"收讫"章	1.填写现金缴款单 2.将现金和现金缴款单送交银行 7.登记库存现金日记账	4.审核现金缴款单 5.编制记账凭证	6.审核记账凭证	8.系统记账

海华公司该业务涉及的原始凭证见表2-18。

表 2-18　**海华公司该业务原始凭证**

序号	单据名称	对应编号
1	现金缴款单	表2-19

表 2-19　**中国工商银行　现金缴款单**（回单或收账通知）1　　第15号

2022年12月30日

收款人 全称	无锡海华股份有限公司	开户银行	工行无锡太湖支行
收款人 账号	6222464654546553	款项来源	零星货款
人民币（大写）	壹万捌仟零壹拾贰元整	千百十万千百十元角分	¥1801200

票面	张数	十	万	千	百	十	元	角	分	票面	张数	百	十	元	角	分
壹佰元	18		1	8	0	0	0	0	0	伍角						
伍拾元										壹角						
拾元										伍分						
伍元	2					1	0	0	0	壹分						
壹元	2						2	0	0							

中国建设银行 无锡太湖支行 2022.12.30 收讫

（收款银行盖章）

收银员 张雨　复核员 葛系

编制如下记账凭证（以会计分录代替）：

借：银行存款　　18 012　附件1张（表2-19）

　贷：库存现金　　18 012

（7）海华公司2022年12月31日由清查小组人员王芳对库存现金进行清点，实有数额为3 670元，账面数为3 720元，短款50元。

要求：完成盘点并填制相应的凭证。

❶清查小组人员王芳对库存现金进行清点，实有数额为3 670元。

特别注意：在进行现金清查时，为了明确经济责任，出纳人员必须在场，在清查过程中不能用白条抵库，也就是不能用不具有法律效力的借条、收据等抵充库存现金。

❷将库存现金实有数额与库存现金日记账余额进行核对，发现短款50元。

❸根据清查结果编制“现金清查盘点报告表”，见表2-20。

表2-20

现金清查盘点报告表

2022年12月31日

单位名称：无锡海华股份有限公司

实存金额	账面金额	盘亏情况		备　注
		盘盈数	盘亏数	
3 670	3 720		50	由出纳赔偿

盘点人：王芳　　出纳：陈美丽

特别注意：现金盘点后，应根据盘点的结果和库存现金日记账核对的情况，填制“现金清查盘点报告表”。现金清查盘点报告表是重要的原始凭证，应由盘点人员和出纳人员共同签章方能生效。

❹报经批准前，根据“现金清查盘点报告表”上确定的短缺数，调整账面价值，编制记账凭证。

借：待处理财产损溢——待处理流动资产损溢　　50　附件1张（表2-20）

　贷：库存现金　　50

❺12月31日，报经批准后，根据“现金清查盘点报告表”上批准的处理意见，由出纳赔偿50元，款项尚未收到，编制记账凭证。

借：其他应收款——陈美丽　　50

　贷：待处理财产损溢——待处理流动资产损溢　　50

（8）根据以上经济业务登记库存现金日记账，见表2-21。

表2-21

库存现金日记账

2022年 月	日	凭证字号	摘　要	对应科目	借方（千百十万千百十元角分）	贷方（千百十万千百十元角分）	余额（千百十万千百十元角分）	√
12	1		期初余额				500000	
	2		购买办公用品	管理费用		28000	472000	
			本日合计			28000	472000	
	15		从银行提现	银行存款	10800000		11272000	
			发放工资	应付职工薪酬		10800000	472000	
			本日合计		10800000	10800000	472000	
	25		预借差旅费	其他应收款		100000	372000	
			本日合计			100000	372000	
	30		销售商品	主营业务收入	1593982		1965982	
				应交税费	207218		2173200	
			销售款送银行	银行存款		1801200	372000	
			本日合计		1801200	1801200	372000	
	31		现金盘亏	待处理财产损溢		5000	367000	
			本日合计			5000	367000	
			本月累计		12601200	12734200	367000	

知识拓展

1）现金的短款、长款，在未查明原因前，应进行如下的账务处理：

（1）属于现金短缺，按实际短缺金额：

借：待处理财产损溢——待处理流动资产损溢

　贷：库存现金

（2）属于现金溢余，按实际溢余金额：

借：库存现金

　贷：待处理财产损溢——待处理流动资产损溢

2）待查明溢缺原因后，应按不同情况进行如下处理：

（1）若为现金短缺：

❶属于应由责任人赔偿的部分：

借：其他应收款——××个人

　贷：待处理财产损溢——待处理流动资产损溢

❷属于应由保险公司赔偿的部分：

借：其他应收款——应收保险赔款

　贷：待处理财产损溢——待处理流动资产损溢

❸属于无法查明的其他原因，根据管理权限，报经批准后处理：

借：管理费用

　贷：待处理财产损溢——待处理流动资产损溢

（2）若为现金溢余：

❶属于应支付给有关人员或单位的部分：

借：待处理财产损溢——待处理流动资产损溢

　贷：其他应付款——应付现金溢余（××人员或单位）

❷属于无法查明原因的溢余部分：

借：待处理财产损溢——待处理流动资产损溢

　贷：营业外收入

老会计的经验点滴

对报销单据的审核原则是：

（1）假票据，一律不予报销；

（2）票据虽是真实的，但制度规定不允许报销的，一律不予报销；

（3）虽能报销，但制度对报销的比例或金额有明显限制的，超过比例和限制的不能报销；

（4）超过计划（预算、标准）的各种开支均不予报销；

（5）超过审批权限的开支不能支付。

2.2 银行存款确认与计量

2.2.1 银行存款确认

银行存款是企业存放在银行或其他金融机构的货币资金。企业应当根据业务需要，按照规定在其所在地银行开设账户，运用所开设的账户，进行存款、取款以及各种收支转账业务的结算。

根据《银行账户管理办法》，银行账户按照资金的不同性质、用途和管理要求，可分为基本存款账户、一般存款账户、临时存款账户和专用存款账户。

银行账户管理遵守以下基本原则：

❶一个基本账户原则。存款人只能在银行开立一个基本存款账户，不能多头开立基本存款账户。存款人在银行开立基本存款账户，实行由中国人民银行当地分支机构核发开户许可证制度。

❷自愿选择原则。存款人可以自主选择银行开立账户。任何单位和个人不得强制干预存款人在银行开立或使用账户。

❸存款保密原则。银行必须依法为存款人保密，维护存款人资金的自主支配权。除国家法律规定和国务院授权中国人民银行总行监督的项目外，银行不得代任何单位和个人查询、冻结、扣划存款人账户内存款。

2.2.2 银行存款计量

为了反映和监督企业银行存款的收入、支出和结存情况，企业应当设置“银行存款”科目，借方登记企业银行存款的增加，贷方登记企业银行存款的减少，期末借方余额反映期末企业实际持有的银行存款的金额。

银行存款日记账，是按业务发生顺序逐日逐笔反映银行存款增减变化和结余情况的账簿。银行存款日记账是重要的序时核算账簿，由出纳员按照审核无误的银行存款收、付款凭证和现金付款凭证来登记。

视频课程

银行存款日记账的登记

企业银行存款日记账的记录与银行开出的“银行对账单”无论是发生额，还是期末余额都应该是完全一致的，因为它们是对同一账号存款的记录。但是在实践中通过核对，会发现双方的账目经常出现不一致的情况。出现不一致的原因有两个：一是有“未达账项”；二是双方账目可能发生记录错误。无论是“未达账项”，还是双方账目记录有误，都要通过企业银行存款日记账的记录与银行开出的“银行对账单”进行逐笔“勾对”，才能发现。

视频课程

银行对账业务处理

【例2-2】海华公司2022年12月发生如下经济业务：

（1）该公司2022年12月8日向无锡市轩嘉工厂购买A材料50吨，每吨800元（不含税），按应支付的款项签发转账支票给无锡市轩嘉工厂，交易双方都是一般纳税人。

❶海华公司该业务涉及的原始凭证见表2-22。

表2-22 海华公司该业务原始凭证

序号	单据名称	对应编号
1	报账（付款）审批单	略，格式参照表2-1
2	转账支票	表2-23
3	增值税专用发票（发票联、抵扣联）	发票联见表2-24，抵扣联略，下同

表 2-23

中国工商银行 转账支票存根 00023328	中国工商银行　转账支票　30109810 00023328
附加信息	出票日期（大写）贰零贰贰年壹拾贰月零捌日　付款行名称：工行无锡太湖支行
出票日期 2022年12月08日	收款人：无锡市轩嘉工厂　出票人账号：6222464654546553
收款人：无锡市轩嘉工厂	付款期限自出票之日起十天
金　额：¥45 200.00	人民币（大写）肆万伍仟贰佰元整　亿 千 百 十 万 千 百 十 元 角 分：¥ 4 5 2 0 0 0 0
用　途：支付货款	用途 支付货款　密码 ××××
单位主管 李明贤　会计 张兵	上列款项请从我账户内支付　出票人签章（无锡海华股份有限公司 财务专用章；李明贤印）　行号略　复核　记账

（注：以上转账支票左侧的转账支票存根海华公司留存，右侧的转账支票正联转给无锡市轩嘉工厂）

表 2-24

江苏增值税专用发票

8305167791　发票联　№ 321089815　开票日期：2022年12月08日

购买方	名　称：无锡海华股份有限公司 纳税人识别号：91160102244212469M 地址、电话：无锡市滨湖区太湖东路128号 85680721 开户行及账号：中国工商银行无锡太湖支行6222464654546553			密码区	（略）		
货物或应税劳务、服务名称	规格型号	单位	数量	单价	金额	税率	税额
*有色金属压延材*A材料		吨	50	800	40 000.00	13%	5 200.00
合　计					¥40 000.00		¥5 200.00
价税合计（大写）	⊗肆万伍仟贰佰元整				（小写）¥45 200.00		
销售方	名　称：无锡市轩嘉工厂 纳税人识别号：91320022442120077A 地址、电话：无锡市城南路14号 85113311 开户行及账号：中国建设银行无锡城南支行85938473229477			备注	无锡市轩嘉工厂 91320022442120077A 发票专用章		

收款人：王丽　复核：李媛　开票人：林云　销售方（章）

第三联 发票联 购买方记账凭证

编制如下记账凭证（以会计分录代替）：

借：在途物资——A材料　40 000　附件3张

　　应交税费——应交增值税（进项税额）　5 200

　贷：银行存款　45 200

❷无锡市轩嘉工厂审查无误后，填制一式两联的银行进账单，连同转账支票（正面见表2-23，支票背面注意背书，见表2-25）一并送交本单位开户银行；银行审查无误后，在进账单上加盖银行印章，退回收款人，作为收款人入账的凭据，进账单另一联和转账支票银行留存，作为划转款项和记账的凭据。

表 2-25　转账支票背面

附加信息：	被背书人 中国建设银行无锡城南支行	被背书人	（贴粘单处）
	（无锡市轩嘉工厂 财务专用章；金印） 背书人签章 2022年12月08日	背书人签章 年　月　日	

无锡市轩嘉工厂该业务涉及的原始凭证见表2-26。

表2-26 无锡市轩嘉工厂该业务原始凭证

序号	单据名称	对应编号
1	进账单（收账通知）	表2-27
2	增值税专用发票（记账联）	记账联略，内容同发票联（表2-24）

表2-27 中国建设银行 进账单 （收账通知） 3

2022年12月08日

出票人	全称	无锡海华股份有限公司	收款人	全称	无锡市轩嘉工厂
	账号	6222464654546553		账号	85938473229477
	开户银行	中国工商银行无锡太湖支行		开户银行	中国建设银行无锡城南支行
金额	人民币（大写）	肆万伍仟贰佰元整		亿千百十万千百十元角分	¥4520000
票据种类	转账支票	票据张数	1		
票据号码	00023328				
复核：1256 记账：3221				中国建设银行无锡城南支行 2022.12.08 转讫 收款人开户银行签章	

此联是收款人开户银行交给收款人的收账通知

编制如下记账凭证（以会计分录代替）：

借：银行存款　　45 200　　附件2张

　贷：主营业务收入　　40 000

　　应交税费——应交增值税（销项税额）　　5 200

（2）海华公司2022年12月20日向上海藕乐公司购买A材料，价款200 000元，增值税26 000元，采用汇兑（信汇）方式向对方汇出226 000元。海华公司出纳办理信汇及制单会计进行账务处理如下：

汇款人海华公司办理信汇时应填写信汇凭证一式四联，送交本单位开户银行办理信汇。

❶海华公司该业务涉及的原始凭证见表2-28。

表2-28 海华公司该业务原始凭证

序号	单据名称	对应编号
1	信汇凭证（回单）	表2-29
2	增值税专用发票（发票联、抵扣联）	略，格式参照表2-24

表 2-29 中国工商银行 信汇凭证（回单） 1

委托日期 2022年12月20日 第 号

汇款人	全称	无锡海华股份有限公司	收款人	全称	上海藕乐公司
	账号	6222464654546553		账号	44816507708
	汇出地点	江苏省 无锡 市/县		汇入地点	省 上海 市/县
汇出行名称		工行无锡太湖支行	汇入行名称		建行上海宝山支行
金额	人民币（大写）	贰拾贰万陆仟元整		亿千百十万千百十元角分	￥22600000
		中国工商银行 无锡太湖支行 2022.12.20 转讫	支付密码		略
			附加信息及用法：		
		汇出行签章			复核：123 记账：321

此联是汇出行给汇款人的回单

编制如下记账凭证（以会计分录代替）：

借：在途物资——A材料 200 000 附件2张

应交税费——应交增值税（进项税额） 26 000

贷：银行存款 226 000

❷上海藕乐公司收到对方采用汇兑（信汇）方式支付的货款226 000元。

上海藕乐公司该业务涉及的原始凭证见表2-30。

表 2-30 上海藕乐公司该业务原始凭证

序号	单据名称	对应编号
1	信汇凭证（收账通知）	略，格式参照表2-29
2	增值税专用发票（记账联）	略，格式参照表2-16

编制如下记账凭证（以会计分录代替）：

借：银行存款 226 000 附件2张

贷：主营业务收入 200 000

应交税费——应交增值税（销项税额） 26 000

（3）12月31日，假设海华公司银行存款日记账的余额为112 000元，银行对账单的余额为148 000元，经核对发现以下未达账项：

❶企业将收到的销货款4 000元存入银行，企业已记银行存款增加，而银行尚未记增加；

❷企业开出转账支票36 000元支付购料款，企业已记银行存款减少，而银行尚未记减少；

❸收到某企业汇来的购货款20 000元，银行已记增加，企业尚未记增加；

❹银行代企业支付水电费16 000元，银行已记减少，企业尚未记减少。

根据上述资料，海华公司编制的银行存款余额调节表见表2-31。

表2-31 **银行存款余额调节表** 单位：元

项目	金额	项目	金额
企业银行存款日记账余额	112 000	银行对账单余额	148 000
加：银行已收、企业未收款	20 000	加：企业已收、银行未收款	4 000
减：银行已付、企业未付款	16 000	减：企业已付、银行未付款	36 000
调节后的存款余额	116 000	调节后的存款余额	116 000

知识拓展

未达账项，是指银行结算凭证期末在银行与单位传递过程中，由于传递时间和记账时间的不同，常造成银行与开户单位一方已经入账而另一方尚未入账的情况，从而造成双方账面余额不符。未达账项有如下四种情况：

（1）单位已经入账，而银行尚未入账的收入事项。如单位存入银行的转账支票，银行尚未记入单位账户。

（2）单位已经入账，而银行尚未入账的付出事项。如单位签发的支票，单位已经入账，而尚未到银行办理转账手续，因而银行未减少企业存款。

（3）银行已经入账，而单位尚未入账的收入事项。如银行代收的票据及利息，银行已入单位的存款户，而单位未能及时收到通知因而并未入账。

（4）银行已经入账，而单位尚未入账的付出事项。如银行代扣的水电费、代扣的银行借款利息等，银行已经入单位的账户，而单位尚未收到银行通知因而尚未入账。

出现第（1）种和第（4）种情况时，单位银行存款账面余额会大于银行对账单的余额；反过来，出现第（2）种和第（3）种情况时，单位银行存款账面余额会小于银行对账单的余额。若未达账项不及时查对与调整，企业对实有存款数心中无数，则不利于合理调配使用资金、发挥资金的应有效用，还容易开出“空头”支票，造成不必要的经济损失。所以，企业出纳人员应该及时取得银行对账单，编制银行存款余额调节表。

老会计的经验点滴

对账的具体方法是，由开户银行定期将银行复写账的副本作为对账单提供给各单位，出纳员把企业“银行存款日记账”中的借方和贷方的每笔记录分别与“银行对账单”中的贷方和借方的每笔记录从凭证的种类、编号、摘要内容、记账方向、金额等方面加以核对，核对相符的即在银行对账单和银行存款日记账上分别作出记号（一般为“√”）。一旦发现本单位漏记、重记、错记或串户等情况，应由单位更正后登记入账。在与开户银行核对余额过程中，由于未达账项的存在，常常使银行账面余额与单位银行存款日记账账面余额不符。

2.3 其他货币资金确认与计量

2.3.1 其他货币资金确认

视频课程

其他货币资金核算

其他货币资金，是指企业除库存现金、银行存款以外的其他各种货币资金，主要包括银行汇票存款、银行本票存款、信用卡存款、信用证保证金存款、外埠存款、存出投资款、支付宝、微信等。

1）银行汇票存款

银行汇票是汇款人将款项交存当地银行，由银行签发给汇款人持往异地办理转账结算或支取现金的票据。银行汇票的出票银行为经中国人民银行批准办理银行汇票的银行。银行汇票的付款人、单位和个人各种款项的结算，均可使用银行汇票。银行汇票可以用于转账，填明“现金”字样的银行汇票也可以用于支取现金。

2）银行本票存款

银行本票是指银行签发的，承诺自己在见票时无条件支付确定的金额给收款人或持票人的票据。单位和个人在同一票据交换区域需要支付的各种款项，均可使用银行本票。银行本票可以用于转账，注明“现金”字样的银行本票可以用于支取现金。

3）信用卡存款

信用卡存款是指企业为取得信用卡而存入银行信用卡专户的款项。信用卡是银行卡的一种。

4）信用证保证金存款

信用证保证金存款是指采用信用证结算方式的企业为开具信用证而存入银行信用证保证金专户的款项。企业银行申请开立信用证，应按规定向银行提交开证申请书、信用证申请人承诺书和购销合同。

5）外埠存款

外埠存款是指企业为了到外地进行临时或零星采购，而汇往采购地银行开立采购专户的款项。

6）存出投资款

存出投资款是指企业为购买股票、债券、基金等，根据有关规定存入在证券公司指定银行开立的投资款专户的款项。

2.3.2 其他货币资金计量

为了反映和监督其他货币资金的收支和结存情况，企业应当设置“其他货币资金”科目。其借方登记其他货币资金的增加，贷方登记其他货币资金的减少，期末余额在借方，反映企业实际持有的其他货币资金的金额。“其他货币资金”科目应当按照其他货币资金的种类设置明细科目进行核算。

1）银行汇票存款

企业填写“银行汇票申请书”、将款项交存银行时，根据银行盖章退回的申请书存根联，借记“其他货币资金——银行汇票存款”科目，贷记“银行存款”科目；企业持银行汇票购货，收到有关发票账单时，借记“材料采购”或“在途物资”或“原材料”、“库存商品”、“应交税费——应交增值税（进项税额）”等科目，贷记“其他货币资金——银行汇票存款”科目；采购完毕收回剩余款项时，借记“银行存款”科目，贷记“其他货币资金——银行汇票存款”科目。

销货企业收到银行汇票、填制进账单，到开户银行办理款项入账手续时，根据进账单收账通知联、增值税专用发票的记账联等，借记“银行存款”科目，贷记“主营业务收入”“应交税费——应交增值税（销项税额）”等科目。

【例2-3】海华公司为增值税一般纳税人，2022年12月8日向上海藕乐公司购买A材料，采用银行汇票结算方式，海华公司将款项20 000元交给银行，银行签发一张票面金额为20 000元的银行汇票，将银行汇票第二联和第三联交给采购员赴上海购买A材料，双方实际结算金额为11 300元。多余款项自动退回公司银行账户。

（1）海华公司该业务涉及的原始凭证见表2-32。

表2-32 海华公司该业务原始凭证

序号	单据名称	对应编号
1	银行汇票申请书	表2-33
2	增值税专用发票（发票联、抵扣联）	略，格式参照表2-24
3	银行汇票（多余款收账通知）	表2-34

表2-33 中国工商银行汇票申请书（存根） 第10894151号

申请日期 2022年12月08日

申请人	无锡海华股份有限公司	收款人	上海藕乐公司
账号或地址	6222464654546553	账号或地址	44816507708
用途	购货	代理付款行	建行上海宝山支行
汇款金额	人民币（大写）贰万元整	千百十万千百十元角分	¥2000000

（印章：中国建设银行无锡太湖支行 2022.12.08 受理）

备注：

此联申请人留存

表2-34 银行汇票（多余款收账通知） 4

出票日期（大写）贰零贰贰年壹拾贰月零捌日

代理付款行： 行号：

收款人：上海藕乐公司			
出票金额	人民币（大写）贰万元整		
实际结算金额	人民币（大写）壹万壹仟叁佰元整	亿千百十万千百十元角分	¥1130000
申请人：无锡海华股份有限公司		账号：6222464654546553	
出票行：工行无锡太湖支行	行号：略	密押：	
备注：		多余金额 千百十万千百十元角分 ¥870000	左列退回多余金额已收入你账户内
出票行签章	2022年12月08日		

（印章：中国工商银行无锡太湖支行 转讫）

提示付款期限自出票之日起壹个月

此联出票行作多余款后交申请人

编制如下记账凭证（以会计分录代替）

借：其他货币资金——银行汇票存款 20 000 附件1张（表2-33）

贷：银行存款 20 000

借：在途物资——A材料 10 000 附件1张（增值税专用发票）

应交税费——应交增值税（进项税额） 1 300

贷：其他货币资金——银行汇票存款 11 300

借：银行存款 8 700 附件1张（表2-34）

贷：其他货币资金——银行汇票存款 8 700

（2）上海藕乐公司收到银行汇票第二联（见表2-35）、第三联（见表2-37），审核无误后，填写实际结算金额和多余金额，在银行汇票背面（见表2-36）“持票人向银行提示付款签章”处加盖财务专用章、法人代表章；填制进账单，将进账单、银行汇票第二联和第三联一并带到开户银行办理款项入账手续。

表 2-35

银行汇票　2

提示付款期限自出票之日起壹个月

出票日期（大写）　贰零贰贰年壹拾贰月零捌日　　代理付款行：　　行号：

收款人：上海藕乐公司

出票金额　人民币（大写）　贰万元整

实际结算金额	人民币（大写）	壹万壹仟叁佰元整	亿	千	百	十	万	千	百	十	元	角	分
						¥	1	1	3	0	0	0	0

申请人：无锡海华股份有限公司　　账号：6222464654546553

出票行：工行无锡太湖支行　　密押：

备注：

凭票付款

出票行签章　　年　月　日

中国工商银行股份有限公司 汇票专用章

多余金额									
千	百	十	万	千	百	十	元	角	分

复核　记账

此联代理付款行付款后作联行往账借方凭证附件

表 2-36

银行汇票背面

被背书人建行上海宝山支行	被背书人
上海藕乐公司 财务专用章　张明印 背书人签章 年　月　日	背书人签章 年　月　日
持票人向银行 提示付款签章	身份证件名称：　发证机关： 号码

表 2-37

银行汇票（解讫通知）　3

提示付款期限自出票之日起壹个月

出票日期（大写）　贰零贰贰年壹拾贰月零捌日　　代理付款行：　　行号：

收款人：上海藕乐公司

出票金额　人民币（大写）　贰万元整

实际结算金额	人民币（大写）	壹万壹仟叁佰元整	亿	千	百	十	万	千	百	十	元	角	分
						¥	1	1	3	0	0	0	0

申请人：无锡海华股份有限公司　　账号：6222464654546553

出票行：工行无锡太湖支行　　密押：

备注：

代理付款行签章

中国工商银行股份有限公司 汇票专用章

复核　经办

多余金额									
千	百	十	万	千	百	十	元	角	分
		¥	8	7	0	0	0	0	

复核 11　记账 33

此联代理付款行兑付后随报单寄出票行，由出票行作多余款贷方凭证

上海藕乐公司该业务涉及的原始凭证见表 2-38。

表2-38 上海藕乐公司该业务原始凭证

序号	单据名称	对应编号
1	银行进账单（收账通知）	略，格式参照表2-27
2	增值税专用发票（记账联）	略，格式参照表2-16

编制如下记账凭证（以会计分录代替）：

借：银行存款　　11 300　　附件2张

　贷：主营业务收入　　10 000

　　　应交税费——应交增值税（销项税额）　　1 300

2）银行本票存款

银行本票分为不定额本票和定额本票两种。定额本票面额为10 000元和50 000元。银行本票的提示付款期限为自出票日起最长不得超过两个月，在有效付款期内，银行见票付款。持票人超过付款期限提示付款，银行不予受理。

申请人使用银行本票，应向银行申请，填写“银行本票申请书”。申请人或收款人为单位的，不得申请签发现金银行本票。出票银行受理银行本票申请，收妥款项后签发银行本票，在本票上签章后交给申请人。申请人应将银行本票交付给本票上记明的收款人。收款人可以将银行本票背书转让给被背书人。

老会计的经验点滴

申请人办理银行本票，应向银行填写“银行本票申请书”，其格式由人民银行各分行确定印制，详细填明收款人名称、申请人名称、支付金额、申请日期等事项并签章。申请人和收款人均为个人需要支取现金的，应在“支付现金栏”先填明“现金”字样，再填写支付金额。

银行本票申请书一式三联，第一联由签发单位或个人留存，第二联为签发行办理本票的付款凭证，第三联为签发行办理本票的收款凭证。

企业填写“银行本票申请书”、将款项交存银行时，借记“其他货币资金——银行本票存款”科目，贷记“银行存款”科目；企业持银行本票购货、收到有关发票账单时，借记“材料采购”或“在途物资”或“原材料”、“库存商品”、“应交税费——应交增值税（进项税额）”等科目，贷记“其他货币资金——银行本票存款”科目。

销货企业收到银行本票、填制进账单，到开户银行办理款项入账手续时，根据进账单收账通知联及增值税专用发票的记账联等，借记“银行存款”科目，贷记“主营业务收入”“应交税费——应交增值税（销项税额）”等科目。

【例2-4】海华公司2022年12月10日向无锡市轩嘉工厂购买A材料，采用银行本票方式结算，材料价款30 000元、增值税3 900元，无锡市轩嘉工厂会计人员将款项33 900元交存银行，由银行签发一张银行本票办理结算。

（1）海华公司该业务涉及的原始凭证见表2-39。

表 2-39　　海华公司该业务原始凭证

序号	单据名称	对应编号
1	银行本票申请书	表 2-40
2	增值税专用发票（发票联、抵扣联）	略，格式参照表 2-24

表 2-40　中国工商银行本票申请书（存根）　1　　第 30195357 号

申请日期　2022 年 12 月 10 日

申请人	无锡海华股份有限公司	收款人	无锡市轩嘉工厂
账　号或地址	6222464654546553	账　号或地址	85938473229477
用　途	购货	代　理付款行	建行无锡城南支行
申请金额	人民币（大写）叁万叁仟玖佰元整	千百十万千百十元角分	¥3390000

此联申请人留存

中国工商银行无锡太湖支行 2022.12.10 受理

编制如下记账凭证（以会计分录代替）：

借：其他货币资金——银行本票存款　　33 900　附件 1 张（表 2-40）

　贷：银行存款　　33 900

借：在途物资——A 材料　　30 000　附件 1 张（增值税专用发票）

　　应交税费——应交增值税（进项税额）　　3 900

　贷：其他货币资金——银行本票存款　　33 900

（2）无锡市轩嘉工厂收到银行本票第二联（见表 2-41），审核无误后，在银行本票背面（见表 2-42）"持票人向银行提示付款签章"处加盖财务专用章、法人代表章；填制进账单，将进账单、银行本票第二联一并带到开户银行办理款项入账手续。

表 2-41　银行本票　2

提示付款期限自出票之日起贰个月

出票日期（大写）贰零贰贰年壹拾贰月零壹拾日　　10401180 04562114

收款人：无锡市轩嘉工厂　　申请人：无锡海华股份有限公司

凭票即付	人民币（大写）叁万叁仟玖佰元整	亿千百十万千百十元角分	¥3390000

☑转账　□现金　　密押 ****　行号 略

备注　出票行签章　出纳 12　复核 22　经办 21

中国工商银行无锡太湖支行 2022.12.10 受理

表2-42 **银行本票背面**

被背书人建行无锡城南支行	被背书人
（印章：无锡市轩嘉工厂 财务专用章） 背书人签章 2022年12月10日	背书人签章 年 月 日
持票人向银行 提示付款签章 （印章：金山印）	身份证件名称： 发证机关： 号码

（贴粘单处）

无锡市轩嘉工厂该业务涉及的原始凭证见表2-43。

表2-43 **无锡市轩嘉工厂该业务原始凭证**

序号	单据名称	对应编号
1	银行进账单（收账通知）	略，格式参照表2-27
2	增值税专用发票（记账联）	略，格式参照表2-16

编制如下记账凭证（以会计分录代替）：

借：银行存款 33 900 附件2张

　贷：主营业务收入 30 000

　　应交税费——应交增值税（销项税额） 3 900

3）信用卡存款

信用卡存款是指企业为取得信用卡而存入银行信用卡专户的款项。凡在中国境内金融机构开立基本存款账户的单位均可申领单位卡。单位卡可申领若干张，持卡人资格由申领单位法定代表人或其委托的代理人书面指定和注销。单位卡账户的资金一律从其基本存款账户转账存入，不得交存现金，不得将销货收入的款项存入其账户。持卡人可持信用卡在特约单位购物、消费，但单位卡不得用于10万元以上的商品交易和劳务供应款项的结算，也不得支取现金。特约单位在每日营业终了，应将当日受理的信用卡签购单汇总，计算手续费和净额，并填写汇总单和进账单，连同签购单一并送交收单银行办理进账。

企业应填制“信用卡申请表”，连同支票和有关资料一并送存发卡银行，根据银行盖章退回的进账单第一联，借记“其他货币资金——信用卡存款”科目，贷记“银行存款”科目；企业用信用卡购物或支付有关费用，收到开户银行转来的信用卡存款的付款凭证及所附发票账单，借记“管理费用”等科目，贷记“其他货币资金——信用卡存款”科目；企业信用卡在使用过程中，需要向其账户续存资金的，应借记“其他货币资金——信用卡存款”科目，贷记“银行存款”科目；企业的持卡人如不需要继续使用信用卡时，应持信用卡主动到发卡银行办理销户。销卡时，信用卡余额转入企业基本存款账户，不得提取现金，借记“银行存款”科目，贷记“其他货币资金——信用卡存款”科目。

4）信用证保证金存款

企业填写“信用证申请书”，将信用证保证金交存银行时，应根据银行盖章退回的

“信用证申请书”回单，借记“其他货币资金——信用证保证金存款”科目，贷记“银行存款”科目；企业接到开证行通知，根据供货单位信用证结算凭证及所附发票账单，借记“材料采购”或“在途物资”或“原材料”、“库存商品”、“应交税费——应交增值税（进项税额）”等科目，贷记“其他货币资金——信用证保证金存款”科目；将未用完的信用证保证金存款余额转回开户银行时，借记“银行存款”科目，贷记“其他货币资金——信用证保证金存款”科目。

5）外埠存款

企业将款项汇往外地时，应填写汇款委托书，委托开户银行办理汇款。汇入地银行以汇款单位名义开立临时采购账户。该账户的存款不计利息、只付不收、付完清户，除了采购人员可从中提取少量现金外，一律采用转账结算。

企业将款项汇往外地开立采购专用账户，根据汇出款项凭证编制付款凭证时，借记“其他货币资金——外埠存款”科目，贷记“银行存款”科目；收到采购人员转来的供应单位发票账单等报销凭证时，借记“材料采购”或“在途物资”或“原材料”、“库存商品”、“应交税费——应交增值税（进项税额）”等科目，贷记“其他货币资金——外埠存款”科目；采购完毕收回剩余款项时，根据银行的收账通知，借记“银行存款”科目，贷记“其他货币资金——外埠存款”科目。

6）存出投资款

企业向证券公司划出资金时，应按实际划出的金额，借记“其他货币资金——存出投资款”科目，贷记“银行存款”科目；购买股票、债券、基金时，借记“交易性金融资产”等科目，贷记“其他货币资金——存出投资款”科目。

知识拓展

1. 网上银行

网上银行又称网络银行、在线银行，是指银行利用网络技术，通过Internet向客户提供开户、销户、查询、对账、行内转账、跨行转账、信贷、网上证券、投资理财等传统服务项目，使客户可以足不出户就能够安全、便捷地管理活期和定期存款、支票、信用卡及投资等。本文所指网上银行都是特指企业网上银行。可以说，网上银行是在网络上的虚拟银行柜台。

2. 企业网上银行的安全措施

为确保客户资金安全，各家银行对于企业网上银行采取了严密的安全措施，主要有：

❶高强度的客户证书。客户证书的作用是为客户进入企业网上银行提供身份证明，同时对客户在企业网上银行上的往来数据进行加解密，是客户使用企业网上银行时合法性、有效性、不可否认性、安全性的保证。客户证书有效期为一年，超过期限自动失效。证书到期前，客户可自助更换证书，到期后必须到柜台更换证书。

❷先进的网络防火墙。

❸严密的内部权限控制。

❹智能化模块设计。

❺个人密钥。个人密钥是企业不同操作人员所拥有的个人密码，是个人进入企业网上银行进行规定权限操作的安全基础，个人应定期更换密码，不能泄漏给其他人，保证企业数据的安全。

3. 企业网上银行业务操作流程

企业网上银行业务操作流程如图2-1所示。

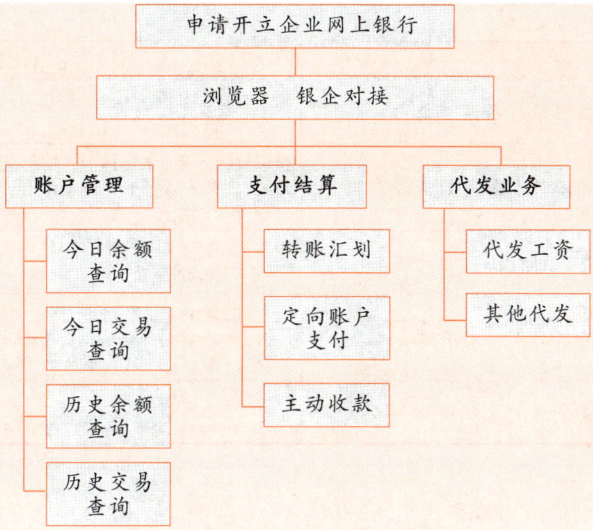

图2-1 网上银行业务操作流程图

本章概要

本章主要介绍了库存现金、银行存款和其他货币资金的确认及计量。库存现金是指存放于企业财会部门、由出纳人员经管的货币。为了反映和监督企业库存现金的收入、支出和结存情况，企业应当设置“库存现金”科目，借方登记企业库存现金的增加，贷方登记企业库存现金的减少，期末借方余额反映期末企业实际持有的库存现金的金额。银行存款是企业存放在银行或其他金融机构的货币资金。为了反映和监督企业银行存款的收入、支出和结存情况，企业应当设置“银行存款”科目，其借方登记企业银行存款的增加，贷方登记企业银行存款的减少，期末借方余额反映期末企业实际持有的银行存款的金额。其他货币资金是指企业除库存现金、银行存款以外的其他各种货币资金，主要包括银行汇票存款、银行本票存款、信用卡存款、信用证保证金存款、外埠存款和存出投资款等。为了反映和监督其他货币资金的收支和结存情况，企业应当设置“其他货币资金”科目，其借方登记其他货币资金的增加，贷方登记其他货币资金的减少，期末余额在借方，反映企业实际持有的其他货币资金的金额。

概念回顾

未达账项　其他货币资金

会计分录

业务内容		会计处理
库存现金	收到零星产品销售收入	借：库存现金 　贷：主营业务收入 　　应交税费——应交增值税（销项税额）
	提现备用	借：库存现金 　贷：银行存款
	报销办公用品费等	借：管理费用——办公费等 　贷：库存现金
银行存款	将现金送存银行	借：银行存款 　贷：库存现金
	现销	借：银行存款 　贷：主营业务收入 　　应交税费——应交增值税（销项税额）
	现购	借：在途物资/原材料/库存商品 　　应交税费——应交增值税（进项税额） 　贷：银行存款

续表

业务内容		会计处理
其他货币资金	办理银行本票申请书	借：其他货币资金——银行本票存款 贷：银行存款
	持银行本票进行业务结算	借：在途物资/原材料/库存商品 应交税费——应交增值税（进项税额） 贷：其他货币资金——银行本票存款
	办理银行汇票申请书	借：其他货币资金——银行汇票存款 贷：银行存款
	持银行汇票进行业务结算	借：在途物资/原材料/库存商品 应交税费——应交增值税（进项税额） 贷：其他货币资金——银行汇票存款
	多余款的收账通知	借：银行存款 贷：其他货币资金——银行汇票存款

原始凭证目录

原始凭证1：报账（付款）审批单（见表2-1）

原始凭证2：增值税普通发票发票联（见表2-2）

原始凭证3：现金支票存根（见表2-9）

原始凭证4：工资结算汇总表（见表2-11）

原始凭证5：预借差旅费领款单（见表2-13）

原始凭证6：销售单（见表2-15）

原始凭证7：增值税专用发票记账联（见表2-16）

原始凭证8：现金缴款单（见表2-19）

原始凭证9：现金清查盘点报告表（见表2-20）

原始凭证10：转账支票（见表2-23）

原始凭证11：增值税专用发票发票联（见表2-24）

原始凭证12：银行进账单（收账通知）（见表2-27）

原始凭证13：信汇凭证（回单）（见表2-29）

原始凭证14：银行存款余额调节表（见表2-31）

原始凭证15：银行汇票申请书（见表2-33）

原始凭证16：银行汇票（多余款收账通知）（见表2-34）

原始凭证17：银行本票申请书（见表2-40）

法规链接

第3章　应收及预付款项

预习思考题

1. 什么是贴现？应收票据贴现如何进行账务处理？

2. 如何确定应收账款的入账价值？

3. 应收款项减值损失的定义是什么？应收款项减值损失如何进行账务处理？

学习目标

理论目标

1. 了解应收及预付款项的内容；

2. 理解应收及预付款项的确认及初始计量；

3. 掌握应收及预付款项的会计核算；

4. 掌握应收款项减值损失的计量及会计核算。

实务目标

1. 能准确计提带息应收票据的利息，会编制应收票据核算的会计分录；

2. 能准确确定应收账款的入账价值，会编制应收账款核算的会计分录；

3. 能准确确定预付账款的入账价值，会编制预付账款核算的会计分录；

4. 能准确确定其他应收款的入账价值，会编制其他应收款核算的会计分录；

5. 能准确计提坏账准备，会编制应收款项减值相关的会计分录。

引例

【引例3-1】

海华公司（增值税一般纳税人），2021年9月1日，向无锡市轩嘉工厂销售产品一批，价款90 000元，增值税11 700元，采用商业承兑汇票结算方式结算，收到无锡市轩嘉工厂交来的一张2021年9月1日签发的、2022年2月28日到期的商业承兑汇票，票面价值为101 700元。

❶假设2022年2月28日，公司上述应收票据到期，收回票面金额101 700元，存入银行。

❷假设2021年11月1日，公司因急需流动资金，经与中国银行协商，将此票据贴现给银行，贴现利率为7%，银行扣除贴现利息后，将贴现款支付给公司，同时公司对此票据的如期偿付承担连带责任。

❸2022年2月28日，无锡市轩嘉工厂无法兑付票款而先由公司代为偿付。

思考：案例中各个时间点应收票据应如何进行会计处理？

【引例3-2】

2021年12月31日，海华公司应收款项期末余额为215 000元，已提坏账准备9 350元，根据企业会计准则，坏账准备应有余额为1 075元。

2022年9月20日，核销无锡市轩嘉工厂货款6 000元。

2022年9月25日，收到2021年公司已经转销的上海藕乐公司坏账3 000元，已存入银行。

要求：该公司在各个时间点应如何进行会计处理？

3.1 应收票据确认与计量

3.1.1 应收票据确认

应收票据是指企业因销售商品、产品，提供劳务等收到的尚未到期兑现的短期的商业汇票。商业汇票是由出票人签发的，委托付款人在指定日期无条件支付确定的金额给收款人或持票人的票据。商业汇票的付款期限，最长不得超过6个月。商业汇票根据承兑人的不同，分为由付款人承兑的商业承兑汇票和由银行承兑的银行承兑汇票两类。商业汇票根据支付本息额的不同，又可以分为带息票据和不带息票据两类。带息票据是指到期时，根据票据面值和利率收取本息的票据。不带息票据是指到期时，根据票据面值收款的票据。

电子商业汇票是指出票人依托电子商业汇票系统，以数据电文形式制作的，委托付款人在指定日期无条件支付确定金额给收款人或者持票人的票据。电子商业汇票分为电子银行承兑汇票和电子商业承兑汇票。电子商业汇票为定日付款票据。与纸质商业汇票相比，电子商业汇票的突出特点在于，它具有以数据电文形式签发、流转，并以电子签名取代实体签章，其对于杜绝伪造及变造票据案件、降低企业结算成本、提升结算效率、控制融资风险具有十分重要的作用。

1）应收票据科目的设置

为了反映和监督应收票据取得、票款收回等经济业务，收款企业应设置“应收票据”科目。其借方登记取得的应收票据的面值和计提的票据利息；贷方登记到期收回票据或到期前向银行贴现的应收票据的票面余额；期末余额在借方，反映企业持有的商业汇票的票面价值和应计利息。

2）应收票据到期日的确定

票据的时间有两种表示方法：

（1）票据的时间以天数表示，于若干天后到期。此时，到期日数按实际日历天数，采用“算头不算尾”的方法计算。

例如，一张面值为36 000元、利率为10%、60天到期的商业汇票，其出票日为8月1日，则其到期日为9月30日。即8月1日至8月31日为31天（8月1日计入），9月1日至9月30日为29天（9月30日不计入）。

（2）票据的时间以月数表示，于若干月后到期。它以次月对日为1个月（如从3月15日至4月15日）。如果出票日正好在月末，则按月数表示时间的到期日为到期月份的月末。例如，票据1月31日开出，3个月后到期，则到期日为4月30日。又如，一张面值为30 000元、利率为12%、3个月到期的商业汇票，其出票日为3月10日，则其到期日为6月10日。

3）应收票据贴现的确定

（1）企业收到商业汇票，如在票据未到期前需要提前取得资金，可以持未到期的商业汇票向银行申请贴现。**贴现，是指企业将未到期的商业汇票经过背书，交给银行，银行受理后，从票面金额中扣除按银行的贴现率计算确定的贴现息后，将余额付给贴现企业的做法。**

票据贴现实质上是一种融通资金的行为。

（2）票据贴现期就是从贴现的那一天至票据到期日之间的天数。在计算时要遵循“算头不算尾”或者“算尾不算头”的原则。头就是开始的那一天，尾就是结束的那一天。也就是说，如果算了开始的那一天，就不能算结束的那一天；反过来，如果算了结束的那一天，就不能算开始的那一天。

例如，某公司2021年10月20日收到带息应收票据一张，期限为6个月，于2022年1月25日贴现。则该票据的贴现期计算如下：

贴现期=（1月算头）7天+（2月）28天+（3月）31天+（4月不算尾）19天=85天

（3）在贴现中，企业给银行的利息称为贴息或贴现息，所用的利率称为贴现率，票据到期值与贴现息之差称为贴现所得。

贴现息=票据到期值×贴现率×贴现期

贴现所得=票据到期值-贴现息

其中，不带息应收票据的到期值就是其面值；带息应收票据的到期值，是其面值加上按票据载明的利率计算的票据全部期间的利息。

3.1.2 应收票据计量

1）不带息应收票据业务的核算

应收票据的核算

（1）不带息应收票据是指商业汇票票面上未注明利率，只按照票面金额结算票款的商业汇票。不带息商业汇票的到期值等于票据面值。企业在收到商业汇票时，按面值借记“应收票据”科目，到期收回票款时，贷记“应收票据”科目。如果到期无法收回票款，应将应收票据的面值从“应收票据”账户转入“应收账款”账户。

【例3-1】海华公司2022年5月20日向东方股份有限公司销售一批产品，增值税专用发票上注明的产品销售收入为20 000元，增值税为2 600元。同日，海华公司收到东方股份有限公司开出并经银行承兑的不带息商业汇票一张，其出票日为5月20日，期限为3个月，面值为22 600元。3个月后，应收票据到期，收回票款22 600元并存入银行。

海华公司该业务的实务操作指导见表3-1。

表3-1 实务操作指导

出纳	制单会计	稽核会计	会计主管	财务经理	单位负责人
1.收到银行承兑汇票并审核 7.票据到期，持已签章的银行承兑汇票办理委托收款 10.登记银行存款日记账	2.审核增值税专用发票、银行承兑汇票复印件（原件最终银行需收回） 3.编制记账凭证 8.审核托收凭证（汇款依据或收账通知），编制记账凭证	4.审核记账凭证 9.审核记账凭证	11.系统记账	5.票据到期，审核银行承兑汇票并在背面签财务专用章	6.票据到期，审核银行承兑汇票并在背面签法人章

海华公司该业务涉及的原始凭证见表3-2。

表3-2 海华公司【例3-1】业务原始凭证

序号	单据名称	对应编号
1	银行承兑汇票复印件	正面见表3-3（背面见表3-4）
2	增值税专用发票（记账联）	略，格式参照表2-16
3	托收凭证（汇款依据或收账通知）	表3-5

表 3-3

银行承兑汇票

2

出票日期（大写） 贰零贰贰年零伍月零贰拾日

10201150
68791083

出票人全称	东方股份有限公司	收款人	全称	无锡海华股份有限公司
出票人账号	85623235635		账号	6222464654546553
付款行名称	建行福田支行		开户银行	工行无锡太湖支行
出票金额	人民币（大写） 贰万贰仟陆佰元整	亿 千 百 十 万 千 百 十 元 角 分		¥ 2 2 6 0 0 0 0
汇票到期日（大写）	贰零贰贰年零捌月零贰拾日	付款行	行号	33338881777
承兑协议编号	3241515		地址	福田路138号
本汇票请你行承兑，到期无条件付款。 东方股份有限公司 财务专用章 李明 印 贤 出票人签章	本汇票已经承兑，到期日由本行付款。 中国工商银行股份有限公司 汇票专用章 林 平 印 承兑行签章 承兑日期 2022 年 05 月 20 日 备注：	密押 复核 16 记账 26		

此联收款人开户行随托收凭证寄付款行作借方凭证附件

表 3-4

银行承兑汇票背面

被背书人 工行无锡太湖支行	被背书人	被背书人
无锡海华股份有限公司 财务专用章 李明 贤 印 背书人签章 2022年8月20日	背书人签章 年 月 日	背书人签章 年 月 日

（贴粘单处）

表 3-5

托收凭证（汇款依据或收账通知）

4

委托日期 2022 年 08 月 20 日 付款期限 2022 年 08 月 20 日

业务类型		委托收款（□邮划、☑电划）		托收承付（□邮划、□电划）			
付款人	全称	东方股份有限公司		收款人	全称	无锡海华股份有限公司	
	账号	85623235635			账号	6222464654546553	
	地址	江苏省无锡市	开户行 建行福田支行		地址	江苏省无锡市	开户行 工行无锡太湖支行
金额	人民币（大写） 贰万贰仟陆佰元整			亿 千 百 十 万 千 百 十 元 角 分		¥ 2 2 6 0 0 0 0	
款项内容	货款	托收凭据名称	增值税专用发票	附寄单证张数	2		
商品发运情况	已发运			合同名称号码			
备注： 复核 记账		上列款项已划回收入你方账户内。 中国工商银行 无锡太湖支行 2022.08.20 转讫 收款人开户银行签章 2022 年 08 月 20 日					

此联付款人开户银行凭以汇款或收款人开户银行作收账通知

编制如下记账凭证（以会计分录代替）：

5月20日：

借：应收票据——东方股份有限公司	22 600		记1
贷：主营业务收入		20 000	附件2张
应交税费——应交增值税（销项税额）		2 600	

8月20日：

借：银行存款	22 600		记2
贷：应收票据——东方股份有限公司		22 600	附件1张（表3-5）

（2）在会计处理上发生附追索权应收票据贴现时，可设置“短期借款”科目，等票据到期，当付款人向贴现银行付清票款后，再将“短期借款”账户转销。如果是用银行承兑汇票贴现，由于票据到期应由银行负责承兑，企业不会发生或有负债，因此在会计处理上可直接冲转“应收票据”账户。

【例3-2】海华公司2022年6月15日向东方股份有限公司销售一批产品，增值税专用发票上注明的产品销售收入为425 000元，增值税为55 250元。收到期限为6个月的银行承兑汇票一张。由于海华公司急需用款，于2022年9月15日将上述票据到银行办理贴现，贴现率为12%。

海华公司该业务涉及的原始凭证见表3-6。

表3-6 海华公司【例3-2】业务原始凭证

序号	单据名称	对应编号
1	银行承兑汇票复印件	略，格式参照表3-3（背面参照表3-4）
2	增值税专用发票（记账联）	略，格式参照表2-16
3	贴现凭证（收账通知）	表3-7

表3-7 贴现凭证（收账通知） 4

申请日期2022年09月15日 第24578号

贴现汇票	种类	银行承兑汇票	号码 68791083	持票人	名称	无锡海华股份有限公司	
	出票日	2022年6月15日			账号	6222464654546553	
	到票日	2022年12月15日			开户银行	工行无锡太湖支行	
汇票承兑人	名称	东方股份有限公司		账号	85623235635	开户银行	建行福田支行
汇票金额	人民币（大写）	肆拾捌万零贰佰伍拾元整				亿千百十万千百十元角分	¥48025000
贴现率	12%	贴现利息	亿千百十万千百十元角分 ¥1456758		实付贴现金额	亿千百十万千百十元角分	¥46568242
贴现款项已入你单位账户。银行签章 2022年08月20日				备注：			

中国工商银行 无锡太湖支行 2022.09.15 转讫

此联为银行给持票人的收账通知

编制如下记账凭证（以会计分录代替）：

6月15日：

借：应收票据——东方股份有限公司　480 250　附件2张

　贷：主营业务收入　425 000

　　　应交税费——应交增值税（销项税额）　55 250

到期日=12月15日

贴现期=（9月算头）16天+（10月）31天+（11月）30天+（12月不算尾）14天=91天

贴现利息=480 250×12%×$\frac{91}{360}$=14 567.58（元）

贴现净额=480 250−14 567.58=465 682.42（元）

9月15日：

借：银行存款　465 682.42　附件1张（表3-7）

　　财务费用　14 567.58

　贷：应收票据——东方股份有限公司　480 250

（3）应收票据转让时，持票人将未到期的商业汇票背书后转让给其他单位或个人。企业将持有的应收票据背书转让，以取得所需物资时，按应计入物资成本的价值，借记“在途物资”等科目，按专用发票上注明的增值税，借记“应交税费——应交增值税（进项税额）”科目，贷记“应收票据”科目，如有差额，借记或贷记“银行存款”等科目。

【例3-3】海华公司2022年9月10日向开拓公司销售商品一批，价值50 000元，增值税6 500元，收到开拓公司寄来的不带息商业承兑汇票一张，期限3个月，全额56 500元。2022年11月20日，海华公司将上述应收票据背书转让以购买钢材，取得的增值税专用发票注明：钢材80 000元，增值税10 400元。余款开出转账支票支付，钢材未验收入库。

海华公司该业务涉及的原始凭证见表3-8。

表3-8　海华公司【例3-3】业务原始凭证

序号	单据名称	对应编号
1	银行承兑汇票复印件	略，格式参照表3-3（背面参照表3-4）
2	增值税专用发票（记账联）	略，格式参照表2-16
3	增值税专用发票（发票联、抵扣联）	略，格式参照表2-24
4	转账支票存根	略，格式参照表2-23

编制如下记账凭证（以会计分录代替）：

9月10日：

借：应收票据——开拓公司　56 500　附件2张（表3-8中1、2）

　贷：主营业务收入　50 000

　　　应交税费——应交增值税（销项税额）　6 500

11月20日：

借：在途物资——钢材　80 000　附件2张（表3-8中3、4）

　　应交税费——应交增值税（进项税额）　10 400

　贷：应收票据——开拓公司　56 500

　　　银行存款　33 900

2）带息应收票据业务的核算

（1）带息应收票据是指商业汇票到期时，承兑人除向收款人或被背书人支付票面金额外，还应按票面金额和票据规定的利息率支付自票据生效日起至票据到期日止的利息的票据。

企业在收到商业汇票时，按面值借记“应收票据”科目；资产负债表日（季末、半年末或年末）计提票据利息时，按应收票据面值和确定的票面利率计提利息，并增加应收票据的账面余额，借记“应收票据”科目，贷记“财务费用”科目；到期收回票款时，贷记“应收票据”（账面余额=票据面值+已提利息）、“财务费用”等科目（未计提利息部分）；如果到期无法收回票款，应从“应收票据”科目转入“应收账款”科目。

（2）应收票据到期应计利息的计算。

应收票据到期应计利息=应收票据面值×利率×期限

上式中，利率有年利率、月利率、日利率三种，换算时全年按360天计算，每月按30天计算（不论大月、小月还是平月）。一般而言，用百分号表示的利率，如无特别指明，均指年利率。

日利率=年利率÷360=月利率÷30

月利率=年利率÷12

例如，一张面值为36 000元、利率为10%、60天到期的商业汇票，其出票日为8月1日，则其到期日为9月30日。8月1日至8月31日为31天（8月1日计入），9月1日至9月30日为29天（9月30日不计入）。

此票据到期后的应计利息=36 000×（10%÷360）×60=600（元）

例如，一张面值为30 000元、利率为12%、3个月到期的商业汇票，其出票日为3月10日，则其到期日为6月10日。

该票据到期后的应计利息=30 000×（12%÷12）×3=900（元）

【例3-4】海华公司2022年11月1日向开拓公司销售一批产品，增值税专用发票上注明产品销售收入为10 000元，增值税为1 300元。同日，收到开拓公司开出的一张6个月到期、年利率为10%、票面金额为11 300元的商业承兑汇票。

海华公司该业务涉及的原始凭证见表3-9。

表3-9 海华公司【例3-4】业务原始凭证

序号	单据名称	对应编号
1	商业承兑汇票复印件	略，格式参照表3-3（背面参照表3-4）
2	增值税专用发票（记账联）	略，格式参照表2-16
3	托收凭证（汇款依据或收账通知）	略，格式参照表3-5

编制如下记账凭证（以会计分录代替）：

11月1日：

借：应收票据——开拓公司　　11 300　　记1

　贷：主营业务收入　　10 000　　附件2张（表3-9中1、2）

　　　应交税费——应交增值税（销项税额）　　1 300

12月31日，计提票据利息：

票据利息=11 300×10%×2÷12=188.33（元）

借：应收票据——开拓公司　　188.33

　贷：财务费用　　188.33

2023年5月1日：

票据到期值=11 300+11 300×10%×6÷12=11 865（元）

借：银行存款　　11 865　附件2张（表3-9中1、3）

　贷：应收票据——开拓公司　　11 488.33

　　财务费用　　376.67

（3）带息应收票据贴现的计算过程。

视频课程

应收票据贴现和转让

可概括为以下四个步骤：

第一步：计算应收票据到期值。

第二步：计算贴现利息。

贴现利息=票据到期值×贴现率÷360×贴现日数

其中：贴现日数=票据期限－已持有票据期限

第三步：计算贴现所得。

贴现所得=票据到期值-贴现利息

第四步：编制会计分录。

借：银行存款（贴现所得）

　　财务费用（贴现所得小于票据账面余额的差额）

　贷：应收票据（票据账面余额）

　　财务费用（贴现所得大于票据账面余额的差额）

【例3-5】海华公司于4月1日将当年2月1日开出并承兑的面值为100 000元、年利率为8%、5月1日到期的银行承兑汇票向银行贴现，贴现率为10%。计算贴现息和贴现所得，并编制会计分录。

带息票据到期值=100 000×（1+8%×3÷12）=102 000（元）

贴现息=102 000×10%×30÷360 =850（元）

贴现所得=102 000-850=101 150（元）

海华公司该业务涉及的原始凭证见表3-10。

表3-10　海华公司【例3-5】业务原始凭证

序号	单据名称	对应编号
1	银行承兑汇票复印件	略，格式参照表3-3（背面参照表3-4）
2	贴现凭证（收账通知）	略，格式参照表3-7

编制如下记账凭证（以会计分录代替）：

借：银行存款　　101 150　附件2张（表3-10中1、2）

　贷：应收票据　　100 000

　　财务费用　　1 150

如果上述为带追索权的商业承兑汇票：

借：银行存款　　101 150　附件2张（表3-10中1、2）

　贷：短期借款　　100 000

　　财务费用　　1 150

知识拓展

应收票据贴现有两种情况：一种是带追索权的票据贴现；另一种是不带追索权的票据贴现。如果是不带追索权的应收票据贴现，就意味着当出票人不按期付款时，银行不可向背书企业索偿。如果是带追索权的应收票据贴现，当出票人不按期付款时，银行可向背书企业索偿。

（1）带追索权的票据贴现。

❶贴现时的基本会计处理应为：

借：银行存款

　　财务费用（实际支付的贴现息）

　贷：短期借款

❷票据到期，承兑人按期付款：

借：短期借款

　贷：应收票据（应收票据账面余额）

　　　财务费用（未结算入账的利息）

❸到期承兑人无力支付款项：

若到期承兑人无力支付款项，银行将支款通知随同汇票、付款人未付票款通知书送交申请贴现的企业，贴现企业有义务将有关款项按票据的到期值支付给银行。则基本会计处理应为：

借：应收账款（面值与票据利息之和）

　贷：应收票据（应收票据账面余额）

　　　财务费用（未结算入账的利息）

借：短期借款

　贷：银行存款（银行扣款金额）

（2）不带追索权的票据贴现。

企业将应收票据上的风险和未来经济利益全部转让给银行，冲减应收票据的账面余额，应收票据贴现值（即贴现所得金额）与账面余额之间的差额记入“财务费用”科目（可能在借方，也可能在贷方）。对已贴现的无追索权的商业汇票到期，因贴现企业不承担连带偿付责任，不作任何会计处理。

老会计的经验点滴

（1）在核算中要注意区分“票据到期值”“面值”“账面余额”三个概念，它们要用在适合的地方，不能混淆。

（2）贴现率或票面利率要跟贴现期或票据日期的计算口径一致，如果贴现率或票面利率是用百分号表示的，通常情况下表明的是年利率，要注意把它们转换为月利率或日利率。

3.2 应收账款确认与计量

3.2.1　应收账款确认

1）应收账款的定义

如果某项应收账款纯粹是以商业信用为基础，债务人没有出具付款的书面承诺，则账款的偿付将缺乏法律约束力，会计上称之为应收账款。确认应收账款一般即意味着销售收入的实现。

2）应收账款科目的设置

为了反映应收账款的增减变动及其结存情况，企业应设置“应收账款”科目，不单独设置“预收账款”科目的企业，预收的账款也在“应收账款”科目核算。“应收账款”科目的借方登记应收账款的增加；贷方登记应收账款的收回及确认的坏账损失；期末余额一般在借方，若在贷方，则反映企业预收的账款。该科目应按对方单位名称设置明细科目，进行明细核算。

3.2.2 应收账款计量

视频课程

应收账款的核算

通常情况下，应收账款的入账价值应根据买卖双方成交时的实际金额（包括发票金额和代购货单位垫付的运杂费）确定。若涉及商业折扣，则企业应按扣除商业折扣后的实际售价确定应收账款的入账价值。

商业折扣，是指卖方视购买数量的多少而给予的售价上的优惠。卖方在出售商品时，价目单上往往标明各种商品的价格，客户按价目单上的定价扣除卖方允许的折扣。会计记录只按商品定价扣除商业折扣后的净额入账。企业利用商业折扣，往往基于多种原因，如避免经常更改价目表，为不同的顾客或不同的购货数量提供不同的价格，向竞争对手隐瞒企业的实际价格等。如某商品在价目单上的价格为50元/件，买方一次性购买100件，卖方给予的折扣为10%，则实际价格（发票价格）为4 500元（50×100×90%）。由于商业折扣在交易成立及实际付款之前予以扣除，因此，买卖双方均无须在账上反映商业折扣，因此对应收账款和营业收入均不产生影响。

【例3-6】海华公司2022年12月21日采用托收承付结算方式向无锡市轩嘉工厂销售商品一批，价款40 000元，增值税5 200元。已办理托收手续。2022年12月31日收到款项。

海华公司该业务涉及的原始凭证见表3-11。

表3-11 海华公司【例3-6】业务原始凭证

序号	单据名称	对应编号
1	托收凭证（受理回单）	表3-12
2	增值税专用发票（记账联）	略，格式参照表2-16
3	托收凭证（汇款依据或收账通知）	略，格式参照表3-5

表3-12 托收凭证（受理回单） 1

委托日期2022年12月21日

业务类型	委托收款（☑邮划、☐电划）		托收承付（☐邮划、☐电划）		
付款人 全称	无锡市轩嘉工厂		收款人 全称	无锡海华股份有限公司	
付款人 账号	85938473229477		收款人 账号	6222464654546553	
付款人 地址	江苏省无锡市/县	开户行 建行无锡城南支行	收款人 地址	江苏省无锡市/县	开户行 工行无锡太湖支行
金额 人民币（大写）	肆万伍仟贰佰元整		亿千百十万千百十元角分	¥4520000	
款项内容	货款	托收凭据名称 增值税专用发票	附寄单证张数 2		
商品发运情况	已发运		合同名称号码		
备注：			收款人开户银行签章	中国工商银行无锡太湖支行 2022.12.21 受理	2022年12月21日
复核125	记账127				

此联作收款人开户银行给收款人的受理回单

编制如下记账凭证（以会计分录代替）：

12月21日：

借：应收账款——无锡市轩嘉工厂 45 200 附件2张（表3-11中1、2）

贷：主营业务收入 40 000

应交税费——应交增值税（销项税额） 5 200

12月31日：

借：银行存款 45 200 附件1张（表3-11中3）

贷：应收账款——无锡市轩嘉工厂 45 200

【例3-7】海华公司2022年12月22日向东方股份有限公司销售产品1 000台，不含税单价为400元。本企业销售政策规定，凡客户一次性购买500台以上的给予商业折扣10%。货已发出，已办妥委托收款手续。

海华公司该业务涉及的原始凭证见表3-13。

表3-13 海华公司【例3-7】业务原始凭证

序号	单据名称	对应编号
1	托收凭证（受理回单）	略，格式参照表3-12
2	增值税专用发票（记账联）	略，格式参照表2-16

编制如下记账凭证（以会计分录代替）：

12月22日：

借：应收账款——东方股份有限公司 406 800 附件2张

贷：主营业务收入 360 000

应交税费——应交增值税（销项税额） 46 800

老会计的经验点滴

应收账款明细账应根据不同的明细科目而分别登记，不同的应收单位不能登记在同一张账页上。

3.3 预付账款确认与计量

3.3.1 预付账款确认

1）预付账款的定义

预付账款是指企业按照购货合同规定预付给供应单位的账款。它是为了让对方按照购货合同规定发货，而暂时被供货单位占用的资金。预付账款与应收账款都属于企业的短期债权，但应收账款是企业应收的销货款，即应向购货单位收取的款项；而预付账款是企业的购货款，是预先付给供货单位的款项。因此，二者应当分别设置科目。

2）预付账款科目的设置

为了反映和监督预付账款的支出和结算情况，企业应设置“预付账款”科目，以进行总分类核算，同时，还应对预付账款按供货单位的名称设置明细科目，进行明细分类核算。“预付账款”科目属于资产类科目，核算企业按照购货合同规定预付给供货单位的货款。其借方登记企业预付给供货单位的款项和补付的款项，贷方登记企业收到采购货物时按发票金额冲销的预付账款数和因预付货款数大于采购货款而退回的款项，期末余额一般在借方。预付款项情况不多的企业，也可以不设该科目，而将预付的款项直接记入“应付账款”科目的借方。但在编制“资产负债表”时，应当将“预付款项”和“应付账款”的金额分别在不同项目反映。

3.3.2 预付账款计量

企业根据购货合同的规定向供货单位预付款项时，借记“预付账款”科目，贷记“银行存款”科目。企业收到所购货物时，根据有关发票账单金额，借记“原材料”“应交税费——应交增值税（进项税额）”等科目，贷记“预付账款”科目；当预付货款小于采购货物所需支付的款项时，应按不足部分补付货款，借记“预付账款”科目，贷记“银行存款”科目；当预付货款大于采购货物所需支付的款项时，对收回的多余款项，借记“银行存款”科目，贷记“预付账款”科目。

【例 3-8】海华公司向华光公司预订 B 材料 1 500 件，不含税单价 200 元，海华公司预付 200 000 元，其余款项待货到后再付。10 日后收到华光公司发来的 B 材料，验收无误，并支付余款。

海华公司该业务涉及的原始凭证见表 3-14。

表 3-14 海华公司【例 3-8】业务原始凭证

序号	单据名称	对应编号
1	转账支票存根（2 张）	略，格式参照表 2-23
2	入库单	表 3-15
3	增值税专用发票（发票联、抵扣联）	略，格式参照表 2-24

表 3-15 入　库　单

入库部门：1 号库　　2022 年 12 月 26 日　　第 7 号

种类	编号	名称	规格	数量	单位	单价	运杂费	千	百	十	万	千	百	十	元	角	分
原材料		B 材料		1 500	件	200				3	0	0	0	0	0	0	0
备注							合计		¥	3	0	0	0	0	0	0	0

第三联 财务记账

负责人：马丽　　记账：李有　　验收：王宁　　填单：李可

编制如下记账凭证（以会计分录代替）：

预付货款时：

借：预付账款——华光公司　　200 000　　附件 1 张（表 3-14 中 1）

　贷：银行存款　　200 000

收到预订的货物时：

借：原材料 300 000 附件2张（表3-14中2、3）

应交税费——应交增值税（进项税额） 39 000

贷：预付账款——华光公司 339 000

补付货款时：

借：预付账款——华光公司 139 000 附件1张（表3-14中1）

贷：银行存款 139 000

老会计的经验点滴

通常情况下不管原来预付多少货款，在收到货物时，预付账款都以货物的价税合计入账，以后再补付或收回多付的货款。但如果补付或收回多付的货款与收到货物几乎同时发生时，也可以合并入账，即预付账款入账金额为当初预付的金额。

3.4 其他应收款确认与计量

3.4.1 其他应收款确认

1）其他应收款的定义

其他应收款是指企业除应收票据、应收账款、预付款项、应收股利、应收利息、长期应收款等以外的各种应收、暂付给其他单位和个人的款项。

2）其他应收款的主要内容

❶应收的各种赔款、罚款；

❷应收的出租包装物租金；

❸应向职工收取的各种垫付款项；

❹不设置“备用金”科目的企业拨出的备用金（向企业各职能科室、车间拨出的备用金）；

❺存出保证金，如租入包装物支付的押金；

❻不符合预付账款性质而按规定转入的预付账款；

❼其他各种应收、暂付款项。

3）其他应收款科目的设置

为了反映和监督其他应收款的发生和结余情况，企业应设置“其他应收款”科目进行核算。该科目借方登记各种其他应收款项的发生，贷方登记其他应收款项的收回，期末借方余额反映企业尚未收回的其他应收款项。在“其他应收款”科目下，应按其他应收款的项目分类，并按不同的债务人设置明细科目，进行明细核算。

3.4.2 其他应收款计量

企业发生其他各种应收、暂付款项时，借记本科目，贷记“库存现金”“银行存款”“固定资产清理”“待处理财产损溢”等科目；收回或转销各种款项时，借记“库存现金”“银行存款”等科目，贷记本科目。

【例3-9】2022年12月10日，海华公司向无锡市轩嘉工厂租入包装物一批，以银行存款向无锡市轩嘉工厂支付押金10 000元；12月31日，海华公司按期如数向无锡市轩嘉工厂退回所租包装物，并收到无锡市轩嘉工厂退还的押金。

海华公司该业务涉及的原始凭证见表3-16。

表3-16 海华公司【例3-9】业务原始凭证

序号	单据名称	对应编号
1	转账支票存根	略，格式参照表2-23
2	银行进账单（收账通知）	略，格式参照表2-27

编制如下记账凭证（以会计分录代替）：

12月10日：

借：其他应收款——无锡市轩嘉工厂 10 000 附件1张（表3-16中的1）

贷：银行存款 10 000

12月31日：

借：银行存款 10 000 附件1张（表3-16中的2）

贷：其他应收款——无锡市轩嘉工厂 10 000

知识拓展

（1）定额备用金。定额备用金是指用款部门按照定额持有的备用金。在这种方式下，企业的会计部门协同使用备用金的部门，根据日常零星开支的需要，事先核定备用金额，由使用备用金部门填制借款单，一次领出现金，报销时由会计部门根据审核后的报销凭证，用现金补足备用金定额。这种备用金制度便于企业对备用金的使用进行有效的控制，并减少财会部门的日常核算工作。一般适用于有经常性费用开支的内部用款部门。

❶备用金使用部门第一次领款时：

借：其他应收款——备用金

贷：库存现金

❷办理报销，补足备用金定额时：

借：管理费用等

贷：库存现金

❸结清备用金时：

借：管理费用等

借或贷：库存现金

贷：其他应收款——备用金

（2）非定额备用金。非定额备用金是指用款部门或职工个人所持有的备用金没有定额的规定，当用款部门或个人由于零星采购、出差或其他日常开支需要使用备用金时，根据需要逐次向财会部门申请报批，经财会部门会同有关负责人审核同意后，逐次借用与报销。

❶预借款项时：

借：其他应收款——××个人

贷：库存现金

❷办理报销，一次性结清预借款项：

借：管理费用等

借或贷：库存现金

贷：其他应收款——××个人

老会计的经验点滴

企业拨出用于投资、购买物资的各种款项，不得列入其他应收款。发生的其他应收款按实际发生的金额入账，其他应收款在资产负债表日的计量与应收账款相同。

3.5 应收款项减值确认与计量

3.5.1 应收款项减值确认

1）应收款项减值的定义

视频课程

应收款项减值确认与计量

企业的各项应收款项，可能会因债务人拒付、破产、死亡等信用缺失原因而使部分或全部无法收回。这类无法收回的应收款项通常称为坏账，企业因坏账而遭受的损失称为坏账损失。应收款项减值有两种核算方法，即直接转销法和备抵法。我国企业会计准则规定，应收款项减值的核算应采用备抵法；小企业会计准则规定，应收款项减值采用直接转销法。

2）坏账损失处理的方法

（1）直接转销法

采用直接转销法时，对日常核算中应收款项可能发生的坏账损失不进行会计处理，只有在实际发生坏账时，才作为坏账损失计入当期损益。

小企业应收及预付款项符合下列条件之一的，减除可收回的金额后确认的无法收回的应收及预付款项，作为坏账损失：

❶债务人依法宣告破产、关闭、解散、被撤销，或者被依法注销、吊销营业执照，其清算财产不足清偿的。

❷债务人死亡，或者依法被宣告失踪、死亡，其财产或者遗产不足清偿的。

❸债务人逾期3年以上未清偿，且有确凿证据证明已无力清偿债务的。

❹与债务人达成债务重组协议或法院批准破产重整计划后，无法追偿的。

❺因自然灾害、战争等不可抗力导致无法收回的。

❻国务院财政、税务主管部门规定的其他条件。

直接转销法的优点是账务处理简单，将坏账损失在实际发生时确认为损失符合其偶发性特征和小企业经营管理的特点。其缺点是不符合权责发生制会计基础，也与资产定义存在一定的冲突。在这种方法下，只有坏账实际发生时，才将其确认为当期损益，导致资产和各期损益不实；另外，在资产负债表上，应收账款是按账面余额而不是按账面价值反映，这在一定程度上高估了期末应收款项。

（2）备抵法

备抵法是采用一定的方法按期确定预期信用损失计入当期损益，作为坏账准备，待坏账损失实际发生时，冲销已计提的坏账准备和相应的应收款项。采用这种方法，需要对预期信用损失进行复杂的评估和判断，履行预期信用损失的确定程序。

❶预期信用损失的概念。

预期信用损失，是指以发生违约的风险为权重的金融工具信用损失的加权平均值。信用损失，是指企业按照实际利率折现的、根据合同应收的所有合同现金流量与预期收取的所有现金流量之间的差额。

❷预期信用损失的确定方法。

企业对于《企业会计准则第14号——收入》规范的交易形成且不含重大融资成分的应收款项，始终按照相当于整个存续期内预期信用损失的金额计量其损失准备。

信用风险自初始确认后是否显著增加的判断：企业应通过比较应收款项在初始确认时所确定的预计存续期内的违约概率与该工具在资产负债表日所确定的预计存续期内的违约概率，来判定金融工具信用风险是否显著增加；如果企业确定应收款项在资产负债表日只具有较低的信用风险的，可以假设该应收款项的信用风险自初始确认后并未显著增加。通常情况下，如果逾期超过30日，则表明应收款项的信用风险已经显著增加。除非企业在无须付出不必要的额外成本或努力的情况下即可获得合理且有依据的信息，证明即使逾期超过30日，信用风险自初始确认后仍未显著增加。在确定信用风险自初始确认后是否显著增加时，企业应考虑无须付出不必要的额外成本或努力即可获得的合理且有依据的信息，包括前瞻性信息；对于应收款项，企业在单项应收款项层面无法以合理成本获得关于信用风险显著增加的充分证据，而在组合的基础上评估信用风险是否显著增加是可行的，企业应按照应收款项的类型、信用风险评级、初始确认日期、剩余合同期限为共同风险特征，对应收账款进行分组并以组合为基础考虑评估信用风险是否显著增加。

在确定信用风险自初始确认后是否显著增加时，企业应考虑的具体信息包括：债务人未能按合同到期日支付款项的情况；已发生的或预期的债务人的外部或内部信用评级的严重恶化；已发生的或预期的债务人经营成果的严重恶化；现存的或预期的技术、市场、经济或法律环境变化，并将对债务人对本企业的还款能力产生重大不利影响。

考虑到应收款项的流动性特征，实务中通常按照应收款项的账面余额和预计可收回金额的差额确定预计信用减值损失，即按照应收款项在初始确认时所确定的预计存续期内的违约概率与该应收款项在资产负债表日所确定的预计存续期内的违约概率，来判定应收款项信用风险是否显著增加。应收款项坏账准备可以分类计算确定，也可以以组合为基础计算。

采用备抵法核算信用减值损失的优点主要有：符合权责发生制基础和会计谨慎性要求，在资产负债表中列示应收款项的净额，使财务报表使用者能了解企业应收款项预期可收回的金额和谨慎的财务状况；在利润表中作为营业利润项目列示，有利于落实企业管理者的经管责任，有利于企业外部利益相关者如实评价企业的经营业绩，作出谨慎的决策。其缺点是预期信用损失的估计需要考虑的因素众多，且有部分估计因素带有一定的主观性，对会计职业判断的要求较高，可能导致预期信用损失的确定不够准确、客观；此外，预期信用减值损失影响各期营业利润金额的计算与确定，客观存在企业管理者平滑利润进行盈余管理甚至利润操纵与舞弊的可能性，增加会计职业风险，增加注册会计师审计难度和审计风险，同时，也增加政府和行业的会计监管难度和风险，这对会计制度的制定者、执行者和监管者等提出更高的要求。

3.5.2 应收款项减值计量

1）直接转销法

根据《小企业会计准则》，确认应收账款实际发生的坏账损失，应当按照可收回的金额，借记“银行存款”等科目，按照其账面余额，贷记“应收账款”等科目，按照其差额，借记“营业外支出——坏账损失”科目。

【例3-10】某小企业2018年发生的一笔50 000元应收账款，因债务人财务状况原因长期未能收回，于2022年年末经催收收回5 000元，其余款项确实无法收回确认为坏账。该小企业在2022年年末应编制如下会计分录：

借：银行存款 5 000

营业外支出——坏账损失 45 000

贷：应收账款 50 000

2）备抵法

企业应当设置“坏账准备”科目，核算应收款项的坏账准备计提、转销等事项。“坏账准备”科目的贷方登记当期计提的坏账准备、收回已转销的应收账款而恢复的坏账准备，借方登记实际发生的坏账损失金额和冲减的坏账准备金额，期末贷方余额，反映企业已计提但尚未转销的坏账准备。

坏账准备可按以下公式计算：

当期应计提的坏账准备=当期按应收款项计算的坏账准备金额-（或+）“坏账准备”科目的贷方（或借方）余额

（1）计提坏账准备

企业计提坏账准备时，按照应收款项应减记的金额，借记“信用减值损失——计提坏账准备”科目，贷记“坏账准备”科目。冲减多计提的坏账准备时，借记“坏账准备”科目，贷记“信用减值损失——计提坏账准备” 科目。

（2）转销坏账

企业确实无法收回的应收款项按管理权限报经批准后作为坏账转销时，应当冲减已计提的坏账准备。企业实际发生坏账损失时，借记“坏账准备”科目，贷记“应收账款”“其他应收款”等科目。

（3）收回已确认坏账并转销应收款项

视频课程

应收款项减值的核算

已确认并转销的应收款项以后又收回的，应当按照实际收到的金额增加坏账准备的账面余额。已确认并转销的应收款项以后又收回的，应先恢复客户声誉，借记“应收账款”“其他应收款”等科目，贷记“坏账准备”科目；同时，借记“银行存款”科目，贷记“应收账款”“其他应收款”等科目。

【例3-11】（1）海华公司2019年首次计提坏账准备，当年年末的应收账款余额为100 000元，根据企业会计准则应计提坏账准备的金额为5 000元，见表3-18。

（2）2020年10月，应收无锡市轩嘉工厂的账款实际发生坏账损失4 000元；当年年末应收账款余额为120 000元，根据企业会计准则，坏账准备应有余额为6 000元。

（3）若本例中，2020年10月，无锡市轩嘉工厂实际发生坏账损失6 000元，其他条件不变。

（4）2021年10月，上年确认的无锡市轩嘉工厂的坏账损失4 000元又收回；当年年末应收账款余额为150 000元，根据企业会计准则，坏账准备应有余额为7 500元。

（5）2022年8月，应收上海藕乐公司的账款实际发生坏账损失3 500元；当年年末应收账款余额为80 000元，根据企业会计准则，坏账准备应有余额为4 000元。

海华公司该业务涉及的原始凭证见表3-17。

表3-17 海华公司【例3-11】部分业务原始凭证

序号	单据名称	对应编号
1	坏账准备计提表	表3-18
2	董事会决议	表3-19
3	银行进账单（收账通知）	略，格式参照表2-27

表3-18 坏账准备计提表

2019年12月31日 单位：元

项目	应收款项账面余额	计提比例	应提准备数	账面已提数	应补提（或冲减）数
	100 000	5%	5 000	0	5 000
合计					

会计主管：张兵 制表：赵振翔

表3-19 无锡海华股份有限公司第五届第五次董事会决议

无锡海华股份有限公司于2020年10月31日召开董事会会议。应参加会议董事为7人，实际参加会议董事为7人，符合公司章程规定，会议有效。与会董事就本公司下列坏账核销事宜，经过讨论以举手表决方式，以7票赞成，0票反对，审议通过决议：

公司客户无锡市轩嘉工厂因严重亏损，无力偿还一般债务，将其账面所欠货款4 000元作为坏账核销。

本决议符合《中华人民共和国公司法》的规定。

无锡海华股份有限公司

出席会议的董事签名（略）

2020年10月31日

编制如下记账凭证（以会计分录代替）：

（1）2019年12月31日：

借：信用减值损失——计提坏账准备 5 000 附件1张（表3-18）

贷：坏账准备 5 000

（2）2020年10月31日：

借：坏账准备 4 000 附件1张（表3-19）

贷：应收账款——无锡市轩嘉工厂 4 000

2020年12月31日：

“坏账准备”账户贷方应保持余额6 000元；计提前“坏账准备”账户余额（贷方）= 5 000 − 4 000= 1 000（元）；因此应补提5 000元。

借：信用减值损失——计提坏账准备 5 000 附件1张（坏账准备计提表，参照表3-18）

贷：坏账准备 5 000

（3）2020年10月：

借：坏账准备　　　　　　　　　　　　　6 000　附件1张（董事会决议，参照表3–19）

　贷：应收账款——无锡市轩嘉工厂　　　　　6 000

2020年12月31日：

"坏账准备"账户贷方应保持余额6 000元；计提前"坏账准备"账户余额（借方）=6 000－5 000=1 000（元）；因此应补提7 000元。

借：信用减值损失——计提坏账准备7 000　附件1张（坏账准备计提表，参照表3–18）

　贷：坏账准备　　　　　　　　　　　7 000

（4）2021年10月：

借：应收账款——无锡市轩嘉工厂 4 000　附件1张（坏账准备计提表，参照表3–18）

　贷：坏账准备　　　　　　　　　　4 000

同时：

借：银行存款　　　　　　　　　　　　4 000　附件1张（银行进账单（收账通知））

　贷：应收账款——无锡市轩嘉工厂　　　　4 000

2021年12月31日：

"坏账准备"账户贷方应保持余额7 500元；计提前"坏账准备"账户余额（贷方）=6 000＋4 000=10 000（元）；因此应冲销2 500元。

借：坏账准备　　　　　　　　　　2 500　附件1张（坏账准备计提表，参照表3–18）

　贷：信用减值损失——计提坏账准备　2 500

（5）2022年8月：

借：坏账准备　　　　　　　　　　　　3 500　附件1张（董事会决议，参照表3–19）

　贷：应收账款——上海藕乐公司　　　　　3 500

2022年12月31日：

"坏账准备"账户贷方应保持余额4 000元；计提前"坏账准备"账户余额（贷方）=7 500－3 500=4 000（元）；因此既不补提也不冲销，即不需要进行会计处理。

老会计的经验点滴

怎样进行往来账务的核对？我们目前所处的时代，是一个信用发达的时代，也是一个信用很容易破产的时代。经营者们懂得灵活运用信用以取代货币进行交易，这便刺激了社会生产、销售和消费的巨大发展，提高了整个社会的经济发展水平，加速了经济繁荣。

然而，信用的发展也不可避免地带来了三角债、债务危机等问题，呆账随时可能侵蚀老本的时代已悄然来临。面对如此现实环境，企业经营者变得患得患失：多卖怕收不回货款；有限制地赊销，虽能减少呆账，但又担心会失去市场。既要确保经营成果，又要避免蒙受呆账损失，这就要求企业做好一个重要工作——对应收账款的控制与管理。目的是预防呆账，减少坏账，保全企业经营成果而又不对企业的销售产生重大不良影响。

应收账款一般应实施的控制方法如下：

应收账款的记录必须以经营销售部门核准的销售发票和发运单等为依据。

根据应收账款的明细账户余额定期编制应收账款余额核对表，并将该表寄客户核实，编制该表的人员不能同时担任记录和调整应收账款的工作。

应收账款的总账与明细账的登记应由不同的人员根据汇总的记账凭证和各种原始凭证分别登记，并由独立于记录应收账款的其他人员定期检查核对总账和明细账户的余额。

由信贷部门定期编制应收账款分析表，从中分析出是否存在虚列或不能收回的应收账款。

指定专人对应账款账龄较长的客户进行催收和索取货款，以保证公司债权得以收回；应收账款的各种贷项调整（包括坏账冲销、折扣与折让的给予等）必须经批准才能进行。

本章概要

如果某项应收账款纯粹是以商业信用为基础，债务人没有出具付款的书面承诺，则账款的偿付将缺乏法律约束力，会计上称之为应收账款。

应收票据是指企业因销售商品、产品，提供劳务等收到的尚未到期兑现的短期的商业汇票。

预付账款是指企业按照购货合同规定预付给供应单位的账款。

在资产负债表日，应收款项发生减值的，按应减记的金额，借记“信用减值损失”科目，贷记“坏账准备”科目。本期应计提的坏账准备大于其账面余额的，应按其差额计提；应计提的坏账准备小于其账面余额的，按差额编制相反的会计分录。

对于确实无法收回的应收款项，按管理权限报经批准后作为坏账，转销应收款项，借记“坏账准备”科目，贷记“应收票据”“应收账款”“预付账款”“其他应收款”等科目。

已确认并转销的应收款项之后又收回的，应按实际收回的金额，借记“应收票据”“应收账款”“预付账款”“其他应收款”等科目，贷记“坏账准备”科目；同时，借记“银行存款”科目，贷记“应收票据”“应收账款”“预付账款”“其他应收款”等科目。

概念回顾

贴现　商业折扣　坏账损失

会计分录

业务内容		会计处理
应收票据	取得应收票据	借：应收票据 　贷：主营业务收入 　　　应交税费——应交增值税（销项税额）
	票据到期	借：银行存款/应收账款 　贷：应收票据
	背书转让	借：原材料 　　应交税费——应交增值税（进项税额） 　　银行存款（或贷记） 　贷：应收票据
	贴现	借：银行存款 　　财务费用 　贷：应收票据/短期借款
应收账款	取得应收账款	借：应收账款 　贷：主营业务收入 　　　应交税费——应交增值税（销项税额）
	收回应收账款	借：银行存款/应收票据 　贷：应收账款
预付账款	预付货款	借：预付账款 　贷：银行存款
	收到预订的货物	借：在途物资/原材料/库存商品 　　应交税费——应交增值税（进项税额） 　贷：预付账款
	补付货款	借：预付账款 　贷：银行存款 退回多付款时编制相反会计分录

续表

业务内容		会计处理
其他应收款	预借差旅费	借：其他应收款 贷：银行存款
	报销差旅费	借：管理费用 库存现金（或贷记） 贷：其他应收款
应收款项减值	坏账损失确认	借：坏账准备 贷：应收账款
	坏账收回	借：应收账款 贷：坏账准备 同时： 借：银行存款 贷：应收账款
	计提坏账准备	借：信用减值损失——计提坏账准备 贷：坏账准备
	冲销坏账准备	借：坏账准备 贷：信用减值损失——计提坏账准备

♚原始凭证目录

原始凭证 1：银行承兑汇票（见表 3-3）

原始凭证 2：托收凭证（汇款依据或收账通知）（见表 3-5）

原始凭证 3：贴现凭证（收账通知）（见表 3-7）

原始凭证 4：托收凭证（受理回单）（见表 3-12）

原始凭证 5：入库单（见表 3-15）

原始凭证 6：坏账准备计提表（见表 3-18）

原始凭证 7：董事会决议（见表 3-19）

法规链接

第4章 存 货

学习目标

➢ 理论目标

1.理解存货的概念、分类及确认条件；

2.熟悉《企业会计准则第1号——存货》对存货业务会计处理的相关规定。

➢ 实务目标

1.能正确、熟练地进行实际成本计价法下存货收、发业务的核算；

2.能正确、熟练地进行计划成本计价法下存货收、发业务的核算；

3.能正确、熟练地核算存货的盘盈盘亏业务；

4.会进行期末存货计价核算。

引例

李林是会计专业毕业生，受聘到盛达机械制造厂担任材料核算会计。该厂现有材料85种，采用实际成本计价核算。由于企业材料收发业务比较频繁，发出材料实际成本确认的工作量较大，企业在会计核算时，发出材料按估计成本转作成本费用，导致材料的实际成本与账面成本出现较大差异。为此，李林想将材料改用计划成本计价。

思考：原材料按实际成本计价核算与按计划成本计价核算各有什么特点？其适用范围如何？

4.1 存货确认与初始计量

4.1.1 存货的概念及确认

存货，是指企业在日常活动中持有以备出售的产成品或商品、处在生产过程中的在产品、生产过程或提供劳务过程中耗用的材料和物料等。存货具有如下主要特征：

❶存货通常具有一定的物质实体，是一项有形资产。

❷存货具有较强的流动性。作为企业流动资产中的一个重要组成部分，存货在企业生产经营过程中，经常处于不断耗用、重置或者销售、重置的循环中，是一项流动性较强的资产。

❸存货持有的最终目的是出售，不论是直接出售，还是经过进一步加工后出售。这一特征是存货区别于其他资产的最本质的特征。例如，企业为建造固定资产等工程项目而储备的各种工程物资，虽然也具有相似于产品生产所需耗用的原材料的物质形态，但企业持有工程物资的目的不是为了出售或制成产品出售，因此不属于存货；再如机器设备，在用于进行生产经营活动的企业中，作为劳动手段是一项固定资产，而在生产销售这种机器设备的企业中，则是一项存货。

根据《企业会计准则第1号——存货》的规定，符合存货定义的资产项目，要在资产负债表中作为存货予以确认，还必须同时满足以下两个条件：

❶该存货包含的经济利益很可能流入企业。

通常，拥有存货的所有权是判断存货包含的经济利益很可能流入企业的一个重要标志。一般情况下，凡是所有权已属于本企业，无论企业是否收到或持有该存货，均应作为本企业的存货进行核算；反之，如果企业已失去或未取得所有权，即使该存货存放在企业，也不能再作为本企业的存货进行核算。

❷该存货的成本能够可靠地计量。

存货作为企业资产的组成部分，其成本能够可靠地计量必须以取得确凿、可靠的证据为依据，并且具有可验证性。

4.1.2 存货的内容

企业所处的行业性质不同，持有的存货也会有所不同。制造业企业以加工或生产产品为主，其存货通常包括以下内容：

1）原材料

原材料是指企业在生产过程中经加工改变其形态或性质并构成产品主要实体的各种原料及主要材料、辅助材料、外购半成品（外购件）、修理用备件（备品备件）、包装材料、燃料等。

2）在产品

在产品是指企业正在制造、尚未完工的产品，包括正在各个生产工序加工的产品和已加工完毕但尚未检验或已检验但尚未办理入库手续的产品。

3）半成品

半成品是指经过一定生产过程并已检验合格交付半成品仓库保管，但尚未制造完工成为产成品，仍需进一步加工的中间产品。

4）库存商品

库存商品是指工业企业的产成品或委托加工完成验收入库用于销售的各种商品。其中，产成品是指工业企业已经完成全部生产过程并验收入库，可以按照合同规定的条件送交订货单位或者可以作为商品对外销售的产品。企业接受外来原材料加工制造的代制品和为外单位加工修理的代修品，制造和修理完成验收入库后，应视同本企业的产成品。

5）周转材料

周转材料是指企业能够多次使用、逐渐转移其价值但仍保持原有形态，且不确认为固定资产的材料，如包装物和低值易耗品。

4.1.3 存货的初始计量

存货应当按照成本进行初始计量。存货成本包括采购成本、加工成本和其他成本。

存货的采购成本，包括购买价款、相关税费、运输费、装卸费、保险费以及其他可归属于存货采购成本的费用。

存货的加工成本，包括直接人工及按照一定方法分配的制造费用等。

存货的其他成本，是指除采购成本、加工成本以外的，使存货达到目前场所和状态所发生的其他支出。

企业存货由于取得方式不同，其成本构成也有所不同。具体如下：

1）外购存货

外购存货的成本即存货的采购成本，包括：

❶买价，是指购货发票上列明的价款，但不包括按规定可以抵扣的增值税额。

❷运杂费，是指存货在采购过程中发生的运输费、装卸费、保险费、包装费、仓储费等费用。

❸运输途中的合理损耗。有些存货，在运输途中会发生一定的短缺和损耗。合理损耗部分应计入存货采购成本；能确定过失人的损失，应向责任单位或过失人索取赔偿，不计入采购成本；因自然灾害等原因发生的损失，减去保险赔偿及可收回材料作价后的净损失，应作为营业外支出处理，不计入存货成本；属于无法收回的其他损失，计入管理费用，也不计入存货成本。

❹入库前的挑选整理费用，是指存货入库前，在整理挑选过程中发生的人工费、必要损耗等扣除可回收下脚料价值后的费用。

❺相关税费，是指企业购买存货发生的进口关税、消费税、资源税以及不能抵扣的增值税进项税额等按规定应计入采购成本的税费。

❻其他可归属于存货采购成本的费用。

2）自制存货

自制存货包括自制的原材料、周转材料、在产品和半成品、产成品等。其成本包括制造过程中的直接材料、直接人工和制造费用等各项实际支出。

3）委托加工存货

企业委托外单位加工的存货，其实际成本包括以下内容：

❶加工中耗用材料物资等的实际成本。

❷支付的加工费用。

❸应负担的往返运杂费等费用。

❹按规定应计入成本的税费，包括委托加工物资所应负担的不能抵扣的增值税、消费税等。需要缴纳消费税的委托加工物资，由受托方代收代缴的消费税，应分别以下情况处理：委托加工物资收回后直接用于销售的，消费税应计入委托加工物资成本；委托加工物资收回后用于继续加工应税消费品的，消费税应先记入“应交税费——应交消费税”账户的借方，待应税消费品连续生产完工并销售后，按规定可用于抵扣应税消费品销售后所负担的消费税。

4）接受投资者投入的存货

投资者投入存货的成本应当按照投资合同或协议约定的价值（合同或协议约定的价值不公允的除外）加上企业应负担的相关税费确定。

5）接受捐赠的存货

如果捐赠方提供了有关发票，按照发票上注明的金额加上支付的相关税费（不包含准予抵扣的进项税额）作为实际成本；如果捐赠方未提供有关发票，则按其市价或同类、类似存货的市场价格的估计金额，加上支付的相关税费（不包含准予抵扣的进项税额）作为实际成本。

6）盘盈的存货

盘盈的存货应当按照同类或类似存货的市场价格确定其成本。

7）企业通过债务重组、非货币性资产交换方式取得的存货

企业通过债务重组、非货币性资产交换方式取得的存货应分别按《企业会计准则第12号——债务重组》《企业会计准则第7号——非货币性资产交换》的有关规定确定其成本。

下列费用不应当计入存货成本，而应当在其发生时计入当期损益：

❶非正常消耗的直接材料、直接人工和制造费用。

❷存货采购入库后发生的除为达到下一个生产阶段所必需的仓储费用以外的其他储存费用。

❸不能归属于使存货达到目前场所和状态的其他支出。

❀课堂讨论

盛达机械制造厂为增值税一般纳税人。本月购进原材料5 000千克，取得的增值税专用发票上注明的价款为120 000元，增值税税额为15 600元；取得的运费增值税专用发票上注明：运费900元，增值税税额81元；另支付保险费300元、包装费75元。款项已全部支付。材料验收入库时发现短缺50千克，经查属于运输途中的合理损耗。试问：该批原材料的实际总成本及单位成本分别是多少？

4.2 原材料确认与计量

原材料具体包括原料及主要材料、辅助材料、外购半成品（外购件）、修理用备件（备品备件）、包装材料、燃料等。

原材料的日常收发及结存，可以采用实际成本计价核算，也可以采用计划成本计价核算。

4.2.1 原材料按实际成本计价的核算

原材料按实际成本计价核算是指原材料日常收入、发出及结存，无论总分类核算，还是明细分类核算，均采用实际成本计价的一种方法。该方法一般适用于规模较小、原材料品种较少且收发业务不多的企业。

视频课程

实际成本计价法下原材料外购业务的核算

1）账户设置

原材料按实际成本计价核算需设置“在途物资”“原材料”等账户。

（1）“在途物资”账户

该账户属于资产类账户，用来核算实际成本计价法下企业已经承付货款但尚未验收入库的材料、商品等物资的实际成本。其借方登记企业购入的在途物资的实际采购成本；贷方登记在途物资运抵企业并验收入库的实际成本；期末余额在借方，反映期末企业已经购入但尚未验收入库的在途材料或商品等物资的实际成本。本账户应按供货单位和物资品种设置明细账，进行明细分类核算。

（2）“原材料”账户

该账户属于资产类账户，用来核算企业库存的各种原料及主要材料、辅助材料、外购半成品（外购件）、修理用备件、包装材料、燃料等的实际成本。其借方登记验收入库材料的实际成本；贷方登记发出材料的实际成本；期末余额在借方，反映期末库存材料的实际成本。该账户可按材料的类别、品种和规格、保管地点等设置明细账，进行明细分类核算。

2）原材料取得的核算

（1）外购原材料

企业购入材料时，由于采购地点和货款结算方式不同，支付货款与收料可能同时完成，也可能二者在时间上不同步，核算时应当区分不同情况进行处理。

❶单货同到，即结算单据到达财务部门（货款或已支付，或已承付）的同时，材料已验收入库。企业应根据结算凭证、收料单等，借记“原材料”“应交税费”等账户，贷记“银行存款”“应付账款”“应付票据”等账户。

【例 4-1】海华公司对原材料中除辅助材料外的其他材料均采用实际成本计价核算。2022 年 9 月 2 日从无锡市锡美塑料厂购入一批 ABS 材料。取得的增值税专用发票上注明的价款为 15 000 元，增值税为 1 950 元，材料已验收入库，货款以转账支票方式支付。

海华公司该业务涉及的原始凭证见表 4-1。

表 4-1 海华公司【例 4-1】业务原始凭证

序号	单据名称	对应编号
1	增值税专用发票（发票联、抵扣联）	略，格式参照表 2-24
2	报账（付款）审批单	略，格式参照表 2-1
3	转账支票存根	略，格式参照表 2-23
4	收料单	表 4-2

表 4-2 收料单

材料科目：原料及主要材料　　2022 年 09 月 02 日　　编号：021

收货仓库：1号仓库　　销货单位：无锡市锡美塑料厂

材料类别	名称及规格	计量单位	数量		实际成本			计划成本		差异
			应收	实收	单价	运杂费	金额	单位成本	金额	
主材	ABS材料	吨	1	1	15 000.00		15 000.00			
合计			1	1			15 000.00			
备注										

第三联 财务记账

质检：李义　　收料：王宁　　制单：冯雷

编制如下记账凭证，见表 4-3。

表 4-3 记账凭证

2022 年 09 月 02 日　　记字第 2 号

摘要	科目		借方金额											贷方金额											√
	总账科目	明细科目	亿	千	百	十	万	千	百	十	元	角	分	亿	千	百	十	万	千	百	十	元	角	分	
购买ABS材料	原材料	原料及主要材料（ABS材料）					1	5	0	0	0	0	0												
	应交税费	应交增值税（进项税额）						1	9	5	0	0	0												
	银行存款																	1	6	9	5	0	0	0	
合计						¥	1	6	9	5	0	0	0				¥	1	6	9	5	0	0	0	

附件 4 张

会计主管：张兵　　记账：赵振翔　　出纳：陈美丽　　复核：张兵　　制单：赵振翔

海华公司根据审核无误的记账凭证登记的“原材料”明细账见表 4-4。

表 4-4

原材料明细账

最高储量：略　　　　　　　　　　　　　　二级科目名称：原料及主要材料
最低储量：略　　　　　　　　　　　　　　三级科目名称：ABS材料
编号：略　　　规格：略　　　　　　　　　单位：吨　存放地点：1号仓库

2022年		凭证		摘要	收入												发出												结存											
月	日	种类	号数		数量	单价	千	百	十	万	千	百	十	元	角	分	数量	单价	千	百	十	万	千	百	十	元	角	分	数量	单价	千	百	十	万	千	百	十	元	角	分
9	1			期初结存																									2	15 500.00				3	1	0	0	0	0	0
	2	记	2	购进	1	15 000.00				1	5	0	0	0	0	0													3					4	6	0	0	0	0	0

❷单先到，货后到，即结算单据到达财务部门（货款或已支付，或已承付）时，材料尚未到达或尚未验收入库。企业应在收到结算单据时，借记“在途物资”“应交税费”等账户，贷记“银行存款”“应付账款”“应付票据”等账户；待收到材料并验收入库后，根据收料单，借记“原材料”账户，贷记“在途物资”账户。

【例 4-2】2022年9月5日，海华公司外购一批304不锈钢，取得芜湖市大昌钢铁厂开具的增值税专用发票，注明价款160 000元，增值税20 800元。取得顺达物流公司开具的增值税专用发票，注明运费1 800元，增值税162元；装卸费200元，增值税12元。运费及装卸费已由销货方代垫，材料尚未运达企业。

海华公司根据增值税专用发票等，编制的会计分录如下：

借：在途物资——芜湖市大昌钢铁厂（304不锈钢）　　162 000
　　应交税费——应交增值税（进项税额）　　20 974
　贷：应付账款——芜湖市大昌钢铁厂　　182 974

【例 4-3】承【例 4-2】，9月8日，海华公司购买的304不锈钢运达企业，并验收入库。

海华公司根据收料单编制的会计分录如下：

借：原材料——原料及主要材料（304不锈钢）　　162 000
　贷：在途物资——芜湖市大昌钢铁厂（304不锈钢）　　162 000

【例 4-4】承【例 4-2】【例 4-3】，9月10日，海华公司以电汇方式支付芜湖市大昌钢铁厂购货款182 974元。

海华公司根据报账（付款）审批单、电汇凭证回单编制的会计分录如下：

借：应付账款——芜湖市大昌钢铁厂　　182 974
　贷：银行存款　　182 974

老会计的经验点滴

材料收发业务较少的企业，材料收入的总分类核算可以根据收料凭证逐日编制记账凭证，并据以登记总分类账；材料收发业务较多的企业，则可以根据收料凭证，定期编制“收料凭证汇总表”，月终一次登记总分类账，进行总分类核算。

❸货到，单未（后）到，即材料验收入库时，发票、结算凭证等单据尚未到达财务部

门。这种情况下，因无法确定材料的实际成本，为简化核算手续，月份内发生的，可暂不入账，待发票账单到达时，视同单货同到处理；若月末发票账单仍未到达，应按照合同价暂估入账，借记“原材料”账户，贷记“应付账款——暂估应付款”账户；下月初，再编制相同的红字分录予以冲回。

【例4-5】2022年9月26日，海华公司从上海宝山钢铁厂购入304不锈钢4吨，材料已运到并验收入库，但尚未收到有关发票、结算凭证，货款尚未支付。9月30日，财会部门按合同价64 600元暂估入账。

9月30日，海华公司编制的会计分录如下：

借：原材料——原料及主要材料（304不锈钢）　　64 600

　贷：应付账款——暂估应付款　　64 600

10月初，海华公司用红字冲回时：

借：原材料——原料及主要材料（304不锈钢）　　64 600

　贷：应付账款——暂估应付款　　64 600

知识拓展

外购材料在运输途中发生短缺和毁损，应根据造成短缺和毁损的原因分别处理：

1.定额内的合理损耗，计入材料的采购成本。

2.如能确定由供货单位、运输单位、保险公司或其他过失人赔偿的，应向有关单位或责任人索赔，自“在途物资”账户转入“应付账款”或“其他应收款”账户。

3.如系尚待查明原因或需报经批准才能转销处理的损失，应先从“在途物资”账户转入“待处理财产损溢”账户，查明原因后再分别处理：（1）应由供货单位、运输单位、保险公司或其他过失人赔偿的损失，从“待处理财产损溢”账户转入“应付账款”或“其他应收款”账户；（2）属于自然灾害造成的损失，应将扣除保险公司赔偿和残料价值后的净损失，从“待处理财产损溢”账户转入“营业外支出”账户；（3）属于无法收回的其他损失，报经批准后，从“待处理财产损溢”账户转入“管理费用”账户。

4.上述第2、3种情况下，短缺或毁损的材料所负担的增值税进项税额按规定不准予抵扣，应予以转出，随同“在途物资”账户转入相应账户。

（2）接受投资者投入原材料

企业接受投资者投入原材料时，应按投资合同或协议约定的价值（合同或协议约定价值不公允的除外）确定材料实际成本，借记“原材料”“应交税费”等账户，贷记“实收资本”（或“股本”）等账户。

【例4-6】2022年9月15日，海华公司接受腾达公司投入的ABS材料一批，已验收入库。双方协议约定的价值为30 000元，增值税进项税额为3 900元。

海华公司根据投资方提供的增值税专用发票、收料单、合同或协议复印件等编制的会计分录如下：

借：原材料——原料及主要材料（ABS材料）　　30 000

　　应交税费——应交增值税（进项税额）　　3 900

　贷：实收资本——腾达公司　　33 900

（3）接受捐赠原材料

企业接受捐赠原材料，应按捐赠方提供的发票上注明的金额或按市价或同类、类似存货的市场价格的估计金额，加上支付的相关税费（不包含准予抵扣的进项税额）作为材料的实际成本，借记“原材料”“应交税费”等账户，贷记“营业外收入”等账户。

【例4-7】2022年9月20日，海华公司接受美林达公司捐赠的304不锈钢2吨，材料已验收入库。美林达公司提供的增值税专用发票上注明的价款为33 000元，增值税为4 290元。海华公司另开出转账支票支付运杂费600元。

海华公司根据增值税专用发票、转账支票存根等编制的会计分录如下：

借：原材料——原料及主要材料（304不锈钢） 33 600

应交税费——应交增值税（进项税额） 4 290

贷：营业外收入 37 290

银行存款 600

3）原材料发出的核算

（1）存货发出的计价方法

企业应当根据各类存货的实物流转方式、企业管理的要求、存货的性质等实际情况，合理地选择采用先进先出法、月末一次加权平均法、移动加权平均法和个别计价法确定发出存货的成本。

❶先进先出法。

视频课程

先进先出法

先进先出法，是指以先购入的存货先发出（销售或耗用）这样一种存货实物流转假设为前提，按照存货购入的先后顺序确定发出存货成本和期末结存存货实际成本的方法。其具体做法是：收入存货时，逐笔登记收入存货的数量、单价和金额；发出存货时，按照先进先出的原则逐笔登记发出存货的成本和结存存货的成本。

【例4-8】2022年9月，海华公司有关原材料304不锈钢的收入、发出情况见表4-5。

表4-5 原材料收入发出及结存情况表

2022年 月	日	摘要	收入 数量	收入 单价	收入 金额	发出 数量	发出 单价	发出 金额	结存 数量	结存 单价	结存 金额
9	1	期初结存							6	15 800.00	94 800.00
	5	购进	10	16 200.00	162 000.00				16		
	7	生产冰箱领用				8			8		
	10	购进	12	16 150.00	193 800.00				20		
	12	委托加工发出				3			17		
	15	生产洗衣机领用				10			7		
	20	购进	15	16 180.00	242 700.00				22		
	25	对外销售				4			18		
	30	本月合计	37		598 500.00	25			18		

如果海华公司对发出的304不锈钢采用先进先出法计价，则其发出成本和结存成本的确定见表4-6。

表 4-6

原材料明细账

最高储量：略　　　　　　　　　　　　　　二级科目名称：原料及主要材料

最低储量：略　　　　　　　　　　　　　　三级科目名称：304不锈钢

编号：略　　规格：略　　数量单位：吨　　存放地点：2号仓库

2022年		凭证		摘要	收入			发出			结存		
月	日	种类	号数		数量	单价	金额（千百十万千百十元角分）	数量	单价	金额（千百十万千百十元角分）	数量	单价	金额（千百十万千百十元角分）
9	1			期初结存							6	15 800.00	9480000
	5	略	略	购进	10	16 200.00	16200000				6 10	15 800.00 16 200.00	25680000
	7			生产冰箱领用				6 2	15 800.00 16 200.00	12720000	8	16 200.00	12960000
	10			购进	12	16 150.00	19380000				8 12	16 200.00 16 150.00	32340000
	12			委托加工发出				3	16 200.00	4860000	5 12	16 200.00 16 150.00	27480000
	15			生产洗衣机领用				5 5	16 200.00 16 150.00	16175000	7	16 150.00	11305000
	20			购进	15	16 180.00	24270000				7 15	16 150.00 16 180.00	35575000
	25			对外销售				4	16 150.00	6460000	3 15	16 150.00 16 180.00	29115000
	30			本月合计	37		59850000	25		40215000	18		29115000

采用先进先出法，其优点是可以及时反映发出存货和结存存货的成本，有利于存货的日常管理；企业不能随意挑选存货计价以调整当期利润；结存存货是按最近的单位成本计价，使资产负债表所列报的存货价值更接近现行市场价值。其缺点一是在存货收发业务比较频繁的企业，这种计价方法工作量大，比较繁琐；二是当物价上涨时，会高估企业当期利润和存货价值，反之，则会低估企业当期利润和存货价值。

❷月末一次加权平均法。

月末一次加权平均法，是指以本月全部进货数量加上月初存货数量作为权数，除当月全部进货成本加上月初存货成本，计算出存货的加权平均单位成本，以此为基础计算本月发出存货成本和月末存货成本的一种方法。其计算公式如下：

$$加权平均单位成本=\frac{月初结存存货的实际成本+本月收入存货的实际成本}{月初结存存货数量+本月收入存货数量}$$

月末结存存货成本=月末结存存货数量×加权平均单位成本

本月发出存货成本=本月发出存货数量×加权平均单位成本

或　　=月初结存存货成本+本月收入存货成本−月末结存存货成本

【例 4-9】承【例 4-8】，如果海华公司采用月末一次加权平均法计价，则其发出成本和结存成本的确定见表 4-7。

表4-7

原材料明细账

最高储量：略　　　　　　二级科目名称：原料及主要材料

最低储量：略　　　　　　三级科目名称：304不锈钢

编号：略　　规格：略　　数量单位：吨　　存放地点：2号仓库

2022年 月	日	凭证 种类	凭证 号数	摘要	收入 数量	收入 单价	收入 金额（千百十万千百十元角分）	发出 数量	发出 单价	发出 金额（千百十万千百十元角分）	结存 数量	结存 单价	结存 金额（千百十万千百十元角分）
9	1			期初结存							6	15 800.00	9480000
	5	略	略	购进	10	16 200.00	16200000				16		
	7			生产冰箱领用				8			8		
	10			购进	12	16 150.00	19380000				20		
	12			委托加工发出				3			17		
	15			生产洗衣机领用				10			7		
	20			购进	15	16 180.00	24270000				22		
	25			对外销售				4			18		
	30			本月合计	37		59850000	25	16 123.26	40308150	18	16 123.26	29021850

$$加权平均单位成本=\frac{94\,800+(162\,000+193\,800+242\,700)}{6+(10+12+15)}=16\,123.26（元）$$

视频课程

实际成本计价下存货发出的计价方法
——月末一次加权平均法

本月发出存货成本=25×16 123.26=403 081.50（元）

月末结存存货成本=月初结存存货成本＋本月收入存货成本－本月发出存货成本

=94 800+598 500−403 081.50

=290 218.50（元）

本例中，也可根据加权平均单位成本先计算月末结存存货成本，再倒挤计算本月发出存货成本，即：

月末结存存货成本=18×16 123.26=290 218.68（元）

本月发出存货成本=月初结存存货成本＋本月收入存货成本−月末结存存货成本

=94 800+598 500−290 218.68

=403 081.32（元）

采用月末一次加权平均法，其优点一是平时在存货明细账中只记录存货的发出数量，仅在月末一次计算加权平均单位成本，简化了日常核算工作；二是考虑了不同批次进货的数量及单价，对存货成本的分摊比较均衡。其缺点是这种计价方法平时账面上不能反映发出和结存存货的成本，不利于加强存货的日常管理。

❸移动加权平均法。

移动加权平均法，是指在每次收入存货后，以每次收入存货前的结存数量和该次收入数量为权数，计算移动加权平均单位成本，并以此单位成本计算下次进货前发出存货成本的一种方法。其计算公式如下：

$$移动加权平均单位成本=\frac{本次进货前结存存货成本+本次进货实际成本}{本次进货前结存存货数量+本次进货数量}$$

下次进货前发出存货成本=下次进货前发出存货数量×移动加权平均单位成本

采用移动加权平均法，其优点是能够及时反映发出存货和结存存货的成本，而且计算的平均单位成本及发出和结存存货的成本比较客观。其缺点是这种方法在存货收入较为频繁的情况下，要在每次收货时计算一次平均单位成本，工作量较大。

❹个别计价法。

个别计价法，亦称个别认定法、具体辨认法，其特征是注重所发出存货实物流转与成本流转之间的联系，逐一辨认各批发出存货和期末存货所属的购进批别或生产批别，分别按其购入或生产时所确定的单位成本计算各批发出存货和期末结存存货的成本。

采用个别计价法，存货的成本流转与其实物流转相一致，计算的发出和结存存货的成本比较准确，但采用这种方法要求所核算的存货应当是可以辨别认定的，而且必须对每种（批）存货作出详细的记录，以掌握存货收发存的具体情况，在存货收发频繁的情况下，核算工作量较大。但随着会计信息化的日益普及，个别计价法将越来越多地应用于发出存货的计价。

（2）发出材料的会计核算

企业发出材料的业务一般较多且频繁，为简化日常核算工作，通常在月末根据实际成本计价的发料凭证（领料单等），按照领料部门和用途，汇总编制“发料凭证汇总表”，并据以编制记账凭证，将发出材料成本计入相关资产的成本或当期损益，借记“生产成本”“制造费用”“管理费用”“委托加工物资”“在建工程”等账户，贷记“原材料”账户。

【例4-10】假设海华公司发出材料采用月末一次加权平均法计价。2022年9月30日，会计人员核算本月材料发出业务。根据本月领料单（格式见表4-8）按领用部门和用途汇总编制“发料凭证汇总表”（见表4-9）。

表4-8 领料单

发货仓库： 年 月 日 第 号

领料单位： 用途：

类别	编号	名称型号	单位	应发数量	实发数量	单位成本	金额
合 计							
物料号码	备注：						

第三联 财务记账

负责人： 发料： 领料： 填单：

表4-9 发料凭证汇总表

2022年09月30日 金额单位：元

领料部门及用途		原料及主要材料		外购半成品	修理用备件	合计
		ABS材料	304不锈钢			
基本生产车间	洗衣机	86 574.30	161 232.60	64 892.60		312 699.50
	冰箱	63 216.27	128 986.08	57 344.65		249 547.00
	一般耗用	1 240.50				1 240.50
辅助生产车间				1 433.80	2 541.80	3 975.60
管理部门		650.32				650.32
其他业务部门			64 493.04			64 493.04
委托加工物资			48 369.78			48 369.78
合 计		151 681.39	403 081.50	123 671.05	2 541.80	680 975.74

制单：张华 复核：王琳 会计：秦晖

海华公司编制的会计分录如下：

借：生产成本——基本生产成本（洗衣机）	312 699.50	
——基本生产成本（冰箱）	249 547	
——辅助生产成本	3 975.60	
制造费用	1 240.50	
管理费用	650.32	
其他业务成本	64 493.04	
委托加工物资	48 369.78	
贷：原材料——原料及主要材料（ABS材料）		151 681.39
——原料及主要材料（304不锈钢）		403 081.50
——外购半成品		123 671.05
——修理用备件		2 541.80

4.2.2 原材料按计划成本计价的核算

视频课程

计划成本计价法下原材料购进的核算

原材料按计划成本计价核算是指原材料日常收入、发出及结存，无论总分类核算，还是明细分类核算，均采用计划成本计价的一种方法。其特点是：收发凭证按材料的计划成本计价，总分类账和明细分类账按计划成本登记。原材料的实际成本与计划成本的差异，通过“材料成本差异”账户核算；月末计算发出材料应分摊的成本差异，并随同本月发出材料的计划成本记入有关账户，将发出存货的计划成本调整为实际成本。该方法一般适用于存货品种较多、收发较频繁的企业。

1）账户设置

原材料按计划成本计价核算时，需要设置的账户主要有“材料采购”、“原材料”和“材料成本差异”账户，不再设置“在途物资”账户。

（1）“材料采购”账户

该账户属资产类账户，用于核算企业购入各种材料的采购成本。其借方登记外购材料的实际成本；贷方登记验收入库材料的计划成本；实际成本大于计划成本的超支差异，从本账户结转到“材料成本差异”账户的借方，反之，实际成本小于计划成本的节约差异结转到“材料成本差异”账户的贷方。该账户月末余额在借方，表示已取得但尚未运达企业或未验收入库的在途物资的实际采购成本。本账户可按照供货单位及存货类别设置明细账。

（2）“原材料”账户

该账户用于核算库存材料的收发和结存情况。在材料采用计划成本核算时，其借方登记入库材料的计划成本；贷方登记发出材料的计划成本；期末余额在借方，反映企业库存材料的计划成本。本账户可按照材料的保管地点、类别、品种和规格设置明细账。

（3）“材料成本差异”账户

该账户用来核算入库存货的实际成本与计划成本的差异。其借方登记实际成本大于计划成本的差异额（超支差异），贷方登记实际成本小于计划成本的差异额（节约差异），以及发出存货应分摊的成本差异（超支用蓝字，节约用红字）；期末余额表示库存存货实际成本与计划成本的差异，借方余额表示超支差异，贷方余额表示节约差异。本账户可分别“原材料”“周转材料”等，按照存货类别或品种设置明细账。

2）原材料取得的核算

原材料按计划成本计价核算时，取得的原材料不论是否验收入库，都必须先通过“材料采购”账户核算，验收入库后，再转入“原材料”账户，同时结转材料成本差异至“材料成本差异”账户。

按计划成本进行材料收入的核算，也应根据材料来源、货款结算方式等不同情况，分别进行账务处理。

❶单货同到。对于发票、结算凭证等单据与材料同时到达的采购业务，企业应根据发票、结算凭证，借记“材料采购”“应交税费”等账户，贷记“银行存款”“应付账款”“应付票据”等账户；同时，根据收料单按计划成本借记“原材料”账户，贷记“材料采购”账户，并结转入库材料的成本差异额：实际成本大于计划成本的超支差异，借记“材料成本差异”账户，贷记“材料采购”账户；实际成本小于计划成本的节约差异做相反会计分录。

【例4-11】海华公司对辅助材料采用计划成本计价核算。2022年9月12日，海华公司从台州三阳实业有限公司购入辅助材料1 200千克，取得的增值税专用发票上注明的价款为96 000元，增值税为12 480元，材料已运达企业并验收入库。海华公司开具一张期限为3个月的银行承兑汇票承付货款。该辅助材料的单位计划成本为82元/千克。

海华公司该业务涉及的原始凭证见表4-10。

表4-10 海华公司【例4-11】业务原始凭证

序号	单据名称	对应编号
1	增值税专用发票（发票联、抵扣联）	略，格式参照表2-24
2	报账（付款）审批单	略，格式参照表2-1
3	银行承兑汇票	略，格式参照表3-3
4	收料单	表4-11

表4-11 收料单

材料科目：辅助材料　　2022年09月12日　　编号：034

收货仓库：1号仓库　　销货单位：台州三阳实业有限公司

材料类别	名称及规格	计量单位	数量		实际成本		计划成本		差异
			应收	实收	单位成本	金额	单位成本	金额	
辅材	绝缘线	千克	1 200	1 200	80.00	96 000.00	82.00	98 400.00	-2 400.00
合计			1 200	1 200		96 000.00		98 400.00	-2 400.00
备注									

第三联 财务记账

质检：李义　　收料：王宁　　制单：冯雷

海华公司根据上述原始凭证，编制的会计分录如下：

借：材料采购——台州三阳实业有限公司（绝缘线）　　96 000

　　应交税费——应交增值税（进项税额）　　12 480

　贷：应付票据　　108 480

同时：

借：原材料——辅助材料（绝缘线）　　98 400

　贷：材料采购——台州三阳实业有限公司（绝缘线）　　98 400

借：材料采购——台州三阳实业有限公司（绝缘线） 2 400

贷：材料成本差异——辅助材料 2 400

海华公司根据审核无误的记账凭证登记的材料采购明细账、原材料明细账、材料成本差异明细账见表4-12至表4-14。

表4-12

材料采购明细账

供货单位：台州三阳实业有限公司

存货名称：绝缘线

2022年 月	日	凭证 字	号	摘要	借方金额 买价	借方金额 运杂费	借方金额 其他	借方金额 合计	贷方	借或贷	余额
9	12	略	略	购进	9600000					借	9600000
	12			材料入库					9600000	平	θ

表4-13

原材料明细账

最高储量：略　　二级科目名称：辅助材料

最低储量：略　　三级科目名称：绝缘线

编号：略　规格：略　数量单位：千克　存放地点：1号库

2022年 月	日	凭证 种类	号数	摘要	收入 数量	收入 单价	收入 金额	发出 数量	发出 单价	发出 金额	结存 数量	结存 单价	结存 金额
9	1			期初结存							400	82	3280000
	3	略	略	车间一般耗用				16	82	131200	384	82	3148800
	12			购进入库	1 200	82	9840000				1 584	82	12988800

表4-14

材料成本差异明细账

二级科目名称：辅助材料

三级科目名称：

2022年 月	日	凭证 种类	号数	摘要	借方	贷方	借或贷	余额
9	1			期初余额			借	80000
	12	略	略	结转入库材料成本差异		240000	贷	160000

老会计的经验点滴

材料收发业务较少的企业，材料收入的总分类核算可以根据收料凭证逐日编制记账凭证，并据以登记总分类账；材料收发业务较多的企业，平时可不进行材料入库和结转材料成本差异的核算，待到月末，根据收料凭证汇总编制“收料凭证汇总表”，集中进行总分类核算。

❷单先到，货后到。对于发票、结算凭证已先到，材料后到达的采购业务，企业可于收到发票、结算凭证等单据时，根据实际结算的价款借记“材料采购”“应交税费”等账户，贷记“银行存款”“应付账款”“应付票据”等账户；待材料到达并验收入库时（或月末汇总后），根据收料单（或收料凭证汇总表）借记“原材料”账户，贷记“材料采购”账户，并结转入库材料的成本差异额。

【例4-12】海华公司对辅助材料采用计划成本计价核算。2022年9月22日，海华公司从盐城凯明无线电厂购入电子元件（辅助材料）一批，收到的增值税专用发票上注明的数量为1 000千克，单价为50元，增值税为6 500元。因材料尚未运达企业，款项尚未支付。该辅助材料的单位计划成本为48元/千克。

海华公司根据增值税专用发票编制的会计分录如下：

借：材料采购——盐城凯明无线电厂（电子元件） 50 000

应交税费——应交增值税（进项税额） 6 500

贷：应付账款——盐城凯明无线电厂 56 500

【例4-13】承【例4-12】，2022年9月25日，海华公司所购上述辅助材料到达企业并验收入库。

海华公司根据收料单编制的会计分录如下：

借：原材料——辅助材料（电子元件） 48 000

贷：材料采购——盐城凯明无线电厂（电子元件） 48 000

借：材料成本差异——辅助材料 2 000

贷：材料采购——盐城凯明无线电厂（电子元件） 2 000

❸货到，单未（后）到。对于尚未收到发票、结算凭证等单据的已入库材料，其账务处理与原材料按实际成本计价核算类似，即月份内发生的，暂不进行账务处理，收到发票、结算凭证等单据时，比照单货同到情况核算；若月末仍未收到发票、结算凭证等单据，可按计划成本暂估入账，下月初用红字冲回。

【例4-14】2022年9月27日，海华公司从南京无线电三厂购入辅助材料绝缘线500千克，材料已运到并验收入库，但尚未收到有关发票、结算凭证，货款尚未支付。9月30日，财会部门按计划成本价41 000元暂估入账。

9月30日海华公司编制的会计分录如下：

借：原材料——辅助材料（绝缘线） 41 000

贷：应付账款——暂估应付款 41 000

10月初，海华公司用红字冲回时编制的会计分录如下：

借：原材料——辅助材料（绝缘线） 41 000

贷：应付账款——暂估应付款 41 000

3）原材料发出的核算

（1）结转发出材料的计划成本

月末，根据领料单及单位计划成本，汇总填制“发料凭证汇总表”，按领料部门和用途，借记“生产成本”“制造费用”“管理费用”“委托加工物资”“在建工程”等账户，贷记“原材料”账户。

（2）计算并结转发出材料应负担的材料成本差异

视频课程
计划成本计价下原材料发出业务的核算

材料成本差异随着材料的入库而形成，同时也随着材料的出库而减少，期初和当期形成的材料成本差异，应当在当期已发出材料和期末结存材料之间进行分配，将发出材料的计划成本调整成实际成本。其计算公式如下：

$$\text{材料成本差异率}=\frac{\text{月初结存材料成本差异}+\text{本月收入材料成本差异}}{\text{月初结存材料计划成本}+\text{本月收入材料计划成本}}\times 100\%$$

本月发出材料应负担的材料成本差异=本月发出材料的计划成本×材料成本差异率

本月发出材料的实际成本=本月发出材料的计划成本+本月发出材料应负担的材料成本差异

月末结存材料应负担的材料成本差异=月末结存材料的计划成本×材料成本差异率

或

$$\begin{matrix}\text{月末结存材料应负担的}\\\text{材料成本差异}\end{matrix}=\left(\begin{matrix}\text{月初结存材料}\\\text{成本差异}\end{matrix}+\begin{matrix}\text{本月收入材料}\\\text{成本差异}\end{matrix}\right)-\begin{matrix}\text{本月发出材料应负担的}\\\text{材料成本差异}\end{matrix}$$

月末结存材料的实际成本=月末结存材料的计划成本+月末结存材料应负担的材料成本差异

老会计的经验点滴

发出材料应负担的材料成本差异，必须按月分摊，不得按季分摊或在年末一次分摊。除委托外单位加工发出材料可按上月的材料成本差异率计算外，应使用当月的实际差异率；若月初成本差异率与本期成本差异率相差不大的，也可按月初材料成本差异率计算，计算公式如下：

$$\text{月初材料成本差异率}=\frac{\text{月初结存材料成本差异}}{\text{月初结存材料计划成本}}\times 100\%$$

结转发出材料应负担的超支差异时，应用蓝字借记“生产成本”“制造费用”“管理费用”“委托加工物资”“在建工程”等账户，贷记“材料成本差异”账户；结转发出材料应负担的节约差异时，应用红字借记“生产成本”“制造费用”“管理费用”“委托加工物资”“在建工程”等账户，贷记“材料成本差异”账户。

【例4-15】2022年9月1日，海华公司“原材料——辅助材料（绝缘线）”账户期初余额为82 000元，“材料成本差异——辅助材料”账户期初余额为借方640元。本月购入绝缘线的计划成本共计164 000元，形成的材料成本差异为-1 624元。月末，会计人员核算本月辅助材料发出业务。材料成本差异计算表见表4-15，根据“领料单”（格式参照表4-8）按领用部门和用途汇总编制的“发料凭证汇总表”见表4-16。

表4-15 材料成本差异计算表

2022年09月30日

金额单位：元

材料类别	材料名称	月初结存			本月收入			材料成本差异率
		计划成本	成本差异	实际成本	计划成本	成本差异	实际成本	
辅助材料	绝缘线	82 000	640	82 640	164 000	-1 624	162 376	-0.4%
备注：材料成本差异率=（640-1 624）÷（82 000+164 000）×100%=-0.4%								

表4-16 发料凭证汇总表

2022年09月30日

材料	用途	基本生产车间			管理部门	销售部门	合计
		生产冰箱	生产洗衣机	车间一般耗用			
绝缘线	数量（千克）	900	650	45	28	16	1 639
	单位计划成本	82	82	80	82	82	82
	计划成本	73 800	53 300	3 690	2 296	1 312	134 398
	成本差异	-295.20	-213.20	-14.76	-9.18	-5.25	-537.59
	实际成本	73 504.80	53 086.80	3 675.24	2 286.82	1 306.75	133 860.41

制单：刘晓梅　　审核：赵振翔

海华公司编制的会计分录如下：

（1）借：生产成本——基本生产成本（冰箱） 73 800

——基本生产成本（洗衣机） 53 300

制造费用 3 690

管理费用 2 296

销售费用 1 312

贷：原材料——辅助材料（绝缘线） 134 398

（2）借：生产成本——基本生产成本（冰箱） 295.20

——基本生产成本（洗衣机） 213.20

制造费用 14.76

管理费用 9.18

销售费用 5.25

贷：材料成本差异——辅助材料 537.59

4.3 委托加工物资确认与计量

视频课程

委托加工物资的核算

企业由于自身工艺设备条件或技术水平等的限制，或考虑经济上的合理性，有时需要将材料等存货委托给其他单位进行进一步加工，制成另一种性能或用途的存货，以满足生产经营的需要，如将某一种材料加工成另一种材料，或加工成包装物、低值易耗品，或将半成品加工成可直接出售的商品等，即形成企业委托加工物资。

企业委托加工物资的实际成本，是由加工中耗用材料物资等的实际成本、支付的加工费用、往返运杂费以及支付的按规定应计入成本的税费构成。

为了核算企业委托外单位加工的各种物资的实际成本，企业应设置“委托加工物资”账户。该账户借方登记委托加工物资的实际成本；贷方登记加工完毕、验收入库的材料或库存商品的实际成本，或退回的剩余材料物资的实际成本；期末余额在借方，反映尚未完工的委托加工物资的实际成本。本账户应按受托加工单位及委托加工物资品种设置明细账，进行明细分类核算。

企业发给外单位加工物资时，按实际成本借记“委托加工物资”账户，贷记“原材料”等账户；支付加工费及往返运费时，借记“委托加工物资”账户，按增值税专用发票上注明的税额，借记“应交税费”账户，贷记“银行存款”等账户；委托加工物资加工完成并验收入库时，按收回物资的实际成本，借记“原材料”“库存商品”等账户，贷记“委托加工物资”账户。

委托加工物资按计划成本计价的核算可比照原材料按计划成本计价的核算进行。

【例4-16】2022年10月13日，海华公司发出20吨铝材，委托昆山东方铝制品厂将其加工成1 500套铝锭。领料单上列明的数量为20吨，单位成本4 972.50元，共99 450元。11月25日，海华公司收到昆山东方铝制品厂开具的增值税专用发票，注明加工费为每套16元，共24 000元，增值税为3 120元；同时收到昆山东风运输公司开具的增值税专用发票，注明运费360元，增值税为32.40元。海华公司以电汇方式支付给昆山东方铝制品厂加工费及其垫付的运费等共计27 512.40元。加工完毕的铝锭已验收入库。

海华公司该业务涉及的原始凭证见表4-17。

表4-17 海华公司【例4-16】业务原始凭证

序号	单据名称	对应编号
1	领料单	略，格式参照表4-8
2	增值税专用发票（发票联、抵扣联）	略，格式参照表2-24
3	电汇凭证回单	略，格式参照表2-29
4	委托加工入库单	表4-18

表4-18 委托加工入库单

加工单位：昆山东方铝制品厂　　2022年11月25日　　No.0812372

加工合同：0134　　收料仓库：4号仓库

种类	编号	名称	规格	数量	单位	单价	运杂费	千	百	十	万	千	百	十	元	角	分
原材料		铝锭		1 500	套	82.30	360.00			1	2	3	8	1	0	0	0
备注							合计		¥	1	2	3	8	1	0	0	0

记账联

负责人：马丽　　保管员：张路　　验收：李大立　　记账：王文

（1）10月13日，海华公司根据领料单编制的会计分录如下：

借：委托加工物资——昆山东方铝制品厂（铝锭）　　99 450　　附件1张

　贷：原材料——原料及主要材料（铝材）　　99 450

（2）11月25日，海华公司根据增值税专用发票、电汇凭证回单编制的会计分录如下：

借：委托加工物资——昆山东方铝制品厂（铝锭）　　24 360　　附件2张

　　应交税费——应交增值税（进项税额）　　3 152.40

　贷：银行存款　　27 512.40

（3）11月25日，海华公司根据委托加工入库单编制的会计分录如下：

借：原材料——原料及主要材料（铝锭）　　123 810　　附件1张

　贷：委托加工物资——昆山东方铝制品厂（铝锭）　　123 810

4.4 周转材料确认与计量

周转材料是指企业能够多次使用、逐渐转移其价值但仍保持原有形态，且不确认为固定资产的材料，主要包括一般企业的包装物、低值易耗品，以及建筑承包企业的钢模板、木模板、脚手架等。

视频课程

包装物的核算

包装物，是指为了包装本企业商品而储备的各种包装容器，如桶、箱、瓶、坛、袋等，其核算内容包括：

❶生产过程中用于包装产品作为产品组成部分的包装物。

❷随同商品出售不单独计价的包装物。

❸随同商品出售单独计价的包装物。

❹出租或出借给购货单位使用的包装物。

那些用于储存和保管商品、材料而不对外出售的包装物以及各种包装材料（纸、绳、铁丝、铁皮等），通常作为低值易耗品或原材料核算，不属于包装物的核算范围。

视频课程

低值易耗品的核算

低值易耗品，是指不符合固定资产确认条件的各种用具物品，如工具、管理用具、玻璃器皿、劳动保护用品以及在经营过程中周转使用的容器等，一般分类为一般工具、专用工具、管理用具、劳动保护用品、替换设备、其他用具等。低值易耗品与固定资产一样，同属于劳动资料，但因其具有品种多、价值低、易损耗等特点，企业通常将其视同存货，作为流动资产核算和管理。

周转材料可以采用实际成本计价核算，也可采用计划成本计价核算，其方法与原材料相似。本节主要介绍周转材料采用实际成本计价的核算。

为了核算和监督周转材料的收入、发出和结存情况，企业应设置“周转材料”账户。该账户为资产类账户，借方登记企业库存及在用周转材料的实际成本或计划成本；贷方登记发出周转材料的实际成本或计划成本以及在用周转材料的摊销金额；期末余额在借方，反映企业在库周转材料的实际成本或计划成本，以及在用周转材料的摊余价值。为了反映周转材料增减变动及价值损耗情况，企业可设置“周转材料——包装物”账户和“周转材料——低值易耗品”账户（也可单独设置“包装物”账户和“低值易耗品”账户），并按包装物或低值易耗品的种类，分别“在库”“在用”“摊销”进行明细核算。

4.4.1 周转材料取得的核算

在实际成本计价法下，企业外购、自制或委托外单位加工完成的周转材料的核算与原材料的核算方法基本相同，可以比照原材料核算规定进行账务处理。

【例 4-17】海华公司对周转材料采用实际成本计价核算。2022年9月8日，海华公司从本市腾达纸板纸箱厂购进洗衣机用纸箱5 000只，取得的增值税专用发票上注明的价款为48 000元，增值税为6 240元。另从红星美凯龙公司购进办公桌椅3套，取得的增值税专用发票上注明的价款为2 400元，增值税为312元。全部货款均开出支票支付，所购货物已验收入库。

海华公司根据增值税专用发票、支票存根编制的会计分录如下：

借：周转材料——包装物（洗衣机用纸箱）	48 000	
——低值易耗品（办公用具）	2 400	
应交税费——应交增值税（进项税额）	6 552	
贷：银行存款		56 952

4.4.2 周转材料发出的核算

企业的周转材料种类繁多，具体用途各不相同。企业应根据周转材料的价值大小、耐用程度、消耗方式，并结合企业管理要求，选择合适的方法，将周转材料的账面价值一次或分次计入有关成本费用。

1）周转材料的摊销方法

（1）一次转销法

一次转销法是指在领用周转材料时，将其全部价值按用途一次性转入有关成本费用的一种方法，即借记有关成本费用账户，贷记“周转材料”账户。

一次转销法通常适用于生产领用的包装物和随同商品出售的包装物，或价值较低、极易损坏的管理用具和小型工具、卡具，以及在单件小批生产方式下为制造某批订货所用的专用工具等低值易耗品；数量不多、金额较小，且业务不频繁的出租或出借周转材料，也可以采用一次转销法，但在以后收回使用过的出租和出借周转材料时，应加强实物管理，并在备查簿上进行登记。

（2）分次摊销法

分次摊销法是指按照估计领用的次数平均分摊周转材料账面价值的一种方法。

采用分次摊销法的周转材料，应设置“在库”“在用”“出租”“出借”“摊销”五个明细账户进行明细核算。分次摊销法适用于可供多次使用的周转材料，或数量较多、金额较大，且业务频繁的出租或出借周转材料。

2）周转材料发出的账务处理

（1）生产领用周转材料

对于生产过程中领用的直接用于产品生产的周转材料，因其构成了产品的组成部分，故应将周转材料的实际成本计入产品成本，借记“生产成本”账户，贷记“周转材料”账户；如用于车间一般耗用，应作为间接生产费用，借记“制造费用”账户，贷记“周转材料”账户。

【例4-18】2022年9月10日，海华公司洗衣机生产车间为包装产品领用纸箱1 300只，实际成本为12 350元。

海华公司根据领料单编制的会计分录如下：

借：生产成本——基本生产成本（洗衣机）　　12 350

　贷：周转材料——包装物（洗衣机用纸箱）　　12 350

【例4-19】2022年9月14日，海华公司基本生产车间领用生产用具（不符合固定资产定义）一批，实际成本为1 650元，采用分次摊销法摊销。该批工具预计使用3次。

海华公司该业务涉及的原始凭证见表4-19。

表4-19　海华公司【例4-19】业务原始凭证

序号	单据名称	对应编号
1	领料单	参照表4-8
2	低值易耗品摊销计算表	表4-20

表4-20　低值易耗品摊销计算表

2022年9月30日

低值易耗品名称	领用部门	账面价值	摊销次数	摊销方法	月摊销额
生产用具	基本生产车间	1 650.00	3	分次摊销	550.00
合计					550.00

海华公司编制的会计分录如下：

(1) 借：周转材料——低值易耗品（在用）　1 650
　　贷：周转材料——低值易耗品（在库）　1 650

(2) 借：制造费用　550
　　贷：周转材料——低值易耗品（摊销）　550

(2) 随同商品出售包装物

随同商品出售的包装物，有的单独计价，有的不单独计价，应区分情况分别核算。

❶随同商品出售不单独计价的包装物。

随同商品出售不单独计价的包装物，应于包装物发出时，借记“销售费用”账户，贷记“周转材料——包装物”账户。

【例4-20】2022年9月15日，海华公司销售冰箱时，领用不单独计价的包装纸箱500只，其实际成本为6 000元。

海华公司根据领料单编制的会计分录如下：

借：销售费用　6 000
　贷：周转材料——包装物（冰箱用纸箱）　6 000

❷随同商品出售单独计价的包装物。

这类包装物在核算时，一方面需反映销售包装物取得的收入，记入“其他业务收入”等账户；另一方面需结转包装物的实际销售成本，记入“其他业务成本”账户。

【例4-21】2022年9月18日，海华公司销售洗衣机时，领用实际成本为3 800元的包装纸箱400只。该批纸箱单独计价。企业开出的增值税专用发票上注明的售价为4 500元，增值税为585元，款项已收存银行。

海华公司编制的会计分录如下：

(1) 根据增值税专用发票记账联：

借：银行存款　5 085
　贷：其他业务收入　4 500
　　　应交税费——应交增值税（销项税额）　585

(2) 根据领料单：

借：其他业务成本　3 800
　贷：周转材料——包装物（洗衣机用纸箱）　3 800

(3) 出租、出借周转材料

❶出租周转材料的核算。

企业出租周转材料时，为督促使用单位安全使用并及时归还，往往会收取一定数额的押金，并于使用单位退回周转材料时退还对方。企业收取押金时，借记“库存现金”“银行存款”等账户，贷记“其他应付款”账户；退回押金时编制相反会计分录；对于逾期未退的周转材料，按没收的押金，借记“其他应付款”账户，按应交的增值税，贷记“应交税费——应交增值税（销项税额）”账户，按其差额，贷记“其他业务收入”账户。

企业出租周转材料时，按实际收到的租金，借记“银行存款”账户，贷记“其他业务收入”“应交税费——应交增值税（销项税额）”账户；按摊销的周转材料价值，借记“其他业务成本”账户，贷方分别按一次转销法或分次摊销法记入“周转材料”或“周转材料——××（摊销）”账户。

【例4-22】2022年9月8日，海华公司出租一批未使用的木箱给购货单位。该批木箱的实际成本为3 000元，租期3个月，收取押金4 000元，每月租金1 200元，款项均存入银行。该批木箱采用一次转销法。2022年12月8日，租约到期，购货单位将包装木箱如数退回，企业开出支票退回押金。

海华公司编制的会计分录如下：

（1）发出包装物时：

借：周转材料——包装物（出租）　　3 000

　贷：周转材料——包装物（在库）　　3 000

（2）收取押金时：

借：银行存款　　4 000

　贷：其他应付款　　4 000

（3）每月收到租金时：

借：银行存款　　1 200

　贷：其他业务收入（1 200÷（1+13%））　　1 061.95

　　应交税费——应交增值税（销项税额）　　138.05

（4）摊销包装物成本时：

借：其他业务成本　　3 000

　贷：周转材料——包装物（出租）　　3 000

（5）租约到期，购货单位退回包装物时退还押金：

借：其他应付款　　4 000

　贷：银行存款　　4 000

若租期满，出租的包装物逾期未还，没收包装物押金时，会计分录如下：

借：其他应付款　　4 000

　贷：其他业务收入（4 000÷（1+13%））　　3 539.82

　　应交税费——应交增值税（销项税额）　　460.18

❷出借周转材料的核算。

企业出借周转材料是将周转材料借给客户暂时使用，会收取一定数额的押金，但不收取租金，故无须确认收入。企业出借周转材料时，应将其摊销成本转入“销售费用”账户，其相关核算可比照出租周转材料进行。

4.4.3 周转材料报废的核算

当企业的周转材料不能继续使用时，应将周转材料予以报废。报废时，应将残料出售或变价收入冲减原已计入的成本费用，借记“银行存款”“原材料”等账户，贷记“生产成本”“制造费用”“其他业务成本”“销售费用”等账户。采用分次摊销法的周转材料报废时，还需将“摊销”明细账户余额与“在用”、“出租”或“出借”明细账的余额对冲转平。

【例4-23】承【例4-19】，海华公司基本生产车间在第3次领用生产用具并使用完后退回仓库，收回的生产用具已不能继续使用，经有关部门批准予以报废。该部分生产用具残料已入材料库，估价150元。

海华公司编制的会计分录如下：

（1）基本生产车间第3次领用摊销时：

借：制造费用　550

　贷：周转材料——低值易耗品（摊销）　550

（2）收回的生产用具做报废处理时：

借：原材料　150

　贷：制造费用　150

同时：

借：周转材料——低值易耗品（摊销）　1 650

　贷：周转材料——低值易耗品（在用）　1 650

4.5 库存商品确认与计量

4.5.1 库存商品按实际成本计价的核算

库存商品是指企业已经完成全部生产过程并验收入库，可以按照合同条件交付订货单位或作为商品对外出售的产品，以及外购或委托加工完成验收入库用于销售的各种商品，包括自制商品、外购商品等。

1）库存商品入库的核算

企业自制的产品生产完工并验收入库时，应按实际成本，借记“库存商品”账户，贷记“生产成本”账户。

【例4-24】2022年9月30日，海华公司本月完工并验收入库3 200台洗衣机及2 500台冰箱。完工产品汇总表见表4-21，产成品入库单见表4-22、表4-23。

表4-21　完工产品汇总表

2022年09月30日

产品名称	完工数量（台）	单位成本（元/台）	总成本（元）
洗衣机	3 200	1 640	5 248 000
冰箱	2 500	3 180	7 950 000
合计	—	—	13 198 000

表4-22　产成品入库单

2022年09月30日

生产车间：洗衣机车间

保管仓库：第3仓库　　入库单号：045

产品名称	规格	单位	数量	单位成本	金额	备注
洗衣机	WL-Q05	台	3 200	1 640.00	5 248 000.00	

第三联 财务记账

保管员：张路　　入库经办人：李大立

表4-23

产成品入库单

生产车间：冰箱车间　　2022年09月30日

保管仓库：第4仓库　　入库单号：046

产品名称	规格	单位	数量	单位成本	金额	备注
冰箱	QHX-WP2	台	2 500	3 180.00	7 950 000.00	

第三联 财务记账

保管员：张路　　入库经办人：李大立

海华公司编制的会计分录如下：

借：库存商品——洗衣机　　5 248 000

　　　　　　——冰箱　　7 950 000

　贷：生产成本——基本生产成本（洗衣机）　　5 248 000

　　　　　　　——基本生产成本（冰箱）　　7 950 000

2）库存商品发出的核算

企业对领用或销售的库存商品，应根据领用的用途或销售方式，分别不同情况进行核算。若是企业内部在建工程领用，应借记“在建工程”账户，贷记“库存商品”“应交税费——应交增值税（销项税额）”账户；若是直接销售，月份终了，结转当月销售成本时，借记“主营业务成本”账户，贷记“库存商品”账户；若是其他不满足销售收入确认的销售，应在商品发出后，借记“发出商品”账户，贷记“库存商品”账户。

【例4-25】海华公司2022年9月共销售洗衣机3 500台、冰箱1 800台。月末，分别按加权平均单位成本1 650元、3 160元结转已销产品成本。（原始凭证：产品销售单、出库单）。

海华公司编制的会计分录如下：

借：主营业务成本——洗衣机　　5 775 000

　　　　　　　　——冰箱　　5 688 000

　贷：库存商品——洗衣机　　5 775 000

　　　　　　　——冰箱　　5 688 000

4.5.2 库存商品按售价金额的核算

在我国商品零售企业（如百货公司、超市等）会计实务中，库存商品的核算广泛采用售价金额核算法。该方法是指平时商品的购入、加工收回、销售均按售价记账，售价与进价的差额通过“商品进销差价”账户核算，期末计算进销差价率和本期已售商品应分摊的进销差价，并据以调整本期销售成本的一种方法。

在售价金额核算法下，为了反映商品的采购成本以及库存商品的收入、发出及结存情况，企业应设置“商品采购”“库存商品”“商品进销差价”等账户。“商品采购”账户用来核算商品的进价（采购成本），购入商品验收入库时，按商品的售价借记“库存商品”账户，按商品的进价贷记“商品采购”账户，按商品的进销差价，贷记“商品进销差价”账户；企业销售商品，平时可按商品售价结转销售成本，借记“主营业务成本”账户，贷记“库存商品”账户。月份终了，按商品进销差价率计算分摊本月已销商品应分摊的进销差价，借记“商品进销差价”账户，贷记“主营业务成本”账户。进销差价率的计算公式如下：

$$进销差价率=\frac{月初库存商品进销差价+本月入库商品进销差价}{月初库存商品售价+本月入库商品售价}\times 100\%$$

本月已销商品应分摊的进销差价=本月商品销售收入×进销差价率

【例4-26】无锡市中联百货商场为增值税一般纳税人，库存商品采用售价金额核算法。2022年8月初库存童装1 000件，单位售价为120元（不含税），商品进销差价为35 200元（贷差）。8月份该商场购入童装2 000件，实际成本为160 000元，售价为240 000元。当期销售童装1 800件，实现销售收入216 000元（不含税）。假设所有货款均以银行存款收付。

无锡市中联百货商场编制的会计分录如下：

（1）购入商品时，根据增值税专用发票发票联、报账（付款）审批单、付款通知等：

借：商品采购——童装　　160 000

　　应交税费——应交增值税（进项税额）　　20 800

　贷：银行存款　　180 800

（2）购进的童装验收入库时，根据入库单：

借：库存商品——童装　　240 000

　贷：商品采购——童装　　160 000

　　　商品进销差价　　80 000

（3）销售童装时，根据增值税专用发票记账联、收账通知等：

借：银行存款　　244 080

　贷：主营业务收入——童装　　216 000

　　　应交税费——应交增值税（销项税额）　　28 080

（4）结转已销商品成本时，根据出库单：

借：主营业务成本——童装　　216 000

　贷：库存商品——童装　　216 000

（5）月末，计算商品进销差价率及已销商品应分摊的进销差价。已销商品进销差价计算表见表4-24。

表4-24　已销商品进销差价计算表

2022年09月30日

商品名称	月初结存			本月购进			进销差价率	本月已销		月末结存	
	售价	进价	进销差价	售价	进价	进销差价		售价	进销差价	售价	进销差价
童装	120 000	84 800	35 200	240 000	160 000	80 000	32%	216 000	69 120	144 000	46 080
合计	120 000	84 800	35 200	240 000	160 000	80 000		216 000	69 120	144 000	46 080
备注：童装进销差价率=(35 200+80 000)÷(120 000+240 000)×100%=32%											

制单：王娟　　　　审核：李大亮

根据上述已销商品进销差价计算表，编制会计分录如下：

借：商品进销差价　　69 120

　贷：主营业务成本——童装　　69 120

4.6 存货的期末计量

4.6.1 存货清查的核算

视频课程

存货期末清查的核算

1）存货盘存制度

存货清查是指通过对存货的实地盘点，确定存货的实有数量，并与其账面结存数核对，以确定存货的实存数与账存数是否相符的一种专门方法。

存货清查的重要环节是盘点存货的实存数量。为了使盘点工作顺利进行，应建立一定的存货盘存制度。一般来说，存货的盘存制度有两种：永续盘存制和实地盘存制。

（1）永续盘存制

永续盘存制也称账面盘存制，是指通过设置各种存货明细账，对存货的收入与发出逐日逐笔连续登记，并随时结出账面结存数的方法。采用这种方法时，存货明细账应按每一种存货的规格设置，平时既要登记各项存货的增加数，也要登记减少数，并随时结出账面余额。

在永续盘存制下，账面余额的结出是根据以下公式进行的：

账面期末余额=账面期初余额+本期增加额-本期减少额

永续盘存制要求对存货的管理有严格的进出手续，它的优点是：便于加强会计监督，便于随时掌握存货的占用情况及其动态，有利于加强对存货的管理。另外，在这种制度下，还可以将明细账上的结存数与预定的最高和最低库存限额进行比较，以便取得库存不足或积压的详细资料，及时组织库存存货的购销或处理，加速资金周转。其不足之处在于：账簿记录的存货增减变动及结存情况都是根据有关会计凭证登记的，可能发生账实不符的情况，且登记明细账的工作量较大。

（2）实地盘存制

实地盘存制是指平时在存货明细账上只登记收入数量，不登记发出数量，期末根据实际盘点数量来确定存货账存数，并据以登记入账的一种方法。

实地盘存制下，各项存货的减少数按以下公式确定：

本期减少数=期初账面余额+本期增加数-期末实际结存数

实地盘存制的最大优点是：以期末实际盘点数作为账存数倒挤出本期减少（发出）数并登记有关账簿，不会出现账实不符的情况，也可以简化会计核算工作。但也正是由于企业各项存货的减少是根据实际盘点出的期末数倒挤出来的，存货的出库没有严格的手续，除了正常耗用外，可能还有非正常的损失或丢失，因此，其缺点也十分明显：❶在这种方法下，账存数实际上就是实存数，二者之间无法进行控制与核对；❷这种清查制度不能随时反映库存存货的收入、发出与结存的动态情况；❸由于以存计耗或以存计销，倒算耗用成本或销售成本，易将非正常耗用（销售）的存货损耗全部计入正常耗用（销售）成本中，从而削弱了对存货的控制作用，影响了成本计算的正确性。

2）存货盘盈及盘亏的核算

企业存货种类繁多，收发频繁，日常收发过程中计量计算错误、自然升溢或损耗时有发生，还可能因管理不善、自然灾害等原因发生变质毁损、贪污盗窃等情况，造成存货盘盈、盘亏。企业应定期或不定期对存货进行盘点清查，根据清查结果填写“存货盘点报告单”或“存货清查报告表”，对出现的盘盈盘亏，应及时查明原因，按规定的程序报批处理。

为了核算和监督存货盘盈、盘亏的发生及处理情况，会计上应设置“待处理财产损溢”账户。本账户借方反映资产盘亏、毁损或按照规定程序批准转销的盘盈数额，贷方反映资产的盘盈和按照规定转销的盘亏数额；期末余额若在借方，表示尚未处理的资产的净损失，若在贷方，表示尚未处理的资产的净溢余。该账户的明细账户有“待处理流动资产损溢”和“待处理固定资产损溢”。

3）存货盘盈、盘亏核算的账务处理

（1）审批之前的处理

财产清查结束后，企业根据“存货盘点报告单”或“存货清查报告表”等已经查实的数据资料，编制记账凭证，记入有关账簿，使账簿记录与实际盘存数相符。

存货盘盈：

借：原材料、库存商品等

　贷：待处理财产损溢——待处理流动资产损溢

存货盘亏、毁损：

借：待处理财产损溢——待处理流动资产损溢

　贷：原材料、库存商品等

（2）审批之后的处理

查明存货盘盈、盘亏的原因后，应按规定的管理权限报经批准，根据管理机构的意见进行处理。

❶盘盈的存货一般冲减管理费用，即：

借：待处理财产损溢——待处理流动资产损溢

　贷：管理费用

❷盘亏毁损的存货，根据造成存货盘亏或毁损的原因，分别以下情况进行处理：

a.属于收发计量差错和管理不善等原因造成的存货短缺，应先扣除残料价值、可以收回的保险赔偿和过失人赔偿，将净损失计入管理费用。

b.属于自然灾害等非正常原因造成的存货毁损，应先扣除处置收入（如残料价值）、可以收回的保险赔偿和过失人赔偿，将净损失计入营业外支出。

借：管理费用

　　其他应收款

　　营业外支出

　贷：待处理财产损溢——待处理流动资产损溢

涉及增值税的，还应贷记“应交税费——应交增值税（进项税额转出）”账户。

【例4-27】2022年12月31日，海华公司成立清查小组，对重要存货进行清查，发现盘亏洗衣机轴承5只，铝锭8套；盘盈包装箱（200cm*200cm）10只。存货清查报告表见表4-25。

海华公司编制的会计分录如下：

（1）借：待处理财产损溢——待处理流动资产损溢　960

　　贷：自制半成品——轴承　300

　　　　原材料——原料及主要材料（铝锭）　660

（2）借：周转材料——包装物（纸箱）　150

　　贷：待处理财产损溢——待处理流动资产损溢　150

表4-25 **存货清查报告表**

类别：存货　　　　2022年12月31日

种类	品名	单位	账面数量	实存数量	单价（元）	盘亏		盘盈	
						数量	金额	数量	金额
自制半成品	轴承	只	370	365	60.00	5	300.00		
原材料	铝锭	套	700	692	82.50	8	660.00		
周转材料	纸箱	只	1 110	1 120	15.00			10	150.00
合计							960.00		150.00
原因分析：						处理意见：			

财务科负责人：张兵　　　　制表：郑荣

【例4-28】承【例4-27】，经查明，盘亏轴承系管理制度不完善造成被盗；盘亏铝锭系保管人员责任造成丢失；盘盈包装箱原因不明。上述盘盈、盘亏按规定管理权限报经批准后核销。

海华公司编制的会计分录如下：

（1）借：管理费用　　339

　　　　其他应收款　　745.80

　　　贷：待处理财产损溢——待处理流动资产损溢　　960

　　　　　应交税费——应交增值税（进项税额转出）　　124.80

（2）借：待处理财产损溢——待处理流动资产损溢　　150

　　　贷：管理费用　　150

4.6.2 期末存货的计价核算

视频课程

存货期末计价的核算

存货的期末计价，是指期末存货在资产负债表上应列示金额的确定。按照企业会计准则的规定，期末存货应采用成本与可变现净值孰低法计量确定。

1）成本与可变现净值孰低法的理论基础及含义

成本与可变现净值孰低法是指对期末存货按照成本与可变现净值两者之中较低者进行计价的方法。当存货成本低于可变现净值时，存货按成本计量；当存货成本高于可变现净值时，存货按可变现净值计量，同时按照成本高于可变现净值的差额计提存货跌价准备，计入当期损益。此处的“成本”是指存货的历史成本（实际成本）；“可变现净值”是指在日常活动中，存货的估计售价减去至完工估计将要发生的成本、估计的销售费用以及相关税费后的金额。其计算公式如下：

可变现净值=存货估计售价-至完工尚需投入的成本-估计的销售过程中的相关税费

成本与可变现净值孰低计量的理论基础主要是使存货符合资产的定义。当存货的可变现净值下跌至成本以下时，表明该存货给企业带来的未来经济利益低于其账面成本，因而应将这部分损失从资产价值中扣除，计入当期损益。否则，当存货的可变现净值低于成本时，如果仍然以其成本计量，就会出现虚计资产的现象。

2）可变现净值的确定

企业在确定存货的可变现净值时，应当以取得的确凿证据为基础，并考虑持有存货的目的、资产负债表日后事项的影响等因素。

❶直接用于销售的存货，包括外售的库存商品、外售的材料等。

可变现净值=存货预计售价-预计的销售过程中的相关税费

❷需继续加工的存货，包括用于生产的材料、半成品、周转材料等。

可变现净值=存货估计售价-至完工估计将要发生的成本-估计的销售过程中的相关税费

❸如果属于按订单生产，则应按协议价而不是按估计售价确定可变现净值。

可变现净值=存货协议价-至完工估计将要发生的成本-估计的销售过程中的相关税费

3）存货跌价准备的核算

（1）账户设置

为核算和监督存货跌价准备的计提、转回等情况，企业应设置“存货跌价准备”账户。本账户属于资产类账户，是存货各项目的备抵账户，用来核算企业计提的存货跌价准备。其贷方登记企业会计中期期末或年末计提的存货跌价准备，借方登记存货跌价准备的转回数及结转金额。其余额在贷方，反映企业累计计提的存货跌价准备。本账户可按存货项目或类别进行明细核算。

（2）存货跌价准备的计提

资产负债表日，存货的成本高于可变现净值。企业应当计提存货跌价准备。存货跌价准备通常应当按单个存货项目计提。但是对于数量繁多、单价较低的存货，可以按照存货类别计提存货跌价准备。与在同一地区生产和销售的产品系列相关、具有相同或类似最终用途或目的，且难以与其他项目分开计量的存货，可以合并计提存货跌价准备。

❶单项计提存货跌价准备。

企业通常应当按照单个存货项目计提存货跌价准备。在这种方式下，企业应当将每个存货项目的成本与其可变现净值逐一进行比较，按较低者计量存货，并按成本高于可变现净值的差额计提存货跌价准备。这就要求企业应当根据管理要求和存货的特点，明确规定存货项目的确定标准。比如，将某一型号和规格的材料作为一个存货项目、将某一品牌和规格的商品作为一个存货项目等。

❷分类计提存货跌价准备。

对于数量繁多、单价较低的存货，可以按照存货类别计提存货跌价准备，即按存货类别的成本总额与可变现净值总额进行比较，每个存货类别均取较低者确定存货期末价值。

❸合并计提存货跌价准备。

存货具有相同或类似最终用途或目的，并在同一地区生产和销售，意味着存货所处的经济环境、法律环境、市场环境等相同，具有相同的风险和报酬。在这种情况下，可以对所有存货合并计提存货跌价准备。

资产负债表日，企业应比较存货成本与可变现净值，当成本低于可变现净值时，不需要进行账务处理，资产负债表中的存货按期末账面价值列示。当可变现净值低于成本时，计算出应计提的存货跌价准备，再与“存货跌价准备”账户的贷方余额进行比较，如应计提数额大于贷方余额，应就差额予以补提；如应计提数额小于贷方余额，应就差额予以转销。企业计提的存货跌价准备，应计入当期损益，借记“资产减值损失”账户，贷记“存货跌价准备”账户。

【例 4-29】海华公司采用成本与可变现净值孰低法对期末存货进行计价核算。2021年12月31日，海华公司库存洗衣机800台，实际成本为1 320 000元，预计可变现净值为1 200 000元。计提本期存货跌价准备前，“存货跌价准备——洗衣机”账户贷方有余额50 000元。存货跌价准备计提表见表4-26。

表4-26 存货跌价准备计提表

2021年12月31日　　金额单位：元

存货名称	账面成本	可变现净值	"存货跌价准备"账户贷方余额	本期应计提的存货跌价准备
洗衣机	1 320 000	1 200 000	50 000	70 000
合计	1 320 000	1 200 000	50 000	70 000

海华公司编制的会计分录如下：

借：资产减值损失——计提的存货跌价准备　　70 000

　贷：存货跌价准备——洗衣机　　70 000

（3）存货跌价准备的转回

当以前减记存货价值的影响因素消失，存货价值得到一定的恢复，使得当期可变现净值低于成本的差额小于"存货跌价准备"贷方余额时，小于的金额应当在原已计提的存货跌价准备金额内（以"存货跌价准备"账户余额冲减至零为限）转回，转回的金额冲减当期损益，即借记"存货跌价准备"账户，贷记"资产减值损失"账户。

【例4-30】承【例4-29】，2022年12月31日，海华公司2021年年末计提的存货跌价准备未有变化。但自2022年以来，随着海华公司第5代洗衣机技术成功运用于产品生产，洗衣机的销售价格止跌回升，至2022年年末，企业库存1 000台洗衣机，其实际成本为1 630 000元，可变现净值为1 600 000元。

根据以上资料判断，以前减记洗衣机价值的影响因素已消失，减记的存货跌价准备金额应在原已计提的存货跌价准备金额120 000元（1 320 000−1 200 000）内予以转回。2022年12月31日，存货跌价准备应有余额为30 000元（1 630 000−1 600 000），故应转回90 000元。

海华公司编制的会计分录如下：

借：存货跌价准备——洗衣机　　90 000

　贷：资产减值损失——计提的存货跌价准备　　90 000

（4）存货跌价准备的结转

企业计提了存货跌价准备，如果其中有部分存货已经耗用或销售，则企业在核算生产成本或结转销售成本时，应同时结转对其已计提的存货跌价准备，借记"存货跌价准备"账户，贷记"生产成本""主营业务成本"等账户。

【例4-31】承【例4-29】，假设海华公司于2022年1月20日销售洗衣机400台，其账面成本为660 000元，应承担的存货跌价准备金额为60 000元（120 000×660 000÷1 320 000）。

海华公司编制的会计分录如下：

借：主营业务成本——洗衣机　　600 000

　　存货跌价准备　　60 000

贷：库存商品——洗衣机　　660 000

本章小结

存货，是指企业在日常活动中持有以备出售的产成品或商品、处在生产过程中的在产品、生产过程或提供劳务过程中耗用的材料和物料等，是企业一项重要的流动资产。

企业存货确认不是以其存放地点为标志，而是以存货法定所有权的归属，以及企业是否拥有存货所有权上的主要风险或报酬为主要判断标准。

存货应以实际成本作为计量属性。存货的实际成本包括采购成本、加工成本和其他成本。

存货日常收发核算可以采用实际成本计价法和计划成本计价法。在实际成本计价法下，存货发出成本可采用先进先出法、月末一次加权平均法、移动加权平均法以及个别计价法确定。企业应根据存货性质及存货管理要求，合理选择恰当的方法。

为真实反映企业期末存货的实际价值，资产负债表日，存货应当按成本与可变现净值孰低的原则进行计量。当存货成本高于其可变现净值时，应计提存货跌价准备，并计入当期损益。

概念回顾

存货　原材料　库存商品　周转材料　先进先出法　月末一次加权平均法　移动加权平均法　个别计价法　一次转销法　分次摊销法　成本与可变现净值孰低法

会计分录

1.原材料按实际成本计价的核算

业务内容		会计处理
取得	（1）单货同到	借：原材料 　　应交税费——应交增值税（进项税额） 　贷：银行存款/应付账款/应付票据等
	（2）单先到，货后到	❶单到时 借：在途物资 　　应交税费——应交增值税（进项税额） 　贷：银行存款/应付账款/应付票据等 ❷货到时 借：原材料 　贷：在途物资
	（3）货先到，单后（未）到	❶货到时，暂不入账 ❷单到时，比照单货同到的账务处理 ❸月末单据仍未到，按合同价暂估入账 借：原材料 　贷：应付账款——暂估应付款 （下月初再做相同的红字分录）
	（4）预付款方式购入	❶预付款项时 借：预付账款 　贷：银行存款 ❷材料到达并验收入库时 借：原材料 　　应交税费——应交增值税（进项税额） 　贷：预付账款
	（5）接受投资者投入	借：原材料 　　应交税费——应交增值税（进项税额） 　贷：实收资本
	（6）接受捐赠	借：原材料 　　应交税费——应交增值税（进项税额） 　贷：营业外收入 　　　银行存款
发出	生产部门及其他部门领用	借：生产成本——基本生产成本 　　　　　——辅助生产成本 　　制造费用 　　管理费用 　　销售费用 　贷：原材料

2.原材料按计划成本计价的核算

业务内容		会计处理
取得	（1）单货同到	❶借：材料采购 应交税费——应交增值税（进项税额） 贷：银行存款/应付账款/应付票据等 ❷借：原材料 贷：材料采购 材料成本差异（或借记） （“原材料”与“材料采购”的差额记入“材料成本差异”账户）
	（2）单先到，货后到	❶单到时 借：材料采购 应交税费——应交增值税（进项税额） 贷：银行存款/应付账款/应付票据等 ❷货到时 借：原材料 贷：材料采购 材料成本差异（或借记） （“原材料”与“材料采购”的差额记入“材料成本差异”账户）
	（3）货先到，单后（未）到	❶货到时，暂不入账 ❷单到时，比照单货同到的账务处理 ❸月末单据仍未到，按计划成本暂估入账 借：原材料 贷：应付账款——暂估应付款 （下月初再做相同的红字分录）
发出	原材料	❶按计划成本 借：生产成本——基本生产成本 ——辅助生产成本 制造费用 管理费用 销售费用 贷：原材料 ❷结转发出材料成本差异 借：生产成本——基本生产成本 ——辅助生产成本 制造费用 管理费用 销售费用 贷：材料成本差异（超支差用蓝字，节约差用红字）

3.委托加工物资的核算

业务内容		会计处理
发出委托加工材料		借：委托加工物资 贷：原材料
支付加工费、运杂费等		借：委托加工物资 应交税费——应交增值税（进项税额） 贷：银行存款等
支付消费税	委托加工物资收回后直接用于销售的	借：委托加工物资 贷：银行存款等
	委托加工物资收回后继续加工应税消费品的	借：应交税费——应交消费税 贷：银行存款等
加工完毕，委托加工物资验收入库		借：原材料/库存商品等 贷：委托加工物资

4.周转材料——包装物的核算

业务内容		会计处理
取得	外购包装物	借：周转材料——包装物 应交税费——应交增值税（进项税额） 贷：银行存款/应付账款/应付票据等
发出	（1）生产产品直接耗用	借：生产成本 贷：周转材料——包装物
	（2）随同产品出售不单独计价	借：销售费用 贷：周转材料——包装物
	（3）随同产品出售单独计价	❶收到包装物出售价款时 借：银行存款 贷：其他业务收入 应交税费——应交增值税（销项税额） ❷结转已售包装物成本时 借：其他业务成本 贷：周转材料——包装物
	（4）出租包装物	❶领用出租包装物时（一次摊销法） 借：其他业务成本 贷：周转材料——包装物 ❷收到押金时 借：银行存款 贷：其他应付款——存入保证金 ❸租期满，扣除租金后退回押金时 借：其他应付款——存入保证金 贷：其他业务收入 应交税费——应交增值税（销项税额） 银行存款
	（5）出借包装物	❶领用出借包装物时（一次摊销法） 借：销售费用 贷：周转材料——包装物 ❷收到押金时 借：银行存款 贷：其他应付款——存入保证金 ❸借期满，退回押金时 借：其他应付款——存入保证金 贷：银行存款
报废	收到残料或残值收入时	借：原材料/库存现金 贷：其他业务成本（出租包装物） 销售费用（出借包装物）

5.周转材料——低值易耗品的核算

业务内容		会计处理
取得	外购低值易耗品	借：周转材料——低值易耗品 应交税费——应交增值税（进项税额） 贷：银行存款/应付账款/应付票据等
领用及摊销	（1）一次摊销法	借：制造费用/管理费用 贷：周转材料——低值易耗品
	（2）分次摊销法	❶领用低值易耗品时 借：周转材料——低值易耗品（在用） 贷：周转材料——低值易耗品（在库） ❷每期摊销时 借：制造费用/管理费用 贷：周转材料——低值易耗品（摊销） ❸摊销期满 借：周转材料——低值易耗品（摊销） 贷：周转材料——低值易耗品（在用）
报废	收到残料或残值收入时	借：原材料/库存现金 贷：制造费用/管理费用

6.库存商品的核算

业务内容		会计处理
自制产品	完工验收入库	借：库存商品 　贷：生产成本
	销售发出	❶确认销售收入时 借：银行存款/应收账款/应收票据等 　贷：主营业务收入 　　　应交税费——应交增值税（销项税额） ❷结转已销商品成本时 借：主营业务成本 　贷：库存商品
商品零售企业按售价金额核算	（1）商品购进	❶按实际成本确认采购成本 借：商品采购 　　应交税费——应交增值税（进项税额） 　贷：银行存款/应收账款/应收票据等 ❷商品验收入库 借：库存商品 　贷：商品采购 　　　商品进销差价
	（2）商品销售实现	❶确认收入 借：银行存款/应收账款/应收票据等 　贷：主营业务收入 　　　应交税费——应交增值税（销项税额） ❷结转已销商品成本 借：主营业务成本 　贷：库存商品 ❸ 月末结转已销商品进销差价 借：商品进销差价 　贷：主营业务成本

7.存货期末计量的核算

业务内容		会计处理
存货盘盈盘亏的核算	查明原因前，调整账实相符	❶盘亏 借：待处理财产损溢 　贷：原材料/库存商品等 ❷盘盈 借：原材料/库存商品等 　贷：待处理财产损溢
	查明原因后，按规定转销	❶盘亏 借：原材料/库存现金等（残料残值） 　　其他应收款（责任人、保险公司赔款） 　　管理费用（企业承担的部分） 　　营业外支出（非常净损失） 　贷：待处理财产损溢 　　　应交税费——应交增值税（进项税额转出） ❷盘盈 借：待处理财产损溢 　贷：管理费用
存货跌价准备的核算	存货跌价准备的计提	借：资产减值损失 　贷：存货跌价准备
	存货跌价准备的转回	借：存货跌价准备 　贷：资产减值损失
	存货跌价准备的结转	借：存货跌价准备 　贷：生产成本/主营业务成本

♚原始凭证目录

原始凭证1：收料单（见表4-2、表4-11）

原始凭证2：领料单（见表4-8）

原始凭证3：发料凭证汇总表（见表4-9、表4-16）
原始凭证4：材料成本差异计算表（见表4-15）
原始凭证5：委托加工入库单（见表4-18）
原始凭证6：低值易耗品摊销计算表（见表4-20）
原始凭证7：完工产品汇总表（见表4-21）
原始凭证8：产成品入库单（见表4-22、表4-23）
原始凭证9：已销商品进销差价计算表（见表4-24）
原始凭证10：存货清查报告表（见表4-25）
原始凭证11：存货跌价准备计提表（见表4-26）

法规链接

第5章　金融资产

预习思考题

金融资产与非金融资产的分辨

海华公司2022年6月1日出资人民币1 000万元购入上海能源股份有限公司同日发行的3年期公司债券，由于该投资能够在未来一段时间给海华公司带来经济利益，因此该投资形成了海华公司的一项金融资产A。假设海华公司2022年6月1日出资人民币1 000万元购入生产用设备一台，形成海华公司的另一项非金融资产B。

思考：你知道金融资产A与非金融资产B有什么区别吗？

学习目标

➢ 理论目标

1. 了解金融工具、金融资产的内涵；
2. 理解金融资产的分类；
3. 理解以摊余成本计量的金融资产的概念及其确认与计量方法（包括初始确认与计量和后续确认与计量）；
4. 掌握以摊余成本计量的金融资产的会计处理；
5. 熟悉以公允价值计量且其变动计入其他综合收益的金融资产的内涵、特征及会计核算原理；
6. 熟悉以公允价值计量且其变动计入当期损益的金融资产的内涵、特征及会计核算原理；
7. 熟悉金融资产之间重分类的核算原理；
8. 了解金融资产转移的处理原则。

➢ 实务目标

1. 能够处理以摊余成本计量的金融资产的初始及后续确认及计量；
2. 会处理以公允价值计量且其变动计入其他综合收益的金融资产的确认与计量；
3. 能够正确核算以公允价值计量且其变动计入当期损益的金融资产；
4. 能够正确掌握金融资产之间重分类的核算。

引例

海华公司于2022年1月1日购入B公司股票100万股，每股股价8元。2022年1月31日，B公司股价上涨到每股9元。2022年2月28日，B公司股价下跌到每股7.5元。2022年3月31日，海华公司收到B公司发放的2021年现金股利20万元。2022年4月10日，海华公司以每股9元的价格将持有的B公司股票全部转让。

思考：该经济业务流程中海华公司的会计该如何进行账务处理？

5.1 金融资产的分类

5.1.1 金融资产概述

金融是现代经济的核心，经济的繁荣离不开金融市场的健康与可持续发展。在金融市场上，资金的提供方通过金融工具将资金提供给资金的需求方，即金融工具把金融市场上资金的供需双方紧密联系在一起。例如，债券就是一种金融工具，资金的提供方通过购买资金需求方发行的债券就实现了资金从提供方向需求方的转移。在这个交易过程中，资金提供方形成金融资产，资金的需求方形成金融负债。因此，金融市场的健康可持续发展离不开金融工具的广泛应用与创新。随着我国金融工具交易，尤其是衍生金融工具交易的长足发展，我们会计工作人员面临重大挑战，需要深入研究各类企业的金融工具交易的会计处理，分析利用金融工具交易信息为决策提供依据。

1）金融工具

金融工具是指形成一方的金融资产，并形成其他方的金融负债或权益工具的合同。金融工具的种类十分丰富，常见的有：权益性金融工具（如股票，包括普通股和优先股）、各种债券性金融工具（如公司债券、国债等）、可转换公司债券等混合性质的金融工具，开放式基金、封闭式基金等委托理财性质的金融工具以及认股权证、股票期权等衍生金融工具。在金融市场上，资金的提供方购买上述任意一种或多种金融工具都会形成金融资产，资金需求方（或金融工具发行方）都会形成金融负债或权益工具，因此，金融工具包括金融资产、金融负债和权益工具，也可能包括一些尚未确认的项目。

2）金融资产

金融资产，是指企业持有的现金、其他方的权益工具以及符合下列条件之一的资产：

❶从其他方收取现金或其他金融资产的合同权利。例如，企业的银行存款、应收账款、应收票据和贷款等均属于金融资产。再如，预付账款不是金融资产，因其产生的未来经济利益是商品或服务，不是收取现金或其他金融资产的权利。

❷在潜在有利条件下，与其他方交换金融资产或金融负债的合同权利。例如，企业持有的看涨期权或看跌期权等。

❸将来须用或可用企业自身权益工具进行结算的非衍生工具合同，且企业根据该合同将收到可变数量的自身权益工具。

❹将来须用或可用企业自身权益工具进行结算的衍生工具合同，但以固定数量的自身权益工具交换固定金额的现金或其他金融资产的衍生工具合同除外。其中，企业自身权益工具不包括应当按照《企业会计准则第37号——金融工具列报》分类为权益工具的可回售工具或发行方仅在清算时才有义务向另一方按比例交付其净资产的金融工具，也不包括本身就要求在未来收取或交付企业自身权益工具的合同。

企业应当根据其管理金融资产的业务模式和金融资产的合同现金流量特征，将金融资产划分为以下三类：❶以摊余成本计量的金融资产；❷以公允价值计量且其变动计入其他综合收益的金融资产；❸以公允价值计量且其变动计入当期损益的金融资产。上述分类一经确定，不得随意变更。

课堂讨论

根据上述定义，请大家讨论预付账款是金融资产吗？为什么？

知识拓展

衍生金融工具

衍生金融工具也叫衍生金融产品，是与基础金融产品相对应的一个概念，指建立在基础金融产品或基础变量之上，其价格随基础金融产品的价格（或数值）变动的派生金融产品。这里所说的基础产品是一个相对的概念，不仅包括现货金融产品（如债券、股票、银行定期存款单等），也包括衍生金融工具。作为衍生金融工具基础的变量则包括利率、汇率、各类价格指数、通货膨胀率甚至天气（温度）指数等。衍生金融工具是在货币、债券、股票等传统金融工具的基础上衍化和派生的，以杠杆和信用交易为特征的金融工具。

5.1.2 金融资产分类

金融资产的分类是其确认和计量的基础与前提。除非在某金融资产初始确认时，企业就将其直接指定为以公允价值计量且其变动计入当期损益或其他综合收益的金融资产，否则，根据管理该金融资产的业务模式和金融资产的合同现金流量特征，可将金融资产划分为以下三类：❶以摊余成本计量的金融资产；❷以公允价值计量且其变动计入其他综合收益的金融资产；❸以公允价值计量且其变动计入当期损益的金融资产。

1）直接指定的情形

在满足一定条件的情况下，企业可以在初始确认时将金融资产直接指定为以公允价值计量且其变动计入当期损益或其他综合收益的金融资产。

在初始确认时，如果能够消除或显著减少会计错配，企业可以将金融资产指定为以公允价值计量且其变动计入当期损益的金融资产。该指定一经作出，不得撤销。会计错配，是指当企业以不同的会计确认方法和计量属性，对在经济上相关的资产和负债进行确认或计量而产生利得或损失时，可能导致的会计确认和计量上的不一致。设定该条件的主要目的在于通过直接指定为以公允价值计量并将其变动计入当期损益，以消除或减少会计上可能存在的错配现象。

【例5-1】A商业银行发放了一笔固定利率贷款，在发放日，A商业银行以具有匹配条款的利率互换对该贷款进行经济上的套期，将该贷款从固定利率转换成浮动利率。假定该贷款符合分类为以摊余成本计量的条件，以摊余成本计量该贷款将会产生与以公允价值计量且其变动计入当期损益的利率互换之间的会计错配。

在此例中，A商业银行可在该贷款初始确认时就直接指定为以公允价值计量且其变动计入当期损益的金融资产，以降低按摊余成本计量该贷款将产生的会计错配，从而提供更加相关的会计信息。**需注意的是，此例中，利率互换作为衍生金融工具，只能按公允价值计量且其变动计入当期损益。**

【例5-2】乙公司发行债券（金融负债）为某项投资融入资金（金融资产），且该金融负债和金融资产实际上面临相当的风险（比如利率风险）。如果该金融资产与对应的该金融负债采用两种不同的计量基础计量，则不能反映相关的真实风险信息。但是，如果将该金融资产和金融负债均作以公允价值计量且其变动计入当期损益的直接指定，则可以改变这种会计错配导致的不利结果。

在此例中，乙公司可将该金融资产和金融负债均作以公允价值计量且其变动计入当期损益的直接指定。

【例5-3】丙保险公司因保险业务而确认了一项以现值为基础（即通常所指精算基础）计量的负债。该负债对应的资金运用形成的金融资产如按摊余成本计量，可能导致会计错配。而将该金融资产作以公允价值计量且其变动计入当期损益的直接指定，则意味着该金融资产的公允价值变动在相关负债价值变动的同一期间计入当期损益。

在此例中，丙保险公司可将该金融资产作以公允价值计量且其变动计入当期损益的直接指定。

【例5-4】丁公司（母公司）的某子公司购买了3年期固定利率债券。为了加强对利率风险的管理，该子公司与母公司签订了支付固定利息、收取可变利息的利率互换合同。

在此例中，在该子公司个别财务报表层面上，该固定利率债券可以直接指定为以公允价值计量且变动计入当期损益的金融资产，以消除或减少会计错配的影响。但是，在丁公司合并财务报表层面上，这项指定因合并抵销而无法适用。遇到这种情况，可以在该固定利率债券初始确认时，由母公司与集团外的公司签订有关利率互换协议。

2）直接指定以外的情形

初始确认时没有被直接指定为以公允价值计量且其变动计入当期损益或其他综合收益的金融资产，企业应根据其管理金融资产的业务模式和金融资产的合同现金流量特征，将其划分为以下三类：❶以摊余成本计量的金融资产；❷以公允价值计量且其变动计入其他综合收益的金融资产；❸以公允价值计量且其变动计入当期损益的金融资产。

（1）企业管理金融资产的业务模式

企业管理金融资产的业务模式，是指企业如何管理其金融资产以产生现金流量。业务模式决定企业所管理金融资产现金流量的来源是收取合同现金流量、出售金融资产还是两者兼有。

企业管理金融资产的业务模式，应当以企业关键管理人员决定的对金融资产进行管理的特定业务目标为基础确定。企业确定管理金融资产的业务模式，应当以客观事实为依据，不得以按照合理预期不会发生的情形为基础确定。

❶以收取合同现金流量为目标的业务模式。

在以收取合同现金流量为目标的业务模式下，企业管理金融资产旨在通过在金融资产存续期内收取合同付款来实现现金流量，而不是通过持有并出售金融资产产生整体回报。

在以收取合同现金流量为目标的业务模式下，金融资产的信用质量影响着企业收取合同现金流量的能力。为减少因信用恶化所导致的潜在信用损失而进行的风险管理活动与以收取合同现金流量为目标的业务模式并不矛盾。因此，即使企业在金融资产的信用风险增加时为减少信用损失而将其出售，金融资产的业务模式仍然可能是以收取合同现金流量为目标。

如果企业在金融资产到期日前出售金融资产，即使与信用风险管理活动无关，在出售只是偶然发生（即使价值重大），或者单独及汇总出售的价值非常小（即使频繁发生）的情况下，金融资产的业务模式仍然可能是以收取合同现金流量为目标。如果企业能够解释出售的原因并且证明出售并不反映业务模式的改变，出售频率或者出售价值在特定时期内的增加不一定与以收取合同现金流量为目标的业务模式相矛盾，此外，如果出售发生在金融资产临近到期时，且出售所得接近待收取的剩余合同现金流量，金融资产的业务模式仍然可能是以收取合同现金流量为目标。

❷以收取合同现金流量和出售金融资产为目标的业务模式。

在同时以收取合同现金流量和出售金融资产为目标的业务模式下，企业的关键管理人员认为收取合同现金流量和出售金融资产对于实现其管理目标而言都是不可或缺的。相对于以收取合同现金流量为目标的业务模式，此业务模式涉及的出售通常频率更高、金额更大。因为出售金融资产是此业务模式的目标之一，在该业务模式下不存在出售金融资产的频率或者价值的明确界限。

❸其他业务模式。

如果企业管理金融资产的业务模式不是以收取合同现金流量为目标，也不是以收取合同现金流量和出售金融资产为目标，则该企业管理金融资产的业务模式是其他业务模式。例如，企业持有金融资产的目的是交易性的或者基于金融资产的公允价值作出决策并对其进行管理。在这种情况下，企业管理金融资产的目标是通过出售金融资产以实现现金流量。即使企业在持有金融资产的过程中会收取合同现金流量，企业管理金融资产的业务模式也不是以收取合同现金流量和出售金融资产为目标，因为收取合同现金流量对实现该业务模式目标来说只是附带性质的活动。

（2）金融资产的合同现金流量特征

金融资产的合同现金流量特征，是指金融工具合同约定的、反映相关金融资产经济特征的现金流量属性。

企业分类为以摊余成本计量的金融资产及以公允价值计量且其变动计入其他综合收益的金融资产，其合同现金流量特征，应当与基本借贷安排相一致。即相关金融资产在特定日期产生的合同现金流量仅为对本金和以未偿付本金金额为基础的利息的支付。其中，本金是指金融资产在初始确认时的公允价值，本金金额可能因提前还款等原因在金融资产的存续期内发生变动；利息包括对货币时间价值、与特定时期未偿付本金金额相关的信用风险，以及其他基本借贷风险、成本和利润的对价。其中，货币时间价值是利息要素中仅因为时间流逝而提供对价的部分，不包括为所持有金融资产的其他风险或成本提供的对价，但货币时间价值要素有时可能存在修正。在货币时间价值要素存在修正的情况下，企业应当对相关修正进行评估，以确定其是否满足上述合同现金流量特征的要求。此外，金融资产包含可能导致其合同现金流量的时间分布或金额发生变更的合同条款（如包含提前还款特征）的，企业应当对相关条款进行评估（如评估提前还款特征的公允价值是否非常小），以确定其是否满足上述合同现金流量特征的要求。

（3）以摊余成本计量的金融资产

金融资产同时符合下列条件的，应当分类为以摊余成本计量的金融资产：

❶企业管理该金融资产的业务模式是以收取合同现金流量为目标。

❷该金融资产的合同条款规定，在特定日期产生的现金流量，仅为对本金和以未偿付本金金额为基础的利息的支付。

例如，银行向企业客户发放的固定利率贷款，在没有其他特殊安排的情况下，贷款通常可能符合本金加利息的合同现金流量特征。如果银行管理该贷款的业务模式是以收取合同现金流量为目标，则该贷款可以分类为以摊余成本计量的金融资产。再如，普通债券的合同现金流量是到期收回本金及按约定利率在合同期间按时收取固定或浮动利息。在没有其他特殊安排的情况下，普通债券通常可能符合本金加利息的合同现金流量特征。如果企业管理该债券的业务模式是以收取合同现金流量为目标，则该债券可以分类为以摊余成本计量的金融资产。又如，企业正常商业往来形成的具有一定信用期限的应收账款，如果企业拟根据应收账款的合同现金流量收取现金，且不打算提前处置应收账款，则该应收账款可以分类为以摊余成本计量的金融资产。

（4）以公允价值计量且其变动计入其他综合收益的金融资产

金融资产同时符合下列条件的，应当分类为以公允价值计量且其变动计入其他综合收益的金融资产：

❶企业管理该金融资产的业务模式既以收取合同现金流量为目标又以出售该金融资产为目标。

❷该金融资产的合同条款约定，在特定日期产生的现金流量，仅为对本金和以未偿付本金金额为基础的利息的支付。

（5）以公允价值计量且其变动计入当期损益的金融资产

企业分类为以摊余成本计量的金融资产和以公允价值计量且其变动计入其他综合收益的金融资产之外的金融资产，应当分类为以公允价值计量且其变动计入当期损益的金融资产。

金融资产满足下列条件之一的，表明企业持有该金融资产的目的是交易性的：一是取得相关金融资产或承担相关金融负债的目的，主要是近期出售或回购；二是相关金融资产或金融负债在初始确认时属于集中管理的可辨认金融工具组合的一部分，且有客观证据表明近期实际存在短期获利模式；三是相关金融资产或金融负债属于衍生工具。但符合财务担保合同定义的衍生工具以及被指定为有效套期工具的衍生工具除外。

例如，企业持有的下列投资产品通常应当分类为以公允价值计量且其变动计入当期损益的金融资产：

❶股票。股票的合同现金流量源自收取被投资企业未来股利分配以及其清算时获得剩余收益的权利。由于股利及获得剩余收益的权利均不符合本章关于本金和利息的定义，因此股票不符合本金加利息的合同现金流量特征。在不考虑指定的情况下，企业持有的股票应当分类为以公允价值计量且其变动计入当期损益的金融资产。

❷基金。常见的股票型基金、债券型基金、货币基金或混合基金，一般情况下不符合本金加利息的合同现金流量特征。企业持有的基金份额通常应当分类为以公允价值计量且其变动计入当期损益的金融资产。

❸可转换债券。可转换债券除按一般债权类投资的特性到期收回本金、获取约定利息或收益外，还嵌入了一项转股权。通过嵌入衍生工具，企业获得的收益在基本借贷安排的基础上，会产生基于其他因素变动的不确定性。可转换债券作为一个整体进行评估，由于其不符合本金加利息的合同现金流量特征，企业持有的可转换债券投资应当分类为以公允价值计量且其变动计入当期损益的金融资产。

3）金融资产的重分类

企业改变其管理金融资产的业务模式时，应当按照企业会计准则的规定对所有受影响的相关金融资产进行重分类。

企业对金融资产进行重分类，应当自重分类日起采用未来适用法进行相关会计处理，不得对以前已经确认的利得、损失（包括减值损失或利得）或利息进行追溯调整。重分类日，是指导致企业对金融资产进行重分类的业务模式发生变更后的首个报告期间的第一天。

5.2 金融资产确认与计量

1）金融资产的初始确认与计量

企业初始确认金融资产，应当按照公允价值计量。对于以公允价值计量且其变动计入当期损益的金融资产，相关交易费用应当直接计入当期损益；对于其他类别的金融资产，相关交易费用应当计入初始确认金额。但是，企业初始确认的应收账款未包含《企业会计准则第14号——收入》所定义的重大融资成分或根据《企业会计准则第14号——收入》规定不考虑不超过1年的合同中的融资成分的，应当按照《企业会计准则第22号——金融工具确认和计量》定义的交易价格进行初始计量。

交易费用，是指可直接归属于购买、发行或处置金融工具的增量费用。增量费用是指企业没有发生购买、发行或处置相关金融工具的情形就不会发生的费用，包括支付给代理机构、咨询公司、券商、证券交易所、政府有关部门等的手续费、佣金、相关税费以及其他必要支出，不包括债券溢价、折价、融资费用、内部管理成本和持有成本等与交易不直接相关的费用。

企业取得金融资产支付的价款中包含的已宣告但尚未发放的股利或利息，应单独确认为应收款项。

公允价值通常为相关金融资产的交易价格。金融资产公允价值与交易价格存在差异的，企业应当区别下列情况进行处理：一是在初始确认时，金融资产的公允价值依据相同资产或负债在活跃市场上的报价或者以仅使用可观察市场数据的估值技术确定的，企业应当将该公允价值与交易价格之间的差额确认为一项利得或损失。二是在初始确认时，金融资产的公允价值以其他方式确定的，企业应当将该公允价值与交易价格之间的差额递延。初始确认后，企业应当根据某一因素在相应会计期间的变动程度将该递延差额确认为相应会计期间的利得或损失。该因素应当仅限于市场参与者对该金融工具定价时将予考虑的因素，包括时间等。

2）金融资产的后续确认与计量

金融资产的后续计量与金融资产的分类密切相关。初始确认后，企业应当对不同类别的金融资产，分别以摊余成本、以公允价值计量且其变动计入其他综合收益或以公允价值计量且其变动计入当期损益进行后续计量。

5.3 金融资产的会计处理

5.3.1 以摊余成本计量的金融资产的会计处理

视频课程

以摊余成本计量的金融资产的会计处理

1）实际利率法

实际利率法，是指计算金融资产或金融负债的摊余成本以及将利息收入或利息费用分摊计入各会计期间的方法。

实际利率，是指将金融资产或金融负债在预计存续期的估计未来现金流量，折现为该金融资产账面余额或该金融负债摊余成本所使用的利率。在确定实际利率时，应当在考虑金融资产或金融负债所有合同条款（如提前还款、展期、看涨期权或其他类似期权等）的基础上估计预期现金流量，但不应当考虑预期信用损失。

【同步案例 5-1】假设A企业于2022年1月1日购入B企业于同日发行的3年期、面值为10 000元的公司债券。该债券每年年末付息一次，最后一年归还本金及最后一年利息，票面年利率为10%，A企业以10 100元（含交易费用）购入。则实际利率的计算如下：

A企业未来3年的现金流量为：

第1年现金流量=10 000×10%=1 000（元）

第2年现金流量=10 000×10%=1 000（元）

第3年现金流量=1 000+10 000=11 000（元）

设实际利率为r，则有：10 100=1 000×（P/A，r，3）＋10 000×（P/F，r，3）

等式两边只有一个未知数r，因此解出方程即可得到r的值。

【同步案例 5-2】承【同步案例 5-1】，假设将债券的还本付息方式改为到期一次还本付息，其他条件不变，则实际利率计算如下：

A企业未来3年的现金流量为：

第1年现金流量=0

第2年现金流量=0

第3年现金流量=1 000×3+10 000=13 000（元）

设实际利率为r，则有：10 100=13 000×（P/F，r，3）

等式两边只有一个未知数r，因此解出方程即可得到r的值。

【同步案例 5-3】承【同步案例 5-1】，假设将债券的还本付息方式改为每年年末付息一次，本金于最后两年等额偿还，其他条件不变。则实际利率计算如下：

A企业未来3年的现金流量为：

第1年现金流量=1 000元

第2年现金流量=1 000+10 000÷2=6 000（元）

第3年现金流量=（10 000−5 000）×10%+10 000÷2=5 500（元）

设实际利率为r，则有：

10 100=1 000×（P/F，r，1）+6 000×（P/F，r，2）+5 500×（P/F，r，3）

等式两边只有一个未知数r，因此解出方程即可得到r的值。

从上述案例可见，在计算实际利率时要考虑合同的所有条款，包括提前还款，双方之间支付或收取的属于实际利率组成部分的各项收费、交易费用或溢折价等。如果未来现金流量存在较大的不确定性，可以采用合同现金流量替代实际现金流量计算实际利率。

2）摊余成本

摊余成本，应当以该金融资产的初始确认金额经下列调整后的结果确定：❶扣除已偿还的本金；❷加上或减去采用实际利率法将该初始确认金额与到期日金额之间的差额进行摊销形成的累计摊销额；❸扣除累计计提的损失准备（仅适用于金融资产）。

3）取得以摊余成本计量的债权投资时的处理

企业取得以摊余成本计量的债权投资时，应按该投资的面值，借记“债权投资——成本”科目，按支付的价款中包含的已到付息期但尚未领取的利息，借记“应收利息”科目，按实际支付的金额，贷记“银行存款”等科目，按其差额，借记或贷记“债权投资——利息调整”科目。即：

借：债权投资——成本（面值）

——利息调整（初始入账成本－债券面值）（溢价记借方，折价记贷方）

应收利息（债券买入时所包含的已到付息期但尚未领取的利息）

贷：银行存款

注：“债权投资——成本”只反映面值；“债权投资——利息调整”中不仅反映折溢价，还包括佣金、手续费等。

4）以摊余成本计量的债权投资利息收入的处理

企业应当按照实际利率法确认利息收入。利息收入应当根据金融资产账面余额乘以实际利率计算确定，但下列情况除外：一是对于购入或源生的已发生信用减值的金融资产，企业应当自初始确认起，按照该金融资产的摊余成本和经信用调整的实际利率计算确定其利息收入。二是对于购入或源生的未发生信用减值、但在后续期间成为已发生信用减值的金融资产，企业应当在后续期间，按照该金融资产的摊余成本和实际利率计算确定其利息收入。企业按照上述规定对金融资产的摊余成本运用实际利率法计算利息收入的，若该金融工具在后续期间因其信用风险有所改善而不再存在信用减值，并且这一改善在客观上可与应用上述规定之后发生的某一事件相联系（如债务人的信用评级被上调），企业应当转按实际利率乘以该金融资产账面余额来计算确定利息收入。

经信用调整的实际利率，是指将购入或源生的已发生信用减值的金融资产在预计存续期的估计未来现金流量，折现为该金融资产摊余成本的利率。在确定经信用调整的实际利率时，应当在考虑金融资产的所有合同条款（如提前还款、展期、看涨期权或其他类似期权等）以及初始预期信用损失的基础上估计预期现金流量。

资产负债表日，债权投资为分期付息、一次还本债券投资的，应按票面利率计算确定的应收未收利息，借记“应收利息”科目；按债权投资摊余成本和实际利率计算确定的利息收入，贷记“投资收益”科目；按其差额，借记或贷记“债权投资——利息调整”科目。

债权投资为一次还本付息债券投资的，应于资产负债表日按票面利率计算确定的应收未收利息，借记“债权投资——应计利息”科目；按债权投资摊余成本和实际利率计算确定的利息收入，贷记“投资收益”科目；按其差额，借记或贷记“债权投资——利息调整”科目。

债权投资计息的会计处理如下：

资产负债表日，企业应当采用实际利率法，按摊余成本对债权投资进行后续计量。

❶对于分期付息、一次还本债券投资：

借：应收利息（按面值和票面利率计算）

　　债权投资——利息调整（差额，或者贷记）

　贷：投资收益（按摊余成本和实际利率计算）

❷对于一次还本付息债券投资：

借：债权投资——应计利息（按面值和票面利率计算）

　　　　　　——利息调整（差额，可能在贷方）

　贷：投资收益（按摊余成本和实际利率计算）

5）以摊余成本计量的债权投资处置的处理

企业出售债权投资时，应当将取得的价款与账面价值之间的差额作为投资收益进行会计处理。如果对债权投资计提了信用减值准备，还应当同时结转信用减值准备。即：

借：银行存款

　　债权投资减值准备

　贷：债权投资——成本

　　　　　　——利息调整（或借记）

　　　　　　——应计利息（到期一次还本付息的债券）

　　投资收益（或借记）

【例5-5】海华公司于2018年1月1日支付价款10 000元（含交易费用）从市场上购买了东旭光电于同日发行的5年期公司债券（原始凭证：证券交易回单，见表5-1；银行进账单回单，见表5-2）。该债券面值为12 000元，票面利率为5.6%，每年年末付息一次（每年付息金额为672元（12 000×5.6%）），到期还本（原始凭证：银行业务回单，见表5-3）。海华公司将该项投资划分为以摊余成本计量的金融资产。2022年12月31日，款项到期收回（原始凭证：银行业务回单，见表5-4）。（假设不考虑所得税及减值等因素的影响）

表5-1

证券交易回单	
证券名称	东旭光电
证券代码	000413
成交日期	20180101
成交数量	100
成交价格	98.00
成交时间	201801010940
操　　作	买入
发生金额	9 800.00
手续费	180.00
印花税	0.00
过户费	20.00
其他费	0.00
合同号	630
成交序号	235675
账　　号	XXXXXXXXXXXX

表5-2

ICBC 中国工商银行 进账单（回单） 1

2018年01月01日

出票人	全称	无锡海华股份有限公司	收款人	全称	华泰证券无锡青山路营业部
	账号	6222464654546553		账号	0200001009012136441
	开户银行	中国工商银行无锡太湖支行		开户银行	中国工商银行无锡西城支行
金额	人民币（大写）	壹万元整			亿千百十万千百十元角分：¥1000000
票据种类	转账支票	票据张数	1		
票据号码	23097141				
	复核	记账			开户银行签章

（印章：中国工商银行无锡太湖支行 2018.01.01 转讫）

此联是开户银行交给持（出）票人的回单

表5-3

银行业务回单

2018年12月31日　　凭证编号：79215089

付款人	全称	华泰证券无锡青山路营业部	收款人	全称	无锡海华股份有限公司
	账号	0200001009012136441		账号	6222464654546553
	开户行	中国工商银行无锡西城支行		开户行	中国工商银行无锡太湖支行
大写金额	人民币（大写）陆佰柒拾贰元整				¥67200
用途	债券利息				
备注	业务种类				
	原凭证种类				
	原凭证号码				开户行盖章
	原凭证金额				2018年12月31日

（印章：中国工商银行无锡太湖支行 2018.12.31 转讫）

表5-4

银行业务回单

2022年12月31日　　凭证编号：79218012

付款人	全称	华泰证券无锡青山路营业部	收款人	全称	无锡海华股份有限公司
	账号	0200001009012136441		账号	6222464654546553
	开户行	中国工商银行无锡西城支行		开户行	中国工商银行无锡太湖支行
大写金额	人民币（大写）壹万贰仟陆佰柒拾贰元整				¥1267200
用途	债券本金及利息				
备注	业务种类				
	原凭证种类				
	原凭证号码				开户行盖章
	原凭证金额				2022年12月31日

（印章：中国工商银行无锡太湖支行 2022.12.31 转讫）

设该债券的实际利率为r，根据题意可列如下公式：

12 000×5.6%×（P/A，r，5）+12 000×（P/F，r，5）=10 000

经求解，得：r=10%，由此可以编制利息收益及利息调整摊销额计算表，见表5-5。

表5-5　　利息收益及利息调整摊销额计算表（实际利率法）　　单位：元

年份	期初摊余成本	实际利息收益（期初摊余成本×实际利率）	现金流入（面值×票面利率）	利息调整摊销额	期末摊余成本
	①	②=①×10%	③	④=②-③	⑤=①+④
2018	10 000	1 000	672	328	10 328
2019	10 328	1 033	672	361	10 689
2020	10 689	1 069	672	397	11 086
2021	11 086	1 109	672	437	11 523
2022	11 523	1 149**	672	477*	12 000

考虑到计算过程中的小数点，2022年计算顺序调整如下：

*477=2 000-328-361-397-437

**1 149=672+477

根据表5-5，海华公司2018—2022年各年的账务处理如下：

（1）2018年1月1日，购入债券：

借：债权投资——成本　12 000　记1

　贷：银行存款　10 000　附件2张（表5-1至表5-2）

　　债权投资——利息调整　2 000

（2）2018年12月31日，确认并收回利息：

借：应收利息（12 000×5.6%）　672　记2

　债权投资——利息调整　328

　贷：投资收益　1 000

借：银行存款　672　记3

　贷：应收利息　672　附件1张（表5-3）

（3）2019年12月31日，确认并收回利息：

借：应收利息　672　记4

　债权投资——利息调整　361

　贷：投资收益　1 033

借：银行存款　672　记5

　贷：应收利息　672　附件1张（同表5-3）

（4）2020年12月31日，确认并收回利息：

借：应收利息　672　记6

　债权投资——利息调整　397

　贷：投资收益　1 069

借：银行存款　672　记7

　贷：应收利息　672　附件1张（同表5-3）

（5）2021年12月31日，确认并收回利息：

借：应收利息　672　记8

　债权投资——利息调整　437

　贷：投资收益　1 109

借：银行存款　672　记9

　贷：应收利息　672　附件1张（同表5-3）

（6）2022年12月31日，确认并收回本金和利息：

借：应收利息　672　记10

　债权投资——利息调整　477

　贷：投资收益　1 149

借：银行存款　12 672　记11

　贷：应收利息　672　附件1张（表5-4）

　　债权投资——成本　12 000

【例5-6】假设将【例5-5】的"每年年末付息一次，到期还本"改为"到期一次还本付息"，其他条件不变，利息不复利计算。

设该债券的实际利率为r，根据题意可列如下公式：

5年利息总和=12 000×5.6%×5=3 360（元）

本利合计=3 360+12 000=15 360（元）

15 360×（P/F，r，5）=10 000

经求解，得：r≈9%，由此可以编制利息收益及利息调整摊销额计算表，见表5-6。

表5-6　利息收益及利息调整摊销额计算表（实际利率法）　单位：元

年份	期初摊余成本	实际利息收益（期初摊余成本×实际利率）	现金流入	利息调整	期末摊余成本
	①	②=①×9%	③	④=②-672	⑤=①+②-③
2018	10 000	900	0	228	10 900
2019	10 900	981	0	309	11 881
2020	11 881	1 069	0	397	12 950
2021	12 950	1 166	0	494	14 116
2022	14 116	1 244*	15 360	572	0

*考虑到计算过程中的小数点，2022年计算如下：

1 244=15 360-14 116

根据表5-6的数据，海华公司2018—2022年各年的账务处理如下：

（1）2018年1月1日购入债券：

借：债权投资——成本　12 000　记1

　贷：银行存款　10 000

　　债权投资——利息调整　2 000

（2）2018年12月31日：

借：债权投资——应计利息　　672　　记2

　　　　　　——利息调整　　228

　贷：应收利息　　900

（3）2019年12月31日：

借：债权投资——应计利息　　672　　记3

　　　　　　——利息调整　　309

　贷：应收利息　　981

（4）2020年12月31日：

借：债权投资——应计利息　　672　　记4

　　　　　　——利息调整　　397

　贷：应收利息　　1 069

（5）2021年12月31日：

借：债权投资——应计利息　　672　　记5

　　　　　　——利息调整　　494

　贷：应收利息　　1 166

（6）2022年12月31日：

借：债权投资——应计利息　　672　　记6

　　　　　　——利息调整　　572

　贷：应收利息　　1 244

借：银行存款　　15 360　　记7

　贷：债权投资——成本　　12 000

　　　　　　　——应计利息　　3 360

5.3.2 以公允价值计量且其变动计入其他综合收益的金融资产的会计处理

1）基本原则

以公允价值计量且其变动计入其他综合收益的金融资产按公允价值进行后续计量，所产生的利得或损失，除减值损失或利得和汇兑损益外，均应当计入其他综合收益，直至该金融资产终止确认或被重分类。但是，采用实际利率法计算的该金融资产的利息应当计入当期损益。终止确认时，之前计入其他综合收益的累计利得或损失应当从其他综合收益中转出，计入当期损益。

2）账务处理

❶企业取得以公允价值计量且其变动计入其他综合收益的金融资产，应按该金融资产投资的面值，借记“其他债权投资——成本”科目，按支付的价款中包含的已宣告但尚未领取的利息，借记“应收利息”科目，按实际支付的金额，贷记“银行存款”等科目，按其差额，借记或贷记“其他债权投资——利息调整”科目。

❷资产负债表日，以公允价值计量且其变动计入其他综合收益的金融资产为分期付息、一次还本债券投资的，应按票面利率计算确定的应收未收利息，借记“应收利息”科目，按债券的摊余成本和实际利率计算确定的利息收入，贷记“利息收入”科目，按其差额，借记或贷记“其他债权投资——利息调整”科目。

❸以公允价值计量且其变动计入其他综合收益的金融资产为一次还本付息债券投资的，应按票面利率计算确定的应收未收利息，借记“其他债权投资——应计利息”科目，按债券的摊余成本和实际利率计算确定的利息收入，贷记“利息收入”科目，按其差额，借记或贷记“其他债权投资——利息调整”科目。

❹资产负债表日，以公允价值计量且其变动计入其他综合收益的金融资产的公允价值高于其账面余额的差额，借记“其他债权投资——公允价值变动”科目，贷记“其他综合收益——其他债权投资公允价值变动”科目；公允价值低于其账面余额的差额作相反的会计分录。

❺确定以公允价值计量且其变动计入其他综合收益的金融资产发生减值的，应按减记的金额，借记“信用减值损失”科目，按从其他综合收益中转出的累计损失金额，贷记“其他综合收益——信用减值准备”科目。

❻出售以公允价值计量且其变动计入其他综合收益的金融资产，应按实际收到的金额，借记“银行存款”等科目，按其账面余额，贷记“其他债权投资——成本”“其他债权投资——应计利息”科目，贷记或借记“其他债权投资——公允价值变动”“其他债权投资——利息调整”科目；按应从其他综合收益中转出的公允价值累计变动额，借记或贷记“其他综合收益——其他债权投资公允价值变动”科目；按应从其他综合收益转出的信用减值准备累计金额，贷记或借记“其他综合收益——信用减值准备”科目，按其差额，贷记或借记“投资收益”科目。

【例5-7】承【例5-5】，假设海华公司将其划分为以公允价值计量且其变动计入其他综合收益的金融资产，2018年12月31日，债券公允价值为10 400元；2019年12月31日，债券公允价值为10 800元；2020年12月31日，债券公允价值为11 100元；2021年12月31日，债券公允价值为11 600元；2022年12月31日，债券公允价值为12 100元，当日按照12 772元出售。

海华公司的账务处理如下：

（1）2018年1月1日购入债券：

借：其他债权投资——成本　12 000　记1
　贷：银行存款　10 000　附件2张（表5-1至表5-2）
　　其他债权投资——利息调整　2 000

（2）2018年12月31日，确认利息收入及公允价值变动：

借：应收利息（12 000×5.6%）　672　记2
　其他债权投资——利息调整　328
　贷：投资收益　1 000

借：银行存款　672　记3
　贷：应收利息　672　附件1张（表5-3）

借：其他债权投资——公允价值变动（10 400-10 328）　72　记4
　贷：其他综合收益——其他债权投资公允价值变动　72

（3）2019年12月31日，确认并收回利息：

借：应收利息　672　记5
　其他债权投资——利息调整　361
　贷：投资收益　1 033

借：银行存款	672		记 6
贷：应收利息		672	
借：其他债权投资——公允价值变动（10 800-10 689-72）	39		记 7
贷：其他综合收益——其他债权投资公允价值变动		39	

（4）2020年12月31日，确认并收回利息：

借：应收利息	672		记 8
其他债权投资——利息调整	397		
贷：投资收益		1 069	
借：银行存款	672		记 9
贷：应收利息		672	
借：其他综合收益——其他债权投资公允价值变动	97		记 10
贷：其他债权投资——公允价值变动（11 100-11 086-111）		97	

（5）2021年12月31日，确认并收回利息：

借：应收利息	672		记 11
其他债权投资——利息调整	437		
贷：投资收益		1 109	
借：银行存款	672		记 12
贷：应收利息		672	
借：其他债权投资——公允价值变动（11 600-11 523-14）	63		记 13
贷：其他综合收益——其他债权投资公允价值变动		63	

（6）2022年12月31日，确认并收回本金和利息：

借：应收利息	672		记 14
其他债权投资——利息调整	477		
贷：投资收益		1 149	
借：其他债权投资——公允价值变动（12 100-12 000-77）	23		记 15
贷：其他综合收益——其他债权投资公允价值变动		23	
借：银行存款	12 772		记 16
其他综合收益——其他债权投资公允价值变动	100		附件 1 张
贷：应收利息		672	
其他债权投资——成本		12 000	
——公允价值变动		100	
投资收益		100	

5.3.3 以公允价值计量且其变动计入当期损益的金融资产的会计处理

视频课程

以公允价值计量且其变动计入当期损益的金融资产的会计处理

1）处理原则

企业在对交易性金融资产进行会计处理时，要充分评估交易性金融资产与其所在的金融市场的关联度，企业对交易性金融资产所进行的会计处理过程和结果要能充分反映金融市场相关变量的变化对交易性金融资产价值的影响，进而反映出对企业财务状况和经营成果的影响。

2）账务处理

❶企业取得以公允价值计量且其变动计入当期损益的金融资产，应按其公允价值，借记“交易性金融资产——成本”科目；按照发生的交易费用，借记“投资收益”账户；按已到付息期但尚未领取的利息或已宣告但尚未发放的现金股利，借记“应收利息”或“应收股利”科目；按实际支付的金额，贷记“银行存款”等账户。

❷根据以公允价值计量且其变动计入当期损益的金融资产在持有期间被投资单位宣告发放的现金股利，或已到付息期应领未领的利息，借记“应收股利”或“应收利息”账户，贷记“投资收益”账户。需要注意的是，企业只有同时满足下列三个条件才能将取得的股利收入计入当期损益：一是企业收取股利的权利已经确认；二是与股利相关的经济利益很可能流入企业；三是股利的金额能够可靠计量。

❸资产负债表日，当以公允价值计量且其变动计入当期损益的金融资产的公允价值高于其账面价值，按其差额借记“交易性金融资产——公允价值变动”科目，贷记“公允价值变动损益”账户；公允价值低于其账面价值，则按其差额编制相反的会计分录。

❹出售以公允价值计量且其变动计入当期损益的金融资产时，首先应按实际收到的金额，借记“银行存款”等账户，按该金融资产的初始成本，贷记“交易性金融资产——成本”账户，同时将“交易性金融资产——公允价值变动”和“公允价值变动损益”账户余额结平（例如“交易性金融资产——公允价值变动”账户余额为借方100元，则贷记“交易性金融资产——公允价值变动”账户100元，反之亦然），按其差额，贷记或借记“投资收益”账户。值得注意的是，转让金融商品要根据卖出价减去买入价（不需扣除已宣告尚未发放的股利或已到付息期尚未支付的利息）后的余额与适用税率计算并缴纳增值税，借记“投资收益”账户，贷记“应交税费——转让金融商品应交增值税”账户，若发生投资损失则编制相反的会计分录。

【例5-8】海华公司于2022年4月20日从深交所购入东旭光电（SZ000413）股票10万股，每股支付价款12元（原始凭证：报账（付款）审批单，见表5-9；转账支票存根，见表5-10）；另支付证券交易手续费360元、过户费24.9元（原始凭证：证券交易回单，见表5-11）。东旭光电公司已宣告发放现金股利每股0.1元（税后每股0.095元）（原始凭证：东旭光电董事会决议公告，见表5-12；东旭光电股东大会决议公告，见表5-13）。海华公司将其划分为以公允价值计量且其变动计入当期损益的金融资产。

2022年4月30日，东旭光电股票收盘价为每股11.69元。

2022年5月8日，海华公司收到东旭光电发放的2021年度现金股利9 500元（原始凭证：银行业务回单，见表5-14）。

2022年5月31日，东旭光电股票收盘价为每股12.83元。

2022年6月11日，海华公司以每股14元的价格将股票全部转让，证券交易手续费360元，印花税1 400元，过户费30.5元，其他费用2元（原始凭证：证券交易回单，见表5-15；银行业务回单，见表5-16）。

海华公司的实务操作指导见表5-7。

表 5-7

实务操作指导

出纳	制单会计	稽核会计	会计主管	财务经理
1.填写购买股票报账（付款）审批单 3.签发转账支票 5.填写银行进账单 6.办理转账业务	7.审核购买股票报账（付款）审批单、转账支票存根、银行进账单（收账通知）等 8.编制记账凭证	9.审核记账凭证	10.系统记账	2.审批购买股票报账（付款）审批单 4.审批转账支票

海华公司该业务涉及的原始凭证具体见表5-8。

表 5-8

海华公司【例5-8】业务原始凭证

序号	单据名称	对应编号
1	报账（付款）审批单	表5-9
2	转账支票存根	表5-10
3	证券交易回单1	表5-11
4	东旭光电董事会决议公告	表5-12
5	东旭光电股东大会决议公告	表5-13
6	银行业务回单1	表5-14
7	证券交易回单2	表5-15
8	银行业务回单2	表5-16

表 5-9

报账（付款）审批单

部门：财务部　　　　2022年04月20日

经手人	王红	事由	购买股票
项目名称	金额（元）	付款（结算）方式	备注
购买股票	1 200 384.90	银行转账	
合　计	1 200 384.90		
单位负责人审批	财务主管	部门领导	出纳员
同意。 李明贤	同意。 张兵	同意。 赵雷	陈美丽

附单据2张

表 5-10

中国工商银行
转账支票存根
16203130

附加信息

出票日期2022年04月20日

收款人：华泰证券无锡青山路营业部

金　额：¥1 200 384.90

用　途：购买股票

单位主管：李明贤　　会计：张兵

表5-11

证券交易回单	
证券名称	东旭光电
证券代码	000413
成交日期	20220420
成交数量	100 000
成交价格	12.00
成交时间	20220420142304
操　　作	买入
发生金额	1 200 000.00
手续费	360.00
印花税	0.00
过户费	24.90
其他费	0.00
合同号	890
成交序号	1453863
股东账号	XXXXXXXXXXXX

表5-12　证券代码：000413、200413　　证券简称：东旭光电、东旭B

东旭光电科技股份有限公司
七届三十次董事会决议公告

本公司及董事会全体成员保证信息披露的内容真实、准确、完整，没有虚假记载、误导性陈述或重大遗漏。

⋮

四、审议通过了《公司2021年度利润分配的预案》

经中兴光华会计师事务所（特殊普通合伙）审计，2021年度母公司实现净利润925 960 011.07元，加上以前年度未分配利润-538 926 803.51元，并计提38 703 320.76元盈余公积后，截至2021年12月31日，母公司可供股东分配的利润为348 329 886.80元。

根据《公司章程》及相关规定，结合公司的实际情况，2021年度拟实施如下利润分配预案：

以公司2021年12月31日总股本2 662 080 001股为基数，以未分配利润向全体股东按每10股派发现金股利1.00元人民币（含税），共计分配现金红利266 208 000.10元，符合公司章程、企业会计准则及相关政策规定。

独立董事对该议案发表了同意的独立意见。

表决结果：同意7票，反对0票，弃权0票。

本议案尚需提交股东大会审议。本项议案为特别表决事项，须经出席股东大会的股东（包括股东代理人）所持有效表决权股份总数的三分之二以上通过。

特此公告。

东旭光电科技股份有限公司董事会

2022年02月27日

表 5-13　证券代码：000413、200413　　证券简称：东旭光电、东旭B　　公告编号：2022-027

东旭光电科技股份有限公司
2021年年度股东大会决议公告

本公司及董事会全体成员保证信息披露的内容真实、准确、完整，没有虚假记载、误导性陈述或重大遗漏。

⋮

四、提案审议和表决情况

（一）本次会议以现场（现场采用记名投票表决方式）和网络投票表决方式审议并通过了以下议案：

议案1:《公司2021年度董事会工作报告》;

议案2:《公司2021年度监事会工作报告》;

议案3:《公司2021年年度报告及2021年年度报告摘要》;

议案4:《公司2021年度财务决算报告》;

议案5:《公司2021年度利润分配预案》。

各议案具体表决情况如下：

全体表决情况

议案	同意（股）	占有效表决股数比例	反对（股）	占有效表决股数比例	弃权（股）	占有效表决股数比例
议案1	697 788 046	99.98%	115 500	0.02%	0	0.00%
议案2	697 788 046	99.98%	115 500	0.02%	0	0.00%
议案3	697 788 046	99.98%	115 500	0.02%	0	0.00%
议案4	697 788 046	99.98%	115 500	0.02%	0	0.00%
议案5	697 788 046	99.98%	115 500	0.02%	0	0.00%

东旭光电科技股份有限公司（印章）

东旭光电科技股份有限公司董事会

2022年03月10日

表 5-14

银行业务回单

2022年05月08日　　　　凭证编号：79214021

<table>
<tr><td rowspan="3">付款人</td><td>全　称</td><td>华泰证券无锡青山路营业部</td><td rowspan="3">收款人</td><td>全　称</td><td colspan="12">无锡海华股份有限公司</td></tr>
<tr><td>账　号</td><td>0200001009012136441</td><td>账　号</td><td colspan="12">6222464654546553</td></tr>
<tr><td>开户行</td><td>中国工商银行无锡西城支行</td><td>开户行</td><td colspan="12">中国工商银行无锡太湖支行</td></tr>
<tr><td rowspan="2">大写金额</td><td colspan="4" rowspan="2">人民币（大写）玖仟伍佰元整</td><td>十</td><td>亿</td><td>千</td><td>百</td><td>十</td><td>万</td><td>千</td><td>百</td><td>十</td><td>元</td><td>角</td><td>分</td></tr>
<tr><td></td><td></td><td></td><td></td><td></td><td>¥</td><td>9</td><td>5</td><td>0</td><td>0</td><td>0</td><td>0</td></tr>
<tr><td>用途</td><td colspan="3"></td><td colspan="13" rowspan="5">中国工商银行
无锡太湖支行
2022.05.08
转讫
开户行盖章
2022年05月08日</td></tr>
<tr><td rowspan="4">备注</td><td>业务种类</td><td colspan="2"></td></tr>
<tr><td>原凭证种类</td><td colspan="2"></td></tr>
<tr><td>原凭证号码</td><td colspan="2"></td></tr>
<tr><td>原凭证金额</td><td colspan="2"></td></tr>
</table>

表 5-15

证券交易回单	
证券名称	东旭光电
证券代码	000413
成交日期	20220611
成交数量	100 000
成交价格	14.00
成交时间	20220611093512
操　　作	卖出
发生金额	1 400 000.00
手续费	360.00
印花税	1 400.00
过户费	30.50
其他费	2.00
合同号	360
成交序号	1584688
股东账号	XXXXXXXXXXXX

表 5-16

银行业务回单

2022年06月11日　　凭证编号：79215089

付款人	全　称	华泰证券无锡青山路营业部	收款人	全　称	无锡海华股份有限公司
	账　号	0200001009012136441		账　号	6222464654546553
	开户行	中国工商银行无锡西城支行		开户行	中国工商银行无锡太湖支行
大写金额	人民币（大写）壹佰叁拾玖万捌仟贰佰零柒元伍角整		亿千百十万千百十元角分	¥ 1 3 9 8 2 0 7 5 0	
用途	股票交易款				
备注	业务种类		中国工商银行无锡太湖支行 2022.06.11 转讫		
	原凭证种类				
	原凭证号码		开户行盖章		
	原凭证金额		2022年06月11日		

编制如下记账凭证：

（1）2022年4月20日，购入股票时：

东旭光电股票的单位成本=（1 200 384.9−384.9）÷100 000=12（元/股）

编制的记账凭证见表5-17。

（为节约篇幅，以下的记账凭证以会计分录代替）

（2）2022年4月30日，东旭光电收盘价为每股11.69元。

公允价值下降金额=（12−11.69）×100 000=31 000（元）

借：公允价值变动损益——东旭光电　　31 000　记2

　贷：交易性金融资产——东旭光电（公允价值变动）　　31 000

（3）2022年5月8日，海华公司收到东旭光电发放的2021年度现金股利9 500元。

借：银行存款　　9 500　记3

　贷：应收股利　　9 500　附件3张（表5-12至表5-14）

表5-17

记账凭证

2022年4月20日　　记字第1号

摘要	总账科目	明细科目	√	借方（千百十万千百十元角分）	贷方（千百十万千百十元角分）
购买股票	交易性金融资产	东旭光电（成本）		120000000	
购买股票	投资收益			38490	
购买股票	银行存款				120038490
合计				¥120038490	¥120038490

附件3张

会计主管：张兵　记账：李惠　复核：张兵　制单：赵振翔

（4）2022年5月31日，东旭光电收盘价为每股12.83元。

公允价值上升金额=（12.83−11.69）×100 000=114 000（元）

借：交易性金融资产——东旭光电（公允价值变动）　114 000　记4

　贷：公允价值变动损益——东旭光电　114 000

（5）2022年6月11日，出售东旭光电股票100 000股。

借：银行存款　1 398 207.50　记5

　公允价值变动损益——东旭光电　83 000　附件2张（表5-15、表5-16）

　贷：交易性金融资产——东旭光电（成本）　1 200 000

　　　　——东旭光电（公允价值变动）　83 000

　　投资收益　198 207.50

同时，计算产生的增值税：198 207.50÷（1+6%）×6%=11 219.29（元）

借：投资收益　11 219.29

　贷：应交税费——转让金融商品应交增值税　11 219.29

5.3.4 金融资产之间重分类的会计处理

1）以摊余成本计量的金融资产的重分类

❶企业将一项以摊余成本计量的金融资产重分类为以公允价值计量且其变动计入当期损益的金融资产的，应当按照该金融资产在重分类日的公允价值进行计量。原账面价值与公允价值之间的差额计入当期损益。

❷企业将一项以摊余成本计量的金融资产重分类为以公允价值计量且其变动计入其他综合收益的金融资产的，应当按照该金融资产在重分类日的公允价值进行计量。原账面价值与公允价值之间的差额计入其他综合收益。该金融资产重分类不影响其实际利率和预期信用损失的计量。

【例5-9】2020年10月15日，甲银行以公允价值500 000元购入一项债券投资，并按规定将其分类为以摊余成本计量的金融资产，该债券的账面余额为500 000元。2021年10月15日，甲银行变更了其管理债券投资组合的业务模式，其变更符合重分类的要求，因此，甲银行于2022年1月1日将该债券从以摊余成本计量重分类为以公允价值计量且其变动计入当期损益。2022年1月1日，该债券的公允价值为490 000元，已确认的信用减值准备为6 000元。假设不考虑该债券的利息收入。

2022年1月1日，甲银行的会计处理如下：

借：交易性金融资产	490 000	
债权投资减值准备	6 000	
公允价值变动损益	4 000	
贷：债权投资		500 000

2）以公允价值计量且其变动计入其他综合收益的金融资产的重分类

❶企业将一项以公允价值计量且其变动计入其他综合收益的金融资产重分类为以摊余成本计量的金融资产的，应当将之前计入其他综合收益的累计利得或损失转出，调整该金融资产在重分类日的公允价值，并以调整后的金额作为新的账面价值，即视同该金融资产一直以摊余成本计量。该金融资产重分类不影响其实际利率和预期信用损失的计量。

❷企业将一项以公允价值计量且其变动计入其他综合收益的金融资产重分类为以公允价值计量且其变动计入当期损益的金融资产的，应当继续以公允价值计量该金融资产。同时，企业应当将之前计入其他综合收益的累计利得或损失从其他综合收益转入当期损益。

【例5-10】2020年9月15日，甲银行以公允价值500 000元购入一项债券投资，并按规定将其分类为以公允价值计量且其变动计入其他综合收益的金融资产，该债券的账面余额为500 000元。2021年10月15日，甲银行变更了其管理债券投资组合的业务模式，其变更符合重分类的要求，因此，甲银行于2022年1月1日将该债券从以公允价值计量且其变动计入其他综合收益的金融资产重分类为以摊余成本计量的金融资产。2022年1月1日，该债券的公允价值为490 000元，已确认的信用减值准备为6 000元。假设不考虑利息收入。

甲银行的会计处理如下：

借：债权投资	500 000	
其他债权投资——公允价值变动	10 000	
其他综合收益——信用减值准备	6 000	
贷：其他债权投资——成本		500 000
其他综合收益——其他债权投资公允价值变动		10 000
债权投资减值准备		6 000

3）以公允价值计量且其变动计入当期损益的金融资产的重分类

❶企业将一项以公允价值计量且其变动计入当期损益的金融资产重分类为以摊余成本计量的金融资产的，应当以其在重分类日的公允价值作为新的账面余额。

❷企业将一项以公允价值计量且其变动计入当期损益的金融资产重分类为以公允价值计量且其变动计入其他综合收益的金融资产的，应当继续以公允价值计量该金融资产。对以公允价值计量且其变动计入当期损益的金融资产进行重分类的，企业应当根据该金融资产在重分类日的公允价值确定其实际利率。同时，企业应当自重分类日起对该金融资产适用金融工具减值的相关规定，并将重分类日视为初始确认日。

5.4 金融资产转移

金融资产转移是指企业（转出方）将金融资产让与或交付给该金融资产发行方以外的另一方（转入方）的交易或事项。其中，金融资产既包括单项金融资产，也包括一组类似的金融资产；既包括单项金融资产（或一组类似金融资产）的一部分，也包括单项金融资产（或一组类似金融资产）整体。

5.4.1 金融资产转移类型

1）应收账款保理

应收账款保理是指企业（供货方或提供劳务方）将因销售商品、提供劳务等形成的应收账款转移给商业银行，由商业银行为其提供贸易融资等相关服务，其实质是应收账款质押取得借款和应收账款出售。根据商业银行是否保留对企业（供货方或提供劳务方）的追索权，应收账款保理可分为：

❶附追索权应收账款保理，即在购货方或接受劳务方逾期未支付款项时，商业银行有权向企业（供货方或提供劳务方）进行追偿。

❷不附追索权应收账款保理，即在购货方或接受劳务方逾期未支付款项时，商业银行无权向企业（供货方或提供劳务方）进行追偿。出于谨慎性考虑，商业银行从事的保理业务通常要求附追索权。

2）应收票据贴现

应收票据贴现，是指企业以未到期应收票据，通过背书手续向商业银行融通资金，商业银行按照贴现率自票据价值中扣除贴现日至到期日的贴现息后，将余额兑付给企业的筹资行为。

❶不附追索权应收票据贴现，与该应收票据所有权有关的风险和报酬立即发生转移，贴现企业应当终止确认应收票据，实际收到的金额与应收票据账面价值之间的差额计入当期损益。

❷附追索权应收票据贴现，贴现企业因背书在法律上负有连带还款责任，这种责任可能发生，也可能不发生。实务中，贴现企业应当分析这一经济业务的实质：如果与该应收票据所有权有关的风险和报酬已经发生转移，则会计处理同❶；如果与该应收票据所有权有关的风险和报酬没有转移，其实质是贴现企业以应收票据为质押取得银行借款，贴现企业不应终止确认应收票据，实际收到的金额应确认为一项负债。

3）应收票据背书转让

应收票据背书是指持票人在票据背面或者粘单上记载有关事项并签章的票据行为。签字人称为背书人，背书人对票据的到期付款承担连带还款责任。

企业将持有的应收票据背书转让以取得所需物资，与该应收票据所有权有关的风险和报酬通常已经发生转移，贴现企业应当终止确认应收票据。

4）金融资产证券化

在我国，金融资产证券化最初主要是指信贷资产证券化，即被证券化的金融资产主要是信贷资产，包括住房抵押贷款和其他信贷资产。近年来，被证券化的金融资产已不再限于金融机构的信贷资产，而是延展到工商企业的应收款项。

5.4.2　金融资产转移的会计处理

金融资产转移会计的核心问题是被转移的金融资产是否终止确认，以及如果终止确认，在多大程度上终止确认。金融资产终止确认，是指企业将之前确认的金融资产从其资产负债表中予以转出。

需要注意的是，企业（转出方）在判断被转移的金融资产是否终止确认前，先要看金融资产转出方对金融资产转入方是否具有控制权：如果具有控制权，除在转出方个别财务报表上运用金融资产终止确认会计处理规定外，还在编制合并财务报表时，按照《企业会计准则第33号——合并财务报表》的规定合并所有纳入合并范围的子公司（含结构性主体），并在合并财务报表层面考虑运用金融资产终止确认会计处理规定。

1）符合终止确认条件的金融资产转移

（1）符合终止确认条件的判断

❶企业已将金融资产所有权上几乎所有的风险和报酬转移给了转入方。

企业在判断时比较转移前后该金融资产未来现金流量净现值及时间分布的波动使其面临的风险。企业面临的风险因金融资产转移发生实质性改变，致使该风险与所转移金融资产未来现金流量净现值的总体变化相比显得不重大的，表明该企业已将金融资产所有权上几乎所有的风险和报酬转移给了转入方。这里的“几乎所有的风险和报酬”，企业应当根据具体情况作出判断。

通常情况下，通过分析金融资产转移协议中的条款，可以比较容易地确定出企业是否已经将企业金融资产所有权上几乎所有的风险和报酬转移给转入方。存在下列情形之一的，表明企业已将金融资产所有权上几乎所有的风险和报酬转移给转入方：A.企业以不附追索权方式出售金融资产。B.附回购协议的金融资产出售，回购价为回购时该金融资产的公允价值。企业在金融资产转移后只保留了优先按照公允价值回购该金融资产的权利的（在转入方出售该金融资产的情况下），也属于此类情况。C.附重大价外看跌期权（或重大价外看涨期权）的金融资产出售。

对于其他一些复杂的金融资产转移，其是否符合终止确认条件，应当比较转移前后该金融资产未来现金流量净现值即时间分布的波动使其面临的风险来判断。

❷企业既没有转移也没有保留金融资产所有权上几乎所有的风险和报酬，但放弃了对该金融资产的控制。

在企业保留了部分但不是几乎所有金融资产所有权上的风险与报酬时，企业进而判断是否已放弃对该金融资产的控制。如果放弃对该金融资产的控制的，应当终止确认该金融资产。

判断是否放弃对所转移金融资产的控制，重点关注转入方出售所转移金融资产的实际能力。如果转入方能够单独将转入的金融资产整体出售给与其不存在关联方关系的第三方，且没有额外条件对此项出售加以限制，说明转入方有出售该金融资产的实际能力，同时表明企业（转出方）已放弃对该资产的控制。理解时注意：A.转入方是否能够将转入的金融资产整体出售给与其不存在关联方关系的第三方，应当关注该金融资产是否存在活跃市场。如果不存在活跃市场，即使合同约定转入方有权处置该金融资产，也不表明转入方有“实际能力”。B.转入方是否能够单独出售所转入的金融资产且没有额外条件对此销售加以限制（即“自由地处置所转入金融资产”），主要关注是否存在与出售密切相关的约束性条款。例如，转入方出售转入的金融资产时附有一项看涨期权，且该看涨期权又是重大价内期权，以至于可以认定转入方将来很可能会行权，因此不表明转入方有出售所转入金融资产的实际能力。

企业对金融资产进行终止确认时，如果该金融资产转移使企业新获得了某项权利或承担了某项义务，或保留了某项权利，则企业应当将这些权利或义务分别确认为资产或负债。

（2）符合终止确认条件时的计量

❶金融资产整体转移满足终止确认条件的，应当将下列两项金额的差额计入当期损益：一是所转移金融资产的账面价值；二是因转移而收到的对价与原直接计入所有者权益的公允价值变动累计额（涉及转移的金融资产分类为以公允价值计量且其变动计入其他综合收益的金融资产的情形）之和。

因金融资产转移获得了新金融资产或承担了新金融负债（包括看涨期权、看跌期权、担保负债、远期合同、互换等）的，应当在转移日按照公允价值确认该金融资产或金融负债，并将该金融资产扣除金融负债后的净额作为上述对价的组成部分。企业与金融资产转入方签订服务合同提供相关服务的（包括收取该金融资产的现金流量，并将所收取的现金流量交付给指定的资金保管机构等），应当就该服务合同确认一项服务资产或服务负债。服务负债应当按照公允价值进行初始计量，并作为上述对价的组成部分。

综上所述，因转移收到的对价=因转移交易收到的价款+新获得金融资产的公允价值+因转移获得服务资产的价值-新承担金融负债的公允价值-因转移承担的服务负债的公允价值。

【例5-11】2022年1月1日，甲公司将持有的乙公司发行的10年期公司债券出售给丙公司，经协商出售价格为330万元。2021年12月31日，该债券公允价值为310万元。该债券于2021年1月1日发行，甲公司持有该债券时已将其分类为以公允价值计量且其变动计入其他综合收益的金融资产，面值为300万元，年利率为6%（等于实际利率），每年年末支付利息。

本例中，甲公司将债券所有权上的风险和报酬已经全部转移给丙公司，因此，应当终止确认该金融资产。

甲公司出售该债券形成的损益 = 因转移收到的对价 − 所出售债券的账面价值 + 原直接计入所有者权益的公允价值变动累计利得 =330−310+（310−300）=30（万元）

【例5-12】沿用【例5-11】资料，甲公司将债券出售给丙公司时，同时签订了一项看涨期权合约，期权行权日为2022年12月31日，行权价为400万元期权的公允价值（时间价值）为10万元。假定行权日该债券的公允价值为300万元。其他条件不变。

本例中，由于期权的行权价（400万元）大于行权日债券的公允价值（300万元），该看涨期权属于重大价外期权，因此甲公司在行权日不会重新购回该债券。所以，在转让日，可以判定债券所有权上的风险和报酬已经全部转移给丙公司，甲公司终止确认该债券。但同时，由于签订了看涨期权合约，甲公司获得了一项新的资产，按照在转让日的公允价值（10万元）将该期权作为衍生工具确认。

❷金融资产部分转移满足终止确认条件的，应当将所转移金融资产整体的账面价值，在终止确认部分和未终止确认部分（所保留的服务资产视同未终止确认金融资产的一部分）之间，按照各自的相对公允价值进行分摊，并将下列两项金额的差额计入当期损益：A.终止确认部分的账面价值；B.终止确认部分的对价，与原直接计入所有者权益的公允价值变动累计额中对终止确认部分的金额（涉及转移的金融资产分类为以公允价值计量且

其变动计入其他综合收益的金融资产的情形）之和。原直接计入所有者权益的公允价值变动累计额中对终止确认部分的金额，按照金融资产终止确认部分和未终止确认部分的相对公允价值，对该累计额进行分摊后确定。

未终止确认部分金融资产的公允价值按照下列规定确定：一是企业出售过与此部分类似的金融资产，或发生过与此部分有关的其他市场交易的，应当按照最近实际交易价格确定。二是此部分在活跃市场上没有报价，且最近市场上也没有与其有关的实际交易价格的，应当按照所转移金融资产整体的公允价值扣除终止确认部分对价后的余额确定。该金融资产整体的公允价值确实难以合理确定的，按照金融资产整体的账面价值扣除终止确认部分的对价后的余额确定。

【例5-13】A银行与B银行签订一笔贷款转让协议，A银行将该笔贷款90%的受益权转让给B银行，该笔贷款公允价值为110万元，账面价值为100万元。假定不存在其他服务性资产或负债，转移后该部分贷款的相关债权债务关系由B银行继承，当借款人不能偿还该笔贷款时，也不能向A银行追索。不考虑其他条件。

本例中，由于A银行将贷款的一定比例转移给B银行，并且转移后该部分的风险和报酬不再由A银行承担，A银行也不再对所转移的贷款具有控制权，因此，符合将所转移部分终止确认的条件，A银行应当部分终止确认该贷款。

贷款已转移部分的公允价值=出售贷款所收到的价款=110×90%=99（万元）

贷款未转移部分的公允价值=保留的贷款受益权=110−99=11（万元）

贷款已转移部分应分摊的账面价值=100×99÷110=90（万元）

贷款未转移部分应分摊的账面价值=100×11÷110=10（万元）

A银行应确认的转移收益=99−90=9（万元）

2）不符合终止确认条件的金融资产转移

（1）不符合终止确认条件的判断

金融资产转移后，企业（转出方）仍保留了该金融资产所有权上几乎所有的风险和报酬的，则不应当终止确认该金融资产。以下情形通常就表明企业保留了金融资产所有权上几乎所有风险和报酬、不应当终止确认相关金融资产：

❶采用附追索权方式出售金融资产。

❷将信贷资产或应收款项整体出售，同时保证对金融资产购买方可能发生的信用损失等进行全额补偿。这种情形经常出现在资产证券化实务中。

❸附回购协议的金融资产出售，转出方将予回购的资产与售出的金融资产相同或实质上相同、回购价格固定或是原售价加上合理回报，如采用买断式回购、质押式回购交易卖出债券等。

❹在附总回报互换的金融资产出售中，企业出售了一项金融资产，并与转入方达成一项总回报互换协议，如将该资产产生的利息现金流量支付给企业以换取固定付款额或变动利率付款额，该项资产公允价值的所有增减变动由企业承担。

❺附重大价内看跌期权的金融资产出售。企业将金融资产出售，同时按照与购买方签订的看跌期权合约，购买方有权将该金融资产返售给该企业，但从合约条款判断，由于该看跌期权为重大价内期权，致使购买方到期时或到期前很可能会行权。

❻融券业务。证券公司将自身持有的证券借给客户，约定期限和利率，到期客户需归

还相同数量的同种证券，并向证券公司支付利息费用。

但是，对于相对复杂的金融资产转移，仍应通过分析计算来判断。如果分析计算表明，企业面临的风险没有因金融资产转移发生实质性改变，则表明该企业仍保留了金融资产所有权上几乎所有的风险和报酬，不应当终止确认该金融资产。

（2）不符合终止确认时的计量

企业应当继续确认所转移金融资产整体，并将收到的对价确认为一项金融负债。

此类金融资产转移实质上具有融资性质，不能将金融资产与所确认的金融负债相互抵销。在随后的会计期间，企业应当继续确认该金融资产产生的收入和该金融负债产生的费用。所转移的金融资产以摊余成本计量的，确认的相关负债不得指定为以公允价值计量且其变动计入当期损益的金融负债。

本章概要

本章从金融工具的分析中引出金融资产的概念，重点分析了以摊余成本计量的金融资产、以公允价值计量且其变动计入其他综合收益的金融资产、以公允价值计量且其变动计入当期损益的金融资产的确认与计量的基本原理、核算方法。从案例入手引导学生掌握金融资产的账务处理方法，在计算分析及会计分录编制中体会金融资产的处理技巧。最后从金融资产转移方面阐述处理原则、方法，并以案例引导学生，增强其业务能力。

概念回顾

金融工具　金融资产　以摊余成本计量的金融资产　以公允价值计量且其变动计入其他综合收益的金融资产　以公允价值计量且其变动计入当期损益的金融资产　实际利率　实际利率法

会计分录

业务内容		会计处理：以公允价值计量且其变动计入当期损益的金融资产	会计处理：以公允价值计量且其变动计入其他综合收益的金融资产
初始确认与计量		借：交易性金融资产——成本 投资收益（手续费） 贷：银行存款	借：其他债权投资——成本 贷：银行存款 其他债权投资——利息调整（或借记） （手续费计入利息调整）
后续计量	收到购买时已宣告但尚未发放的股利或购买时已到付息期但尚未支付的利息	借：银行存款 贷：应收股利/应收利息	借：银行存款 贷：应收股利/应收利息
后续计量	持有期间取得股利或利息	借：应收股利/应收利息 贷：投资收益	借：应收利息 其他债权投资——利息调整 贷：利息收入
后续计量	资产负债表日的处理	公允价值上升时： 借：交易性金融资产——公允价值变动 贷：公允价值变动损益 （公允价值下降时编制相反会计分录）	公允价值上升时： 借：其他债权投资——公允价值变动 贷：其他综合收益——其他债权投资公允价值变动 （公允价值下降时编制相反会计分录）
处置		借：银行存款 公允价值变动损益（或贷记） 贷：交易性金融资产——成本 ——公允价值变动（或借记） 投资收益（或借记）	借：银行存款 其他综合收益——其他债权投资公允价值变动（或贷记） 贷：其他债权投资——成本 其他债权投资——公允价值变动 投资收益（或借记）

♚原始凭证目录

原始凭证1：证券交易回单（见表5-1、表5-11、表5-15）

原始凭证2：银行进账单（见表5-2）

原始凭证3：银行业务回单（见表5-3、表5-4、表5-14、表5-16）

原始凭证4：报账（付款）审批单（见表5-9）

原始凭证5：转账支票存根（见表5-10）

原始凭证6：董事会决议公告（见5-12）

原始凭证7：股东大会决议公告（见表5-13）

法规链接

第6章　长期股权投资

预习思考题

中联公司是一家大型股份有限公司。2022年1月1日，中联公司收购了A公司25%的股权，成为其第二大股东。A公司的第一大股东茂昌公司拥有绝对的控股权，A公司的经营受到严格限制。在此之前，中联公司还拥有B公司16%的股权。2022年1月21日，中联公司的董事李青出任B公司董事。

2022年年末，A、B两家公司的年报显示：A公司当年实现净利润2 060万元；B公司发生亏损820万元。

2023年3月6日，A公司宣告派发现金股利500万元。2023年4月1日，B公司宣告当年不进行股利分配。

中联公司对A公司的股权投资采用权益法核算，对B公司的股权投资采用成本法核算。中联公司在两家被投资企业公布年报和宣告股利分配时，按规定进行了账务处理（假定中联公司对A、B公司的投资核算均未冲减过投资成本）。

思考：

（1）中联公司在对A、B两家公司的股权投资核算方法上是否存在不妥之处？为什么？

（2）如果你是一名注册会计师，你认为应该如何对A、B两家公司股权投资核算方法进行调整？请分别按中联公司原确定的核算方法及你认为应采用的核算方法，计算对“长期股权投资”账户账面的影响金额，并将两种方法加以比较，分析采用不同方法核算对公司当年会计报表的损益金额影响是多少。

（3）进一步分析中联公司所采用的投资核算方法可能的意图。

学习目标

理论目标

1. 了解投资的概念及分类；
2. 熟悉控制、共同控制及重大影响的内涵；
3. 熟悉长期股权投资与金融资产的区分；
4. 熟悉长期股权投资初始计量的原则与方法；
5. 熟悉长期股权投资后续计量的原则与方法；
6. 熟悉长期股权投资减值的判断及计提依据。

实务目标

1. 掌握长期股权投资的初始确认与计量；
2. 掌握长期股权投资成本法与权益法的核算；
3. 掌握长期股权投资减值准备的测试及会计处理方法；
4. 掌握长期股权投资处置的会计处理。

引例

长期股权投资的确认

海华公司2022年2月以定向增发股票的方式取得了无锡中宇有限责任公司100%的股份并打算长期持有该股份。假设换一种方式，海华公司2022年2月以银行存款8 000万元将无锡中宇有限责任公司予以收购并将对方的资产与负债转至海华公司的名下。

思考：上述哪一种方式能产生长期股权投资？

6.1 长期股权投资初始确认与初始计量

6.1.1 长期股权投资的初始确认

视频课程

长期股权投资的初始确认与计量

现代市场经济中，“投资”一词早已深入人心。一般意义上，我们将投资描述为：将自身的资源投放于某一个客体，以期未来获益的行为。所以投资行为都是先投入后产出，先支付后收益，先舍后得。一般情况下，将拥有的资源投放于自身的生产经营性资产（如固定资产、存货、无形资产等）的投资行为称为对内投资。一个企业将其拥有的资源投放于其他企业，从其他企业的盈利中以利息或股利等形式获得收益的行为称为对外投资。

本章所论述的投资是指对外投资，不包括对内投资。

长期股权投资，是指通过投资取得被投资单位的股份，通过长期持有以达到控制或与其他合营方共同投资被投资单位，或对被投资单位施加重大影响，或为了与被投资单位建立密切关系，以分散经营风险。其具体包括：❶控制型长期股权投资：由于持股比率很高（有时甚至达到100%），能够完全控制被投资单位的财务和经营政策，在确定能否对被投资单位实施控制时，投资方应当按照《企业会计准则第33号——合并财务报表》的有关规定进行判断。投资方能够对被投资单位实施控制的，被投资单位为其子公司。❷共同控制型长期股权投资：投资企业与其他合营方共同对被投资单位实施共同控制的权益性投资，即对合营企业的投资。❸重大影响型长期股权投资：持股比例比较高，投资方对被投资单位的财务和经营政策有参与决策的权力，但并不能够控制或者与其他方一起共同控制这些政策的制定。在确定能否对被投资单位施加重大影响时，应当考虑投资方和其他方持有的被投资单位当期可转换公司债券、当期可执行认股权证等潜在表决权因素。投资方能够对被投资单位施加重大影响的，被投资单位为其联营企业。如果投资单位对被投资单位不具有控制、共同控制及重大影响，并且该投资在活跃市场中没有报价、公允价值不能可靠计量，则归入本书“第5章　金融资产”进行核算。

6.1.2 长期股权投资的初始计量

1）长期股权投资的初始计量原则

长期股权投资在取得时，应按初始投资成本入账。长期股权投资的初始投资成本，应分别形成控股合并和不形成控股合并两种情况确定。

企业合并是指将两个或两个以上单独的企业合并形成一个报告主体的交易或事项。

（1）吸收合并

吸收合并的内涵是：合并方在企业合并中取得被合并方的全部净资产，并将有关资产、负债并入合并方自身的账簿和报表中进行核算。合并完成后，注销被合并方的法人资格。吸收合并可以形象地描述成：A+B=A（其中，等号左边的A为合并方，B为被合并方，等号右边的A为合并后的A），即合并完成后A将B吸收了，B将注销登记，不复存在。B的资产转移到A的账簿中，同样，B的负债也记入A的账簿且由A承担偿还责任。

（2）新设合并

参与合并的各方在合并完成后均被注销法人资格，重新注册成立一家新的公司。新公司控制参与合并各方所有的资产、负债。新设合并可以形象地描述为：A+B=C（其中，A与B是参与合并的双方，C为合并后新成立的公司）。

（3）控股合并

作为重要的企业合并方式之一，控股合并是指合并方（购买方）通过企业合并交易或事项取得被合并方的控制权，企业合并后合并方（购买方）能够通过取得的股权等主导被合并方的生产经营决策并自被合并方的生产经营活动中受益，被合并方在企业合并后仍维持其独立法人资格继续经营。

控股合并可以形象地描述为：A+B=A+B（其中，等号左边的A为合并方，B为被合并方，等号右边的A为企业合并后的控制方，B为企业合并后的被控制方）。从表面形式上看，似乎控股合并前后A、B没什么变化，仍然都是独立的法人，但是企业合并前A、B可能没什么特殊关系，而企业合并后B受A控制，它们实质上已经形成经济意义上的企业集团。

从企业合并的三种类型可以看出，在吸收合并和新设合并中，参与合并各方的资产、负债均于合并完成日直接转移至新公司的账簿和报表中，合并过程中不产生新的资产或权益。但是在控股合并中，合并方付出合并对价并贷记相关资产的同时，并不能借记被合并方的相关资产，这时便产生了长期股权投资的问题，因此，只有控股合并会产生长期股权投资。

2）形成控股合并的长期股权投资

根据合并前参与合并各方是否同受某方或受参与合并方中的某一方控制，可将形成控股合并的长期股权投资进一步分为两种类型：形成同一控制下控股合并的长期股权投资和形成非同一控制下控股合并的长期股权投资。

（1）形成同一控制下控股合并的长期股权投资的计量

在控股合并中，如果合并方与被合并方在控股合并前共同受相同的一方（参与企业合并各方以外的某个主体）控制或受参与企业合并各方中的某一方控制，则产生的长期股权投资就是形成同一控制下控股合并的长期股权投资。从能够对参与合并各方在合并前后均实施最终控制的一方来看，最终控制方在合并前、合并后能够控制的资产没有发生变化，合并方对被合并方的长期股权投资代表的是合并方在被合并方账面所有者权益中享有的份额。因此，形成同一控制下控股合并的长期股权投资应当采用合并方在被合并方账面所有者权益中享有的份额作为初始投资成本。

合并方以支付现金、转让非现金资产或承担债务方式作为合并对价的，应当在合并日按照被合并方所有者权益在最终控制方合并财务报表中的账面价值的份额作为长期股权投资的初始投资成本。长期股权投资初始投资成本与支付的现金、转让的非现金资产以及所承担债务账面价值之间的差额，应当调整资本公积；资本公积不足冲减的，调整留存收益。

具体账务处理步骤如下：合并方首先根据其取得的被合并方所有者权益在最终控制方合并财务报表中的账面价值的份额，借记“长期股权投资”科目；按照应享有被投资单位已宣告但尚未发放的现金股利或利润，借记“应收股利”科目；按实际支付的合并对价的账面价值，贷记有关资产；借贷方如为贷方差额，则贷记“资本公积——资本溢价（或股本溢价）”科目，如为借方差额，则借记“资本公积——资本溢价（或股本溢价）”科目，资本公积（资本溢价或股本溢价）不足冲减的，则借记“盈余公积”科目，盈余公积不足冲减的，则借记“利润分配——未分配利润”科目。

合并方以发行权益性证券作为合并对价的，应当在合并日按照其取得的被合并方所有者权益在最终控制方合并财务报表中的账面价值的份额作为初始投资成本，借记“长期股权投资”科目；按照发行股份的面值总额，贷记“实收资本（或股本）”科目；长期股权投资初始投资成本与所发行股份面值总额之间的差额，如为贷方差额，则贷记“资本公积——资本溢价（或股本溢价）”科目，如为借方差额，则借记“资本公积——资本溢价（或股本溢价）”科目，资本公积（资本溢价或股本溢价）不足冲减的，则借记“盈余公积”科目，盈余公积不足冲减的，则借记“利润分配——未分配利润”科目。

合并方或购买方为企业合并发生的审计、法律服务、评估咨询等中介费用以及其他直接相关费用，应当于发生时计入当期损益。

【例6-1】海华公司下设无锡五洲有限责任公司和无锡中宇有限责任公司两家子公司。无锡五洲有限责任公司于2022年12月1日以银行存款500万元（原始凭证：报账（付款）审批单；转账支票存根，见表6-3）和一批原材料（账面价值200万元，市场价值300万元）作为对价取得无锡中宇有限责任公司80%的股份（原始凭证：增值税专用发票记账联，见表6-4；出库单，见表6-5）。无锡中宇有限责任公司2022年12月1日所有者权益账面价值为2 000万元。假设无锡五洲有限责任公司和无锡中宇有限责任公司的会计政策与会计期间均一致，不存在需要调整事项。

无锡五洲有限责任公司的实务操作指导见表6-1。

表6-1 实务操作指导

出纳	制单会计	稽核会计	会计主管	财务经理
1.填写购买股票报账（付款）审批单 3.签发转账支票 5.填写银行进账单 6.办理转账业务	7.审核购买股票报账（付款）审批单、转账支票存根、银行进账单等 8.编制记账凭证	9.审核记账凭证	10.系统记账	2.审批购买股票报账（付款）审批单 4.审批转账支票

无锡五洲有限责任公司该业务涉及的原始凭证见表6-2。

表6-2 无锡五洲有限责任公司【例6-1】业务原始凭证

序号	单据名称	对应编号
1	报账（付款）审批单	略，格式参见表5-9
2	转账支票存根	表6-3
3	增值税专用发票（记账联）	表6-4
4	出库单	表6-5

表6-3

中国工商银行
转账支票存根
16203110

附加信息

出票日期 2022年12月01日

收款人：	无锡中宇有限责任公司
金 额：	¥5 000 000.00
用 途：	购买股权投资款项

单位主管 王玲　　会计 张金良

表6-4

江苏增值税专用发票

№ 15453800

3102167130　　此联不作报销、扣税凭证使用　　开票日期：2022年12月01日

购买方	名　　称：无锡中宇有限责任公司 纳税人识别号：320203646376263784 地 址、电 话：无锡市联合大道68号 88704852 开户行及账号：中国工商银行无锡新区支行344452565			密码区	（略）		
货物或应税劳务、服务名称	规格型号	单位	数量	单价	金额	税率	税额
*有色金属压延材*型材	WAR-33	吨	2 000	1 500.00	3 000 000.00	13%	390 000.00
合　计					¥3 000 000.00		¥390 000.00
价税合计（大写）	⊗叁佰叁拾玖万元整				（小写）¥3 390 000.00		
销售方	名　　称：无锡五洲有限责任公司 纳税人识别号：910208259063526562 地 址、电 话：无锡市新华路203号 85860726 开户行及账号：中国工商银行新华支行3256548694256			备注	无锡五洲有限责任公司 910208259063526562 发票专用章		

第一联 记账联 销售方记账凭证

收款人：王元亮　　复核：赵芳　　开票人：郑青　　销售方（章）

表6-5

出　库　单

No. 34000023

会计部门编号：34520001

仓库部门编号：23000023　　2022年12月01日

编号	名称	规格	单位	出库数量	单位成本	金额	备注
1	型材	WAR-33	吨	2 000	1 000.00	2 000 000.00	
合　计				2 000.00		2 000 000.00	

第二联 交财务部

仓库管理员：张田

本例中，无锡五洲有限责任公司首先根据被合并方所有者权益的账面价值1 600万元（2 000×80%），借记“长期股权投资”科目；按实际支付的价款，贷记“银行存款”科目；按照存货的公允价值，贷记“其他业务收入”科目；按照原材料公允价值与税率13%

计算的税额，贷记“应交税费——应交增值税（销项税额）”科目；最后根据借贷差额，贷记“资本公积——资本溢价”科目。

编制如下记账凭证，见表6-6。

表6-6

记账凭证

2022年12月01日　　记字第1号

摘要	总账科目	明细科目	√	借方（千百十万千百十元角分）	贷方（千百十万千百十元角分）
购买股票	长期股权投资	无锡中宇		1600000000	
购买股票	银行存款				500000000
购买股票	其他业务收入				300000000
购买股票	应交税费	应交增值税（销项税额）			39000000
购买股票	资本公积	资本溢价			761000000
合　计				1600000000	1600000000

附件3张

主管会计：王新梅　　记账：李惠　　稽核：李海林　　填制：陈建国

同时结转原材料成本：

借：其他业务成本　　2 000 000　　记2

　贷：原材料　　2 000 000　　附件1张

【例6-2】海华公司下设无锡五洲有限责任公司和无锡中宇有限责任公司两家子公司。无锡五洲有限责任公司于2022年12月1日以定向增发股票的方式取得了无锡中宇有限责任公司80%的股份，无锡五洲有限责任公司发行了1 000万股普通股，每股面值1元。无锡中宇有限责任公司2022年12月1日所有者权益账面价值为2 000万元。发行过程中佣金、手续费共计100万元（原始凭证：银行进账单（回单），见表6-7；转账支票存根，见表6-8）。假设无锡五洲有限责任公司和无锡中宇有限责任公司的会计政策与会计期间均一致，不存在需要调整事项。

表6-7

ICBC 中国工商银行　进账单（回单）　1

2022年12月01日

出票人	全称	无锡五洲有限责任公司	收款人	全称	无锡市华联证券有限公司
	账号	3256548694256		账号	230546854652
	开户银行	中国工商银行新华支行		开户银行	中国工商银行无锡敏尚支行
金额	人民币（大写）	壹佰万元整		千百十万千百十元角分	¥100000000
票据种类	转账支票	票据张数	1		
票据号码	16203130				
	复核111	记账112		开户银行签章	

中国工商银行新华支行 2022.12.01 转讫

此联是开户银行交给持（出）票人的回单

表6-8

中国工商银行
转账支票存根
16203130

附加信息

出票日期2022年12月01日

收款人：无锡市华联证券有限公司	
金　额：¥1 000 000.00	
用　途：购买股权	

单位主管　王玲　　会计　张金良

在本例中，无锡五洲有限责任公司的长期股权投资的初始成本应为1 600万元（2 000×80%），发行1 000万股普通股的股本为1 000万元，与初始投资成本的差额600万元应作为资本公积——资本溢价，具体会计分录如下：

借：长期股权投资——无锡中宇　　16 000 000　　记1
　贷：实收资本　　10 000 000
　　　资本公积——资本溢价　　6 000 000

借：资本公积——资本溢价　　1 000 000　　记2
　贷：银行存款　　1 000 000　　附件2张（表6-7至表6-8）

（2）形成非同一控制下控股合并的长期股权投资的计量

在控股合并中，如果合并方与被合并方在控股合并前不受相同的一方（参与企业合并各方以外的某个主体）控制或不受参与企业合并各方中的某一方控制，则产生的长期股权投资就是形成非同一控制下控股合并的长期股权投资。由于参与合并的各方在企业合并前可以自由行使表决权（即参与合并的各方在合并前是自由的），因此形成非同一控制下控股合并的长期股权投资是合并各方在自由合理的状态下达成的交易，对长期股权投资的计量应当采用公允价值。

非同一控制下的控股合并的购买方是指在控股合并中取得对另一方或多方控制权的一方。非同一控制下的控股合并的购买日是指购买方获得被购买方控制权的日期，即控股合并交易进行过程中，发生控制权转移的日期。非同一控制下的控股合并中，购买方应当于购买日按照确定的企业合并成本作为长期股权投资的初始投资成本。确定的企业合并成本主要包括购买方为进行企业合并支付的现金或非现金资产、发行或承担的债务、发行的权益性证券等在购买日的公允价值。合并过程中发生的直接相关费用（如会计审计费、咨询费、评估费、律师费等）应于发生时直接计入当期损益。

具体账务处理步骤如下：

对于非同一控制下控股合并形成的长期股权投资，购买方应当于购买日按照确定的企业合并成本（购买方付出的资产、已经发生或承担的负债或发行的权益性证券的公允价值总和）作为长期股权投资的初始投资成本，借记“长期股权投资——××公司（投资成本）”科目，但是不包括自被投资单位收取的现金股利或利润；按照享有被投资单位已宣告但尚未发放的现金股利或利润，借记“应收股利”科目；合并对价如果是银行存款等货币性资产，则按实际支付的金额，贷记“银行存款”等科目；合并对价如果是固定资产或无形资产等非货币性资产，则按照固定资产或无形资产的原值，贷记“固定资产”或“无形资产”科目，根据已经计提的累计折旧或累计摊销及减值准备，借记“累计折旧”“累计摊销”“固定资产减值准备”“无形资产减值准备”科目；合并对价如果是库存商品，则按库存商品的公允价值，贷记“主营业务收入”或“其他业务收入”科目，同时根据库存商品的公允价值乘以增值税税率，贷记“应交税费——应交增值税（销项税额）”科目，并结转库存商品的成本；最后，根据借贷方差额，贷记“营业外收入”、“资产处置损益”或“投资收益”科目，或借记“营业外支出”、“资产处置损益”或“投资收益”科目。购买过程中产生的佣金、手续费等直接费用（不包括发行权益性证券的相关费用），应借记“管理费用”科目，贷记“银行存款”科目。

【例6-3】海华公司于2022年6月1日取得大古股份有限公司（简称“大古股份”）60%的股份。海华公司支付的合并对价有：银行存款2 500万元（原始凭证：转账支票存根，见表6-9）；生产设备原值2 000万元，已提折旧200万元，已提减值准备100万元，公允价值1 800万元（原始凭证：投资协议，见表6-10）；专利技术一项，原值5 500万元，累计摊销500万元，公允价值4 500万元；库存商品一批，成本1 000万元，市场价值2 000万元，该产品适用的增值税税率为13%（原始凭证：增值税专用发票记账联，见表6-11；出库单，见表6-12）。当日资产移交手续已经办理完毕，购买过程中发生律师费、咨询费及评估费共计60万元，已通过银行支付。海华公司与大古股份在合并前不存在任何关联方关系。

表6-9

中国工商银行
转账支票存根
16203132

附加信息

出票日期 2022年06月01日

收款人：	大古股份有限公司
金　额：	¥25 000 000.00
用　途：	购买股权投资款项

单位主管　李明贤　　会计　张兵

表 6-10

投资协议

投资方（以下简称甲方）：无锡海华股份有限公司
地址：无锡市滨湖区太湖东路128号
电话：0510-85680721
受资方（以下简称乙方）：大古股份有限公司
地址：辽宁省大连市尖山街1号
电话：0411-83884441
甲乙双方经过友好协商，本着互惠互利、优势互补的合作原则，甲方向乙方投资，投资情况如下：

投资方式	品名	计量单位	数量	市场参考单价	协议单价	投资金额	出资期限
设备	包装机		1	18 000 000.00	18 000 000.00	18 000 000.00	2022年6月30日
⋮							

甲方缴清出资后，占乙方总股本的60%。
一、双方的权利及义务
……

甲方：无锡海华股份有限公司
法定代表（授权代表）人：李明贤
日期：2022年06月01日

乙方：大古股份有限公司
法定代表（授权代表）人：王钢
日期：2022年06月01日

（印章：无锡海华股份有限公司；大古股份有限公司）

表 6-11

江苏增值税专用发票

№ 15452100

3102167130　　此联不作报销、扣税凭证使用　　开票日期：2022年06月01日

购买方	名　　称：大古股份有限公司 纳税人识别号：91210200241268278F 地 址、电 话：辽宁省大连市尖山街1号 83884441 开户行及账号：农行栾明支行 3265473636638493				密码区	（略）	
货物或应税劳务、服务名称	规格型号	单位	数量	单价	金额	税率	税额
*黑色金属冶炼压延品*钢材	SAT-45	吨	20 000	1 000.00	20 000 000.00	13%	2 600 000.00
合　计					¥20 000 000.00		¥2 600 000.00
价税合计（大写）	⊗贰仟贰佰陆拾万元整				（小写）¥22 600 000.00		
销售方	名　　称：无锡海华股份有限公司 纳税人识别号：91160102244212469M 地 址、电 话：无锡市滨湖区太湖东路128号 85680721 开户行及账号：工行无锡太湖支行 6222464654546553				备注	无锡海华股份有限公司 91160102244212469M 发票专用章	

第一联 记账联 销售方记账凭证

收款人：陈美丽　　复核：李芳　　开票人：张婷婷　　销售方（章）

表 6-12

出　库　单

No. 34000045

会计部门编号：38820002
仓库部门编号：45000045　　2022年06月01日

编号	名称	规格	单位	出库数量	单位成本	金额	备注
1	钢材	SAT-45	吨	20 000	500.00	10 000 000.00	
合　计				20 000		10 000 000.00	

第二联 交财务部

仓库管理员：王琦天

海华公司2022年6月1日的账务处理如下：

初始投资成本=2 500+1 800+4 500+2 000×（1+13%）=11 060（万元）

借：固定资产清理　17 000 000　记1
　　累计折旧　2 000 000
　　固定资产减值准备　1 000 000
　贷：固定资产　20 000 000

借：长期股权投资——大古股份　110 600 000　记2
　　累计摊销　5 000 000　附件3张（表6-9至表6-11）
　　资产处置损益　4 000 000
　贷：银行存款　25 000 000
　　　固定资产清理　17 000 000
　　　无形资产　55 000 000
　　　主营业务收入　20 000 000
　　　应交税费——应交增值税（销项税额）　2 600 000

借：管理费用　600 000　记3
　贷：银行存款　600 000

借：主营业务成本　10 000 000　记4
　贷：库存商品　10 000 000　附件1张（表6-12）

知识拓展

分步交易形成非同一控制下控股合并的长期股权投资的会计处理

通过多步交易陆续取得被投资单位股权最终形成控股合并的，在个别财务报表中，应当以长期股权投资的原账面价值与购买日新取得的长期股权投资成本之和，作为该项长期股权投资的初始投资成本。其中，形成控股合并前对长期股权投资采用权益法核算的，购买日长期股权投资的初始投资成本为原权益法下的账面价值加上购买日为取得新的股份所支付对价的公允价值之和；形成控股合并前对长期股权投资采用公允价值计量的，长期股权投资在购买日的初始投资成本为原按公允价值计量的账面价值加上购买日取得新的股份所支付对价的公允价值之和。购买日之前持有的被购买方的股权涉及其他综合收益的，购买日对这部分其他综合收益不进行处理，等到处置该项投资时将与其相关的其他综合收益转入当期投资收益。

3）不形成控股合并的长期股权投资

❶通过库存现金、银行存款等货币性资产购入的长期股权投资应当以实际支付的价款作为长期股权投资的初始投资成本，包括长期股权投资的购买价款、相关税费及其他必要支出，但是支付的价款中包含的被投资单位已宣告但尚未发放的现金股利除外（应作为应收股利核算）。

❷通过发行权益性证券取得的长期股权投资应当以所发行的权益性证券的公允价值作为初始投资成本，但是不包括被投资单位已宣告但尚未发放的股利（应作为应收股利），以及发行权益性证券过程中发生的手续费、佣金等费用（应冲减溢价发行收入）。其账务处理具体如下：按照发行权益性证券的公允价值，借记“长期股权投资”账户，按照权益性证券的面值，贷记“实收资本（或股本）”账户，按权益性证券的公允价值与其面值之间的差额，贷记“资本公积——资本溢价（或股本溢价）”账户；按发行权益性证券相关

的税费及其他手续费、佣金等费用，借记“资本公积——资本溢价（或股本溢价）”账户，贷记“银行存款”账户。

❸投资成本中包含的已宣告但尚未发放的现金股利或利润的处理。投资成本中包含的已宣告但尚未发放的现金股利或利润对于投资方而言并不是投资，因为一般情况下已宣告但尚未发放的现金股利或利润会在很短时期内以现金的方式流入投资企业，从经济意义上来说，它属于垫付性质的资金，不具备投资所固有的风险性和收益性。因此，已宣告但尚未发放的现金股利或利润对于投资单位仅是一项应收款项，通常列入“应收股利”核算。

6.2 长期股权投资的成本法

6.2.1 成本法的概念及适用范围

成本法是指长期股权投资按成本进行后续计量的核算方法。根据《企业会计准则第2号——长期股权投资》第七条的规定，投资方能够对被投资单位实施控制的长期股权投资应当采用成本法核算。

控制是指投资方拥有对被投资方的权力，通过参与被投资方的相关活动而享有可变回报，并且有能力运用对被投资方的权力影响其回报金额。因此，控制必须要具备两个基本要件：第一，因涉入被投资方而享有可变回报；第二，拥有对被投资方的权力，并且有能力运用对被投资方的权力影响其回报金额。投资方只有同时达到这两个要件才能对被投资方真正形成控制。

6.2.2 成本法的核算程序

1）长期股权投资取得时的核算

取得长期股权投资时，按照初始投资成本，借记“长期股权投资”科目，实付价款中包含的已宣告但尚未发放的现金股利或利润应单独作为应收项目核算，贷记“银行存款”等科目。

2）长期股权投资持有期间的核算

❶持有期间除了追加投资或收回投资外，不需要调整长期股权投资的账面价值（即长期股权投资的账面价值保持不变）。

❷根据被投资单位宣告的现金股利或利润中投资单位应享有的份额，借记“应收股利”科目，贷记“投资收益”科目。

❸投资单位确认现金股利或利润后，应当检查长期股权投资的账面价值与应享有被投资单位净资产（包含商誉，下同）账面价值份额的关系，如果长期股权投资的账面价值大于应享有被投资单位净资产账面价值份额，应当对长期股权投资进行减值测试，可收回金额低于长期股权投资的账面价值的，应当计提减值准备。

3）长期股权投资的处置

成本法下处置长期股权投资时应将实际收到的价款与长期股权投资的账面价值之间的差额确认为投资收益。部分处置的，应按比例结转长期股权投资的账面价值。其具体账务处理如下：

根据实际收到的价款，借记“银行存款”科目；根据长期股权投资的账面价值，贷记“长期股权投资”科目；根据借贷差额，借记或贷记“投资收益”科目。

【例6-4】承【例6-3】，海华公司于2022年6月1日取得大古股份60%的股份后能够拥有对大古股份的控制权，可以通过参与大古股份的相关活动而享有可变回报，并且有能力运用该权力影响其回报金额，因此海华公司应当采用成本法核算该投资。

假设大古股份2023年3月22日宣告发放2022年度现金股利3 000万元。2023年4月25日，海华公司收到现金股利1 800万元（原始凭证：银行进账单，见表6-13）。2023年10月17日以15 000万元将该长期股权投资全部出售（原始凭证：银行进账单，见表6-14）。

表6-13　ICBC 中国工商银行　进账单（收账通知）　3

2023年04月25日

付款人	全称	华泰证券无锡青山路营业部	收款人	全称	无锡海华股份有限公司
	账号	6222101264395000		账号	6222464654546553
	开户银行	中国工商银行中联支行		开户银行	中国工商银行无锡太湖支行
金额	人民币（大写）	壹仟捌佰万元整		亿千百十万千百十元角分	¥ 1 8 0 0 0 0 0 0 0 0
票据种类	转账支票	票据张数	1		
票据号码	35726384				
复核 123　记账 134			收款人开户银行签章		

中国工商银行无锡太湖支行 2023.04.25 转讫

此联是收款人开户银行交给收款人的收账通知

表6-14　ICBC 中国工商银行　进账单（收账通知）　3

2023年10月17日

付款人	全称	华泰证券无锡青山路营业部	收款人	全称	无锡海华股份有限公司
	账号	6222101264395000		账号	6222464654546553
	开户银行	中国工商银行中联支行		开户银行	中国工商银行无锡太湖支行
金额	人民币（大写）	壹亿伍仟万元整		亿千百十万千百十元角分	1 5 0 0 0 0 0 0 0 0 0
票据种类	转账支票	票据张数	1		
票据号码	35726394				
复核 123　记账 134			收款人开户银行签章		

中国工商银行无锡太湖支行 2023.10.17 转讫

此联是收款人开户银行交给收款人的收账通知

海华公司的会计处理如下：

2023年3月22日：

借：应收股利（30 000 000×60%）　　18 000 000　　记1

　贷：投资收益　　18 000 000

2023年4月25日：

借：银行存款　　18 000 000　　记2

　贷：应收股利　　18 000 000　　附件1张（表6-13）

2023年10月17日：

借：银行存款　　150 000 000　　记3

　贷：长期股权投资——大古股份　　110 600 000　　附件1张（表6-14）

　　　投资收益　　39 400 000

6.3 长期股权投资的权益法

6.3.1 权益法的概念及适用范围

权益法是指在长期股权投资持有期间，根据被投资单位所有者权益的变动，投资单位按照应享有（或应分担）被投资单位所有者权益的份额调整长期股权投资账面价值的方法。

根据《企业会计准则第2号——长期股权投资》第九条的规定，投资方对联营企业和合营企业的长期股权投资，采用权益法核算。即投资方对被投资方具有重大影响或共同控制的长期股权投资，应当采用权益法核算。

1）共同控制

（1）共同控制的定义

共同控制是指对某项安排所共有的控制，该安排的相关活动必须经过分享控制权的参与方一致同意后才能决策。

（2）共同控制的判断标准

共同控制是否存在的第一条判断标准是：该安排是否由所有参与方（或参与方组合）集体控制。

上述的“集体控制”是指某项安排的相关活动必须由所有参与方或一组参与方的一致行动才能主导的控制。一个参与方能够单独主导一个安排中的相关活动称为控制。前文讲述成本法的适用范围时就提到“控制”这个概念。只有一组参与方或所有参与方联合起来才能够主导该安排中的相关活动才叫集体控制。

共同控制是否存在的第二条判断标准是：该安排相关活动的决策是否必须经过参与方的一致同意。这一标准保证了对合营安排具有共同控制的任何一个参与方均可以阻止其他参与方在未经其同意的情况下就相关活动单方面作出决策。“一致同意”并不要求其中某一方必须具备主动提出议案的能力，只要具备对合营安排相关活动的所有重大决策予以否决的权力即可；也不需要该安排的每一个参与方都一致同意，只要那些能够集体控制该安排的参与方意见一致就可以达成一致同意即可。

2）重大影响

（1）重大影响的定义

投资方对被投资方有重大影响是指投资方有参与被投资方财务与经营政策制定的权力，但是投资方不能单独或通过与其他方合作共同控制这些财务与经营政策的制定的情形。

（2）重大影响的判断

实务中一般认为，下列五种情形表明投资方对被投资方有重大影响：

❶投资方在被投资方的董事会或类似权力机构中派有代表。由于投资方可以通过派出的代表参与被投资单位财务与经营政策的制定，从而达到对被投资方施加重大影响的目的。

❷投资方有权参与被投资方财务与经营政策的制定过程。在参与过程中，投资方可以通过各种方法向最终决定者提出代表自身利益的建议或意见，从而达到对被投资方施加重大影响的目的。

❸与被投资方发生重大资产交易。例如，通过向被投资方出售重要的技术、专利或关键设备从而对被投资方产生重大影响。

❹向被投资方派出技术或管理人员。由于技术人员与管理人员在被投资方可以直接通过日常业务管控对被投资方的财务与经营政策施加一定影响，因此这种情形也成为判断是否具有重大影响的重要依据之一。

❺其他足以证明投资方对被投资方的决策产生影响力的情形。

6.3.2　权益法的核算程序

视频课程

长期股权投资权益法的核算

权益法下投资方长期股权投资的账面价值始终要与被投资单位的所有者权益保持联动，因此，权益法的核心在于：**投资方长期股权投资的账面价值=被投资单位可辨认净资产的公允价值×持股比例**。任何影响被投资单位所有者权益的交易或事项都会对投资方的长期股权投资产生影响。

1）初始投资成本的调整

权益法下长期股权投资代表的是对被投资单位所有者权益所享有的权益，因此初始确认后投资方需要将长期股权投资的初始投资成本与投资时应享有被投资单位可辨认净资产公允价值份额进行比较：

❶如果投资方长期股权投资的初始投资成本大于投资时应享有被投资单位可辨认净资产公允价值份额，两者之间的差额可能是被投资单位存在不符合确认条件的资产，也可能是投资方在取得投资过程中通过购买作价体现出的与所得股权份额相对应的商誉。投资方长期股权投资的初始投资成本大于投资时应享有被投资单位可辨认净资产公允价值份额时，不需要对长期股权投资的账面价值进行调整。

❷如果投资方长期股权投资的初始投资成本小于投资时应享有被投资单位可辨认净资产公允价值份额，两者之间的差额本质上是股权交易双方中的出让方对受让方的让步，对受让方（即长期股权投资的投资方）而言是一项利得，因此投资方一方面要增加长期股权投资的账面价值，另一方面要确认营业外收入。

【例6-5】海华公司于2022年1月取得大古股份40%的股权，实际支付的价款为12 000万元（原始凭证：转账支票存根，见表6-15；银行进账单，见表6-16）。取得投资当日，大古股份所有者权益的账面价值为25 000万元（假设大古股份各项可辨认资产、负债的公允价值与账面价值相同）。海华公司于投资当日派出代表入驻大古股份，参与大古股份的财务与经营政策的制定，对大古股份有重大影响。

表 6-15

中国工商银行
转账支票存根
16203143

附加信息

出票日期 2022年01月01日

收款人：	大古股份有限公司
金　额：	¥120 000 000.00
用　途：	购买股权

单位主管　李明贤　会计　张兵

表 6-16　ICBC 中国工商银行　进账单（回单）　1

2022年01月01日

出票人	全　称	无锡海华股份有限公司	收款人	全　称	华联证券有限公司大山路营业部
	账　号	6222464654546553		账　号	3265473636638493
	开户银行	中国工商银行无锡太湖支行		开户银行	中国农业银行大连栾明支行

金额	人民币（大写）	壹亿贰仟万元整	亿	千	百	十	万	千	百	十	元	角	分
			1	2	0	0	0	0	0	0	0	0	0

票据种类	转账支票	票据张数	1
票据号码	16203143		

中国工商银行
无锡太湖支行
2022.01.01
转讫

复核 145　记账 146　开户银行签章

此联是开户银行交给持（出）票人的回单

海华公司的账务处理如下：

由于海华公司于投资当日派出代表入驻大古股份，参与大古股份的财务与经营政策的制定，对大古股份有重大影响，因此该长期股权投资应当采用权益法核算。

2022年1月取得股权时：

借：长期股权投资——大古股份（投资成本）　　120 000 000　　记 1

　贷：银行存款　　120 000 000　　附件 2 张

海华公司长期股权投资的初始投资成本12 000万元大于投资时应享有被投资单位可辨认净资产公允价值份额10 000万元（25 000×40%），海华公司不需要对长期股权投资的账面价值进行调整。

如果上例中取得投资当日大古股份所有者权益的账面价值为40 000万元（假设大古股份各项可辨认资产、负债的公允价值与账面价值相同），则海华公司长期股权投资的初始投资成本12 000万元小于投资时应享有被投资单位可辨认净资产的公允价值份额16 000万元（40 000×40%），此时海华公司应当增加长期股权投资的账面价值，同时确认营业外收入，会计分录如下：

2022年1月取得股权时：

借：长期股权投资——大古股份（投资成本） 120 000 000 记1

贷：银行存款 120 000 000 附件2张

同时：

借：长期股权投资——大古股份（投资成本） 40 000 000 记2

贷：营业外收入 40 000 000

2）投资损益的确认

投资方取得长期股权投资后，应当按照应享有或应分担的被投资单位实现的净损益和其他综合收益的份额，分别确认投资收益和其他综合收益，同时调整长期股权投资的账面价值。

【例6-6】承【例6-5】，假设大古股份2022年度实现净利润3 000万元，则海华公司应享有被投资单位实现的净利润为1 200万元（3 000×40%），会计分录如下：

借：长期股权投资——大古股份（损益调整） 12 000 000

贷：投资收益 12 000 000

假设大古股份2022年度亏损3 000万元，则海华公司应分担被投资单位的亏损为1 200万元（3 000×40%），会计分录如下：

借：投资收益 12 000 000

贷：长期股权投资——大古股份（损益调整） 12 000 000

由此可见，权益法下被投资单位所有者权益的变动会引起投资方长期股权投资账面价值的成比例联动。一般情况下，在投资损益的确认中投资方根据被投资方账面净损益乘以持股比例即可确认应享有或应分担的份额，但是出现下列两种情况时需要在被投资单位账面净损益的基础上进行适当调整，根据调整后的净损益与持股比例来确认应享有或应分担的份额：

❶投资单位取得投资时，被投资单位可辨认净资产的公允价值与账面价值不一致的，投资方在确认应享有被投资单位净损益的份额时，应当以取得投资时被投资单位可辨认净资产的公允价值为基础，对被投资单位的净利润进行调整后确认。

被投资单位账面利润是其利润表中的收入与成本费用相互配比的结果，被投资单位利润表中成本费用则来源于其相关资产的账面价值。而投资方取得的长期股权投资是以取得投资时被投资单位相关资产、负债的公允价值为基础计算确定的成本，权益法下长期股权投资应确认的投资损益实质上是以被投资单位相关资产、负债的公允价值为基础计算确定的净损益中投资方应享有或应分担的部分。因此，被投资单位可辨认净资产的公允价值与账面价值不一致的，为了满足配比性原则，投资方在确认应享有被投资单位净损益的份额时，应当对被投资单位的净利润进行适当调整。

【例6-7】承【例6-5】，假设海华公司2022年1月取得投资时，大古股份除一项资产外，其他资产、负债的账面价值与公允价值相同。该资产为一台办公设备，原值1 000万元，已提折旧200万元，使用年限为10年（已使用2年），无残值，采用直线法计提折旧，2022年1月其公允价值为2 000万元。假定被投资单位采用的会计政策及会计期间与投资方一致。假设大古股份2022年度实现净利润3 000万元。海华公司的会计处理（处理过程中不考虑所得税的影响）如下：

由于海华公司在取得投资时，大古股份有一项资产的账面价值与公允价值不同，因此海华公司在确认应享有被投资单位实现的净利润时要在大古股份账面利润的基础上进行下列调整：

2022年根据大古股份办公设备会计数据，应计提的折旧为100万元（1 000÷10）；而根据海华公司取得投资时的公允价值，2022年应计提的折旧为250万元（2 000÷8）。大古股份2022年度实现的净利润3 000万元是根据扣除100万元的折旧费计算确定的，海华公司在确认应享有的被投资单位实现的净损益并确认投资收益时应按照250万元的折旧费扣除，因此3 000万元的利润中应调减150万元（250-100）。

调整后的净利润=3 000-150=2 850（万元）

调整后海华公司应享有的净利润份额=2 850×40%=1 140（万元）

会计分录如下：

借：长期股权投资——大古股份（损益调整）　　11 400 000　　记1

　贷：投资收益　　11 400 000

❷被投资单位采用的会计政策及会计期间与投资方不一致的，应当按照投资方的会计政策及会计期间对被投资单位的财务报表进行调整，并据以确认投资收益。

3）持有期间取得现金股利的处理

投资方按照被投资单位宣告分派的利润或现金股利计算应享有的部分，借记“应收股利”等科目，同时相应减少长期股权投资的账面价值，贷记“长期股权投资——××公司（损益调整）”科目。

4）超额亏损的处理

投资方确认被投资单位发生的净亏损，应当以长期股权投资的账面价值以及其他实质上构成对被投资单位净投资的长期权益减记至零为限，投资方负有承担额外损失义务的除外。被投资单位以后实现净利润的，投资方以其收益分享额弥补未确认的亏损分担额后，恢复确认收益分享额。其具体处理如下：

❶当被投资单位发生亏损时，投资单位根据应分担的份额，借记“投资收益”科目，贷记“长期股权投资——××公司（损益调整）”科目，长期股权投资的账面价值随之逐渐减少。

❷当长期股权投资的账面价值减为零后，被投资单位仍继续亏损时，投资单位需要考虑账面上有没有其他实质上构成对被投资单位的长期权益项目（如投资单位对被投资单位的长期应收款，投资单位既无清收计划，也无收回的主观意愿），若有，则在不超过长期权益项目的余额内，借记“投资收益”等科目，贷记“长期应收款”等科目。

❸当长期权益项目减为零后，被投资单位仍继续亏损时，如果根据投资协议或合同，投资单位仍需要承担额外损失弥补等义务的，投资单位根据应承担的份额，借记“投资收益”科目，贷记“预计负债”科目。

❹经过上述处理后，被投资单位仍继续亏损的，投资单位应根据需承担的份额在备查簿中登记。

被投资单位在连续发生重大亏损后逐渐实现盈利时，应按照与上述处理步骤相反的顺序，首先将备查簿中的未入账亏损予以恢复，然后恢复预计负债（借记“预计负债”科目，贷记“投资收益”科目），之后再恢复长期权益项目（借记“长期应收款”科目，贷记“投资收益”科目），如果被投资单位继续盈利，则最后恢复长期股权投资的账面价值（借记“长期股权投资——××公司（损益调整）”科目，贷记“投资收益”科目）。

5）被投资单位净损益以外的其他权益变动的处理

投资方对于被投资单位除净损益、其他综合收益和利润分配外所有者权益的其他变动，应当根据持股比例调整长期股权投资的账面价值并计入所有者权益，具体会计处理为：

借：长期股权投资——××公司（其他权益变动）

　贷：资本公积——其他资本公积

6.4 长期股权投资的减值与处置

6.4.1 长期股权投资减值

长期股权投资作为企业的一项重要资产，必须能够为企业带来经济利益。如果长期股权投资不能为企业带来经济利益或为企业带来的经济利益低于账面价值，即如果长期股权投资未来的可收回金额低于其账面价值，则通常表明长期股权投资发生了减值。

1）长期股权投资减值迹象的判断

投资方应当在每个资产负债表日判断长期股权投资是否存在减值迹象。出现下列情形时，通常表明长期股权投资有可能减值：

❶长期股权投资的市价在当期出现大幅度下跌，其跌幅明显高于因时间推移而预计的下跌，在可预见的未来不会回升至前期水平。

❷被投资单位所处的经济、技术或法律环境发生重大不利变化，导致被投资单位在投资、销售及采购等重大经营环节处于不可逆转的不利情形。

❸被投资单位所处的市场利率大幅度提高，显著影响被投资单位未来现金流量的现值，长期股权投资的未来可收回金额出现明显下跌。

❹长期股权投资的账面价值大于应享有被投资单位所有者权益账面价值的份额。

如果有确凿证据表明被投资单位长期股权投资出现减值迹象的，投资单位应当进行减值测试，估计长期股权投资的可收回金额。

2）长期股权投资可收回金额的估计

长期股权投资可收回金额是指长期股权投资的公允价值减去其处置费用后的净额与长期股权投资未来现金流量的现值两者中的较高者。

长期股权投资的公允价值减去其处置费用后的净额代表的是长期股权投资的处置或变现价值。通常情况下，投资方应根据活跃市场上该长期股权投资的交易价格来确定长期股权投资的公允价值；如果该长期股权投资不存在活跃市场的，应根据类似资产近期的交易价格来确定长期股权投资的公允价值；如果上述方法都无法确定长期股权投资的公允价值，则可参考类似资产前期交易价格来确定长期股权投资的公允价值。长期股权投资的处置费用通常包括长期股权投资交易手续费、佣金、法律服务费等直接相关费用。

如果投资方根据上述方法仍无法合理、可靠估计长期股权投资的可收回金额，则应当以长期股权投资未来现金流量的现值作为其可收回金额。

3）长期股权投资未来现金流量现值的估计

长期股权投资未来现金流量的现值代表的是持续持有长期股权投资，被投资单位在未来能够给投资单位所带来的现金流量及最终处置长期股权投资能带来的现金流量的总现值。因此，合理预计长期股权投资未来现金流量的现值需要综合考虑长期股权投资未来现金流量的估计及折现率的估计，在此基础上投资方管理层应当对未来长期股权投资的可收回金额作出最佳估计。

4）长期股权投资减值的会计处理

如果长期股权投资减值测试结果表明长期股权投资的账面价值低于可收回金额，投资方应当将长期股权投资的账面价值减记至可收回金额，减记的金额一方面借记“资产减值损失”科目，同时贷记“长期股权投资减值准备”科目。

值得注意的是，长期股权投资减值准备一经计提，今后不论发生何种情形均不允许转回。

【例6-8】海华公司于2022年1月取得的大古股份40%的股权，在2022年12月31日的账面价值为16 000万元，经过评估，其可收回金额为15 000万元。经海华公司董事会决议，作计提长期股权投资减值处理。海华公司的账务处理如下：

长期股权投资减值金额=16 000−15 000=1 000（万元）

借：资产减值损失	10 000 000	
贷：长期股权投资减值准备		10 000 000

6.4.2 长期股权投资的处置

处置长期股权投资时，应将长期股权投资的账面价值与实际取得价款之间的差额计入当期损益，同时结转长期股权投资的账面价值。采用权益法核算的长期股权投资，在处置该项投资时，采用与被投资单位直接处置相关资产或负债相同的基础，按相应比例对原计入其他综合收益的部分进行会计处理。

【例6-9】假设海华公司出售其持有的大古股份的10%，实际收到的价款为1 700万元。截至出售前，“长期股权投资——大古股份（损益调整）”账户余额为借方35万元，“长期股权投资——大古股份（其他权益变动）”账户余额为借方2万元。“长期股权投资——大古股份（投资成本）”账户余额为16 000万元。

借：银行存款	17 000 000		记1
贷：长期股权投资——大古股份（投资成本）（160 000 000×10%）		16 000 000	
——大古股份（损益调整）（350 000×10%）		35 000	
——大古股份（其他权益变动）（20 000×10%）		2 000	
投资收益		963 000	
借：资本公积——其他资本公积	2 000		记2
贷：投资收益		2 000	

本章概要

本章从投资的概念与分类入手，着重分析了长期股权投资的核算范围，并在此基础上分析了长期股权投资取得的核算；在后续计量中分别从成本法与权益法的角度，全面介绍长期股权投资的具体核算方法，特别是权益法中的取得股利的处理、超额亏损及其他权益变动的会计处理。最后介绍了长期股权投资减值准备的计提及长期股权投资处置的会计处理方法。

概念回顾

长期股权投资　控制　共同控制　重大影响　成本法　权益法　可收回金额

会计分录

<table>
<tr><th colspan="2" rowspan="2">业务内容</th><th colspan="2">会计处理</th></tr>
<tr><th>形成控股合并</th><th>不形成控股合并</th></tr>
<tr><td rowspan="3">初始计量</td><td rowspan="2">同一控制</td><td>合并方以支付现金、转让非现金资产或承担债务方式作为合并对价的处理：
借：长期股权投资（被合并方所有者权益账面价值的份额）
应收股利
盈余公积/未分配利润
贷：银行存款/原材料/应交税费等
资本公积——资本溢价（或股本溢价）（或借记）</td><td rowspan="3">1.通过库存现金、银行存款等货币性资产购入的长期股权投资：
借：长期股权投资（实际支付的价款）
应收股利
贷：银行存款
2.通过发行权益性证券取得的长期股权投资：
借：长期股权投资（权益性证券的公允价值）
贷：实收资本/股本
资本公积——资本溢价（或股本溢价）
3.发行权益性证券相关的税费及其他手续费、佣金等费用：
借：资本公积——资本溢价（或股本溢价）
贷：银行存款</td></tr>
<tr><td>合并方以发行权益性证券作为合并对价的处理：
借：长期股权投资（被合并方所有者权益账面价值的份额）
贷：实收资本/股本
资本公积——资本溢价（或股本溢价）
盈余公积/未分配利润（或借记）</td></tr>
<tr><td>非同一控制</td><td>借：长期股权投资（确定的企业合并成本）
应收股利
营业外支出/投资收益
贷：银行存款/主营业务收入/应交税费等
营业外收入/投资收益
发生的直接相关费用：
借：管理费用
贷：银行存款</td></tr>
<tr><th></th><th></th><th>成本法</th><th>权益法</th></tr>
<tr><td rowspan="3">后续计量</td><td>初始投资成本的调整</td><td>不需要</td><td>投资方长期股权投资的初始投资成本小于投资时应享有被投资单位可辨认净资产公允价值份额：
借：长期股权投资——投资成本
贷：营业外收入</td></tr>
<tr><td>被投资单位盈利或发生亏损</td><td>不进行账务处理</td><td>盈利：
借：长期股权投资——损益调整
贷：投资收益
（亏损编制相反的分录）</td></tr>
<tr><td>被投资单位分红</td><td>借：应收股利
贷：投资收益</td><td>借：应收股利
贷：长期股权投资——损益调整</td></tr>
<tr><td>减值</td><td>发生减值时的处理</td><td colspan="2">借：资产减值损失
贷：长期股权投资减值准备
（不允许转回）</td></tr>
<tr><td>处置</td><td>处置收入</td><td>借：银行存款
贷：长期股权投资
投资收益（或借记）</td><td>借：银行存款
贷：长期股权投资——投资成本
——损益调整（或借记）
——其他权益变动（或借记）
——其他综合收益（或借记）
投资收益（或借记）
借：资本公积——其他资本公积
其他综合收益
贷：投资收益</td></tr>
</table>

原始凭证目录

原始凭证1：转账支票存根（见表6-3、表6-8、表6-9、表6-15）

原始凭证2：增值税专用发票记账联（见表6-4、表6-11）

原始凭证3：出库单（见表6-5、表6-12）

原始凭证4：银行进账单（回单）（见表6-7、表6-16）

原始凭证5：投资协议（见表6-10）

原始凭证6：银行进账单（收账通知）（见表6-13、表6-14）

法规链接

第7章　固定资产与在建工程

学习目标

➤ 理论目标

1. 理解固定资产的概念、分类及确认条件；
2. 熟悉《企业会计准则第4号——固定资产》对固定资产业务会计处理的相关规定。

➤ 实务目标

1. 能正确、熟练地进行固定资产取得业务的核算；
2. 能正确、熟练地进行固定资产折旧业务的核算；
3. 能正确、熟练地进行固定资产清查及处置业务的核算。

引例

2020年3月10日，曙光公司购置了一台不需要安装的设备，取得的增值税专用发票上注明的买价为150 000元，增值税为19 500元，另发生保险费及包装费6 000元，全部款项已以银行存款支付；该设备交付第一生产车间使用，预计使用10年，预计净残值率为4%，采用直线法计提折旧；2022年6月20日，公司将该设备以102 000元的价格出售，款项已收存银行，另支付相关清理费用2 400元。

思考：假设你是曙光公司固定资产核算会计，应如何核算上述业务？

7.1　固定资产确认与初始计量

固定资产是企业生产经营必备的物质条件和手段，它能连续在若干生产周期内发挥作用而不改变其原有实物形态，其价值将随着使用磨损而逐渐减少，减少的价值以折旧的形式转移到产品成本中，构成产品价值的组成部分，并随着产品价值的实现而转化为货币资金。因此，正确核算固定资产对保护企业资产安全完整和正确计算损益具有重要意义。

7.1.1　固定资产的概念及确认

视频课程

固定资产的概念及其分类

固定资产是指同时具有以下特征的有形资产：

❶为生产商品、提供劳务、出租或经营管理而持有的；

❷使用寿命超过一个会计年度。

从这一定义可以看出，作为企业的固定资产应具备以下两个特征：

第一，企业持有固定资产的目的是生产商品、提供劳务、出租或经营管理，而不是直接用于出售。这一特征是固定资产区别于商品、产品等流动资产的重要标志。

第二，固定资产的使用寿命较长，通常超过一个会计年度。这一特征表明固定资产的收益期超过一年，能在一年以上的时间里为企业创造经济利益，因此，企业为获得固定资产而发生的支出属于资本性支出。

企业将某一资产作为固定资产加以确认，应符合固定资产的定义，且必须同时满足以下两个条件：

❶与该固定资产有关的经济利益很可能流入企业；

❷该固定资产的成本能够可靠地计量。

作为企业资产的重要组成部分，要确认固定资产，企业取得该固定资产发生的支出必须能够可靠地计量。企业在确定固定资产成本时，有时需要根据所获得的最新资料，对固定资产的成本进行合理的估计。如果企业能够合理地估计出固定资产的成本，视同固定资产的成本能够可靠地计量。例如，对于已达到预定可使用状态的固定资产，在尚未办理竣工决算前，企业需要根据工程预算、工程造价或者工程实际发生的成本等资料，按暂估价值确定固定资产的成本，待办理竣工决算手续后再进行调整。

7.1.2 固定资产的分类

企业固定资产种类繁多，它们在生产中所处地位不同，发挥的作用也不同。为加强管理和便于核算，应对固定资产进行合理的分类，以便分别反映和监督其收入、调出、使用、保管等情况，考核、分析固定资产的利用情况，为经营管理提供必要的信息。

1）按固定资产的所有权分类

固定资产按所有权可分为自有固定资产和租入固定资产。

这种分类可确定企业实有的固定资产数额，反映和监督租入固定资产情况。

2）按固定资产的经济用途分类

固定资产按经济用途可分为生产经营用固定资产和非生产经营用固定资产。

这种分类可反映二者之间的比例及其变化情况，以分析企业固定资产的配置是否合理。

3）按固定资产的性能分类

固定资产按性能可分为房屋，建筑物，动力设备，传导设备，工作机器及设备，工具、模具、仪器及生产用具，运输设备，管理用具，其他固定资产。

这种分类可反映其构成情况，并能将各类固定资产归口，由各职能部门负责管理，便于分类计算折旧。

4）按固定资产的使用情况分类

固定资产按使用情况可分为在用固定资产、未使用固定资产和不需用固定资产。

这种分类可反映固定资产使用情况，促使企业将未使用固定资产尽快投入使用，提高固定资产利用率；将不需用固定资产及时处理，以减少资金占用。

5）固定资产综合分类

在实际工作中，企业的固定资产是按经济用途和使用情况综合分类的。按固定资产的经济用途和使用情况可将企业的固定资产分为七类：

❶生产经营用固定资产。它是指直接参加企业生产、经营过程或直接服务于生产、经营过程的各种固定资产，如房屋、建筑物、机器设备、运输工具、管理用具等。

❷非营业用固定资产。它是指不直接服务于生产、经营过程的各种固定资产，如用于职工宿舍、学校、幼儿园、食堂、浴室、医院、理发室、职工活动室等方面的固定资产。

❸经营租出固定资产。它是指出租给外单位使用的固定资产。这类固定资产，只是将其使用权暂时让渡给承租单位，所有权仍归本企业，由本企业收取租金收入，应视作营业

中使用的固定资产，照提折旧。

❹不需用固定资产。它是指本企业不需用、准备处理的固定资产。

❺未使用固定资产。它是指尚未使用的新增固定资产、调入尚待安装的固定资产、进行改扩建的固定资产，以及经批准停止使用的固定资产。由于季节性生产、大修理等原因而停止使用的固定资产，应作为使用中的固定资产处理。

❻土地。它是指过去已经估价单独入账的土地。因征用土地而支付的补偿费，应计入与土地有关的房屋、建筑物的价值内，不单独作为土地入账。企业取得的土地使用权不作为固定资产管理，应作为无形资产核算。

❼融资租入固定资产。它是指企业以融资租赁方式租入的固定资产。在租赁期内，应视同企业自有固定资产进行管理。

7.1.3　固定资产的初始计量

固定资产的初始计量，是指固定资产取得时初始成本的确定。固定资产应当按照成本进行初始计量。固定资产的成本，是指按企业购建某项固定资产达到预定可使用状态前所发生的一切合理、必要的支出。这些支出包括直接发生的买价、运杂费、包装费和安装成本等，也包括间接发生的支出，如应承担的借款利息、外币借款折算差额以及应分摊的其他间接费用。对于特定行业的特定固定资产，其成本的确定还应考虑预计弃置费用因素，如核电站核废料的处置等。

视频课程
固定资产的初始计量

固定资产的取得方式主要包括外购、自行建造、投资者投入、融资租入等，固定资产的来源渠道不同，其价值的构成内容也不一样，具体如下：

1）外购的固定资产

企业外购固定资产分为不需要安装的固定资产和需要安装的固定资产两类。外购固定资产的成本包括购买价款、相关税费（不含可以抵扣的增值税）、使固定资产达到预定可使用状态前所发生的可归属于该项资产的运输费、装卸费、安装费和专业人员服务费等。

2）自行建造的固定资产

自行建造的固定资产包括自营建造和出包建造两种方式，应按建造该项资产达到预定可使用状态前所发生的必要支出作为入账价值。这里所讲的“建造该项资产达到预定可使用状态前所发生的必要支出”，包括工程用物资成本、人工成本、应予资本化的固定资产借款费用、缴纳的相关税金以及应分摊的其他间接费用等。在实务中，企业固定资产较少采用自营建造方式，多数情况下采用出包建造方式。

3）投资者投入的固定资产

投资者投入固定资产的成本，应当按照投资合同或协议约定的价值确定，但合同或协议约定的价值不公允的除外。

4）接受捐赠的固定资产

企业接受捐赠的固定资产，可能是新的固定资产，也可能是旧的固定资产；有的有购货发票账单，有的没有购货发票账单。为此，接受捐赠的固定资产，按以下规定确定其入账价值：

如果捐赠方提供有关凭据的，按凭据上列明的金额加上应当支付的相关税费，作为入账价值。

如果捐赠方没有提供有关凭据的，按以下顺序确定其入账价值：

❶同类或类似固定资产存在活跃市场的，按同类或类似固定资产的市场价格估计的金额，加上应当支付的相关税费，作为入账价值。

❷同类或类似固定资产不存在活跃市场的，按所接受捐赠的固定资产的预计未来现金流量现值，加上应当支付的相关税费，作为入账价值。

如果接受捐赠的为旧的固定资产，可依据上述方法确定的新固定资产价值，减去按该项资产的新旧程度估计的累计折旧后的余额，作为入账价值。

5）改建、扩建的固定资产

在原有固定资产的基础上进行改建、扩建的，按原固定资产的账面价值，加上由于改建、扩建而使该项资产达到预定可使用状态前所发生的必要支出，减去改建、扩建过程中发生的变价收入，作为入账价值。

6）盘盈的固定资产

盘盈的固定资产，按以下规定确定其入账价值：

❶同类或类似固定资产存在活跃市场的，按同类或类似固定资产的市场价格减去按该项资产的新旧程度估计的累计折旧后的余额，作为入账价值；

❷同类或类似固定资产不存在活跃市场的，按该项固定资产的预计未来现金流量现值，作为入账价值。

7.2 固定资产取得确认与计量

视频课程

固定资产取得的核算

1）主要账户设置

（1）“固定资产”账户

该账户属于资产类账户，核算企业持有固定资产的原价。其借方登记增加固定资产的原价；贷方登记减少固定资产的原价；期末余额在借方，反映企业期末固定资产的账面原价。其一般按照固定资产用途（生产经营用固定资产、非生产经营用固定资产、租出固定资产、不需用固定资产、未使用固定资产等）设置二级科目，也可按固定资产类别、内容（厂房、机器设备、仪器仪表、电子设备、运输工具及其他等）设置二级科目。临时经营租入的固定资产，应当另设备查簿登记，不在该账户核算。

固定资产明细账是记载企业存放各类固定资产使用地点、增减变化的明细账。企业也可设置卡片形式的固定资产明细账，也叫固定资产卡片。它是每一项固定资产的全部档案记录，即固定资产从进入企业开始到退出企业的整个生命周期所发生的全部情况，都要在卡片上予以记载。不同企业不同类型的固定资产卡片，其格式是不一样的，但一般包括的内容有：固定资产类别、编号、名称、规格、型号、建造单位、购建年月、投产日期、原始价值、预计使用年限、折旧率、存放地点、使用单位、大修理日期和金额，以及停用、出售、转移、报废清理等内容，参照格式见表7-1、表7-2。

（2）“在建工程”账户

该账户核算企业基建、更新改造等在建工程发生的支出。其借方登记工程发生的实际支出；贷方结转完工工程的实际成本；期末余额在借方，反映企业期末尚未完工的工程发生的各项实际支出。该账户应设置“建筑工程”“安装工程”“技术改造工程”“大修理工程”“其他支出”等明细账户，进行明细分类核算。

表7-1　**固定资产卡片（正面）**

分类号：11　　　　　　　　　　　　卡片号：106

部门号：　　　　　　　　　　　　　凭证号：

品名	加工设备	主体设备价值						
购建时间	2022.09.02	规格型号	GWZL-QY1	制造厂家		上海光明机械厂	出厂编号	gw080902
设备来源	外购	外型尺寸		总重量			功率	
存放地点	洗衣机车间	底盘号		发动机号			牌照号	
耐用年限	10	建筑面积		技术特征				
折旧方法	直线折旧法	附属设备价值						
主体设备价值	65 000.00	名称	规格型号	单位	数量	制造厂家	出厂编号	净残值
附属设备价值								300.00
运杂费	700.00							
途中保险费		固定资产调拨情况						
安装费		调拨时间	调拨单号	调出单位		调入单位		经管人
其他费用								
合计原值	65 700.00							
重置价值								
备注								

制卡人：郑荣　　　　　　　　　　制卡日期：2022.09.02

表7-2　**固定资产卡片（反面）**

固定资产折旧及启停用记录							
启用年月	停用年月	计提折旧	累计计提折旧	启用年月	停用年月	计提折旧	累计计提折旧
2022.09.02							
固定资产大修记录							
日期	记账凭证	大修费用	完工日期	日期	记账凭证	大修费用	完工日期

2）固定资产取得的核算

（1）外购不需安装的固定资产

【例7-1】2022年9月2日，海华公司购入一台不需安装的设备（GWZL-QY1）。从销货方上海光明机械厂取得的增值税专用发票上列明的价款为65 000元，增值税为8 450元；

从上海铁路局取得的增值税专用发票上列明的运费为700元，增值税为63元。贷款及上海光明机械厂代垫的运费已通过电汇方式支付，设备已交洗衣机车间使用，预计使用年限为10年，预计净残值为300元。海华公司该业务涉及的原始凭证具体见表7-3。

表7-3 **海华公司【例7-1】业务原始凭证**

序号	单据名称	对应编号
1	增值税专用发票（发票联、抵扣联）	略，格式参照表2-24
2	报账（付款）审批单	略，格式参照表2-1
3	电汇凭证回单	略，格式参照表2-29
4	固定资产验收单	表7-4

表7-4 **固定资产验收单**

2022年09月02日　　编号：No.211616

<table>
<tr><td>固定资产名称</td><td colspan="3">加工机械</td><td>固定资产编号</td><td>1051</td></tr>
<tr><td>固定资产类别</td><td colspan="3">机器设备（GWZL-QY1）</td><td>申请单位</td><td>洗衣机车间</td></tr>
<tr><td>型号规格</td><td></td><td>单位</td><td>台</td><td>资产来源</td><td>外购</td></tr>
<tr><td>数量</td><td>1</td><td rowspan="5">预计使用年限</td><td rowspan="5">10年</td><td>使用方向</td><td>生产产品</td></tr>
<tr><td>单价</td><td>65 000.00</td><td>资产保管人</td><td></td></tr>
<tr><td>运杂费</td><td>700.00</td><td></td><td></td></tr>
<tr><td>安装费</td><td></td><td></td><td></td></tr>
<tr><td>原值合计</td><td>65 700.00</td><td colspan="2" rowspan="2">验收人：李刚</td></tr>
<tr><td>验收意见</td><td colspan="3">验收合格</td></tr>
<tr><td colspan="6">备注：</td></tr>
</table>

计划管理部门主管：汪洋　使用部门主管：何辉　固定资产管理部门主管：孙浩　财务处主管：张兵

海华公司编制的会计分录如下：

借：固定资产——机器设备（GWZL-QY1设备）　　65 700

　　应交税费——应交增值税（进项税额）　　8 513

　贷：银行存款　　74 213

海华公司登记的固定资产明细账见表7-5。

表7-5 **固定资产明细账**

名　称<u>加工机械</u>　　计量单位<u>台</u>　　折旧或摊销率<u>0.83%</u>　　总页____

财产编号<u>1051</u>　　使用年限<u>10年</u>　　估计残值<u>300.00</u>　　折除费____　　分页____

<table>
<tr><td colspan="2">2022年</td><td rowspan="4">凭证字号</td><td rowspan="4">摘要</td><td rowspan="4">单价</td><td colspan="11" rowspan="2">购进或拨入</td><td colspan="19">折旧或转出</td><td colspan="11" rowspan="2">余额</td><td rowspan="4">核对号</td></tr>
<tr><td rowspan="3">月</td><td rowspan="3">日</td><td colspan="11">报废或转出</td><td colspan="8" rowspan="2">折旧额</td></tr>
<tr><td rowspan="2">数量</td><td colspan="10">金额</td><td rowspan="2">数量</td><td colspan="10">金额</td><td rowspan="2">数量</td><td colspan="10">金额</td></tr>
<tr><td>千</td><td>百</td><td>十</td><td>万</td><td>千</td><td>百</td><td>十</td><td>元</td><td>角</td><td>分</td><td>千</td><td>百</td><td>十</td><td>万</td><td>千</td><td>百</td><td>十</td><td>元</td><td>角</td><td>分</td><td>十</td><td>万</td><td>千</td><td>百</td><td>十</td><td>元</td><td>角</td><td>分</td><td>千</td><td>百</td><td>十</td><td>万</td><td>千</td><td>百</td><td>十</td><td>元</td><td>角</td><td>分</td></tr>
<tr><td>9</td><td>2</td><td>略</td><td>购进</td><td>65 700</td><td>1</td><td></td><td></td><td></td><td>6</td><td>5</td><td>7</td><td>0</td><td>0</td><td>0</td><td>0</td><td></td><td></td><td></td><td></td><td></td><td></td><td></td><td></td><td></td><td></td><td></td><td></td><td></td><td></td><td></td><td></td><td></td><td></td><td></td><td></td><td></td><td></td><td>6</td><td>5</td><td>7</td><td>0</td><td>0</td><td>0</td><td>0</td><td></td></tr>
</table>

（2）外购需安装的固定资产

【例7-2】2022年9月4日，海华公司购入需安装的冷凝设备一台。从销货方取得的增值税专用发票上注明的价款为80 000元，增值税为10 400元，公司开出一张期限为3个月的银行承兑汇票；从运输部门取得的增值税专用发票上注明的运费为1 400元，增值税为

126元；包装费为300元，增值税为18元；保险费为420元，增值税为25.2元；款项已开出转账支票支付。9月6日，设备交使用部门安装，领用安装材料500元，发生安装人员薪酬1 380元（已用现金支付）；9月8日，设备安装完毕交付使用。该业务涉及的原始凭证具体见表7-6。

表7-6 海华公司【例7-2】业务原始凭证

序号	单据名称	对应编号
1	增值税专用发票（发票联、抵扣联）	略，格式参照表2-24
2	银行承兑汇票复印件	略，格式参照表3-3
3	报账（付款）审批单	略，格式参照表2-1
4	领料单	略，格式参照表4-8
5	转账支票存根	略，格式参照表2-23
6	固定资产验收单	略，格式参照表7-4

海华公司编制的会计分录如下：

（1）9月4日，购入需安装的固定资产时，根据增值税专用发票、银行承兑汇票复印件、报账（付款）审批单及转账支票存根：

借：在建工程——设备安装工程　　82 120　　附件4张
　　应交税费——应交增值税（进项税额）　　10 569.20
　贷：应付票据　　90 400
　　　银行存款　　2 289.20

（2）9月6日，发生各项安装费时，根据领料单、报账（付款）审批单：

借：在建工程——设备安装工程　　1 880　　附件2张
　贷：原材料　　500
　　　库存现金　　1 380

（3）9月8日，固定资产验收完毕交付使用时，根据固定资产验收单：

借：固定资产——冷凝设备　　84 000　　附件1张
　贷：在建工程——设备安装工程　　84 000

7.3 在建工程确认与计量

企业除了外购固定资产外，还可自行建造房屋、建筑物、各种设施，以及机器设备的安装工程等，也称在建工程。企业的在建工程包括设备安装工程、改扩建工程、大修理工程等。按其实施的方式不同，可分为自营工程和出包工程两种。

1）自营方式建造固定资产的核算

企业以自营方式建造固定资产，是指企业自行组织工程物资的采购、自行组织施工人员进行工程施工以完成固定资产的建造。其成本应当按照建造该固定资产达到预定可使用状态前所发生的必要支出确定，具体包括耗用的工程用材料、直接人工、直接机械施工费、工程监理费、工程水电费、相关税费以及符合借款费用资本化条件的工程借款费用等。

企业以自营方式建造固定资产，发生的工程成本应通过“在建工程”科目核算。企业为建造固定资产购入各种物资时应按照实际支付的买价、运输费、保险费等相关税费作为实际成本，借记“工程物资”账户，贷记“银行存款”等账户；工程领用工程物资、原材料或库存商品，应按其实际成本借记“在建工程”账户，贷记“工程物资”“原材料”“库存商品”等账户（涉及增值税、消费税的，应按税法相关规定处理）；工程发生的职工薪酬费用，以及辅助生产部门为之提供的水、电、修理、运输等劳务费用，应借记“在建工程”账户，贷记“应付职工薪酬”“生产成本——辅助生产成本”等账户；工程建造过程中发生的符合资本化条件的借款费用，应借记“在建工程”账户，贷记“长期借款”等账户；工程完工达到预定可使用状态时，从“在建工程”账户转入“固定资产”账户。

【例7-3】2022年7月到9月，海华公司自行建造厂房。9月1日，“在建工程——厂房工程”期初余额为192 900元。2022年9月5日，领用企业外购的钢材（不锈钢）100吨，其实际成本为32 000元，进项税额为4 160元。9月13日，为建造厂房购买建材一批，取得的增值税专用发票上列明石灰1吨，买价1 500元；水泥5吨，买价6 000元；油漆10桶，买价4 800元；增值税共计1 599元，价税款已开出转账支票支付。9月14日，建造厂房领用石灰400千克，水泥1吨，油漆4桶；9月30日，分配本月在建工程人员工资费用33 030元；9月30日，完工的厂房工程交付第一车间使用。

海华公司编制的会计分录如下：

（1）9月5日，领用原材料用于在建工程时，根据领料单：

借：在建工程——厂房工程	32 000	
贷：原材料——不锈钢		32 000

（2）9月13日，购入工程物资时，根据增值税专用发票发票联、转账支票存根：

借：工程物资——石灰	1 500	
——水泥	6 000	
——油漆	4 800	
应交税费——应交增值税（进项税额）	1 599	
贷：银行存款		13 899

（3）9月14日，在建工程领用工程物资时，根据领料单：

借：在建工程——厂房工程	3 720	
贷：工程物资——石灰（1 500×0.4）		600
——水泥（6 000÷5）		1 200
——油漆（4 800÷10×4）		1 920

（4）9月30日，分配在建工程人员工资时，根据工资费用分配表：

借：在建工程——厂房工程	33 030	
贷：应付职工薪酬		33 030

（5）9月30日，厂房建造工程完工交付使用时，根据固定资产验收单：

借：固定资产——房屋建筑物（厂房）	261 650	
贷：在建工程——厂房工程		261 650

海华公司登记的在建工程明细账见表7-7。

表 7-7

在建工程明细账

二级科目明称：厂房工程

2022年		凭证		摘要	借方										贷方										借或贷	余额									
月	日	种类	号数		千	百	十	万	千	百	十	元	角	分	千	百	十	万	千	百	十	元	角	分		千	百	十	万	千	百	十	元	角	分
9	1			期初余额																					借			1	9	2	9	0	0	0	0
9	5	记	16#	领用钢材100吨				3	2	0	0	0	0	0											借			2	2	4	9	0	0	0	0
	14	记	38#	领用工程物资					3	7	2	0	0	0											借			2	2	8	6	2	0	0	0
	30	记	103#	分配工资				3	3	0	3	0	0	0											借			2	6	1	6	5	0	0	0
	30	记	104#	工程完工，结转成本													2	6	1	6	5	0	0	0	平								θ		

2）出包方式建造固定资产的核算

出包工程是指企业采用招标等方式将工程项目出包给建造商，由建造商组织施工的建筑工程和安装工程。企业采用出包方式建造的固定资产工程，其工程的具体支出主要由建造商核算。

在出包工程方式下，企业以支付给承包单位的工程价款以及建设期间的资本化借款利息作为工程成本，主要通过"在建工程"账户核算。该账户实际成为企业与建造承包单位办理工程价款结算的账户。企业按合理估计的发包进度及合同规定支付给承包单位工程价款时，借记"在建工程"账户，贷记"银行存款"等账户；工程完工，按合同规定补付工程价款时，借记"在建工程"账户，贷记"银行存款"账户；结算建设期间的资本化借款利息时，借记"在建工程"账户，贷记"长期借款"等账户；工程达到预定可使用状态时，按实际发生的成本，借记"固定资产"账户，贷记"在建工程"账户。

【例 7-4】海华公司经批准建造仓库一幢，将仓库建造工程出包给无锡太湖建筑公司承建。2022 年 9 月 13 日，按合理估计的工程进度及合同规定，开出转账支票向无锡太湖建筑公司支付工程款 130 000 元。12 月 28 日，仓库建造工程完工，海华公司收到无锡太湖建筑公司开出的增值税专用发票，列明工程总价款 235 000 元，增值税 21 150 元。海华公司开出转账支票补付余款 126 150 元。12 月 30 日，仓库交由冰箱车间使用。

海华公司编制的会计分录如下：

（1）9 月 13 日，支付仓库建造工程进度款时，根据报账（付款）审批单、转账支票存根：

借：在建工程——出包工程（仓库工程）	130 000	
贷：银行存款		130 000

（2）12 月 28 日，补付仓库建造工程款时，根据增值税专用发票、转账支票存根：

借：在建工程——出包工程（仓库工程）	105 000	
应交税费——应交增值税（进项税额）	21 150	
贷：银行存款		126 150

（3）12月30日，工程完工，达到预定可使用状态，验收合格交付使用时，根据固定资产验收单：

借：固定资产——房屋及建筑物（仓库） 235 000

贷：在建工程——出包工程（仓库工程） 235 000

7.4 固定资产折旧确认与计量

1）固定资产折旧的含义

企业的固定资产可以长期参加生产经营而仍保持其原有的实物形态，但是它会在使用的过程中变旧，性能降低。虽然这种损耗并没有实际发生支出，但是企业必须根据权责发生制的要求，将这种损耗转移到企业的成本费用中去，这就是折旧。

固定资产折旧，是指固定资产由于磨损和损耗而转移到产品成本或构成企业费用的那一部分价值。其实质在于将固定资产的成本按一定的方式分配到其给企业带来收益的各期，以便使收入与费用配比。

2）影响固定资产折旧的因素

（1）固定资产原值

固定资产的原值是指固定资产的实际成本。

（2）预计净残值

固定资产的预计净残值是指预计固定资产报废时可以收回的残余价值扣除预计清理费用后的数额。企业应当根据固定资产的性质和使用情况，合理确定固定资产的预计净残值，净残值比例一般控制在固定资产原值的5%以内（预计净残值占固定资产原值的百分比称为预计净残值率）。固定资产的预计净残值一经确定，不得随意变更。

（3）预计使用寿命

固定资产预计使用寿命即固定资产预计的使用期限。固定资产使用寿命的长短直接影响各期应提的折旧额。企业应当根据固定资产的性质和使用情况，合理确定固定资产的使用寿命。固定资产的使用寿命一经确定，不得随意变更。

（4）固定资产减值准备

已计提减值准备的固定资产，应当在剩余使用寿命内根据调整后的固定资产的账面价值（即固定资产原值扣减累计折旧和累计减值准备后的金额）和预计净残值重新计算确定折旧率和折旧额。

3）固定资产折旧的范围

固定资产准则规定了固定资产的折旧范围，除以下情况外，企业应对所有固定资产计提折旧：

❶已提足折旧仍继续使用的固定资产；

❷按照规定单独计价作为固定资产入账的土地。

在确定计提折旧范围时还应注意以下几点：

❶固定资产应当按月计提折旧，当月增加的固定资产，当月不计提折旧，从下月起计提折旧；当月减少的固定资产，当月仍需计提折旧，从下月起停止计提折旧。

❷固定资产提足折旧后，不论能否继续使用，均不再计提折旧；提前报废的固定资产

也不再补提折旧。

③已达到预定可使用状态但尚未办理竣工决算的固定资产，应当按照估计价值确定其成本，并计提折旧；待办理竣工决算后，再按照实际成本调整原来的暂估价值，但不需调整原已计提的折旧额。

④融资租入的固定资产，应当采用与自有应计提折旧资产相一致的折旧政策。能够合理确定租赁期届满时将会取得租赁资产所有权的，应当在租赁资产尚可使用年限内计提折旧；无法合理确定租赁期届满时能够取得租赁资产所有权的，应当在租赁期与租赁资产尚可使用年限两者中较短的期间内计提折旧。

⑤处于更新改造过程停止使用的固定资产，应将其账面价值转入在建工程，不再计提折旧。更新改造完成达到预定可使用状态转为固定资产后，再按重新确定的折旧方法和该项固定资产尚可使用寿命计提折旧。

⑥因大修理而停用的固定资产，应当照提折旧。

4）固定资产折旧方法

企业应当根据与固定资产有关的经济利益的预期实现方式，合理选择固定资产折旧方法。可选用的折旧方法包括年限平均法、工作量法、加速折旧法（双倍余额递减法、年数总和法等）。固定资产折旧方法一经确定，除满足变更条件外，不得随意变更。

（1）年限平均法

年限平均法又称直线法，是指将固定资产的应计折旧额均衡地分摊到固定资产预计使用寿命内的一种方法。用计算公式表示如下：

固定资产年折旧额=（固定资产原值-预计净残值）÷预计使用年限

固定资产月折旧额=固定资产年折旧额÷12

视频课程

年限平均法计算固定资产折旧

在会计实务中，固定资产的折旧额通常根据折旧率来计算。

年折旧率=（1-预计净残值率）÷预计使用年限

月折旧率=年折旧率÷12

月折旧额=固定资产原值×月折旧率

固定资产的折旧率可分为个别折旧率、分类折旧率和综合折旧率三种。

①个别折旧率，是指某项固定资产在一定期间的折旧额与该项固定资产原值的比率。

②分类折旧率，是指某类固定资产在一定期间的折旧额与该类固定资产原值的比率。计算分类折旧率须先把性质、结构和使用年限接近的固定资产归为一类，再按类计算平均折旧率。

③综合折旧率，是指一定期间全部固定资产折旧额与全部固定资产原值的比率。

【例7-5】海华公司于2022年9月份新购入一台价值30 000元的小型设备。该设备采用年限平均法计提折旧，预计使用寿命为5年，预计净残值率为4%。

该设备的折旧率和折旧额计算如下：

年折旧率=（1-4%）÷5=19.2%

月折旧率=19.2%÷12=1.6%

月折旧额=30 000×1.6%=480（元）

年限平均法的特点在于计算的每期折旧额均是相等的。采用该方法计算固定资产折旧比较简便，且以固定资产的使用时间作为计算折旧的基础，能够较好地反映无形损耗对固定资产的影响。但该方法侧重于时间因素，忽视了固定资产利用程度的影响，没有考虑各期磨损程度不同的事实，因此不能充分反映有形损耗因素对折旧的影响。

（2）工作量法

工作量法是指根据固定资产在预计使用年限内可以完成的实际工作量（如交通工具的行驶里程数、机器设备的工作时数等）计算固定资产折旧额的一种方法。其基本计算公式为：

单位工作量折旧额=（固定资产原值-预计净残值）÷预计工作总量

某项固定资产月折旧额=该项固定资产当月工作量×单位工作量折旧额

【例7-6】海华公司于2022年9月份购入一辆运货卡车，价值85 000元，预计总行驶里程为500 000千米，预计净残值为4 250元，10月份行驶8 000千米。

该卡车10月份应计提的折旧额计算如下：

单位里程应计折旧额=（85 000-4 250）÷500 000=0.1615（元/千米）

10月份应计折旧额=8 000×0.1615=1 292（元）

工作量法的特点在于单位工作量所负担的折旧费是相同的，每期计提的折旧额随当期固定资产提供工作量的多少而变动。提供的工作量多，就多提折旧；反之，则少提折旧。

视频课程

折旧计算的加速折旧法

（3）加速折旧法

加速折旧法也称快速折旧法或递减折旧法，其特点是在固定资产有效使用年限的前期多提折旧，后期少提折旧，从而相对加快折旧的速度，以使固定资产成本在有效使用年限内加快得到补偿，体现了谨慎性会计信息质量的要求。

加速折旧法的计算方法很多，常用的有两种：

❶双倍余额递减法。

双倍余额递减法是指在不考虑固定资产残值的情况下，根据每期期初固定资产账面净值（固定资产原值减累计折旧后的余额）和双倍的直线法折旧率计算固定资产折旧的一种方法。其计算公式为：

年折旧率=2÷预计使用年限×100%

某年应计折旧额=年初固定资产账面净值×年折旧率

实行双倍余额递减法计算折旧额时，由于每期期初固定资产账面净值没有扣除预计净残值，在固定资产使用期届满时，其账面价值不能被折旧冲销完毕，仍有余额。因此，在固定资产使用的后期，如发现使用双倍余额递减法计算的折旧额小于剩余年份按直线法计算的折旧额时，应改为直线法计提折旧，以使全部折旧额在折旧年限内计算提足。为便于操作，通常在折旧年限到期前最后两年，将固定资产账面净值减去预计净残值后的余额平均摊销。

【例7-7】海华公司于2022年9月份购入一台价值250 000元的大型设备。该设备采用双倍余额递减法计提折旧，预计使用年限为5年，预计净残值率为5%。

年折旧率=2÷5×100%=40%

该设备的折旧率和折旧额的计算见表7-8。

表7-8　固定资产折旧计算表（双倍余额递减法）　金额单位：元

年份	折旧基数（期初固定资产账面价值）	年折旧率	年折旧额	累计折旧额	期末固定资产账面价值
1	250 000	40%	100 000	100 000	150 000
2	150 000	40%	60 000	160 000	90 000
3	90 000	40%	36 000	196 000	54 000
4	54 000	—	20 750	216 750	33 250
5	33 250	—	20 750	237 500	12 500

审核：赵振翔　　制表：郑荣

❷年数总和法。

年数总和法，又称年限合计法，是指将固定资产的原值减去预计净残值后的余额乘以一个逐年递减的分数计算每年折旧额的一种方法。这个分数的分子代表固定资产尚可使用的年数，分母代表使用年数的逐年数字总和。其计算公式为：

年折旧率=尚可使用年限÷预计使用年限的年数总和

年折旧额=（固定资产原值-预计净残值）×年折旧率

【例7-8】以【例7-7】的资料为例，采用年数总和法计算每年折旧额。

预计使用年限的年数总和=1+2+3+4+5=15

折旧基数=原值-预计净残值=250 000×（1-5%）=237 500（元）

该设备的折旧率和折旧额的计算见表7-9。

表7-9　固定资产折旧计算表（年数总和法）　金额单位：元

年份	折旧基数（原值-预计净残值）	尚可使用年数	年折旧率	年折旧额	累计折旧额	期末固定资产账面价值
1	237 500	5	5/15	79 166.67	79 166.67	170 833.33
2	237 500	4	4/15	63 333.33	142 500.00	107 500.00
3	237 500	3	3/15	47 500.00	190 000.00	60 000.00
4	237 500	2	2/15	31 666.67	221 666.67	28 333.33
5	237 500	1	1/15	15 833.33	237 500.00	12 500.00

审核：赵振翔　　制表：郑荣

5）固定资产折旧的账务处理

固定资产应当按月计提折旧，当月增加的固定资产，当月不提折旧，从下月起开始计提折旧；当月减少的固定资产，当月仍提折旧，从下月起停止计提折旧。在会计实务中，各月固定资产折旧的计提工作一般是通过按月编制的“固定资产折旧计提表”来完成的。

视频课程

固定资产折旧的核算

企业计提的折旧应当记入“累计折旧”账户，并根据用途分别计入相关资产的成本或者当期损益。企业基本生产车间所使用的固定资产，其计提的折旧应记入“制造费用”账户；管理部门所使用的固定资产，其计提的折旧应记入“管理费用”账户；销售部门所使用的固定资产，其计提的折旧应记入“销售费用”账户；经营租出的固定资产，其计提的折旧应记入“其他业务成本”账户；自行建造固定资产过程中使用的固定资产，其计提的折旧应记入“在建工程”账户。企业计提固定资产折旧时，借记“制造费用”“销售费用”“管理费用”等账户，贷记“累计折旧”账户。

【例 7-9】2022 年 10 月，海华公司根据 9 月份固定资产折旧计提表及本月固定资产折旧计算表，编制 10 月份固定资产折旧计提表，见表 7-10。

表 7-10 固定资产折旧计提表

2022 年 10 月 31 日　　单位：元

使用部门	应借记	固定资产类别	上月折旧	上月增加固定资产		上月减少固定资产		本月折旧额
				原价	折旧额	原价	折旧额	
运输部门	其他业务成本	运输工具	4 200	85 000	1 292			5 492
		小计	4 200	85 000	1 292			5 492
一车间	制造费用	厂房	5 600					5 600
		机器设备	8 300	30 000	480	20 000	300	8 480
		小计	13 900	30 000	480	20 000	300	14 080
二车间		厂房	6 000					6 000
		机器设备	12 000	250 000	8 333.33			20 333.33
		小计	18 000	250 000	8 333.33			26 333.33
行政管理部门	管理费用	房屋、建筑物	2 000					2 000
		交通工具	1 400					1 400
		小计	3 400					3 400
合　计			39 500	365 000	10 105.33	20 000	300	49 305.33

审核：赵振翔　　制表：郑荣

海华公司编制的会计分录如下：

借：其他业务成本　　5 492

　　制造费用——一车间　　14 080

　　　　　　——二车间　　26 333.33

　　管理费用　　3 400

　贷：累计折旧　　49 305.33

7.5 固定资产后续支出确认与计量

视频课程

固定资产后续支出的核算

固定资产后续支出属于固定资产后续计量的范畴，是指企业为了维护或提高固定资产的使用效能，而对资产进行维护、改建、扩建或者改良所发生的开支，如生产设备的日常维修、定期大修以及房屋装修等。

1）固定资产后续支出的处理原则

固定资产后续支出的处理原则是：后续支出满足固定资产确认条件的，按资本化的后续支出处理；后续支出不能满足固定资产确认条件的，按费用化的后续支出处理。在具体实务中，对于各项后续支出，通常的处理方法是：

❶固定资产修理。经常性的维修，通常不满足固定资产的确认条件，按费用化的后续支出处理，应在发生时直接计入当期费用，不得采用预提或待摊方式处理。

❷固定资产改良。改良固定资产通常能满足固定资产的确认条件，按资本化的后续支

出处理，应在发生时计入固定资产的账面价值。

③如果后续支出不能区分是固定资产修理还是固定资产改良，或固定资产修理和固定资产改良结合在一起，则企业应当判断该后续支出是否满足固定资产的确认条件。如果满足了固定资产的确认条件，后续支出应当计入固定资产账面价值；否则，后续支出应当确认为当期费用。

④固定资产装修。如果满足固定资产的确认条件，装修费用应当计入固定资产账面价值，并在“固定资产”账户下单设“固定资产装修”明细账户进行核算，在两次装修间隔期间与固定资产尚可使用年限两者中较短的期间内，采用合理的方法单独计提折旧。如果在下次装修时，与该项固定资产相关的“固定资产装修”明细账户仍有账面价值，应将该账面价值一次全部计入当期营业外支出。对于经营租入固定资产发生的装修费用等，不论是否满足固定资产确认条件，均按费用化的后续支出处理。费用较少的维护或装修等费用应当在发生时计入当期损益；费用较多的装修或改良等支出，在停工装修或改良过程中先通过“在建工程”账户核算，装修或改良工程达到预定可使用状态交付使用时，再转入“长期待摊费用”账户核算，并在剩余租赁期与租赁资产尚可使用年限两者中较短的期间内，摊销计入每期损益。

2）资本化的后续支出

资本化的后续支出是指与固定资产的更新改造等有关、符合固定资产确认条件的支出，应当计入固定资产成本，同时将被替换部分的账面价值扣除，以避免将替换部分的成本和被替换部分的账面价值同时计入固定资产成本。如果企业不能确定被替换部分的账面价值，可将替换部分的成本视为被替换部分的账面价值。

企业固定资产发生资本化的后续支出时，首先应将相关固定资产的原价、已计提的累计折旧和减值准备转销，将固定资产的账面净值转入在建工程，并停止计提折旧，发生的支出通过“在建工程”账户核算，待工程完工并达到预定可使用状态时，再从在建工程转为固定资产，并按重新确定的使用寿命、预计净残值和折旧方法计提折旧。

【例7-10】海华公司于2019年12月外购一条生产线，原值为400 000元，预计使用5年，预计净残值率为5%，采用年限平均法计提折旧；2022年1月1日，由于该生产线的生产能力已难以满足需要，但若新建，成本过高，周期过长，于是海华公司决定对该生产线进行改扩建。2022年1月1日至3月31日，公司用3个月的时间完成了对这条生产线的改扩建工程，共发生支出180 000元，其中以银行存款支付100 000元，应付职工薪酬80 000元。该生产线改扩建工程达到预定可使用状态后，大大提高了生产能力，预计其使用年限将延长3年，即预计使用年限为8年；改扩建后的生产线的预计净残值率仍为5%；折旧方法仍为年限平均法。为简化计算过程，假定海华公司按年度计提固定资产折旧（不考虑其他相关税费）。

海华公司有关会计处理如下：

（1）2021年12月31日：

生产线的年折旧额=400 000×（1−5%）÷5=76 000（元）

累计折旧的账面价值=76 000×2=152 000（元）

固定资产的账面净值=400 000−152 000=248 000（元）

（2）2022年1月1日，固定资产转入改扩建时：

借：在建工程	248 000
累计折旧	152 000

贷：固定资产　　400 000

（3）2022年1月1日至3月31日，发生改扩建工程支出时：

借：在建工程　　180 000

贷：银行存款　　100 000

应付职工薪酬　　80 000

（4）2022年3月31日，生产线改扩建工程达到预定可使用状态时：

固定资产的入账价值=248 000+180 000=428 000（元）

借：固定资产　　428 000

贷：在建工程　　428 000

（5）2022年3月31日，重新转为固定资产时，应按重新确定的使用寿命、预计净残值和折旧方法计提折旧：

月折旧额=428 000×（1-5%）÷（5×12+9）=5 892.75（元）

2022年应计提的折旧额=5 892.75×9=53 034.75（元）

借：制造费用　　53 034.75

贷：累计折旧　　53 034.75

3）费用化的后续支出

费用化的后续支出是指与固定资产有关的修理费用以及企业固定资产更新改造过程中发生的但不符合固定资产确认条件的后续支出。

固定资产修理是指固定资产投入使用后，由于固定资产磨损、各组成部分耐用程度不同，可能导致固定资产的局部损坏，为了维护固定资产的正常运转和使用，充分发挥其使用效能，企业将对固定资产进行必要的维护和修理。固定资产的日常修理、大修理等只是确保固定资产的正常工作状况，这类维修一般范围较小、间隔时间较短，一次修理费用较少，不能改变固定资产的性能，也不能增加固定资产的未来经济利益，不符合固定资产的确认条件，在发生时应直接计入当期损益。

企业生产车间和行政管理部门发生的固定资产修理费用等后续支出记入“管理费用”账户；企业专设销售机构发生的与专设销售机构相关的固定资产修理费用等后续支出记入“销售费用”账户。

【例7-11】2022年9月20日，海华公司对现有的一台生产用设备进行修理维护，修理过程中发生如下支出：领用库存原材料一批，价值5 000元；维修人员工资2 000元。不考虑其他相关税费。

海华公司的会计处理如下：

借：管理费用　　7 000

贷：原材料　　5 000

应付职工薪酬　　2 000

7.6 固定资产处置与期末计量

7.6.1 固定资产处置的核算

固定资产处置包括固定资产的出售、转让、报废、毁损、对外投资、非货币性资产交换、债务重组等。

1）账户设置

固定资产处置应当设置“固定资产清理”账户核算。

视频课程
固定资产处置的核算

“固定资产清理”账户属于资产类账户，用来核算企业因出售、报废和毁损等原因转入清理的固定资产净值以及在清理过程中所发生的清理费用和清理收入。其借方登记转入清理的固定资产净值、清理过程中发生的费用及清理完毕后转入“营业外收入”账户的净收益数额；贷方登记出售固定资产的价款、残料价值和变价收入及清理完毕后转入“营业外支出”账户的净损失数额。

“固定资产清理”账户应按被清理的固定资产设置明细账。

2）账务处理

固定资产处置业务的核算一般经过以下几个步骤：

❶固定资产转入清理。注销与转入清理固定资产相关的资产类科目（包括“固定资产”“累计折旧”“固定资产减值准备”）的账户余额，差额记入“固定资产清理”账户。

❷发生的清理费用。固定资产清理过程中发生的有关税费，借记“固定资产清理”账户，贷记“银行存款”“应交税费”等账户。

❸出售收入和残料的处理。按实际收到的金额和残料价值及变价收入等，借记“银行存款”“原材料”等账户，贷记“固定资产清理”账户。

❹保险赔偿的处理。按企业计算或收到的应由过失人或保险公司赔偿的损失，借记“其他应收款”“银行存款”等账户，贷记“固定资产清理”账户。

❺清理净损益的处理。固定资产清理结束后，如果“固定资产清理”账户为借方余额，产生的清理损失属于生产经营期间的正常处置（转让、抵债等）损失，借记“资产处置损益——处置非流动资产损失”账户，贷记“固定资产清理”账户；属于因自然灾害发生毁损、已丧失使用功能等原因而报废损失的，借记“营业外支出——非流动资产损失”账户，贷记“固定资产清理”账户。固定资产清理完成后的净收益，借记“固定资产清理”账户，贷记“资产处置损益”或“营业外收入”账户。

【例7-12】海华公司于2022年9月18日出售一台不需用设备，其原价为100 000元，已提折旧56 000元。企业开出的增值税专用发票上注明的售价为60 000元，增值税为7 800元，款项已收存银行。出售时，发生各种清理费用6 300元，已开出转账支票支付。该业务涉及的原始凭证具体见表7-11。

表7-11 海华公司【例7-12】业务原始凭证

序号	单据名称	对应编号
1	固定资产处置审批单	表7-12
2	增值税专用发票（记账联）	略，格式参照表2-16
3	银行进账单（收账通知）	略，格式参照表2-27
4	报账（付款）审批单	略，格式参照表2-1
5	转账支票存根	略，格式参照表2-23

“固定资产处置审批单”见表7-12。

表 7-12 **固定资产处置审批单**

申报单位：冰箱车间　　申报日期：2022 年 09 月 18 日　　金额单位：元

序号	资产名称	型号规格	计量单位	数量	购入建造日期	价值			处置形式	处置经手人（签字）	处置原因说明
						账面原值	账面净值	评估价值			
1	机器设备	QB10-WZ	台	1	2016.08	100 000.00	44 000.00	60 000.00	出售	王光明	闲置不用
合计						100 000.00	44 000.00	60 000.00			
使用部门（审批）意见	同意！ 章俊 2022 年 09 月 18 日										
主管领导审核（批）意见	同意！ 梁斌 2022 年 09 月 18 日（盖章）										

无锡海华股份有限公司

单位负责人：李明贤　　办公室负责人：张丽　　制表人：李东生

海华公司的会计处理如下：

（1）将出售的固定资产转入清理，注销其原价和已提折旧，根据固定资产处置审批单：

借：固定资产清理　　44 000

　　累计折旧　　56 000

　贷：固定资产——机器设备　　100 000

（2）收到出售设备款时，根据进账单（收账通知）：

借：银行存款　　67 800

　贷：固定资产清理　　60 000

　　　应交税费——应交增值税（销项税额）　　7 800

（3）支付清理费用时，根据转账支票存根：

借：固定资产清理　　6 300

　贷：银行存款　　6 300

（4）结转出售固定资产发生的净损益：

借：固定资产清理　　9 700

　贷：资产处置损益——处置非流动资产利得　　9 700

【例 7-13】2022 年 9 月 25 日，海华公司一辆货运汽车因意外事故损毁。该汽车原值 80 000 元，已提折旧 30 000 元，收到保险公司保险赔偿款 30 000 元和变价收入 5 000 元，一并存入银行。

海华公司的会计处理如下：

（1）将毁损的货运汽车转入清理：

借：固定资产清理　　50 000

　　累计折旧　　30 000

　贷：固定资产　　80 000

（2）收到赔款与变价收入：

借：银行存款　　35 000

　贷：固定资产清理　　35 000

（3）结转清理净损益：

借：营业外支出——非流动资产损失　　15 000

　贷：固定资产清理　　15 000

知识拓展

关于持有待售固定资产

企业主要通过出售而非持续使用一项非流动资产或处置组收回其账面价值的，应当将其划分为持有待售类别。同时满足下列条件的非流动资产，应当划分为持有待售资产：

❶企业已经就处置该非流动资产作出决议；

❷企业已经与受让方签订了不可撤销的转让协议；

❸该项转让将在一年内完成。

划分为持有待售的资产，应调整其预计净残值，使其预计净残值能反映公允价值减去处置费用后的金额，但不得超过其原账面价值，原账面价值高于调整后预计净残值的差额计入资产减值损失。

划分为持有待售固定资产后，不再计提折旧，按账面价值与公允价值减去处置费用后的净额孰低计量。

某项资产或处置组被划分为持有待售，但后来不再满足持有待售的固定资产的确认条件，企业应当停止将其划分为持有待售，并按照下列两项金额中较低者计量：

❶该资产或处置组被划分为持有待售之前的账面价值，按照其假定在没有被划归为持有待售的情况下原应确认的折旧、摊销或减值进行调整后的金额；

❷决定不再出售之日的再收回金额。

7.6.2 固定资产期末计量的核算

视频课程

固定资产期末计量的核算

1）固定资产盘盈盘亏的核算

企业于每年编制年度财务报告前，应当对固定资产进行全面的清查。平时，可根据需要，组织局部的轮流清查或抽查。固定资产清查一般采用实地盘点法。

（1）固定资产盘盈的核算

一般情况下，固定资产出现由于企业无法控制的因素而造成盘盈的可能性极小，甚至是不可能的，企业出现了固定资产盘盈大多是企业以前会计期间少记、漏记而产生的，应当作为会计差错更正处理。

盘盈的固定资产，应按以下规定确定其入账价值：

❶如果同类或类似固定资产存在活跃市场的，按同类或类似固定资产的市场价格，减去按该项资产的新旧程度估计的价值损耗后的余额，作为入账价值；

❷若同类或类似固定资产不存在活跃市场的，按该项固定资产的预计未来现金流量的现值，作为入账价值。

企业在盘盈固定资产时，**首先**，应按上述规定确定的入账价值，借记“固定资产”账户，贷记“以前年度损益调整”账户；**其次**，计算应缴纳的所得税费用，借记“以前年度损益调整”账户，贷记“应交税费——应交所得税”账户；**再次**，补提盈余公积，借记“以前年度损益调整”账户，贷记“盈余公积”账户；**最后**，调整利润分配，借记“以前年度损益调整”账户，贷记“利润分配——未分配利润”账户。

【例7-14】海华公司于2022年12月31日对企业全部的固定资产进行盘查，盘盈一台八成新的机器设备。该设备同类产品市场价格为150 000元，企业所得税税率为25%，按净利润的10%计提法定盈余公积。

海华公司的会计处理如下：

（1）盘盈固定资产时：

借：固定资产（150 000×80%）　　120 000

　贷：以前年度损益调整　　120 000

（2）确定应缴纳的所得税：

借：以前年度损益调整　　30 000

　贷：应交税费——应交所得税（120 000×25%）　　30 000

（3）结转为留存收益：

借：以前年度损益调整　　90 000

　贷：盈余公积——法定盈余公积（（120 000-30 000）×10%）　　9 000

　　利润分配——未分配利润　　81 000

（2）固定资产盘亏的核算

企业在财产清查中盘亏的固定资产在报经批准处理前，按盘亏固定资产的账面价值，借记“待处理财产损溢——待处理固定资产损溢”账户，按已计提的累计折旧，借记“累计折旧”账户，按已计提的减值准备，借记“固定资产减值准备”账户，按固定资产原值，贷记“固定资产”账户；按管理权限报经批准处理后，按可收回的保险赔偿或过失人赔偿，借记“其他应收款”账户，按应计入营业外支出的金额，借记“营业外支出——盘亏损失”账户，贷记“待处理财产损溢——待处理固定资产损溢”账户。

【例7-15】海华公司于2022年12月31日对全部的固定资产进行盘查时，盘亏检测设备一台，其账面原价为50 000元，已抵扣的增值税为6 500元，已提折旧为15 000元。经查，设备丢失的原因在于设备管理员管理不当。经董事会批准，由设备管理员赔偿20 000元。该业务涉及的“固定资产盘存报告单”见表7-13。

表7-13　固定资产盘存报告单

2022年12月31日

使用部门	固定资产			单位	登记卡数量	盘点数量	盘盈		盘亏	
	名称	规格	厂牌				数量	金额	数量	金额
质检部	检测设备	WH-Z		台	10	9			1	50 000
处理意见	按财务制度处理。 张文明 2022年12月31日									

盘点人：刘英　　制单：张元　　审核：赵振翔

海华公司的会计处理如下：

（1）盘亏固定资产时，根据固定资产盘存报告单：

借：待处理财产损溢——待处理固定资产损溢　　35 000

借：累计折旧　　15 000
　贷：固定资产　　50 000

（2）报经批准转销盘亏损失：

借：其他应收款　　20 000
　　营业外支出——盘亏损失　　21 500
　贷：待处理财产损溢——待处理固定资产损溢　　35 000
　　　应交税费——应交增值税（进项税额转出）　　6 500

2）固定资产减值的核算

固定资产在资产负债表日存在减值迹象时，经减值测试，其可收回金额低于账面价值的，企业应当将该固定资产的账面价值减记至可收回金额，减记的金额确认为减值损失，计入当期损益，同时计提相应的资产减值准备，借记“资产减值损失——计提的固定资产减值准备”账户，贷记“固定资产减值准备”账户。固定资产减值损失一经确认，在以后会计期间不得转回。

【例7-16】2022年12月31日，海华公司洗衣机车间的某生产线存在可能发生减值的迹象。经计算，该机器的可收回金额合计为230 000元，账面价值为256 000元，以前年度未对该生产线计提过减值准备。

由于该生产线的可收回金额为230 000元，账面价值为256 000元，可收回金额低于账面价值，应按两者之间的差额26 000元（256 000−230 000）计提固定资产减值准备。海华公司的会计处理如下：

借：资产减值损失——计提的固定资产减值准备　　26 000
　贷：固定资产减值准备　　26 000

本章小结

固定资产是指企业为生产商品、提供劳务、出租或经营管理而持有，使用寿命超过一个会计年度的有形资产。

固定资产取得的途径很多，但均应按实际成本进行初始计量。其实际成本是指某项固定资产在达到预定可使用状态前所发生的一切合理、必要的支出。

固定资产在使用中发生价值损耗，应通过计提折旧的方式予以补偿；后续支出中发生的资本性支出和费用化支出应分别确认和处理。

固定资产因出售、报废、毁损等原因减少时，应按规定的会计处理方法进行核算。资产负债表日，企业应对固定资产进行清查，对有减值迹象的固定资产进行减值测试，固定资产可收回金额低于固定资产账面价值的，应计提减值准备，并计入当期损益。

概念回顾

固定资产　固定资产折旧　年限平均法　工作量法　双倍余额递减法　年数总和法　固定资产后续支出　固定资产处置

会计分录

业务内容		会计处理
取得	外购不需要安装的固定资产	借：固定资产 　　应交税费——应交增值税（进项税额） 　贷：银行存款/应付账款/应付票据等
	外购需要安装的固定资产	❶购入时 借：在建工程 　　应交税费——应交增值税（进项税额） 　贷：银行存款/应付账款/应付票据等 ❷发生安装费用时 借：在建工程 　贷：原材料 　　　应付职工薪酬 　　　银行存款 ❸安装完毕，达到预计可使用状态时 借：固定资产 　贷：在建工程
	自行建造（不动产）	❶购入工程物资时 借：工程物资 　　应交税费——应交增值税（进项税额） 　贷：银行存款/应付账款/应付票据等 ❷领用工程物资时 借：在建工程 　贷：工程物资 ❸领用外购原材料时 借：在建工程 　贷：原材料 ❹分配工程应负担的职工薪酬费用 借：在建工程 　贷：应付职工薪酬 ❺支付其他费用 借：在建工程 　贷：银行存款 ❻工程竣工，达到预计可使用状态时 借：固定资产 　贷：在建工程
取得	出包建造（不动产）	❶预付款项时 借：在建工程 　贷：银行存款 ❷补付工程价款 借：在建工程 　　应交税费——应交增值税（进项税额） 　贷：银行存款 ❸工程竣工，达到预计可使用状态时 借：固定资产 　贷：在建工程
	接受投资者投入	借：固定资产 　　应交税费——应交增值税（进项税额） 　贷：实收资本

续表

业务内容		会计处理
固定资产折旧	计提折旧	借：制造费用 　　管理费用 　　销售费用 　贷：累计折旧
固定资产后续支出	资本化后续支出	❶固定资产转入改扩建时 借：在建工程 　　累计折旧 　　固定资产减值准备 　贷：固定资产 ❷改扩建过程中发生相关支出时 借：在建工程 　贷：原材料 　　　应付职工薪酬 　　　银行存款 （涉及增值税的，按税法相关规定处理） ❸改扩建工程竣工，达到预计可使用状态时 借：固定资产 　贷：在建工程
	发生费用化支出	借：管理费用 　　销售费用 　贷：原材料 　　　应付职工薪酬 　　　银行存款
固定资产处置	固定资产出售、报废及毁损	❶固定资产转入清理时 借：固定资产清理 　　固定资产减值准备 　　累计折旧 　贷：固定资产 ❷收到变价收入或残料时 借：银行存款 　贷：固定资产清理 　　　应交税费——应交增值税（销项税额） ❸发生清理费用时 借：固定资产清理 　　应交税费——应交增值税（进项税额） 　贷：银行存款 　　　应付职工薪酬 ❹结转固定资产清理净损益 借：固定资产清理 　贷：营业外收入/资产处置损益 或： 借：营业外支出/资产处置损益 　贷：固定资产清理
固定资产清查与减值	盘盈固定资产	借：固定资产 　贷：以前年度损益调整
	盘亏固定资产	❶盘亏时 借：待处理财产损溢——待处理固定资产损溢 　　累计折旧 　　固定资产减值准备 　贷：固定资产 ❷经批准，按规定核销时 借：营业外支出 　贷：待处理财产损溢——待处理固定资产损溢
	计提固定资产减值准备	借：资产减值损失——计提的固定资产减值准备 　贷：固定资产减值准备

原始凭证目录

原始凭证1：固定资产卡片（见表7-1、表7-2）

原始凭证2：固定资产验收单（见表7-4）

原始凭证3：固定资产折旧计算表（见表7-8、表7-9）

原始凭证4：固定资产折旧计提表（见表7-10）

原始凭证5：固定资产处置审批单（见表7-12）

原始凭证6：固定资产盘存报告单（见表7-13）

法规链接

第8章　无形资产、长期待摊费用及其他非流动资产

预习思考题

1.无形资产的特点是什么？

2.企业自行研发的无形资产如何确认和计量？

3.如何进行无形资产的摊销？

学习目标

理论目标

1.理解无形资产的概念与内容，掌握无形资产的初始计量；

2.掌握无形资产的后续计量，熟悉无形资产处置和报废以及出租、出售业务；

3.熟悉长期待摊费用与其他非流动资产。

实务目标

1.能对无形资产取得、摊销、后续有关计量进行账务处理；

2.能熟练进行无形资产出售、出租业务的核算；

3.能掌握长期待摊费用与其他非流动资产的核算。

引例

这50万元的研究开发支出该如何处理？

海华公司2022年经董事会决议开发H-1型新产品，该产品属于国家确定的高新产品范围。2022年该公司共发生研发支出50万元，其中，20万元计入当期损益，另30万元符合资本支出条件予以资本化。

思考：在财务上应该如何对不同情况下发生的研发费用进行账务处理？

8.1　无形资产确认与计量

8.1.1　无形资产的概念及确认条件

视频课程

无形资产及其初始计量

1）无形资产的概念

无形资产，是指企业拥有或者控制的没有实物形态的可辨认非货币性资产。无形资产可以通过外购、自行开发、投资者投入、债务重组、以非货币性交易换入等方式取得。无形资产主要包括：专利权、非专利技术、商标权、著作权、土地使用权、特许权等。商誉及企业内部产生的品牌、报刊名等不确认为无形资产。

“没有实物形态”和“可辨认性”是无形资产的两个关键特征。没有实物形态是指无形资产的存在并不与具体的实物相关联，其价值不是体现在它的实物载体上，而是可以与实物载体相分离的。例如，品牌的价值与具体的商品标签没有关联，品牌的价值是独立于具体的商品标签而存在的。可辨认性是指无形资产可以从企业的其他资产中分离出来，或者虽不能分离，但能够识别出来。

只有在满足以下两个条件之一时无形资产才具有可辨认性：❶能够从企业中分离或者划分出来，并能单独或者与相关合同、资产或负债一起，用于出售、转移、授予许可、租赁或者交换。❷源自合同性权利或者其他法定权利，无论这些权利是否可以从企业或其他权利和义务中转移或者分离。例如，企业购买的专利权、商标权、专有技术等均可以从企业中分离或者划分出来，并能够单独或者与相关合同、资产或负债一起用于出售、转移或者租赁，因此满足可辨认的条件。

2）无形资产的特征

❶不具有实物形态。无形资产是一种观念上的资产，是企业拥有的某些特殊权利和优势，这也是无形资产区别于其他资产的显著特征。

❷具有可辨认性。无形资产能够从企业中分离或划分出来，并能单独或者与相关合同、资产或负债一起，用于出售、转移、授予许可、租赁或者交换，或者来源于合同性权利或其他权利。

❸与该无形资产相关的经济利益很可能流入企业。

❹成本能够可靠计量。

3）无形资产的确认条件

无形资产同时满足下列条件的，才能予以确认：

❶与该无形资产相关的未来经济利益很可能流入企业；

❷该无形资产的成本能够可靠地计量。

8.1.2 无形资产的初始计量

无形资产的初始计量是指无形资产的入账价值，无形资产应当按照成本进行初始计量。

1）外购无形资产

外购无形资产的成本，包括购买价款及直接归属于使该项资产达到预定用途所发生的其他支出。

【例 8-1】海华公司于2022年9月份从无锡市华泰科技有限公司购入专利一项，价款200 000元，增值税税率为6%，价税合计212 000元，开出转账支票以银行存款支付。海华公司该业务涉及的原始凭证见表8-1至表8-3。

表 8-1　　江苏增值税专用发票　　№ 89762631

8305167791　　抵扣联　　开票日期：2022年09月02日

购买方	名　　称：无锡海华股份有限公司 纳税人识别号：91160102244212469M 地 址、电 话：无锡市滨湖区太湖东路128号 85680721 开户行及账号：中国工商银行无锡太湖支行6222464654546553			密码区	（略）		
货物或应税劳务、服务名称	规格型号	单位	数量	单价	金额	税率	税额
*无形资产*专利		项	1	200 000.00	200 000.00	6%	12 000.00
合　计					¥200 000.00		¥12 000.00
价税合计（大写）	⊗贰拾壹万贰仟元整				（小写）¥212 000.00		
销售方	名　　称：无锡市华泰科技有限公司 纳税人识别号：911234523098712476 地 址、电 话：无锡市洛社大道12号 83270069 开户行及账号：工商银行无锡洛社支行 2894718274082			备注	无锡市华泰科技有限公司 911234523098712476 发票专用章		

收款人：牛兰　　复核：王威　　开票人：张兰　　销售方（章）

第二联 抵扣联 购买方扣税凭证

表8-2

江苏增值税专用发票

发票联

8305167791　　No 89762631　　开票日期：2022年09月02日

购买方	名　　称：无锡海华股份有限公司 纳税人识别号：91160102244212469M 地 址、电 话：无锡市滨湖区太湖东路128号85680721 开户行及账号：中国工商银行无锡太湖支行6222464654546553				密码区	（略）	
货物或应税劳务、服务名称	规格型号	单位	数量	单价	金额	税率	税额
*无形资产*专利		项	1	200 000.00	200 000.00	6%	12 000.00
合　计					¥200000.00		¥12 000.00
价税合计（大写）	⊗贰拾壹万贰仟元整				（小写）¥212 000.00		
销售方	名　　称：无锡市华泰科技有限公司 纳税人识别号：911234523098712476 地 址、电 话：无锡市洛社大道12号83270069 开户行及账号：工商银行无锡洛社支行2894718274082				备注	无锡市华泰科技有限公司 911234523098712476 发票专用章	

第三联 发票联 购买方记账凭证

收款人：牛兰　　复核：王威　　开票人：张兰　　销售方（章）

表8-3

中国工商银行
转账支票存根
XII236587

附加信息

出票日期 2022年09月02日

收款人：	无锡市华泰科技有限公司
金　额：	¥212 000.00
用　途：	支付购买专利费

单位主管　李琍贤　　会计　张兵

海华公司根据相关原始凭证编制会计分录如下：

借：无形资产——专利权	200 000		附件2张（表8-2、表8-3）
应交税费——应交增值税（进项税额）	12 000		
贷：银行存款		212 000	

2）自行开发无形资产

视频课程

自行开发无形资产的核算

自行开发的无形资产，其成本包括自满足无形资产确认条件后至达到预定用途前所发生的支出总额，包括在开发过程中发生的材料费用、直接参与开发人员的工资及福利费、开发过程中发生的租金、借款费用支出以及依法取得时发生的注册费、聘请律师费等。在研究过程中的相关费用，应当直接计入当期损益。在确认之前已经计入各期费用的研究与开发费用，在该项无形资产获得成功并依法申请取得权利时，不得再将原来已经费用化的研究和开发支出资本化。

企业内部研究开发项目的支出，应当区分研究阶段支出和开发阶段支出。企业应当根据研究与开发的实际情况加以判断。

❶研究阶段。

研究是指为获取并理解新的科学或技术知识而进行的独创性的有计划调查。其特点在于研究阶段是探索性的，为进一步的开发活动进行资料及相关方面的准备。从已进行的研究活动看，将来是否会转入开发、开发后是否会形成无形资产等都具有极大的不确定性。例如，对科技成果或其他知识的应用研究、评价和最终选择；对材料、设备、产品、工序、系统或服务替代品的研究等。企业内部研究开发项目研究阶段的支出，应当于发生时计入当期损益（管理费用）。

❷开发阶段。

开发是指在进行商业性生产或使用前，将研究成果或其他知识应用于某项计划或设计，以生产出新的或具有实质性改进的材料、装置、产品等。开发阶段相对于研究阶段而言，应当是完成了研究阶段的工作，在很大程度上形成了一项新产品或新技术的基本条件。例如，在生产前或使用前的原型和模型的设计、建造和运营等。

企业开发阶段的支出，应当同时满足下列条件时，才能确认为无形资产：

a.完成该无形资产以使其能够使用或出售在技术上具有可行性；

b.具有完成该无形资产并使用或出售的意图；

c.无形资产产生经济利益的方式，包括能够证明运用该无形资产生产的产品存在市场或无形资产自身存在市场，无形资产将在内部使用的，应当证明其有用性；

d.有足够的技术、财务资源和其他资源支持，以完成该无形资产的开发，并有能力使用或出售该无形资产；

e.归属于该无形资产开发阶段的支出能够可靠地计量。

为了核算企业进行研究与开发无形资产过程中发生的各项支出，企业应设置“研发支出”科目，并分别“费用化支出”与“资本化支出”进行明细核算。

【例 8-2】海华公司2022年自行研究开发一项专利技术，研究过程中领用原材料50 000元，支付人工工资120 000元，支付其他费用30 000元；开发过程中领用原材料200 000元，支付人工工资130 000元，支付其他费用70 000元，该专利技术已经达到预定用途。

（1）研究过程中发生各项费用时：

借：研发支出——费用化支出	200 000	
贷：原材料		50 000
应付职工薪酬		120 000
银行存款		30 000

（2）期末将费用化支出计入当期损益时：

借：管理费用	200 000	
贷：研发支出——费用化支出		200 000

（3）开发过程中发生各项费用时：

借：研发支出——资本化支出	400 000	
贷：原材料		200 000
应付职工薪酬		130 000
银行存款		70 000

（4）期末该项专利技术达到预定用途时：

借：无形资产　　400 000

　贷：研发支出——资本化支出　　400 000

本章引例中，企业50万元的研发支出中，20万元计入当期损益，另外30万元则形成了资本性支出，记入“无形资产”账户。

❀课堂讨论

对自行研发支出进行费用化和资本化区分，对企业生产经营有哪些影响？

3）接受投入无形资产

投资者投入无形资产的成本，应当按照投资合同或协议约定的价值确定，但合同或协议约定的价值不公允的除外。

【例8-3】海华公司接受无锡盛大公司以其所拥有的专利权作为出资，双方协议约定的价值为1 000 000元，已办妥相关手续。

借：无形资产——专利权　　1 000 000

　贷：股本——无锡盛大公司　　1 000 000

4）土地使用权

企业取得的土地使用权通常应确认为无形资产。土地使用权用于自行开发建造厂房等地上建筑物时，土地使用权与地上建筑物分别进行摊销和提取折旧，但下列情况除外：

❶房地产开发企业取得的土地使用权用于建造对外出售的房屋建筑物，相关的土地使用权应当计入所建造的房屋建筑物成本。

❷购买房屋建筑物所支付的价款应当在地上建筑物与土地使用权之间进行分配；难以合理分配的应当全部作为固定资产处理。

企业改变土地使用权的用途，停止自用土地使用权用于赚取租金或资本增值时，应将其账面价值转为投资性房地产。

8.1.3　无形资产的后续计量

无形资产的后续计量主要涉及无形资产成本摊销开始月份、摊销方法、摊销年限、残值等因素。企业应当于取得无形资产时分析判断其使用寿命，以便于后续计量。

1）无形资产后续计量的原则

（1）无形资产的使用寿命

❶企业持有的无形资产，通常来源于合同性权利或是其他法定权利，而且合同或法律规定有明确的使用年限。来源于合同性权利或者其他法定权利的无形资产，其使用寿命不应超过合同性权利或者其他法定权利的期限。

❷合同或法律没有规定使用寿命的，企业应当综合各方面因素判断，以确定无形资产能为企业带来未来经济利益的期限。

（2）无形资产使用寿命的复核

企业至少应当于每年年度终了，对使用寿命有限的无形资产的使用寿命及摊销方法进行复核。无形资产的使用寿命及摊销方法与以前估计不同的，应当改变摊销期限和摊销方法。

2）使用寿命有限的无形资产

（1）摊销期和摊销方法

企业摊销无形资产，应当自无形资产可供使用时起，至不再作为无形资产确认时止。

企业选择的无形资产摊销方法，应当反映企业预期消耗该项无形资产所产生的未来经济利益的方式，无法可靠确定消耗方式的，应当采用直线法摊销。

（2）残值的确定

无形资产的应摊销金额为其成本扣除预计残值后的金额。已计提减值准备的无形资产，还应扣除已计提的减值准备累计金额。使用寿命有限的无形资产，其残值应当视为零，除非有第三方承诺在无形资产使用寿命结束时愿意以一定的价格购买该项无形资产或是存在活跃的市场，通过市场可以得到无形资产使用寿命结束时的残值信息。从目前情况看，在无形资产使用寿命结束时，该市场还可能存在的情况下，无形资产可以存在残值。

（3）使用寿命有限的无形资产摊销的会计处理

【例 8-4】海华公司 2022 年 12 月份的无形资产摊销计算表见表 8-4。

表 8-4　无形资产摊销计算表

2022 年 12 月 31 日　　　　金额单位：元

名称	账面价值	摊销期	月摊销额	累计摊销	摊余价值	备注
专利权 A	36 000.00	10 年	300.00	24 000.00	12 000.00	自用
商标权 B	80 000.00	10 年	666.67	666.67	79 333.33	自用
专利技术	49 000.00	10 年	408.33	408.33	48 591.67	自用
合　计	165 000.00		1 375.00	25 075.00	139 925.00	
备注	无形资产摊销采用直线法					

制单：刘丽　　　　审核：张强

根据表 8-4 的无形资产摊销计算表，编制会计分录如下：

借：管理费用　　1 375

　贷：累计摊销　　1 375

3）使用寿命不确定的无形资产

无法预见无形资产为企业带来未来经济利益期限的，应视为使用寿命不确定的无形资产。按照准则规定，对于使用寿命不确定的无形资产，在持有期间内不需要摊销，但需要至少于每一会计期末进行减值测试。发生减值时，借记“资产减值损失”科目，贷记“无形资产减值准备”科目。对于使用寿命不确定的无形资产，如有证据表明其使用寿命为有限的，应当估计其使用寿命并进行摊销。

4）无形资产的减值

如果无形资产将来为企业创造的经济利益不足以补偿无形资产，则说明无形资产发生了减值，具体表现为无形资产的账面价值超过了其可收回金额。发生减值时，借记“资产减值损失”科目，贷记“无形资产减值准备”科目。

【例 8-5】海华公司期末对无形资产进行评估，账面价值为 139 925 元，可收回金额为 120 000 元，计提减值准备 19 925 元。

会计分录如下：

借：资产减值损失　　19 925

　贷：无形资产减值准备　　19 925

8.1.4　无形资产处置和报废

1）无形资产出售

企业出售无形资产，应当将取得的价款与该无形资产账面价值的差额计入当期损益（资产处置损益）。

【例8-6】海华公司所拥有商标权的成本为80 000元，已摊销金额为666.67元，已计提减值准备500元。公司于当期出售该商标权的所有权，开具的增值税专用发票注明的价款为79 000元，增值税税率为6%，增值税为4 740元。款项已收妥入账。

会计分录如下：

借：银行存款	83 740	
累计摊销	666.67	
无形资产减值准备	500	
贷：无形资产		80 000
应交税费——应交增值税（销项税额）		4 740
资产处置损益——处置非流动资产利得		166.67

2）无形资产报废

无形资产预期不能为企业带来经济利益的，应当将该无形资产的账面价值予以转销，其账面价值转作当期损益（营业外支出）。

【例8-7】假定企业某项专利权的账面金额为200 000元。该专利权的摊销期限为10年，采用直线法进行摊销，已摊销8年。该专利权的残值为零，已累计计提减值准备10 000元。假定以该专利权生产的产品已没有市场，预期不能再为企业带来经济利益。

若不考虑其他相关因素，企业的账务处理如下：

借：累计摊销（200 000÷10×8）	160 000	
无形资产减值准备	10 000	
营业外支出——非流动资产损失	30 000	
贷：无形资产——专利权		200 000

8.2　长期待摊费用及其他非流动资产确认与计量

长期待摊费用及其他非流动资产是除流动资产、长期股权投资、固定资产、无形资产等以外的资产，主要包括长期待摊费用和其他非流动资产。

8.2.1　长期待摊费用

长期待摊费用是指企业已经支出，但摊销期限在1年以上（不含1年）的各项费用，如开办费、周转材料摊销费等。

开办费是指企业在筹建期间发生的必需支出，包括筹建期间发生的注册登记费、人员工资、差旅费、职工培训费、水电费、办公费，以及不计入固定资产和无形资产成本的汇兑损益和利息支出等。所有筹建期间发生的开办费，应先在长期待摊费用中归集，待企业开始生产经营起一次计入开始生产经营当期的损益。

企业在筹建期间发生的有些费用并不能列入开办费，如购置和建造固定资产，应计入固定资产的成本支出。

如果长期待摊的费用项目不能在以后会计期间受益的，应当将尚未摊销的该项目的摊余价值全部转入当期损益。

【例8-8】A企业在筹建期间以银行存款支付有关人员工资9 000元、注册登记费2 500元、其他开支8 000元，合计19 500元。

会计分录如下：

借：长期待摊费用——开办费　　19 500

　贷：银行存款　　19 500

企业正式投入营业之后，上述开办费分期摊销计入当期损益：

借：管理费用

　贷：长期待摊费用——开办费

股份有限公司发行股票支付的手续费或佣金等相关费用，减去股票发行冻结期间的利息收入后的余额，从发行股票的溢价中不够冲减的，或者无溢价的，若金额较小，直接计入当期损益；若金额较大，可作为长期待摊费用，在不超过两年的期限内平均摊销，计入管理费用。

8.2.2 其他非流动资产

其他非流动资产一般包括国家批准储备的特准储备物资、银行冻结存款、冻结物资、临时设施和涉及诉讼中的财产等。

其他非流动资产可以根据资产的性质及特点单独设置相关科目核算，如“特种储备物资”“特种储备资金”等。

本章概要

无形资产是企业生产经营过程中不可或缺的资产，无形资产的确认一定要符合确认的条件。无形资产初始计量和后续计量要注意计量的方式、方法得当，期末要对无形资产进行评估，作为计提减值准备的依据。无形资产出售时应按规定计征增值税。长期待摊费用与其他非流动资产是除流动资产、长期股权投资、固定资产、无形资产等以外的资产。

概念回顾

无形资产　长期待摊费用　其他非流动资产

会计分录

业务内容		会计处理
无形资产	外购无形资产	借：无形资产——××× 　应交税费——应交增值税（进项税额） 　贷：银行存款
	自行研发——发生费用	借：研发支出——费用化支出 　　　　　——资本化支出 　贷：原材料 　　　应付职工薪酬 　　　银行存款
	自行研发——达到预定用途	借：管理费用 　无形资产——××× 　贷：研发支出——费用化支出 　　　　　　——资本化支出
	接受投入	借：无形资产——××× 　贷：实收资本（或股本）——×××
	摊销	借：管理费用 　贷：累计摊销

续表

业务内容		会计处理
无形资产	提取减值准备	借：资产减值损失 　贷：无形资产减值准备
	出售	借：银行存款 　　累计摊销 　　无形资产减值准备 　　资产处置损益——处置非流动资产损失 　贷：无形资产——××× 　　　应交税费——应交增值税（销项税额） 　　　资产处置损益——处置非流动资产利得
	报废	借：累计摊销 　　无形资产减值准备 　　营业外支出 　贷：无形资产——×××
长期待摊费用	发生时	借：长期待摊费用——××× 　贷：银行存款
	摊销时	借：管理费用 　贷：长期待摊费用——×××

♚原始凭证目录

原始凭证 1：增值税专用发票（抵扣联）（见表 8-1）

原始凭证 2：增值税专用发票（发票联）（见表 8-2）

原始凭证 3：转账支票存根（见表 8-3）

原始凭证 4：无形资产摊销计算表（见表 8-4）

法规链接

第9章　投资性房地产

预习思考题

1. 投资性房地产有哪些？
2. 如何理解投资性房地产按成本模式和公允价值模式计量？

学习目标

➢ 理论目标

1. 理解投资性房地产的概念及范围；
2. 理解投资性房地产的确认条件与时点；
3. 掌握投资性房地产在成本模式下初始计量、后续计量、处置的账务处理；
4. 掌握投资性房地产在公允价值模式下初始计量、后续计量、处置的账务处理。

➢ 实务目标

1. 能正确处理成本模式下投资性房地产的初始计量和后续计量；
2. 能正确处理公允价值模式下投资性房地产的初始计量和后续计量；
3. 能正确处理投资性房地产处置的会计业务。

引例

钥匙去哪了？

某税务检查组对一家从事房地产开发多年的H公司进行检查。当检查到商品房销售情况时，检查员小刘询问公司有多少空余商品房没有销售，并要求提供未实现销售房屋的台账。从账上看出，H公司近3年开发的项目每期都有未实现销售的房屋，但从这些房屋的种类和分布上，小刘发现了一些疑点，于是提出将台账与未销售房屋的钥匙进行核对，却发现有些房屋没有钥匙。H公司解释有部分房屋的钥匙在销售人员手中，故钥匙不全。小刘重点抽查了没有钥匙的房屋，抽查的结果正如他所料：所谓没有钥匙的房屋，实际上是H公司用于对外经营租赁的，收取的租金大部分直接计入了小金库，用于发放奖金、员工福利以及公司无法获取发票的业务开支，从而偷逃了增值税、房产税、所得税等相关税费。

思考：你能从中发现什么问题？

9.1　投资性房地产的确认

9.1.1　投资性房地产概述

1）投资性房地产的含义

投资性房地产是指为赚取租金或资本增值，或者两者兼有而持有的房地产。投资性房地产应当能够单独计量和出售。

2）投资性房地产的形式

❶投资性房地产的主要形式是出租建筑物、出租土地使用权，这从实质上来看属于一种让渡资产使用权行为。房地产租金就是让渡资产使用权取得的使用费收入，是企业为完成其经营目标所从事的经营性活动以及与之相关的其他活动形成的经济利益总流入。

❷投资性房地产的另一种形式是持有并准备增值后转让的土地使用权，尽管其增值收益通常与市场供求、经济发展等因素相关，但目的是增值后转让以赚取增值收益，也是企业为完成其经营目标所从事的经营性活动以及与之相关的其他活动形成的经济利益总流入。但是，在我国实务中，持有并准备增值后转让土地使用权的情况较少见。

知识拓展

投资性房地产具有的特征

1.投资性房地产是一种经营性活动（日常活动）。不管是出租建筑物、土地使用权，还是持有并准备增值后转让的土地使用权，都是企业为完成其经营目标所从事的经营性活动以及与之相关的其他活动。

2.投资性房地产在用途、状态、目的等方面区别于作为生产经营场所的房地产和用于销售的房地产。企业持有的房地产可以用作自身管理、生产经营活动场所和对外销售，除此之外，还可以将房地产用于赚取租金或增值收益的活动，因此需要将投资性房地产单独作为一项资产核算和反映，与自用的厂房、办公楼等房地产和作为存货的房地产加以区别。

9.1.2 投资性房地产的范围

视频课程

投资性房地产范围的判断

投资性房地产主要包括已出租的土地使用权、持有并准备增值后转让的土地使用权和已出租的建筑物。

1）属于投资性房地产的项目

（1）已出租的土地使用权

已出租的土地使用权，是指企业通过出让或转让方式取得，并以经营租赁方式出租的土地使用权。对于以经营租赁方式租入土地使用权再转租给其他单位的，由于不是通过出让或转让方式取得的，故不能确认为投资性房地产。企业计划用于出租但尚未出租的土地使用权，也不属于此类。

【同步案例9-1】2021年6月2日，海华公司与华润公司签署了一项土地使用权经营租赁协议，自2021年7月1日起海华公司以年租金36万元租赁使用华润公司拥有的20万平方米的场地，租期5年。2022年5月1日，海华公司又将这块场地转租给南方公司，以赚取租金差价，租赁期为4年。假设以上交易不违反国家有关规定。

问题：分别对于海华公司和华润公司而言，这项土地使用权是否属于投资性房地产？

分析：本案例中，对于海华公司而言，这项土地使用权属于其以经营方式租入的，因又将其转租给南方公司，故不属于其投资性房地产。对于华润公司而言，自租赁协议约定的租赁期开始日（2021年7月1日）起，这项土地使用权属于投资性房地产。

（2）持有并准备增值后转让的土地使用权

持有并准备增值后转让的土地使用权，是指企业取得的、准备增值后转让的土地使用权。这类土地使用权很可能给企业带来资本增值收益，符合投资性房地产的定义。按照我国有关规定认定的闲置土地，不属于持有并准备增值后转让的土地使用权，也就不属于投资性房地产。

【同步案例9-2】2022年7月2日，海华公司为实施企业环保战略，决定将其生产车间搬迁至郊区，原在市区的生产车间厂房占用的土地使用权停止自用。公司管理层决定继续持有这部分土地使用权，待其增值后转让以赚取增值收益。

问题：对于海华公司而言，这项土地使用权是否属于投资性房地产？

分析：本例中，自2022年7月2日起，市区的这部分土地使用权属于海华公司的投资性房地产。

（3）已出租的建筑物

已出租的建筑物，是指企业拥有产权的、以经营租赁方式出租的建筑物，包括自行建造或开发活动完成后用于出租的建筑物。企业在判断和确认已出租的建筑物时，应当注意以下三点：

❶用于出租的建筑物是指企业拥有产权的建筑物。企业以融资租赁方式租入再转租的建筑物属于投资性房地产，而以经营租赁方式租入再转租的建筑物则不属于此类。

❷已出租的建筑物是企业已经与其他方签订了租赁协议，约定以经营租赁方式出租的建筑物，而不是以融资租赁方式出租的建筑物。而且，一般应自租赁协议规定的租赁期开始日起，经营租出的建筑物才属于已出租的建筑物。

❸企业将建筑物出租，按租赁协议向承租人提供的相关辅助服务在整个协议中不重大的，应当将该建筑物确认为投资性房地产。例如，企业将其厂房出租，同时向承租人提供维护等日常辅助服务，企业应当将其确认为投资性房地产。

【同步案例9-3】2022年7月5日，海华公司与三江公司签订了一项经营租赁合同，自2022年8月1日起海华公司将其拥有产权的一栋办公楼出租给三江公司，租期10年。1年后，三江公司又将该办公楼转租给海河公司，以赚取租金差价，租期5年。

问题：分别对于海华公司和三江公司而言，该办公楼是否属于投资性房地产？

分析：对于海华公司而言，自租赁合同约定的租赁期开始日（2022年8月1日）起，该办公楼属于投资性房地产。对于三江公司而言，因其不拥有该办公楼的产权，则不属于其投资性房地产。

2）不属于投资性房地产的项目

（1）自用房地产

自用房地产是指为生产商品、提供劳务或者经营管理而持有的房地产。例如，企业生产经营用的土地使用权属于无形资产，企业生产经营用的厂房和办公楼等建筑物属于固定资产。

（2）作为存货的房地产

作为存货的房地产通常是指房地产开发企业在正常经营过程中销售的或为销售而正在开发的商品房和土地。这部分房地产属于房地产开发企业的存货，其生产、销售构成企业的主营业务活动，产生的现金流量也与企业的其他资产密切相关。因此，具有存货性质的房地产不属于投资性房地产。

在实务中，存在某项房地产部分自用或作为存货出售、部分用于赚取租金或资本增值的情形。如某项投资性房地产不同用途的部分能够单独计量和出售的，应当分别确认为固定资产（或无形资产、存货）和投资性房地产。例如，某房地产开发商建造了一栋商住两用楼盘，一层和二层出租给一家大型超市，已签订经营租赁合同；其余楼层均为普通住宅正在公开销售中。这种情况下，如果一层和二层商铺能够单独计量和出售，应当确认为该企业的投资性房地产，其余楼层为该房地产开发商的存货，即开发产品。

❀课堂讨论

下列哪些情况属于投资性房地产？

1.企业计划用于出租但尚未出租的土地使用权；

2.某项房地产，部分用于赚取租金或资本增值，部分用于生产商品、提供劳务或经营管理；

3.通过经营租赁方式获得再出租的土地使用权或建筑物；

4.以融资租入方式租入的房屋建筑物，租入后再转租；

5.按照国家规定认定的闲置土地，不属于持有并准备增值后转让的土地使用权；

6.房地产开发企业对外出租的商品房；

7.已出租的投资性房地产租赁期届满，因暂时空置但继续用于出租的；

8.企业出租给本企业职工居住的宿舍，按市场价收取租金。

9.1.3 投资性房地产的确认条件与时点

1）投资性房地产的确认条件

投资性房地产只有在符合定义的前提下，同时满足下列条件的，才能予以确认：

❶与该投资性房地产有关的经济利益很可能流入企业；

❷该投资性房地产的成本能够可靠地计量。

2）投资性房地产的确认时点

❶对已出租的土地使用权、已出租的建筑物，其作为投资性房地产的确认时点一般为租赁期开始日，即土地使用权、建筑物进入出租状态、开始赚取租金的日期。

❷对企业持有以备经营出租的空置建筑物或在建建筑物，如董事会或类似机构作出书面决议，明确表明将其用于经营出租且持有意图短期内不再发生变化的，即使尚未签订租赁协议，也应视为投资性房地产。这里的空置建筑物，是指企业新购入、自行建造或开发完成但尚未使用的建筑物，以及不再用于日常生产经营活动且经整理后达到可经营出租状态的建筑物。

❸对持有并准备增值后转让的土地使用权，其作为投资性房地产的确认时点为企业将自用土地使用权停止自用，准备增值后转让的日期。

9.2 投资性房地产的计量

9.2.1 投资性房地产计量应设置的会计科目

为了反映和监督投资性房地产的初始计量、后续计量、处置等情况，企业应当设置“投资性房地产”、“投资性房地产累计折旧”或“投资性房地产累计摊销”、“公允价值变动损益”、“其他业务收入”、“其他业务成本”、“投资性房地产减值准备”等科目进行核算。投资性房地产作为企业主营业务的，应当设置“主营业务收入”和“主营业务成本”科目核算相关的损益。

1）“投资性房地产”科目

“投资性房地产”科目核算企业采用成本模式计量的投资性房地产的成本或采用公允价值模式计量的投资性房地产的公允价值。“投资性房地产”科目的借方登记企业投资性房地产的取得成本、资产负债表日其公允价值高于账面余额的差额等；贷方登记资产负债表日其公允价值低于账面余额的差额、处置投资性房地产时结转的成本和公允价值变动等。

企业可以按照投资性房地产的类别和项目进行明细核算。采用公允价值模式计量的投资性房地产，还应当分别设置“成本”和“公允价值变动”明细科目进行核算。

2）“投资性房地产累计折旧”或“投资性房地产累计摊销”科目

采用成本模式计量的投资性房地产的累计折旧或累计摊销，可以单独设置“投资性房地产累计折旧”或“投资性房地产累计摊销”科目，比照“累计折旧”或“累计摊销”等科目进行账务处理。

3）“投资性房地产减值准备”科目

采用成本模式计量的投资性房地产发生减值的，可以单独设置“投资性房地产减值准备”科目，比照“固定资产减值准备”“无形资产减值准备”等科目进行账务处理。

4）“其他业务收入”和“其他业务成本”科目

“其他业务收入”和“其他业务成本”科目分别核算企业投资性房地产取得租金收入、处置投资性房地产实现的收入和投资性房地产计提的折旧或进行摊销、处置投资性房地产结转的成本。

9.2.2 投资性房地产的计量模式

投资性房地产的计量有成本和公允价值两种模式，通常采用成本模式计量，满足特定条件时可以采用公允价值模式计量。**但是，同一企业只能采用一种模式对所有投资性房地产进行计量，不得同时采用两种计量模式。**

9.2.3 投资性房地产按成本模式计量

企业取得的投资性房地产应当按照其取得时的成本进行计量。

1）投资性房地产的初始计量

（1）外购的投资性房地产

外购投资性房地产的成本，包括购买价款、相关税费和可直接归属于该资产的其他支出。外购取得投资性房地产时，按照取得时的实际成本进行初始计量，借记“投资性房地产”科目，贷记“银行存款”等科目。

【例 9–1】2022 年 5 月 1 日，海华公司从虎佳房地产有限公司购入写字楼，购入成本为 18 000 000 元，增值税为 1 620 000 元，共计 19 620 000 元，即日租给林梦有限公司。租赁合同约定，租赁时间为 4 年，年租金为 1 800 000 元。假设海华公司采用成本模式进行后续计量。（海华公司的实务操作指导见表 9–1）

表 9–1 海华公司实务操作指导

出纳	制单会计	稽核会计	会计主管	财务经理
1. 填写报账（付款）审批单 3. 签发转账支票 5. 填写银行进账单 6. 办理转账业务	7. 审核报账（付款）审批单、房屋买卖合同、增值税专用发票（发票联、抵扣联）、转账支票存根、银行进账单（回单）、房屋租赁合同等 8. 编制记账凭证	9. 审核记账凭证	10. 系统记账	2. 审批报账（付款）审批单 4. 审批转账支票

海华公司该业务涉及的原始凭证具体见表9-2。

表9-2 海华公司【例9-1】业务原始凭证

序号	单据名称	对应编号
1	报账（付款）审批单	略，格式参照表2-1
2	房屋买卖合同	表9-3
3	增值税专用发票（发票联、抵扣联）	表9-4（抵扣联略）
4	转账支票存根	表9-5
5	银行进账单（回单）	表9-6
6	房屋租赁合同	表9-7

表9-3

房屋买卖合同

卖方（以下简称甲方）：虎佳房地产有限公司

买方（以下简称乙方）：无锡海华股份有限公司

甲、乙双方就房屋买卖事项，经协商一致，达成以下合同条款：

一、甲方自愿将坐落在无锡市滨湖区梁溪路85号5幢501、502室（建筑结构：钢结构，建筑总面积：1 000平方米）写字楼出售给乙方，并将与所出售房产相关的土地使用权同时出售给乙方（附房地产复印件及该房产位置图）。

二、双方议定上述房地产及附属建筑物含税总价款为人民币壹仟玖佰陆拾贰万元整。乙方需于2022年5月1日前向甲方支付该笔款项，付款方式为银行转账。

三、甲方在2022年5月1日将上述房屋交付给乙方。甲方保证该房产合法、权属清楚、有合法的土地使用权（已交纳土地出让金）。

四、办理房产手续所产生的有关税费由甲方承担。

五、本合同经双方签章并经审查鉴定后生效，对双方都具有约束力，应严格履行。如一方违反本合同条款，该方应向对方支付人民币伍拾万元的违约金；一方如不能按规定交付房产或按规定支付房款，每逾期一日，应向对方支付人民币伍佰元的罚款，逾期30日视为毁约；如因政府及银行规定，本合同涉及房产手续客观上不能办理过户或银行办理按揭导致合同解除，不适用本条款。

六、未尽事宜，双方愿按国家有关规定办理。如发生争议，双方协商解决；协商不成的，双方愿向（本市）仲裁委员会申请仲裁。

七、本协议一式两份，具有同等法律效力，自双方签字之日生效。

甲方：虎佳房地产有限公司
代表（签字）：王聪
签订日期：2022年05月01日

乙方：无锡海华股份有限公司
代表（签字）：李明贤
签订日期：2022年05月01日

表 9-4

江苏增值税专用发票

发票联

3102167130　　No 15453800　　开票日期：2022年05月01日

购买方	名　　称：无锡海华股份有限公司 纳税人识别号：91160102244212469M 地址、电话：无锡市滨湖区太湖东路128号85680721 开户行及账号：中国工商银行无锡太湖支行6222464654546553				密码区	（略）		
货物或应税劳务、服务名称	规格型号	单位	数量	单价		金额	税率	税额
*不动产*写字楼						18 000 000.00	9%	1 620 000.00
合　计						¥18 000 000.00		¥1 620 000.00
价税合计（大写）	⊗壹仟玖佰陆拾贰万元整					（小写）¥19 620 000.00		
销售方	名　　称：虎佳房地产有限公司 纳税人识别号：912311012389542185 地址、电话：无锡市人民路85号83002222 开户行及账号：中国工商银行无锡南长支行62228468452155011				备注			

收款人：王国华　　复核：李洁　　开票人：黄修远　　销售方（章）

第三联　发票联　购买方记账凭证

（印章：全国统一发票监制章　国家税务总局　江苏省税务局）
（印章：虎佳房地产有限公司　912311012389542185　发票专用章）

表 9-5

中国工商银行 转账支票存根 XII615443
附加信息
出票日期 2022年05月01日
收款人：虎佳房地产有限公司
金　额：¥19 620 000.00
用　途：购入写字楼
单位主管　李明贤　　会计　张兵

表 9-6

ICBC 中国工商银行　进账单（回单）　1

2022年05月01日

出票人	全　称	无锡海华股份有限公司	收款人	全　称	虎佳房地产有限公司
	账　号	6222464654546553		账　号	62228468452155011
	开户银行	中国工商银行无锡太湖支行		开户银行	中国工商银行无锡南长支行
金额	人民币（大写）	壹仟玖佰陆拾贰万元整		亿千百十万千百十元角分	¥ 1 9 6 2 0 0 0 0 0 0
票据种类	转账支票	票据张数	1		
票据号码	XII615443				
复核：134	记账：128			开户银行签章	

（印章：中国工商银行无锡太湖支行　2022.05.01　转讫）

此联是开户银行交给持（出）票人的回单

表9-7

房屋租赁合同

出租人（以下简称甲方）：无锡海华股份有限公司

承租人（以下简称乙方）：林梦有限公司

甲、乙双方就房屋租赁事项，经协商一致，达成以下合同条款：

一、甲方自愿将坐落在无锡市滨湖区梁溪路85号5幢501、502室（建筑总面积：1 000平方米）写字楼出租给乙方作为经营使用。

二、租赁期限为4年，自2022年5月1日起至2026年4月30日止。以上租赁期限届满后，甲乙双方如无异议，租赁期可自动延长至2026年10月30日。以上租赁期或租赁延长期届满时，双方如有意修改或续订合同，至少应当在期满前90日提出协商，并在期满前60日签订新的租赁合同。双方如在本合同租赁期或租赁延长期满前60日未就争议达成一致或签订新的租赁合同的，本合同到期即行终止。

三、本写字楼年租金为人民币壹佰捌拾万元整。合同期内，乙方应于每年5月1日之前向甲方支付下一年度租金。

四、乙方租赁期间，水费、电费、取暖费、燃气费、电话费、物业费以及其他由乙方使用而产生的费用全由乙方负担。租赁结束时，乙方须交清欠费。

五、租赁期间，任何一方提出终止合同，需提前一个月书面通知对方，经双方协商一致后，签订终止合同书。若一方强行终（中）止合同，须向另一方支付违约金人民币叁拾万元整。

六、本合同在履行过程中如发生争议，双方协商解决；协商不成的，双方自愿向（本市）仲裁委员会申请仲裁。

七、本协议一式两份，甲、乙双方各执一份，自双方签字盖章之日起生效。

甲方：无锡海华股份有限公司　　　　乙方：林梦有限公司

代表（签字）：李明贤　　　　代表（签字）：王博民

签订日期：2022年05月01日　　　　签订日期：2022年05月01日

海华公司购入写字楼编制如下1张记账凭证（以会计分录代替）：

借：投资性房地产——写字楼	18 000 000		记1
应交税费——应交增值税（进项税额）	1 620 000		附件6张
贷：银行存款		19 620 000	

（2）自行建造的投资性房地产

企业自行建造投资性房地产的成本，由建造该项房地产达到预定可使用状态前发生的必要支出构成，包括土地开发费、建筑成本、安装成本、应予以资本化的借款费用、支付的其他费用和分摊的间接费用等。建造过程中发生的非正常性损失，直接计入当期损益，不计入建造成本。建造完工达到预定可使用状态时，应当按照确定的成本，借记“投资性房地产”科目，贷记“在建工程”等科目。

【业务链接9-1】2021年3月，海华公司从其他单位购入一块土地使用权为50年的土地，并在该土地上开始自行建造厂房。11月，海华公司预计厂房即将完工，与蓝海公司签订了经营租赁合同，将厂房租赁给其使用10年。租赁合同约定，该厂房于完工时开始起租，年租金为1 440 000万元。2021年12月31日，该厂房达到预定可使用状态，实际造价为9 000 000元。假设海华公司采用成本模式进行后续计量。

问题：海华公司对于该厂房应如何进行账务处理？

分析：由于海华公司将建造的厂房用于出租，因此自租赁协议约定的租赁期开始日（2021年12月31日）起完工的厂房按投资性房地产处理。（海华公司的实务操作指导见表9-8）

表9-8 实务操作指导

出纳	制单会计	稽核会计	会计主管	财务经理
	1. 审核在建工程成本计算表、房屋租赁合同等 2. 编制记账凭证	3. 审核记账凭证	4. 系统记账	

海华公司该业务涉及的原始凭证具体见表9-9。

表9-9 海华公司【业务链接9-1】业务原始凭证

单位：元

序号	单据名称	对应编号
1	在建工程成本计算表	表9-10
2	房屋租赁合同	略，格式参照表9-7

表9-10 在建工程成本计算表

2021年12月31日

单位：元

项目	金额
材料费	6 000 000.00
人工费	2 000 000.00
其他费用	1 000 000.00
合计	9 000 000.00

审核：蔡州　　　　制表：周舟

海华公司编制如下1张记账凭证（以会计分录代替）：

借：投资性房地产——厂房　　9 000 000　　记2

　贷：在建工程——厂房　　9 000 000　　附件2张

（3）内部转换形成的投资性房地产

企业将作为存货的房地产转换为投资性房地产的，应当按照该项存货在转换日的账面余额，借记“投资性房地产”科目，贷记“开发产品”科目。已计提存货跌价准备的，还应当同时结转存货跌价准备。

企业将自用的建筑物或土地使用权等转换为投资性房地产的，应当按照其在转换日的原价、累计折旧（或摊销）、减值准备等，借记“投资性房地产”“累计折旧（或摊销）”“固定资产（或无形资产）减值准备”等科目，贷记“固定资产”“无形资产”“投资性房地产累计折旧（或摊销）”“投资性房地产减值准备”等科目。

【例9-2】2022年6月30日，海华公司将原有闲置厂房出租给柏莹公司，租赁合同约定，该厂房于完工时开始起租，年租金500 000元，租期为5年。该厂房于2017年6月21日购入，原值12 000 000元，预计使用20年，预计净残值为零，采用直线法计提折旧。假设海华公司采用成本模式进行后续计量。（海华公司的实务操作指导见表9-11）

表9-11 **实务操作指导**

出纳	制单会计	稽核会计	会计主管	财务经理
	1. 审核固定资产卡片、折旧计算表等 2. 编制记账凭证	3. 审核记账凭证	4. 系统记账	

海华公司该业务涉及的原始凭证具体见表9-12。

表9-12 **海华公司【例9-2】业务原始凭证**

序号	单据名称	对应编号
1	固定资产卡片	表9-13
2	折旧计算表	表9-14
3	房屋租赁合同	略，格式参照表9-7

表9-13 **固定资产卡片**

使用单位： 填表日期：2017年06月21日

<table>
<tr><td>类别</td><td>房屋建筑物</td><td>出厂或交接验收日期</td><td>2017年06月20日</td><td>预计使用年限</td><td>20年</td></tr>
<tr><td>编号</td><td>003</td><td>购入或使用日期</td><td>2017年06月21日</td><td>预计残值</td><td>0</td></tr>
<tr><td>名称</td><td>厂房</td><td>放置或使用地址</td><td>资产管理部门</td><td>预计清理费用</td><td></td></tr>
<tr><td>型号规格</td><td></td><td>负责人</td><td>李明贤</td><td>月折旧率</td><td>0.417%</td></tr>
<tr><td>建造单位</td><td>虎佳房地产有限公司</td><td>总造价</td><td>1 200.00万元</td><td>月大修理费用提存率</td><td></td></tr>
<tr><td colspan="2" rowspan="2">设备主要技术参数或建筑物占地面积、建筑面积及结构</td><td rowspan="2">设备主要配件名称、数量或建筑物、附设设备</td><td colspan="2">大修理记录</td><td rowspan="2">固定资产改变记录</td></tr>
<tr><td>时间</td><td>项目</td></tr>
<tr><td colspan="2"></td><td></td><td></td><td></td><td></td></tr>
</table>

表9-14 **折旧计算表**

2022年06月30日 金额单位：元

资产名称	启用日期	原值	折旧年限	月折旧率	累计折旧
厂房	2017.06.21	12 000 000.00	20	0.417%	3 000 000.00

审核：赵振翔 制表：刘晓梅

海华公司编制如下1张记账凭证（以会计分录代替）：

借：投资性房地产——厂房 12 000 000 记3

累计折旧 3 000 000 附件3张

贷：固定资产——厂房 12 000 000

投资性房地产累计折旧 3 000 000

2）投资性房地产的后续计量

企业通常应当采用成本模式对投资性房地产进行后续计量。采用成本模式进行后续计量的投资性房地产，应当遵循以下会计处理规定：

❶按照固定资产或无形资产的有关规定，按期（月）对投资性房地产计提折旧或进行摊销，借记“其他业务成本”等科目，贷记“投资性房地产累计折旧（或摊销）”科目。

❷取得的租金收入，借记“银行存款”等科目，贷记“其他业务收入”等科目。

❸投资性房地产存在减值迹象的，经减值测试后确定发生减值的，应当计提减值准备，借记“资产减值损失”科目，贷记“投资性房地产减值准备”科目。已经计提减值准备的投资性房地产，其减值损失在以后的会计期间不得转回。

【业务链接9-2】沿用【业务链接9-1】资料，假设这栋厂房（实际造价为9 000 000元）按照年限平均法计提折旧，使用寿命为20年，预计净残值为零。按照经营租赁合同，蓝海公司每月支付给海华公司租金120 000元。2022年12月，这栋厂房出现减值迹象，经减值测试，其可收回金额为8 000 000元，以前未计提减值准备。海华公司采用成本模式进行后续计量，假定不考虑相关税费的影响。

问题：海华公司对于该厂房应如何进行账务处理？

分析：海华公司对于按成本模式进行后续计量的厂房应每月计提折旧、确认租金收入，若经确定发生减值的，还应计提减值准备。（海华公司的实务操作指导见表9-15）。

表9-15 实务操作指导

出纳	制单会计	稽核会计	会计主管	财务经理
	1. 审核折旧计算表、银行进账单（收账通知）、增值税专用发票（记账联）、房屋租赁合同、减值准备计算表等 2. 编制记账凭证	3. 审核记账凭证	4. 系统记账	

海华公司该业务涉及的原始凭证具体见表9-16。

表9-16 海华公司【业务链接9-2】业务原始凭证

序号	单据名称	对应编号
1	折旧计算表	表9-17
2	银行进账单（收账通知）	表9-18
3	增值税专用发票（记账联）	表9-19
4	房屋租赁合同	略，格式参照表9-7
5	减值准备计算表	表9-20

表9-17 折旧计算表

2022年12月31日　　金额单位：元

资产类别	使用单位	完工时间	原值	月折旧率	月折旧额
投资性房地产（厂房）	蓝海公司	2021年12月31日	9 000 000	0.417%	37 500

审核：赵振翔　　制表：刘晓梅

表9-18 ICBC 中国工商银行 进账单（收账通知） 3

2022年12月31日

付款人	全称	蓝海公司	收款人	全称	无锡海华股份有限公司
	账号	6542321155233556		账号	6222464654546553
	开户银行	中国工商银行无锡锡山支行		开户银行	中国工商银行无锡太湖支行
金额	人民币（大写）	壹拾贰万元整		亿千百十万千百十元角分	¥12000000
票据种类	转账支票	票据张数	1		
票据号码	XII723456				
复核：134	记账：126			收款人开户银行签章	

中国工商银行无锡太湖支行 2022.12.31 转讫

此联是收款人开户银行交给收款人的收账通知

表9-19 江苏增值税专用发票 № 15453812

3102167130 此联不作报销、扣税凭证使用 开票日期：2022年12月31日

购买方	名称：蓝海公司 纳税人识别号：913100402112584760 地址、电话：无锡市建设路68号 98706543 开户行及账号：中国工商银行无锡锡山支行6542321155233556				密码区	（略）	
货物或应税劳务、服务名称	规格型号	单位	数量	单价	金额	税率	税额
*经营租赁*租金					110 091.74	9%	9 908.26
合计					¥110 091.74		¥9 908.26
价税合计（大写）	⊗壹拾贰万元整				（小写）¥120 000.00		
销售方	名称：无锡海华股份有限公司 纳税人识别号：91160102244212469M 地址、电话：无锡市滨湖区太湖东路128号 85680721 开户行及账号：中国工商银行无锡太湖支行6222464654546553				备注	无锡海华股份有限公司 91160102244212469M 发票专用章	

收款人：陈美丽 复核：李芳 开票人：张婷婷 销售方（章）

第一联 记账联 销售方记账凭证

表9-20 减值准备计算表

资产类别：投资性房地产（厂房） 2022年12月31日 单位：元

项目	金额
账面价值	8 550 000*
可收回金额	8 000 000
计提的减值准备	550 000**

*该厂房2022年12月31日的账面价值=9 000 000−37 500×12=8 550 000（元）（高于可收回金额）

**该厂房应计提减值准备=8 550 000−8 000 000=550 000（元）

海华公司编制如下3张记账凭证（以会计分录代替）：

（1）每月计提折旧：

借：其他业务成本　37 500　记4

　贷：投资性房地产累计折旧　37 500　附件1张（表9-17）

（2）每月确认租金收入：

借：银行存款　120 0　记5　附件3张

　贷：其他业务收入　110 091.74

　　应交税费——应交增值税（销项税额）　9 908.26

（3）2022年12月31日计提减值准备：

借：资产减值损失——计提的投资性房地产减值准备　550 000　记6

　贷：投资性房地产减值准备　550 000　附件1张

3）投资性房地产的处置

企业处置采用成本模式计量的投资性房地产，应当遵循以下会计处理规定：

❶应当按照实际收到的金额，借记“银行存款”等科目，贷记“其他业务收入”“应交税费”等科目。

❷按照该项投资性房地产的账面价值，借记“其他业务成本”科目，按照该项投资性房地产的累计折旧或累计摊销，借记“投资性房地产累计折旧”或“投资性房地产累计摊销”科目，按照该项投资性房地产的账面余额，贷记“投资性房地产”科目；已计提减值准备的，还应同时结转减值准备，借记“投资性房地产减值准备”科目。

【例9-3】2022年12月1日，海华公司将其出租的一栋写字楼确认为投资性房地产，采用成本模式计量。租赁期届满后，海华公司将该栋写字楼出售给青莲公司，合同价款为13 000 000元，增值税为1 170 000元，共计14 170 000元，青莲公司已用银行存款付清。出售时，该栋写字楼的成本为10 000 000元，已计提折旧1 250 000元。假定不考虑相关税费的影响。（海华公司的实务操作指导见表9-21）

表9-21　实务操作指导

出纳	制单会计	稽核会计	会计主管	财务经理
	1.审核银行进账单（收账通知）、增值税专用发票（记账联）、房产账面价值计算表等 2.编制记账凭证	3.审核记账凭证	4.系统记账	

海华公司该业务涉及的原始凭证具体见表9-22。

表9-22　海华公司【例9-3】业务原始凭证

序号	单据名称	对应编号
1	银行进账单（收账通知）	略，格式参照表9-18
2	增值税专用发票（记账联）	略，格式参照表9-19
3	房产账面价值计算表	表9-23

表9-23　**房产账面价值计算表**

2022年12月01日　　　　金额单位：万元

资产名称	购入时间	房产原值	折旧年限	已提折旧	账面价值
投资性房地产（写字楼）	2020.06.20	1 000.00	20年	125.00	875.00

海华公司编制如下2张记账凭证（以会计分录代替）：

（1）取得处置收入：

借：银行存款　　14 170 000　　记7

　贷：其他业务收入　　13 000 000　　附件2张

　　　应交税费——应交增值税（销项税额）　　1 170 000

（2）结转处置成本：

借：其他业务成本　　8 750 000　　记8

　　投资性房地产累计折旧（10 000 000÷20÷12×30）　　1 250 000　　附件1张（表9-23）

　贷：投资性房地产——写字楼　　10 000 000

9.2.4　投资性房地产按公允价值模式计量

1）投资性房地产的初始计量

（1）外购的投资性房地产

视频课程

按公允价值模式计量的投资性房地产

外购投资性房地产的成本，包括购买价款、相关税费和可直接归属于该资产的其他支出。外购取得投资性房地产时，按照取得时的实际成本进行初始计量，借记“投资性房地产——×××（成本）”“应交税费”等科目，贷记“银行存款”等科目。

【例9-4】资料同【例9-1】，假设海华公司采用公允价值模式进行后续计量。

海华公司的实务操作指导见表9-1。

海华公司该业务涉及的原始凭证具体见表9-2。

海华公司编制如下1张记账凭证（以会计分录代替）：

借：投资性房地产——写字楼（成本）　　18 000 000　　记9

　　应交税费——应交增值税（进项税额）　　1 620 000　　附件6张

　贷：银行存款　　19 620 000

（2）自行建造的投资性房地产

企业自行建造投资性房地产的成本，由建造该项房地产达到预定可使用状态前发生的必要支出构成，包括土地开发费、建筑成本、安装成本、应予以资本化的借款费用、支付的其他费用和分摊的间接费用等。建造过程中发生的非正常性损失，直接计入当期损益，不计入建造成本。建造完工达到预定可使用状态时，应当按照确定的成本，借记“投资性房地产——×××（成本）”科目，贷记“在建工程”等科目。

（3）内部转换形成的投资性房地产

企业将作为存货的房地产转换为投资性房地产的，应当按照该项存货在转换日的公允价值，借记“投资性房地产——×××（成本）”科目，按照该项存货的账面余额，贷记“开发产品”科目，按照其差额，贷记“其他综合收益”科目（贷方差额情况下）或借记“公允价值变动损益”科目（借方差额情况下）。已计提存货跌价准备的，还应当同时结转存货跌价准备。

企业将自用的建筑物或土地使用权等转换为投资性房地产的，应当按照其在转换日的公允价值，借记“投资性房地产——×××（成本）”科目，按照已计提的累计折旧（摊销）等，借记“累计折旧（或摊销）”等科目，按其账面原值，贷记“固定资产”或“无形资产”等科目，按其差额，贷记“其他综合收益”科目（贷方差额情况下）或借记“公允价值变动损益”科目（借方差额情况下）。已计提固定资产减值准备的，还应同时结转固定资产减值准备。

知识拓展

为了预防上市公司虚增利润，企业会计准则规定，非投资性房地产转为公允价值模式计量的投资性房地产，公允价值高于账面价值的转换收益必须计入其他综合收益。原因是在转换日，公允价值可能大大高于账面价值，按历史成本计量的自用房地产经过多年的涨价，市价可能翻了好几倍，上市公司完全可能在需要调高利润的时候，把自用房地产转为出租，然后在“适当”的时候再把它转换过来。

2）投资性房地产的后续计量

企业有确凿证据表明其投资性房地产的公允价值能够持续可靠取得的，可以对投资性房地产采用公允价值模式进行后续计量。采用公允价值模式进行后续计量的投资性房地产，应当遵循以下会计处理规定：

❶不对投资性房地产计提折旧或进行摊销，企业应当以资产负债表日的公允价值为基础调整其账面价值，公允价值与原账面价值之间的差额计入当期损益。

资产负债表日，根据投资性房地产的公允价值高于其账面余额的差额，借记“投资性房地产——×××（公允价值变动）”科目，贷记“公允价值变动损益”科目；公允价值低于其账面余额的差额编制相反的会计分录。

❷取得的租金收入，借记“银行存款”等科目，贷记“其他业务收入”“应交税费”等科目。

【业务链接9-3】沿用【业务链接9-1】资料，假设海华公司采用公允价值模式进行后续计量，2021年12月31日，该厂房的公允价值和实际造价均为9 000 000元。2022年6月30日，该写字楼的公允价值为10 000 000元；2022年12月31日，该写字楼的公允价值为9 500 000元。假定不考虑相关税费的影响。

问题：海华公司对于该厂房应如何进行账务处理？

分析：海华公司对于按公允价值模式进行后续计量的厂房不需要计提折旧和计提减值准备，但应在2022年6月30日和2022年12月31日比较公允价值和账面余额，对账面余额进行调整。

海华公司的实务操作指导见表9-24。

表9-24 实务操作指导

出纳	制单会计	稽核会计	会计主管	财务经理
	1.审核在建工程成本计算表、房屋租赁合同、银行进账单（收账通知）、增值税专用发票（记账联）、公允价值变动计算表等 2.编制记账凭证	3.审核记账凭证	4.系统记账	

海华公司该业务涉及的原始凭证具体见表9-25。

表9-25 海华公司【业务链接9-3】业务原始凭证

序号	单据名称	对应编号
1	在建工程成本计算表	略，格式参照表9-10
2	房屋租赁合同	略，格式参照表9-7
3	银行进账单（收账通知）	略，格式参照表9-18
4	增值税专用发票（记账联）	略，格式参照表9-19
5	公允价值变动计算表1	表9-26
6	公允价值变动计算表2	表9-27

表9-26 公允价值变动计算表

2022年06月30日　　单位：万元

资产名称	投资项目	账面成本	市价总额	公允价值变动
投资性房地产	惠山区钱胡路58号	900.00	1 000.00	100.00
合计		900.00	1 000.00	100.00

审核：张兵　　制单：赵振翔

表9-27 公允价值变动计算表

2022年12月31日　　单位：万元

资产名称	投资项目	账面成本	市价总额	公允价值变动
投资性房地产	惠山区钱胡路58号	1 000.00	950.00	-50.00
合计		1 000.00	950.00	-50.00

审核：张兵　　制单：赵振翔

海华公司编制如下记账凭证（以会计分录代替）：

（1）2021年12月31日，海华公司建造完成厂房并出租：

借：投资性房地产——厂房（成本）　9 000 000　记10

　贷：在建工程——厂房　9 000 000　附件2张

（2）2022年每月确认租金收入：

借：银行存款　120 000　记11

　贷：其他业务收入　110 091.74　附件3张

　　应交税费——应交增值税（销项税额）　9 908.26

（3）2022年6月30日，按照公允价值调整账面余额：

借：投资性房地产——厂房（公允价值变动）　1 000 000　记12

　贷：公允价值变动损益　1 000 000　附件1张（表9-26）

（4）2022年12月31日，按照公允价值调整账面余额：

借：公允价值变动损益　500 000　记13

　贷：投资性房地产——厂房（公允价值变动）　500 000　附件1张（表9-27）

3）投资性房地产的处置

企业处置采用公允价值模式计量的投资性房地产，应当遵循以下会计处理规定：

❶应当按照实际收到的金额，借记“银行存款”等科目，贷记“其他业务收入”“应交税费”等科目。

❷按照该项投资性房地产的账面余额，借记“其他业务成本”科目，按照其成本，贷记“投资性房地产——×××（成本）”科目，按照其累计公允价值变动，贷记或借记“投资性房地产——×××（公允价值变动）”科目。

❸按照原计入该项投资性房地产的公允价值变动，借记或贷记“公允价值变动损益”科目，贷记或借记“其他业务成本”科目。

❹如果存在原转换日计入其他综合收益的金额，也一并结转。按照该项投资性房地产在转换日计入其他综合收益的金额，借记“其他综合收益”科目，贷记“其他业务成本”科目。

【例9-5】2019年12月31日，海华公司将其出租的一栋办公楼确认为投资性房地产，采用公允价值模式计量。2022年12月1日租赁期届满后，海华公司将该栋写字楼出售给隆安公司，合同价款为24 000 000元，增值税为2 160 000元，共计26 160 000元，隆安公司已用银行存款付清。出售时，该栋写字楼的成本为18 000 000元，公允价值变动为借方余额2 000 000元。

海华公司的实务操作指导见表9-28。

表9-28 实务操作指导

出纳	制单会计	稽核会计	会计主管	财务经理
	1. 审核银行进账单（收账通知）、增值税专用发票（记账联）、公允价值变动计算表等 2. 编制记账凭证	3. 审核记账凭证	4. 系统记账	

海华公司该业务涉及的原始凭证具体见表9-29。

表9-29 海华公司【例9-5】业务原始凭证

序号	单据名称	对应编号
1	银行进账单（收账通知）	略，格式参照表9-18
2	增值税专用发票（记账联）	略，格式参照表9-19
3	公允价值变动计算表	表9-30

表9-30 公允价值变动计算表

资产名称：投资性房地产（办公楼）

投资项目：锡山区华夏南路　　　　单位：万元

日期	账面成本	市价总额	公允价值变动
2020.12.31	1 800.00	1 950.00	150.00
2021.12.31	1 950.00	2 000.00	50.00
合计			200.00

审核：张兵　　　　制单：赵振翔

海华公司编制如下记账凭证（以会计分录代替）：

（1）2022年12月1日取得处置收入：

借：银行存款　　26 160 000　　记14

　贷：其他业务收入　　24 000 000　　附件2张

　　应交税费——应交增值税（销项税额）　　2 160 000

（2）结转处置成本：

借：其他业务成本　　　　20 000 000　　　　记15

　贷：投资性房地产——办公楼（成本）　　18 000 000　　附件1张（表9-30）

　　　　　　　　——办公楼（公允价值变动）　　2 000 000

（3）结转投资性房地产累计公允价值变动：

借：公允价值变动损益　　　　2 000 000　　　　记16

　贷：其他业务成本　　　　2 000 000

【教学互动】处置投资性房地产与处置固定资产、无形资产的方法有何不同？

课堂讨论

投资性房地产按成本模式和公允价值模式计量有何异同？

9.2.5 投资性房地产计量模式的变更

为保证会计信息的可比性，企业对投资性房地产的计量模式一经确定，不得随意变更。存在确凿证据表明投资性房地产的公允价值能够持续可靠取得、且能够满足采用公允价值模式条件的情况下，才允许企业对投资性房地产从成本模式计量变更为公允价值模式计量。成本模式转为公允价值模式的，应当作为会计政策变更处理，将计量模式变更时公允价值与账面价值之间的差额，调整期初留存收益。已采用公允价值模式计量的投资性房地产，不得从公允价值模式转为成本模式。

素养提升

党的“二十大”报告中提出：“坚持房子是用来住的、不是用来炒的定位，加快建立多主体供给、多渠道保障、租购并举的住房制度。”

本章概要

投资性房地产包括已出租土地使用权、持有并准备增值后转让的土地使用权和已出租的建筑物。企业可以采用成本模式进行计量，也可以采用公允价值模式进行计量。采用成本模式，就是按照资产的账面价值、使用年限等因素，计提资产的折旧费用；采用公允价值模式，以公允价值调整其账面价值，公允价值与账面价值的差额计入公允价值变动损益。但是，同一企业只能采用一种计量模式。企业对投资性房地产的计量模式一经确定，不得随意变更。

概念回顾

投资性房地产　已出租的土地使用权　持有并准备增值后转让的土地使用权　已出租的建筑物　作为存货的房地产

会计分录

<table>
<tr><th colspan="2" rowspan="2">业务内容</th><th colspan="2">会计处理</th></tr>
<tr><th>成本模式</th><th>公允价值模式</th></tr>
<tr><td rowspan="2">初始计量</td><td>外购、自行建造、作为存货的房地产转为投资性房地产</td><td>借：投资性房地产
　贷：银行存款/在建工程/开发产品</td><td>借：投资性房地产——成本
　贷：银行存款/在建工程/开发产品</td></tr>
<tr><td>将自用的建筑物或土地使用权转为投资性房地产</td><td>借：投资性房地产
　　累计折旧（或摊销）
　　固定资产（或无形资产）减值准备
　贷：固定资产（或无形资产）
　　　投资性房地产累计折旧（或摊销）
　　　投资性房地产减值准备</td><td>借：投资性房地产——成本
　　累计折旧（或摊销）
　　固定资产（或无形资产）减值准备
　　公允价值变动损益（借方余额）
　贷：固定资产（或无形资产）
　　　其他综合收益（贷方余额）</td></tr>
</table>

续表

<table>
<tr><th colspan="2" rowspan="2">业务内容</th><th colspan="2">会计处理</th></tr>
<tr><th>成本模式</th><th>公允价值模式</th></tr>
<tr><td rowspan="3">后续计量</td><td>确认租金收入</td><td colspan="2">借：银行存款
贷：其他业务收入
应交税费——应交增值税（销项税额）</td></tr>
<tr><td></td><td>计提折旧（或摊销）：
借：其他业务成本
贷：投资性房地产累计折旧（或摊销）</td><td>资产负债表日，公允价值大于账面价值：
借：投资性房地产——公允价值变动
贷：公允价值变动损益</td></tr>
<tr><td></td><td>计提减值准备：
借：资产减值损失
贷：投资性房地产减值准备</td><td>资产负债表日，公允价值小于账面价值：
借：公允价值变动损益
贷：投资性房地产——公允价值变动</td></tr>
<tr><td rowspan="2">处置</td><td>取得处置收入</td><td colspan="2">借：银行存款
贷：其他业务收入
应交税费——应交增值税（销项税额）</td></tr>
<tr><td>结转处置成本</td><td>借：其他业务成本
投资性房地产累计折旧（或摊销）
贷：投资性房地产</td><td>借：其他业务成本
贷：投资性房地产——成本
——公允价值变动
（或借记）
同时：
借：公允价值变动损益
贷：其他业务成本（或相反分录）
若在转换日有计入其他综合收益的金额：
借：其他综合收益
贷：其他业务成本</td></tr>
</table>

原始凭证目录

原始凭证1：房屋买卖合同（见表9-3）

原始凭证2：增值税专用发票（发票联）（见表9-4）

原始凭证3：转账支票存根（见表9-5）

原始凭证4：银行进账单（回单）（见表9-6）

原始凭证5：房屋租赁合同（见表9-7）

原始凭证6：在建工程成本计算表（见表9-10）

原始凭证7：固定资产卡片（见表9-13）

原始凭证8：折旧计算表（见表9-14、表9-17）

原始凭证9：银行进账单（收账通知）（见表9-18）

原始凭证10：增值税专用发票（记账联）（见表9-19）

原始凭证11：减值准备计算表（见表9-20）

原始凭证12：房产账面价值计算表（见表9-23）

原始凭证13：公允价值变动计算表（见表9-26、表9-27、表9-30）

法规链接

第10章　流动负债

预习思考题

1. 什么是负债？
2. 负债按其流动性可以分为流动负债和非流动负债，哪些负债属于流动负债？

学习目标

理论目标

1. 明确负债的概念及特征；
2. 掌握流动负债包括的内容及核算需要设置的账户；
3. 掌握职工薪酬包括的内容，了解短期带薪缺勤、离职后福利、辞退福利及其他长期职工福利的核算。

实务目标

1. 能对短期借款、应付账款、应付票据、应付利息、预收账款、应交税费进行核算；
2. 能对除短期带薪缺勤以外的短期薪酬进行核算。

引例

负债经营是把双刃剑

负债经营是企业最常采用的一种经营方法。“借鸡生蛋”或“借钱生财”这种方法可以使许多企业迅速崛起。尤其是资金密集的企业更容易运用负债进行经营，比较典型的如房地产、航空、电力等企业。

金融街控股股份有限公司是国内领先的商务地产公司，其主导开发的北京金融街区域已经成为国家级金融管理中心区。从金融街母公司近几年的财务数据中，可以看到该公司非常善于利用负债的力量，并且成效显著。

韩国的大宇集团是利用负债经营导致公司倒闭的典型案例。该集团曾经为韩国的第二大企业，仅次于现代集团，是世界20家大企业之一。大宇集团的业务发展覆盖面非常广泛，涉及外贸、造船、重型装备、电子、通信、汽车、金融、化工、建筑等，由于其发展过于迅速，大宇集团的债务也在逐年增加，尤其是到了后期大宇集团每年的资产负债率甚至都超过了100%。最终受亚洲金融危机的影响，大宇集团由于经营不善、资不抵债，不得不破产清算。从大宇集团的案例中可以看出，当负债经营超过了一定的度，会带给企业致命的打击。

资料来源　佚名．案例分析企业负债经营的作用［EB/OL］．［2014-07-02］．http：//www.xzbu.com/3/view-5873661.htm.

10.1　短期借款确认与计量

短期借款是指企业向银行或其他金融机构等借入的期限在1年以下（含1年）的各种款项。短期借款的目的一般是满足企业正常生产经营所需的资金或者是抵偿某项债务。

视频课程

短期借款取得、利息确认及本息归还的核算

企业应通过“短期借款”科目，核算短期借款的发生、偿还等情况。该科目的贷方登记取得借款本金的数额；借方登记偿还借款的本金数额；余额在贷方，反映企业尚未偿还的短期借款。本科目可按借款种类、贷款人和币种设置明细科目进行明细核算。

企业从银行或其他金融机构取得短期借款时，借记“银行存款”科目，贷记“短期借款”科目。

企业借入的短期借款需支付利息。在实际工作中，假如短期借款利息是按期支付（如按季度支付利息）或者利息是在借款到期时，连同本金一起归还，并且其数额较大的，企业应采用月末预提方式进行短期借款利息的核算。短期借款利息属于筹资费用，应当于发生时直接计入当期财务费用。在资产负债表日，企业应当按照计算确定的短期借款利息费用，借记“财务费用”科目，贷记“应付利息”科目；实际支付利息时，借记“应付利息”科目，贷记“银行存款”科目。短期借款到期偿还本金时，企业应借记“短期借款”科目，贷记“银行存款”科目。

假如企业的短期借款利息是按月支付的或者利息是在借款到期时，连同本金一起归还，但是数额不大的，可以不采用预提的方法，而在实际支付或收到银行的计息通知时，直接计入当期损益，借记“财务费用”科目，贷记“银行存款”或“库存现金”科目。

【例 10-1】海华公司与银行签署一笔借款协议，于2022年1月1日向银行借入一笔生产经营用短期借款，共计120万元，期限为6个月，年利率为4%，借款本金到期后一次归还，利息按季支付。海华公司的实务操作指导见表10-1。

表 10-1 **实务操作指导**

制单会计	稽核会计	会计主管	财务经理
3. 审核借款借据，编制记账凭证	4. 审核记账凭证	2. 办理借款 5. 系统记账	1. 与银行签订借款协议

海华公司该业务涉及的原始凭证具体见表10-2。

表 10-2 **海华公司【例 10-1】业务原始凭证**

序号	单据名称	对应编号
1	借款借据（收账通知）	表 10-3

表 10-3 **借款借据（收账通知）**

借款日期：2022年01月01日　　借据编号：201837

收款单位	全　称	无锡海华股份有限公司	付款单位	全　称	交通银行无锡马山支行
	开户账号	6222464654112369		放款户账号	7589036188425680
	开户银行	交通银行无锡马山支行		开户银行	交通银行无锡马山支行
借款金额	人民币（大写）壹佰贰拾万元整		千 百 十 万 千 百 十 元 角 分 ¥ 1 2 0 0 0 0 0 0 0		
借款原因及用途	经营周转		借款期限	六个月	
你单位上列借款，已转入你单位结算户内。 此致 （银行盖章）			备注：		

交通银行 无锡马山支行 2022.01.01 转讫

此联退还借款单位

海华公司编制如下记账凭证（以会计分录代替）：

（1）1月1日借入短期借款：

借：银行存款　　1 200 000　附件1张（表10-3）

　贷：短期借款　　1 200 000

（2）1月末，计提1月份应付利息：

借：财务费用（1 200 000×4%÷12）　　4 000

　贷：应付利息　　4 000

2月末计提2月份利息费用的处理与1月份相同。

（3）3月末，支付第一季度银行借款利息：

借：财务费用　　4 000

　　应付利息　　8 000

　贷：银行存款　　12 000

第二季度的会计处理同上。

（4）6月30日偿还银行借款本金：

借：短期借款　　1 200 000

　贷：银行存款　　1 200 000

课堂讨论

【例10-1】中，如果借款期限是5个月，5月31日借款到期时，应该如何进行会计处理呢？

知识拓展

银行借款的基本条件

①企业须经国家市场监督管理部门批准设立，登记注册，持有营业执照。②实行独立经济核算，自主经营、自负盈亏。即企业有独立从事生产、商品流通和其他经营活动的权利，有独立的经营资金、独立的财务计划与会计报表，依靠本身的收入来补偿支出，利润归自己支配，亏损也由自己负责，独立对外签订购销合同。③有一定的自有资金。④遵守政策法令和银行信贷、结算管理制度，并按规定在银行开立基本存款账户和一般存款账户。⑤产品有市场。⑥生产经营要有效益。⑦不挤占、挪用信贷资金。⑧恪守信用等。

除此之外，还应符合下列条件：①有按期还本付息的能力，即原应付贷款本金及利息已偿还，没有偿还的已经做了银行认可的偿还计划；②资产负债率符合银行的要求等。

10.2 应付及预收款项确认与计量

10.2.1 应付账款

应付账款是指因购买材料、商品或接受劳务供应等而发生的债务，这是买卖双方由于取得物资或服务与支付货款在时间上不一致而产生的负债。

应付账款一般在所购买物资所有权有关的风险和报酬已经转移或劳务已经接受时确认。实务中，在物资和发票账单同时到达的情况下，应付账款一般待物资验收入库后，才按发票账单登记入账。这主要是为了确认所购入的物资是否在质量、数量和品种上都与合同上订明的条件相符，以免因先入账而在验收入库时发现购入物资存在数量或质量方面的问题再行调账。在物资和发票账单未同时到达的情况下，有时货物已到，发票账单要间隔较长时间才能到达，平时可以不入账，待收到发票账单时再行入账；但在月末时如果仍未收到发票账单，由于这笔负债已经成立，应作为一项负债反映，为在资产负债表上客观反映企业所拥有的资产和承担的债务，在实际工作中采用在月份终了将所购物资和应付债务估计入账，待下月初再用红字予以冲回的办法。

因购买商品等而产生的应付账款，应设置“应付账款”科目进行核算，用以反映这部分负债的价值。该科目贷方登记企业购买材料、商品和接受劳务等而发生的应付账款；借方登记偿还的应付账款，或开出商业汇票抵付应付账款的款项，或无法支付的应付账款；余额一般在贷方，反映企业尚未支付的应付账款余额。本科目应按债权人设置明细科目进行明细核算。

【例10-2】2022年6月10日，海华公司从明月公司购入一批材料，价款200 000元，增值税26 000元，取得增值税专用发票一张，另外对方代垫运杂费1 000元，取得普通发票一张。材料验收入库，款项尚未支付。6月20日，海华公司以银行存款支付款项227 000元。海华公司应编制如下会计分录：

（1）根据发票账单、运费发票及材料入库单，确认应付账款时：

借：原材料	201 000	
应交税费——应交增值税（进项税额）	26 000	
贷：应付账款——明月公司		227 000

（2）偿还应付账款时：

借：应付账款——明月公司	227 000	
贷：银行存款		227 000

如果购入的资产，在形成一笔应付账款时是带有现金折扣的，应付账款入账金额的确定按发票上记载的应付金额的总值（即不扣除折扣）记账。在这种方法下应按发票上记载的全部应付金额，借记有关科目，贷记“应付账款”科目，获得的现金折扣冲减财务费用。

【例10-3】海华公司于2022年6月5日，从明月公司购入材料一批并验收入库，取得增值税专用发票，注明该批货物的价款为300 000元，增值税为39 000元。按购货协议的规定，如海华公司在10天内付款，将享受2%的现金折扣（计算现金折扣时不包括增值税）。海华公司于当月的13日，按照扣除现金折扣后的金额，用银行存款付清了所欠明月公司的货款。海华公司应编制如下会计分录：

（1）6月5日确认应付账款时：

借：原材料	300 000	
应交税费——应交增值税（进项税额）	39 000	
贷：应付账款——明月公司		339 000

（2）6月13日付清货款时：

借：应付账款——明月公司	339 000	
贷：银行存款		333 000
财务费用		6 000

❀课堂讨论

【例10-3】中，海华如果是在6月16日付款，应该如何进行会计处理呢？

【例10-4】海华公司于6月25日向明月公司购入材料一批，合同价款为50 000元，材料已验收入库，至6月30日仍未收到明月公司开来的发票。

6月30日海华公司根据材料入库单编制如下会计分录：

借：原材料　　50 000

　贷：应付账款——暂估应付账款　　50 000

7月1日用红字冲回上笔分录：

借：原材料　　50 000

　贷：应付账款——暂估应付账款　　50 000

实务中，企业外购电力、燃气等动力一般通过“应付账款”科目核算，即在每月付款时先作暂付款处理，借记“应付账款”科目，贷记“银行存款”等科目，月末按照外购动力的用途借记“生产成本”“制造费用”“管理费用”等科目，贷记“应付账款”科目。

应付账款一般在较短期限内支付，但有时由于债权单位撤销或其他原因而使应付账款无法清偿。企业应将确实无法支付的应付账款予以转销，按其账面余额计入营业外收入，借记“应付账款”科目，贷记“营业外收入”科目。

10.2.2 应付票据

应付票据是指企业购买材料、商品和接受劳务供应等而开出、承兑的商业汇票，包括商业承兑汇票和银行承兑汇票。我国商业汇票的付款期限不超过6个月，因此，企业应将应付票据作为流动负债管理和核算。

应付票据按是否带息分为带息应付票据和不带息应付票据两种。对带息应付票据，由于我国商业汇票期限较短，在期末，通常对尚未支付的应付票据计提利息，计入当期财务费用；票据到期支付票款时，尚未计提的利息部分直接计入当期财务费用。对不带息应付票据而言，其面值就是票据到期时的应付金额。

企业应通过“应付票据”科目，核算应付票据的发生、偿付等情况。该科目贷方登记开出、承兑汇票的面值；借方登记支付票据的金额；余额在贷方，反映企业尚未到期的商业汇票的票面金额。由于应付票据的偿付时间较短，在会计实务中，一般均按照开出、承兑的应付票据的面值入账。企业因购买材料、商品和接受劳务供应等而开出、承兑的商业汇票，应当按其票面金额作为应付票据的入账金额，借记“材料采购”“原材料”“库存商品”“应付账款”“应交税费——应交增值税（进项税额）”等科目，贷记“应付票据”科目。企业因开出商业承兑汇票而支付银行的承兑汇票手续费，应当计入当期财务费用，借记“财务费用”科目，贷记“银行存款”“库存现金”等科目。

企业应当设置“应付票据备查簿”，详细登记商业汇票的种类、号数和出票日期、到期日、票面余额、交易合同号和收款人姓名或单位名称以及付款日期和金额等资料。应付票据到期结清时，上述内容应当在备查簿内予以注销。商业承兑汇票和银行承兑汇票的格式见表10-4、表10-5。

表 10-4

商业承兑汇票 2

出票日期（大写） 年 月 日

$\frac{A}{0}\frac{B}{1}$00000001

付款人	全称		收款人	全称	
	账号			账号	
	开户银行			开户银行	
出票金额	人民币（大写）			亿 千 百 十 万 千 百 十 元 角 分	
汇票到期日（大写）			付款人开户行	行号	
交易合同号码				地址	
本汇票已经承兑，到期无条件支付票款。 承兑人签章 承兑日期 年 月 日			本汇票请予以承兑，并于到期日付款。 出票人签章		

此联持票人开户行随托收凭证寄付款人开户行作借方凭证附件

表 10-5

银行承兑汇票 2

出票日期（大写） 年 月 日

$\frac{B}{0}\frac{B}{1}$00000001

出票人全称		收款人	全称	
出票人账号			账号	
付款行全称			开户银行	
出票金额	人民币（大写）		亿 千 百 十 万 千 百 十 元 角 分	
汇票到期日（大写）		付款行	行号	
承兑协议编号			地址	
本汇票请你行承兑，到期无条件付款。 出票人签章	本汇票已经承兑，到期日由本行付款。 承兑行签章 承兑日期 年 月 日 备注：		复核 记账	

此联收款人开户行随托收凭证寄付款行作借方凭证附件

【例10-5】海华公司2022年7月5日购入原材料一批，增值税专用发票上注明的价款为120 000元，增值税为15 600元，材料已验收入库，企业开出并经开户银行承兑的银行承兑汇票一张，面值为135 600元，期限为5个月，银行承兑汇票手续费按票面金额的0.5‰收取，手续费已从账户中扣款。12月5日，商业汇票到期，海华公司通知开户银行以银行存款支付票款。海华公司应编制如下会计分录：

（1）开出商业汇票时：

借：原材料	120 000	
应交税费——应交增值税（进项税额）	15 600	
贷：应付票据		135 600

（2）支付承兑手续费：

借：财务费用	67.80	
贷：银行存款		67.80

（3）银行承兑汇票到期时：

借：应付票据	135 600	
贷：银行存款		135 600

应付商业承兑汇票到期，如企业无力支付票款，应将应付票据按账面余额转作应付账款，借记“应付票据”科目，贷记“应付账款”科目；应付银行承兑汇票到期，如企业无力支付票款，承兑银行除向持票人无条件支付票款外，对出票人尚未支付的汇票金额转作逾期贷款处理，出票企业在收到银行相关凭证时应将应付票据账面余额转作短期借款，借记“应付票据”科目，贷记“短期借款”科目。

10.2.3 应付利息

应付利息是指企业按照合同约定应支付的利息，包括短期借款、分期付息到期还本的长期借款、企业债券等应支付的利息。

企业应通过“应付利息”科目核算应付利息的发生、支付情况。该科目贷方登记按照合同约定计算的利息；借方登记实际支付的利息；期末余额一般在贷方，反映企业应付未付的利息。本科目一般应按照债权人设置明细科目进行明细核算。

企业按照合同约定的利率计算利息费用，借记“在建工程”“财务费用”“研发支出”等科目，贷记“应付利息”科目；实际支付利息时，借记“应付利息”科目，贷记“银行存款”科目。

10.2.4 预收账款

预收账款是指企业按照合同规定预收的款项。

企业应设置“预收账款”科目，核算预收款的取得、偿付等情况。该科目贷方登记发生的预收账款金额，借方登记企业冲销的预收账款金额；期末贷方余额，反映企业预收的款项，如为借方余额，反映企业尚未转销的款项。本科目一般应按照客户设置明细科目进行明细核算。

企业预收款项时，按实际收到的全部预收款，借记“库存现金”“银行存款”科目，涉及增值税的，按照预收款计算的应交增值税，贷记“应交税费——应交增值税（销项税额）”科目，全部预收款扣除应交增值税的差额，贷记“预收账款”科目。

企业分期确认有关收入时，按照实现的收入，借记“预收账款”科目，贷记“主营业务收入”“其他业务收入”科目。

企业收到客户补付款项时，借记“库存现金”“银行存款”科目，贷记“预收账款”“应交税费——应交增值税（销项税额）”科目；退回客户多预付的款项时，借记“预收账款”，贷记“库存现金”“银行存款”科目，涉及增值税的，还应进行相应的会计处理。

预收款业务不多的企业，可以不单独设置“预收账款”科目，其所发生的预收款，可通过“应收账款”科目核算。

【例 10-6】海华公司将闲置的一台设备出租给灵山公司，2022年7月1日与其签订经营租赁（非主营业务）设备合同，期限6个月，租金（含税）共计135 600元。合同约定，灵山公司预付租金（含税）45 200元，合同到期结清全部租金余款。合同签订日，海华公司收到灵山公司开出的租金支票一张并存入银行，开具的增值税专用发票注明租金40 000元，增值税税额5 200元，租赁期满日，海华公司收到剩余租金及相应增值税。出租有形动产适用的增值税税率为13%。

（1）7月1日，海华公司收到灵山公司预付租金45 200元。海华公司的实务操作指导见表10-6。

表 10-6 实务操作指导

出纳	制单会计	稽核会计	会计主管	财务经理
2.接受支票 3.填写进账单，连同支票送存银行，带回银行进账单回单 4.开出增值税专用发票	5.审核银行进账单、增值税专用发票，编制记账凭证	6.审核记账凭证	7.系统记账	1.审核租赁合同

海华公司该业务涉及的原始凭证具体见表10-7。

表 10-7 海华公司【例 10-6】业务原始凭证

序号	单据名称	对应编号
1	银行进账单（回单）	略，格式参照表2-27
2	增值税专用发票（记账联）	略，格式参照表2-16

海华公司编制如下记账凭证（以会计分录代替）：

借：银行存款　　45 200

　贷：预收账款——灵山公司　　40 000

　　　应交税费——应交增值税（销项税额）　　5 200

（2）每月月末确认租金收入：

每月租金收入=［135 600÷（1+13%）］÷6=20 000（元）

借：预收账款——灵山公司　　20 000

　贷：其他业务收入　　20 000

（3）租赁期满收到租金余款及增值税税款：

借：银行存款　　90 400

　贷：预收账款——灵山公司　　80 000

　　　应交税费——应交增值税（销项税额）　　10 400

10.2.5 合同负债

合同负债是指企业已收或应收客户对价而应向客户转让商品的义务，具体账务处理参见本书第13章内容。

知识拓展

合同负债与预收账款的区别

◇“预收账款”的概念并不强调与客户之间的合同，而是在合同成立前已收到的对价，即确认预收账款的前提是收到了款项，且与合同规定的履约义务无关。

◇“合同负债”的概念强调与客户之间的合同，合同负债的确认是以履约义务为前提的，包括已经收取及有权利收取、但尚未收取的预收款。

10.3 应付职工薪酬确认与计量

10.3.1 职工的含义

职工，是指与企业订立劳动合同的所有人员，含全职、兼职和临时职工，也包括虽未与企业订立劳动合同但由企业正式任命的人员。具体而言包括以下人员：

❶与企业订立劳动合同的所有人员，含全职、兼职和临时职工。按照《中华人民共和国劳动法》和《中华人民共和国劳动合同法》的规定，企业作为用人单位与劳动者应当订立劳动合同，职工薪酬准则中的职工首先包括这部分人员，即与企业订立了固定期限、无固定期限和以完成一定的工作作为期限的劳动合同的所有人员。

❷未与企业订立劳动合同但由企业正式任命的人员，如董事会成员、监事会成员等。企业设立董事会和监事会的，对其支付的津贴、补贴等报酬从性质上也属于职工薪酬。

❸在企业的计划和控制下，虽未与企业订立劳动合同或未由其正式任命，但向企业所提供服务与职工所提供服务类似的人员，也属于职工的范畴，包括通过企业与劳务中介公司签订用工合同而向企业提供服务的人员，因为如果企业不使用这些劳务用工人员，也需要雇佣职工订立劳动合同提供类似服务，所以这些劳务用工人员也属于企业会计准则所称的职工。

10.3.2 职工薪酬的概念及分类

视频课程

职工薪酬的概念及分类

职工薪酬是指企业为获得职工提供的服务或终止劳动合同关系而给予的各种形式的报酬。企业提供给职工配偶、子女、受赡养人、已故员工遗属及其他受益人等的福利，也属于职工薪酬。职工薪酬主要包括短期薪酬、离职后福利、辞退福利和其他长期职工福利。

1）短期薪酬

短期薪酬是指企业在职工提供相关服务的年度报告期间结束后12个月内需要全部予以支付的职工薪酬，因解除与职工的劳动关系给予的补偿除外。短期薪酬具体包括：

❶职工工资、奖金、津贴和补贴，是指按照构成工资总额的计时工资、计件工资、支付给职工的超额劳动报酬和增收节支的劳动报酬、为补偿职工特殊或额外的劳动消耗和因其他特殊原因应支付给职工的津贴，以及为保证职工工资水平不受物价影响支付给职工的物价补贴等。其中，企业按照短期奖金计划向职工发放的奖金，属于短期薪酬；按照长期奖金计划向职工发放的奖金，属于其他长期职工福利。

❷职工福利费，是指企业为职工提供的除职工工资、奖金、津贴和补贴、职工教育经费、社会保险费及住房公积金等以外的福利待遇支出，包括发放给职工或为职工支付的以下各项现金补贴和非货币性集体福利：a.为职工卫生保健、生活等发放或支付的各项现金补贴和非货币性福利，包括职工因公外地就医费用、职工疗养费用、防暑降温费等；b.企业尚未分离的内设集体福利部门所发生的设备、设施和人员费；c.发放给在职职工的生活困难补助以及按规定发放的其他职工福利支出，如丧葬补助费、抚恤费、职工异地安家费、独生子女费等。

❸医疗保险费、工伤保险费和生育保险费等社会保险费，是指企业按照国家规定的基准和比例计算，向社会保险经办机构缴纳的医疗保险费、工伤保险费和生育保险费。

❹住房公积金，是指企业按照国家规定的基准和比例计算，向住房公积金管理机构缴存的住房公积金。

❺工会经费和职工教育经费，是指企业为了改善职工文化生活、为职工学习先进技术和提高文化水平及业务素质，用于开展工会活动和职工教育及职业技能培训等相关支出。

❻短期带薪缺勤，是指职工虽然缺勤但企业仍向其支付报酬的安排，包括年休假、病假、婚假、产假、丧假、探亲假等。长期带薪缺勤属于其他长期职工福利。

❼短期利润分享计划，是指因职工提供服务而与职工达成的基于利润或其他经营成果提供薪酬的协议。长期利润分享计划属于其他长期职工福利。

❽非货币性福利，是指企业以自己的产品或外购商品发放给职工作为福利，企业提供给职工无偿使用自己拥有的资产或租赁资产供职工无偿使用。

❾其他短期薪酬，是指除上述薪酬以外的其他为获得职工提供的服务而给予的短期薪酬。

2）离职后福利

离职后福利是指企业为获得职工提供的服务而在职工退休或与企业解除劳动关系后，提供的各种形式的报酬和福利，属于短期薪酬和辞退福利的除外。

离职后福利计划是指企业与职工就离职后福利达成的协议或者企业为向职工提供离职后福利制定的规章或办法等。离职后福利计划按其特征可以分为设定提存计划和设定受益计划。其中，设定提存计划是指向独立的基金缴存固定费用后企业不再承担进一步支付义务的离职后福利计划；设定受益计划是指除设定提存计划以外的离职后福利计划。

3）辞退福利

辞退福利是指企业在职工劳动合同到期之前解除与职工的劳动合同关系，或者为鼓励职工自愿接受裁减而给予职工的补偿。

4）其他长期职工福利

其他长期职工福利，是指除短期薪酬、离职后福利、辞退福利之外所有的职工薪酬，包括长期带薪缺勤、长期残疾福利、长期利润分享计划等。

10.3.3 科目设置

企业应当设置“应付职工薪酬”科目核算应付职工薪酬的计提、结算、使用等情况。该科目的贷方登记已分配计入有关成本费用项目的职工薪酬的数额，借方登记实际发放职工薪酬的数额，包括扣还的款项等。该科目期末贷方余额反映企业应付未付的职工薪酬。

“应付职工薪酬”科目应当按照“工资、奖金、津贴和补贴”“职工福利费”“非货币性福利”“社会保险费”“住房公积金”“工会经费”“职工教育经费”“带薪缺勤”“短期利润分享计划”“设定提存计划”“设定受益计划”“辞退福利”等职工薪酬项目设置明细账进行明细核算。

10.3.4 应付职工薪酬的核算

1）货币性职工薪酬的核算

职工的工资、奖金、津贴和补贴，大部分的职工福利费、医疗保险费、工伤保险费和生育保险费等社会保险费，住房公积金，工会经费和职工教育经费等一般属于货币性短期薪酬。

企业应当根据职工提供服务情况和工资标准，计算应计入职工薪酬的工资总额，按照受益对象计入当期损益或相关资产成本，借记“生产成本”“制造费用”“管理费用”“销售费用”等科目，贷记“应付职工薪酬”科目。发放时，借记“应付职工薪酬”科目，贷记“银行存款”等科目。企业发生的职工福利费，应当在实际发生时，根据实际发生额计入当期损益或相关资产成本。

企业为职工缴纳的医疗保险费、工伤保险费、生育保险费、养老保险费、失业保险费等社会保险费和住房公积金，以及按规定提取的工会经费和职工教育经费，应当在职工为其提供服务的会计期间，根据规定的计提基础和计提比例，计算确定相应的职工薪酬金额，并确认相关负债，按照受益对象计入当期损益或相关资产成本。对于医疗保险费、工伤保险费、生育保险费、养老保险费、失业保险费和住房公积金，企业应当按照国务院、所在地政府或企业年金计划规定的标准，计量应付职工薪酬义务和应相应计入成本费用的薪酬金额；对于工会经费和职工教育经费，企业应当分别按照职工工资总额的2%和8%的计提标准计量应付职工薪酬义务金额和应相应计入成本费用的薪酬金额。

【例10-7】海华公司2022年9月根据“工资结算表”结算本月应付职工工资总额588 000元，其中，企业代扣房租2 000元，代扣个人所得税6 000元，代扣社会保险费64 680元，代扣住房公积金58 800元，实发工资456 520元。海华公司应编制如下会计分录：

（1）向银行提取现金456 520元，根据现金支票存根：

借：库存现金　　456 520

　贷：银行存款　　456 520

（2）用现金发放工资，并代扣款项。（海华公司的实务操作指导见表10-8，原始凭证见表10-9）

表10-8 实务操作指导

出纳	制单会计	稽核会计	会计主管	财务经理
3.发放工资	4.审核工资结算表中员工是否签收，编制记账凭证	5.审核记账凭证	1.编制工资结算表（或人事部门编制） 6.系统记账	2.审核工资结算表

表10-9 海华公司【例10-7】业务原始凭证

序号	单据名称	对应编号
1	工资结算表	表10-10

表10-10 **工资结算表**

2022年09月10日 单位：元

编号	姓名	部门	基本工资	津贴	奖金	缺勤应扣		应付工资	代扣款项				实发工资	签收
						事假	迟到早退		代扣税款	社会保险费	住房公积金	其他代扣		
1	李明贤	行政	3 000	2 000	3 000			8 000	345	880	800		5 975	李明贤
2	赵振翔	财务	2 900	1 900	2 200			7 000	245	770	700		5 285	赵振翔
	⋮	⋮	⋮	⋮	⋮	⋮	⋮	⋮	⋮			⋮		⋮
合计								588 000	6 000	64 680	58 800	2 000	456 520	

审核：张兵　　　　制表：赵振翔

海华公司根据工资结算表，编制如下记账凭证（以会计分录代替）：

借：应付职工薪酬——工资、奖金、津贴和补贴　　588 000
　贷：库存现金　　456 520
　　其他应付款——社会保险费　　64 680
　　　　——住房公积金　　58 800
　　　　——职工房租　　2 000
　　应交税费——应交个人所得税　　6 000

【例10-8】海华公司9月份工资结算汇总表（见表10-11）中应付职工工资总额为588 000元，其中，生产工人工资为370 000，车间管理人员工资60 000元，企业行政管理人员工资为40 000元，销售人员工资为118 000元。

表10-11 **工资结算汇总表**

2022年09月10日 单位：元

编号	部门	基本工资	津贴	奖金	缺勤应扣		应付工资	代扣款项				实发工资
					事假	迟到早退		代扣税款	社会保险费	住房公积金	其他代扣	
1	生产车间	300 000	20 000	50 000			370 000	3 000	40 700	37 000		289 300
2	车间管理	43 000	12 700	4 300			60 000	1 200	6 600	6 000		46 200
3	行政管理	19 000	12 000	9 000			40 000	800	4 400	4 000	2 000	28 800
4	销售部门	72 000	29 000	17 000			118 000	1 000	12 980	11 800		92 220
合计		434 000	73 700	80 300	0	0	588 000	6 000	64 680	58 800	2 000	456 520

海华公司根据工资结算汇总表，编制如下会计分录：

借：生产成本——基本生产成本　　370 000
　　制造费用　　60 000
　　管理费用　　40 000
　　销售费用　　118 000
　贷：应付职工薪酬——工资、奖金、津贴和补贴　　588 000

【例10-9】海华公司下设一职工食堂，作为职工的一种福利，公司按照每人每月200元的标准补贴食堂。2022年9月份公司生产人员共计60人，车间管理人员6人，行政管理人员5人，销售人员10人。职工福利费计提表见表10-12。

表10-12　**职工福利费计提表**

2022年9月　　单位：元

项目 应借科目	人员数量（人）	标准	职工福利费
生产成本	60	200	12 000
制造费用	6	200	1 200
管理费用	5	200	1 000
销售费用	10	200	2 000
合计	81	200	16 200

海华公司根据职工福利费计提表，编制如下会计分录：

借：生产成本——基本生产成本　12 000
　　制造费用　1 200
　　管理费用　1 000
　　销售费用　2 000
　贷：应付职工薪酬——职工福利费　16 200

【例10-10】2022年9月份，海华公司支付16 200元补贴给职工食堂。根据转账支票存根，编制如下会计分录：

借：应付职工薪酬——职工福利费　16 200
　贷：银行存款　16 200

【例10-11】2022年9月份，海华公司根据职工工资总额的2%和8%分别计提工会经费和职工教育经费。工会经费及职工教育经费计提表见表10-13。

表10-13　**工会经费及职工教育经费计提表**

2022年9月　　金额单位：元

部门	会计科目	职工工资	工会经费		职工教育经费		合计
			比例	金额	比例	金额	
生产车间	生产成本	370 000	2%	7 400	8%	29 600	37 000
车间管理	制造费用	60 000		1 200		4 800	6 000
管理部门	管理费用	40 000		800		3 200	4 000
销售部门	销售费用	118 000		2 360		9 440	11 800
合计		588 000	2%	11 760	8%	47 040	58 800

海华公司根据工会经费及职工教育经费计提表，编制如下会计分录：

借：生产成本——基本生产成本　37 000
　　制造费用　6 000
　　管理费用　4 000
　　销售费用　11 800
　贷：应付职工薪酬——工会经费　11 760
　　　　　　　　　——职工教育经费　47 040

【例10-12】2022年9月份，海华公司根据国家规定的计提标准计提社会保险费和住房公积金。社会保险费及住房公积金计提表见表10-14。个人所得税税收通用缴款书见

表10-15。

表10-14 **社会保险费及住房公积金计提表**

2022年9月　　　　金额单位：元

项目	计提比例	生产部门		车间管理		管理部门		销售部门		合计
		工资总额	计提金额	工资总额	计提金额	工资总额	计提金额	工资总额	计提金额	
养老保险	20.00%		74 000		12 000		8 000		23 600	117 600
医疗保险	8.00%		29 600		4 800		3 200		9 440	47 040
失业保险	2.00%		7 400		1 200		800		2 360	11 760
生育保险	0.80%	370 000	2 960	60 000	480	40 000	320	118 000	944	4 704
工伤保险	1.00%		3 700		600		400		1 180	5 880
小计			117 660		19 080		12 720		37 524	186 984
住房公积金	10.00%		37 000		6 000		4 000		11 800	58 800
合计			154 660		25 080		16 720		49 324	245 784

表10-15 **中华人民共和国 税收通用缴款书**

隶属关系：　　　　　　　　（2022）苏税缴电60493952号

注册类型：　　填发日期：2022年09月11日　　征收机关：无锡市税务局

缴款单位（人）			预算科目		
代码	91160102244212469M		编码		
全称	无锡海华股份有限公司		名称		
开户银行	工行无锡太湖支行		级次		
账号	6222464654546553		收缴国库	国家金库无锡市滨湖区支库（代理）	
税款所属时期			税款限缴日期		

品目名称	课税数量	计税金额或销售收入	税率或单位税额	应缴税额	已缴或扣除额	实缴金额
个人所得税				6 000.00		￥6 000.00

金额合计　人民币（大写）陆仟元整

缴款单位（个人）（盖章）　经办人（章）　　税务机关（盖章）　　上列款项已收妥并划转收款单位账户　国库（银行）盖章　2022年09月11日　　备注　社保号：

逾期不缴按税法规定加收滞纳金

第一联（收据）国库（银行）收款盖章后退缴款单位（人）作完税凭证

（印章：无锡海华股份有限公司 财务专用章；金山印；无锡市税务局 征税专用章；中国工商银行无锡太湖支行 2022.09.11 转讫）

海华公司应根据社会保险费及住房公积金计提表，编制如下会计分录：

借：生产成本——基本生产成本　　154 660
　　制造费用　　25 080
　　管理费用　　16 720
　　销售费用　　49 324
　贷：应付职工薪酬——社会保险费（医疗保险）　　47 040
　　　　　　　　——社会保险费（生育保险）　　4 704
　　　　　　　　——社会保险费（工伤保险）　　5 880
　　　　　　　　——设定提存计划（养老保险）　　117 600

贷：应付职工薪酬——设定提存计划（失业保险）　　11 760

　　　　　　　　——住房公积金　　58 800

海华公司代缴个人所得税，根据收到的税收通用缴款书，编制如下会计分录：

借：应交税费——应交个人所得税　　6 000

　贷：银行存款　　6 000

缴纳各项社会保险费（见表 10-16）和住房公积金（见表 10-17）时（包括企业承担部分和个人承担部分），编制如下会计分录：

表 10-16

中华人民共和国
税收通用缴款书

隶属关系：　　　　（2022）苏税缴电 60493955 号

注册类型：　　填发日期：2022 年 09 月 11 日　　征收机关：无锡市税务局

缴款单位（人）		预算科目	
代码	91160102244212469M	编码	
全称	无锡海华股份有限公司	名称	
开户银行	工行无锡太湖支行	级次	
账号	6222464654546553	收缴国库	国家金库无锡市滨湖区支库（代理）
税款所属时期		税款限缴日期	

品目名称	课税数量	计税金额或销售收入	税率或单位税额	应缴税额	已缴或扣除额	千	百	十	万	千	百	十	元	角	分
养老保险								1	6	4	6	4	0	0	0
医疗保险									5	8	8	0	0	0	0
失业保险									1	7	6	4	0	0	0
生育保险										4	7	0	4	0	0
工伤保险										5	8	8	0	0	0
金额合计	人民币（大写）贰拾伍万壹仟陆佰陆拾肆元整					¥	2	5	1	6	6	4	0	0	

缴款单位（个人）（盖章）经办人（章）	税务机关（盖章）	上列款项已收妥并划转收款单位账户 国库（银行）盖章 2022 年 09 月 11 日	备注 社保号：
财务专用章	征税专用章	中国工商银行无锡太湖支行 2022.09.11 转讫	

逾期不缴按税法规定加收滞纳金

第一联（收据）国库（银行）收款盖章后退缴款单位（人）作完税凭证

表 10-17

住房公积金汇缴书

2022 年 09 月 11 日　　附：变更清册 1 张

单位名称（公章）	无锡海华股份有限公司			
单位登记号	91160102244212469M	资金来源 □财政统发 ☑非财政统发		汇缴 2022 年 9 月份
汇缴金额 人民币（大写）	壹拾壹万柒仟陆佰元整			¥ 1 1 7 6 0 0 0 0（千 百 十 万 千 百 十 元 角 分）
	上月汇缴	本月增加	本月减少	本月汇缴
人数	40	0	0	40
金额	117 600.00			117 600.00
缴款方式	☑支票	□委托收款	□现金送款簿	□汇款
票据号码	1223906		备注：	
付款银行	中国工商银行无锡太湖支行			
付款账户	6222464654546553			

单位财务主管签名（盖章）：张兵　　复核：王晓芳　　制单：陈美丽

借：应付职工薪酬——社会保险费（医疗保险）　47 040
　　　　　　　　——社会保险费（生育保险）　4 704
　　　　　　　　——社会保险费（工伤保险）　5 880
　　　　　　　　——设定提存计划（养老保险）　117 600
　　　　　　　　——设定提存计划（失业保险）　11 760
　　　　　　　　——住房公积金　58 800
　　其他应付款——社会保险费　64 680
　　　　　　　——住房公积金　58 800
　贷：银行存款　　369 264

老会计的经验点滴

企业应按劳动工资制度的规定，根据原始记录计算各项工资，企业工资核算的原始记录主要有：

（1）工资卡（或工资档案）。工资卡主要记录职工的工资级别和工资标准，反映每个职工的基本情况，如职务、参加工作时间、进厂时间、工资级别、工资标准、工资调整情况以及有关津贴等。工资卡按每个职工设立，一般由劳动工资部门或企业人事部门统一管理。工资档案见表10-18。

表10-18　　工资档案

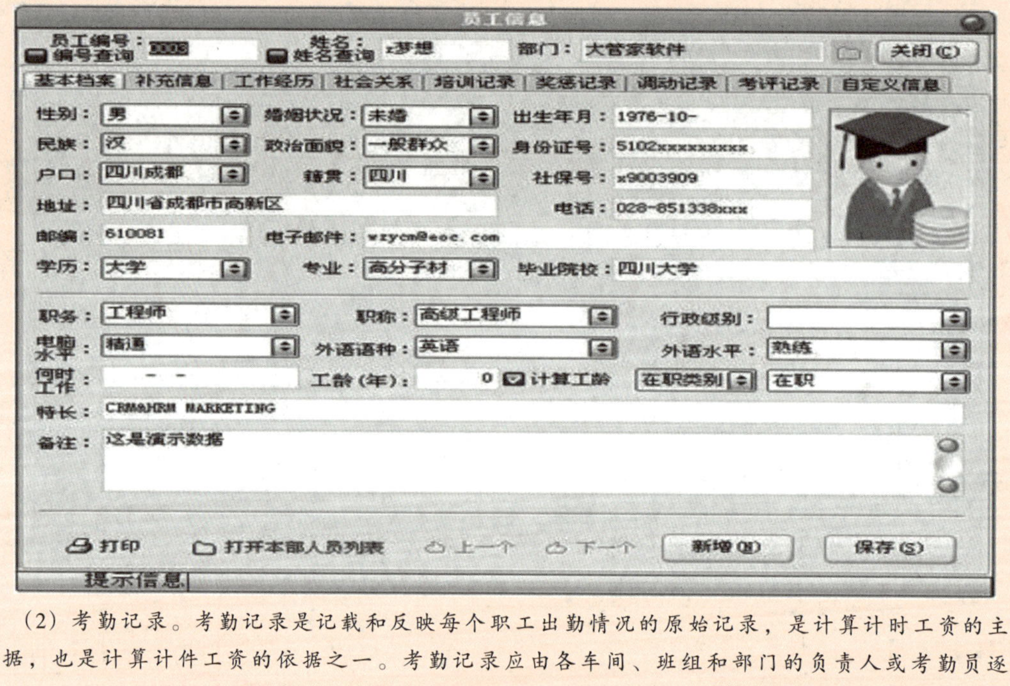

（2）考勤记录。考勤记录是记载和反映每个职工出勤情况的原始记录，是计算计时工资的主要依据，也是计算计件工资的依据之一。考勤记录应由各车间、班组和部门的负责人或考勤员逐日登记，定期汇总并经单位负责人审查签章后，送财会部门计算应付职工薪酬。考勤记录通过设置考勤簿或考勤卡进行。考勤簿一般按各车间、部门分别设置。考勤卡则应按每一职工开设。考勤表见表10-19。

（3）产量记录。产量记录是反映工人或生产小组在出勤时间内完成产量和耗用工时的原始记录。产量记录是计算计件工资的主要依据，通过产量记录还可以考核企业生产计划的完成情况和工时定额的执行情况。企业产量记录通常有工作通知单、工序进程单、工作台班产量记录、生产日报表等。生产日报表见表10-20。

表 10-19 考勤表

编号	姓名	午别	1	2	3	4	5	6	7	8	9	10	11	12	13	14	15	16	17	18	19	20	21	22	23	24	25	26	27	28	29	30	31	缺勤情况					缺勤天数	出勤天数	备注	签字
																																		旷工	病假	事假	公休	合计				
1		上																																								
		下																																								
2		上																																								
		下																																								
3		上																																								
		下																																								
4		上																																								
		下																																								
5		上																																								
		下																																								
6		上																																								
		下																																								
7		上																																								
		下																																								
8		上																																								
		下																																								
9		上																																								
		下																																								
10		上																																								
		下																																								
11		上																																								
		下																																								
12		上																																								
		下																																								
符号	出勤：√ 事假：- 病假：+ 迟到、早退：/ 公休 休 旷工：×																																									

表 10-20 生产日报表

部门	姓名	产品名称	单号	工序	生产数量	合格数量	报废数量	备注

✽ 素养提升

党的“二十大”报告中提出“完善基本养老保险全国统筹制度，发展多层次、多支柱养老保险体系”“扩大社会保险覆盖面，健全基本养老、基本医疗保险筹资和待遇调整机制，推动基本医疗保险、失业保险、工伤保险省级统筹”。作为职工薪酬确认和计量的主体，企业应该保证职工的工资及福利费用、五险一金等落到实处。

2）带薪缺勤的核算

企业对各种原因产生的缺勤进行补偿，比如年休假、病假、短期伤残假、婚假、产假、丧假、探亲假等。带薪缺勤应当分为累积带薪缺勤和非累积带薪缺勤两类。

（1）累积带薪缺勤，是指带薪权利可以结转下期的带薪缺勤。本期尚未用完的带薪缺勤权利，可以在未来期间使用，企业应当在职工提供了服务从而增加了其未来享有的带薪缺勤权利时，确认与累积带薪缺勤相关的职工薪酬，并以累积未行使权利而增加的预期支付金额计量。

有些累积带薪缺勤在职工离开企业时，对未行使的权利，职工有权获得现金支付。如果职工在离开企业时，能够获得现金支付，企业就应当确认企业必须支付的职工全部累积未使用权利的金额。如果职工在离开企业时不能获得现金支付，则企业应当根据资产负债表日因累积未使用权利而导致的预期支付的追加金额，作为累积带薪缺勤费用进行预计。

【例 10-13】海华公司共有81位职工，从2022年1月1日起，该公司实行累积带薪缺勤制度。该制度规定，每位职工每年可享受5个工作日的带薪年休假，未使用的年休假只能向后一个日历年度结转，超过1年未使用的，权利作废，不能在职工离开公司时获得现金支付；职工休年休假是以后进先出为基础，即首先从当年可享受的权利中扣除，再从上年结转的带薪年休假中扣除；职工离开公司时，公司对职工未使用的累积带薪年休假不支付现金。

2022年12月31日，每个职工当年平均未使用带薪年休假为2天。根据过去的经验并预期该经验将继续适用，海华公司预计2023年有70位职工将享受不超过5天的带薪年休假，剩余11位职工每人将平均享受7天休假，假定这11位职工平均每个工作日的日工资为300元。

分析：海华公司在2022年12月31日应当预计由于职工累积未使用的带薪年休假权利而导致预计将支付的工资负债，即相当于22天（11×2）的年休假工资6 600元（22×300）。海华公司应编制如下会计分录：

借：管理费用	6 600	
贷：应付职工薪酬——累积带薪缺勤		6 600

（2）非累积带薪缺勤，是指带薪权利不能结转下期的带薪缺勤，本期尚未用完的带薪缺勤权利将予以取消，并且职工离开企业时也无权获得现金支付。我国企业职工休婚假、产假、丧假、探亲假、病假期间的工资通常属于非累积带薪缺勤。由于职工提供服务本身不能增加其能够享受的福利金额，企业在职工未缺勤时不应当计提相关费用和负债；企业应在职工缺勤时确认职工享有的带薪权利，即视同职工出勤确认的相关资产成本或当期费用。企业应当在缺勤期间计提应付工资时一并处理。

企业应当在职工实际发生缺勤的会计期间确认与非累积带薪缺勤相关的职工薪酬。

3）非货币性职工薪酬的核算

❶企业以其自产产品作为非货币性福利发放给职工的，应当根据受益对象，按照该产品的公允价值，计入相关资产成本或当期损益，同时确认应付职工薪酬，借记“管理费用”“生产成本”“制造费用”等科目，贷记“应付职工薪酬——非货币性福利”科目。

❷企业将拥有的房屋等资产无偿提供给职工使用的，应当根据受益对象，将该住房每期应计提的折旧计入相关资产成本或当期损益，同时确认应付职工薪酬，借记“管理费用”“生产成本”“制造费用”等科目，贷记“应付职工薪酬——非货币性福利”科目，并且同时借记“应付职工薪酬——非货币性福利”科目，贷记“累计折旧”科目。

租赁住房等资产供职工无偿使用的，应当根据受益对象，将每期应付的租金计入相关资产成本或当期损益，并确认应付职工薪酬，借记“管理费用”“生产成本”“制造费用”等科目，贷记“应付职工薪酬——非货币性福利”科目。

【例10-14】海华公司2022年9月份将其生产的单位成本为1 000元的洗衣机发放给职工作为中秋福利，该型号的洗衣机售价为每台1 200元（不含增值税），公司职工共81人，其中，生产人员60人，车间管理人员6人，行政管理人员5人，销售人员10人。海华公司的会计处理如下：

（1）根据“非货币性福利分配表”（见表10-21）确认相应成本费用。

表10-21 非货币性福利分配表

2022年9月 金额单位：元

项目／应借科目	人员数量（人）	标准	非货币性福利
生产成本	60	1 356	81 360
制造费用	6	1 356	8 136
管理费用	5	1 356	6 780
销售费用	10	1 356	13 560
合计	81	1 356	109 836

审核：张兵 制表：赵振翔

借：生产成本 81 360
　　制造费用 8 136
　　管理费用 6 780
　　销售费用 13 560
　贷：应付职工薪酬——非货币性福利 109 836

（2）发放产品，根据“福利发放表”（见表10-22）确认相应收入。

表10-22 福利发放表

2022年9月 金额单位：元

序号	部门	姓名	金额	签字
1	行政	李明贤	1 356	李明贤
2	财务	赵振翔	1 356	赵振翔
⋮			⋮	
合计			109 836	

审核：张兵 制表：赵振翔

借：应付职工薪酬——非货币性福利 109 836
　贷：主营业务收入（81×1 200） 97 200
　　　应交税费——应交增值税（销项税额） 12 636

（3）根据产品出库单结转相应的产品成本。

借：主营业务成本　81 000

　贷：库存商品　81 000

【例 10-15】海华公司为3位高级管理人员每人提供一辆汽车免费使用，该型号汽车每辆每月计提折旧2 000元，另外还为此3人每人租赁一套房，每套月租金7 000元，房屋租赁增值税税率为9%，收到增值税专用发票一张，增值税共1 890元，海华公司的会计处理如下：

（1）根据非货币性福利分配表，确认提供汽车的非货币性福利：

借：管理费用　6 000

　贷：应付职工薪酬——非货币性福利　6 000

根据汽车的折旧计算表：

借：应付职工薪酬——非货币性福利　6 000

　贷：累计折旧　6 000

（2）根据非货币性福利分配表，确认为职工租赁住房的非货币性福利：

借：管理费用　21 000

　贷：应付职工薪酬——非货币性福利　21 000

根据收到的增值税专用发票：

借：应付职工薪酬——非货币性福利　21 000

　　应交税费——应交增值税（进项税额）　1 890

　贷：银行存款　22 890

10.4 应交税费确认与计量

在我国，企业当前根据税法规定应交纳的税费包括：增值税、消费税、城市维护建设税、资源税、企业所得税、土地增值税、房产税、车船税、城镇土地使用税、教育费附加、印花税、耕地占用税、契税、车辆购置税等。

企业应交纳的税费除印花税、耕地占用税、车辆购置税、契税外，一般应通过“应交税费”科目核算。“应交税费”科目总括反映企业各种税费应交、交纳情况。该科目贷方登记应交纳的各种税费；借方登记实际交纳的税费；期末余额一般在贷方，反映企业尚未交纳的税费；期末余额如在借方，反映企业多交或尚未抵扣的税费。本科目按应交的税费设置明细科目进行明细核算。

10.4.1 增值税

1）增值税概述

增值税是指对我国境内销售货物、提供加工修理或修配服务（简称应税劳务）、销售应税服务、无形资产和不动产（简称应税行为）以及进口货物的增值额征收的一种流转税。其中“应税服务”包括交通运输业服务、邮政服务、电信服务、金融服务、现代服务、生活服务。

我国税法上将增值税纳税人按会计核算水平和经营规模分为一般纳税人和小规模纳税人两类，计税方法分别采取一般计税方法和简易计税方法。

一般纳税人的一般计税方法是先按当期销售额和适用税率计算出销项税额，然后对当期购进项目已经缴纳的税额进行抵扣，从而间接计算出当期增值额部分的应纳税额。其计算公式为：

当期应纳税额=当期销项税额-当期进项税额

公式中的“当期销项税额”，是指纳税人当期销售货物、提供应税劳务或发生应税行为时，按照销售额和增值税税率计算的增值税税额。“当期进项税额”是指纳税人当期购进货物、接受应税劳务或应税服务支付或负担的增值税税额，通常包括：❶从销售方或劳务提供方取得的增值税专用发票上注明的增值税税额。❷从海关取得的海关进口增值税专用缴款书上注明的增值税税额。❸购进农产品除取得增值税专用发票或者海关进口增值税专用缴款书外，按照农产品收购发票或者销售发票上注明的农产品买价和规定的扣除率（一般为9%）计算的进项税额。❹接受境外单位或者个人提供的应税服务从税务机关或者境内代理人取得的解缴税款的中华人民共和国税收缴款凭证上注明的增值税税额。

如果当期销项税额小于当期进项税额不足抵扣时，其不足部分可以结转下期继续抵扣。

目前，我国一般纳税人的税率有13%、9%、6%、零四档，销售或者进口货物（除一些特殊货物外）适用13%的税率，提供加工、修理修配劳务适用13%的税率。

一般纳税人销售或者进口以下货物适用9%的税率：粮食、食用植物油、自来水、暖气、冷气、热水、煤气、石油液化气、天然气、沼气、居民用煤炭制品、图书、报纸、杂志、饲料、化肥、农药、农机、农膜以及国务院及其有关部门规定的其他货物；交通运输业服务、邮政服务、基础电信服务、建筑业、房地产业适用9%的税率；增值电信服务、现代服务业服务（有形动产租赁服务适用13%的税率）、金融业和保险业、生活性服务业适用6%的低税率。

一般纳税人出口货物税率为零。

小规模纳税人销售货物、提供应税劳务、发生应税行为，实行简易办法计征增值税，不得抵扣进项税额。小规模纳税人增值税应纳税额的计算公式为：

应纳税额=销售额×征收率

2）一般纳税人账户设置

增值税一般纳税人应当在“应交税费”科目下设置“应交增值税”“未交增值税”“预交增值税”“待抵扣进项税额”“待认证进项税额”“待转销项税额”“增值税留抵税额”“简易计税”“转让金融商品应交增值税”“代扣代交增值税”等明细科目。

（1）增值税一般纳税人应在“应交增值税”明细账内设置“进项税额”“销项税额抵减”“已交税金”“转出未交增值税”“减免税款”“出口抵减内销产品应纳税额”“销项税额”“出口退税”“进项税额转出”“转出多交增值税”等专栏。其中：

视频课程

增值税一般纳税人增值税账户设置

❶“进项税额”专栏，记录一般纳税人购进货物、加工修理修配劳务、服务、无形资产或不动产而支付或负担的、准予从当期销项税额中抵扣的增值税额；

❷“销项税额抵减”专栏，记录一般纳税人按照现行增值税制度规定因扣减销售额而减少的销项税额；

❸“已交税金”专栏，记录一般纳税人当月已缴纳的应交增值税额；

❹“转出未交增值税”和“转出多交增值税”专栏，分别记录一般纳税人月度终了转

出当月应交未交或多交的增值税额；

❺“减免税款”专栏，记录一般纳税人按现行增值税制度规定准予减免的增值税额；

❻“出口抵减内销产品应纳税额”专栏，记录实行“免、抵、退”办法的一般纳税人按规定计算的出口货物的进项税抵减内销产品的应纳税额；

❼“销项税额”专栏，记录一般纳税人销售货物、加工修理修配劳务、服务、无形资产或不动产应收取的增值税额；

❽“出口退税”专栏，记录一般纳税人出口货物、加工修理修配劳务、服务、无形资产按规定退回的增值税额；

❾“进项税额转出”专栏，记录一般纳税人购进货物、加工修理修配劳务、服务、无形资产或不动产等因发生非正常损失以及其他原因而不应从销项税额中抵扣、按规定转出的进项税额。

（2）“未交增值税”明细科目，核算一般纳税人月度终了从“应交增值税”或“预交增值税”明细科目转入当月应交未交、多交或预缴的增值税额，以及当月缴纳以前期间未交的增值税额。

（3）“预交增值税”明细科目，核算一般纳税人转让不动产、提供不动产经营租赁服务、提供建筑服务、采用预收款方式销售自行开发的房地产项目等，以及其他按现行增值税制度规定应预缴的增值税额。

（4）“待抵扣进项税额”明细科目，核算一般纳税人已取得增值税扣税凭证并经税务机关认证，按照现行增值税制度规定准予以后期间从销项税额中抵扣的进项税额。其包括：一般纳税人自2016年5月1日后取得并按固定资产核算的不动产或者2016年5月1日后取得的不动产在建工程，按现行增值税制度规定准予以后期间从销项税额中抵扣的进项税额①；实行纳税辅导期管理的一般纳税人取得的尚未交叉稽核比对的增值税扣税凭证上注明或计算的进项税额。

（5）“待认证进项税额”明细科目，核算一般纳税人由于未经税务机关认证而不得从当期销项税额中抵扣的进项税额。其包括：一般纳税人已取得增值税扣税凭证、按照现行增值税制度规定准予从销项税额中抵扣，但尚未经税务机关认证的进项税额；一般纳税人已申请稽核但尚未取得稽核相符结果的海关缴款书进项税额。

（6）“待转销项税额”明细科目，核算一般纳税人销售货物、加工修理修配劳务、服务、无形资产或不动产，已确认相关收入（或利得）但尚未发生增值税纳税义务而需于以后期间确认为销项税额的增值税额。

（7）“增值税留抵税额”明细科目，核算兼有销售服务、无形资产或者不动产的原增值税一般纳税人，截止到纳入“营改增”试点之日前的增值税期末留抵税额按照现行增值税制度规定不得从销售服务、无形资产或不动产的销项税额中抵扣的增值税留抵税额。

（8）“简易计税”明细科目，核算一般纳税人采用简易计税方法发生的增值税计提、扣减、预缴、缴纳等业务。

（9）“转让金融商品应交增值税”明细科目，核算增值税纳税人转让金融商品发生的增值税额。

---

① 自2019年4月1日起，纳税人取得不动产或者不动产在建工程的进项税额不再分2年抵扣。此前按上述规定尚未抵扣完毕的待抵扣进项税额，可自2019年4月税款所属期起从销项税额中抵扣。

（10）“代扣代交增值税”明细科目，核算纳税人购进在境内未设经营机构的境外单位或个人在境内的应税行为代扣代缴的增值税。

3）一般纳税人核算

（1）一般纳税人购销业务的核算。

企业从国内采购商品或接受应税劳务和应税服务等，根据增值税专用发票上记载的应计入采购成本或应计入劳务成本的金额，借记“固定资产”“材料采购”“原材料”“库存商品”“生产成本”“制造费用”“委托加工物资”“管理费用”等科目；根据增值税专用发票上注明的可抵扣的增值税税额，借记“应交税费——应交增值税（进项税额）”科目；按照应付或实际支付的总额，贷记“应付账款”“应付票据”“银行存款”等科目。如果购入货物后发生退货则编制相反的会计分录。

企业购入免税农产品按照买价和规定的扣除率计算进项税额，借记“应交税费——应交增值税（进项税额）”科目；按买价扣除计算出的进项税额后的差额，借记“材料采购”“在途物资”“原材料”“库存商品”等科目；按照应付或实际支付的价款，贷记“应付账款”或“银行存款”等科目。

【例10-16】海华公司2022年9月10日购入材料一批，取得增值税专用发票，注明价款300 000元、增值税39 000元。货款未付，材料已验收入库，货物由中远运输公司承运，取得了中远运输公司开具的增值税专用发票，注明运费1 000元、增值税90元，运费及增值税已用银行存款支付。

（1）根据材料的增值税专用发票，编制如下会计分录：

借：在途物资	300 000	
应交税费——应交增值税（进项税额）	39 000	
贷：应付账款		339 000

（2）根据运费的增值税专用发票，编制如下会计分录：

借：在途物资	1 000	
应交税费——应交增值税（进项税额）	90	
贷：银行存款		1 090

（3）材料验收入库，根据入库单：

借：原材料	301 000	
贷：在途物资		301 000

【例10-17】海华公司管理部门2022年10月12日购入10台计算机，每台价格5 000元、增值税650元，取得增值税专用发票，款项已支付。

借：固定资产	50 000	
应交税费——应交增值税（进项税额）	6 500	
贷：银行存款		56 500

【例10-18】海华公司从林场购进原木50 000元，取得增值税普通发票，原木已验收入库，款项已支付。海华公司应编制如下会计分录：

借：原材料	45 500	
应交税费——应交增值税（进项税额）（50 000×9%）	4 500	
贷：银行存款		50 000

【例10-19】2022年10月，海华公司生产车间的机器设备发生一笔修理费，取得的增值税专用发票上注明的修理费为10 000元、增值税为1 300元。款项已支付。

借：管理费用　10 000
　　应交税费——应交增值税（进项税额）　1 300
　贷：银行存款　11 300

企业销售货物、提供应税劳务或发生应税行为，按照实现的营业收入，贷记“主营业务收入”或“其他业务收入”科目；按照销售额与增值税税率计算的增值税额，贷记“应交税费——应交增值税（销项税额）”科目；按照价税款合计数，借记“银行存款”“应收账款”等科目，如果发生销货退回则编制相反的会计分录。

【例10-20】海华公司2022年10月15日销售产品一批，价款500 000元，增值税65 000元，提货单和增值税专用发票已交付对方，款未收。

借：应收账款　565 000
　贷：主营业务收入　500 000
　　应交税费——应交增值税（销项税额）　65 000

【例10-21】海华公司2022年10月16日受托为信诚公司加工产品一批，加工费6 000元，增值税780元，款项已收，发票已开出并交付对方。

借：银行存款　6 780
　贷：主营业务收入　6 000
　　应交税费——应交增值税（销项税额）　780

（2）一般纳税人视同销售的会计核算。

按照税法的规定，**对于企业将自产、委托加工的或购买的货物对外投资、捐赠或分配给股东或投资者；将自产、委托加工的货物用于集体福利或个人消费等行为，**应视同销售货物，需计算缴纳增值税。对符合会计上收入确认条件的，应确认主营业务收入或其他业务收入，并且贷记“应交税费——应交增值税（销项税额）”科目；对不符合收入确认条件的，按成本结转，同时按售价或按组成计税价格计算增值税，贷记“应交税费——应交增值税（销项税额）”科目。

【例10-22】海华公司2022年10月17日将自己生产的10台空调对外投资。该批产品成本为100 000元，双方协商作价120 000元，增值税15 600元。

海华公司根据投资协议及增值税专用发票，编制如下会计分录：

借：长期股权投资　135 600
　贷：主营业务收入　120 000
　　应交税费——应交增值税（销项税额）　15 600

海华公司根据出库单，编制如下会计分录：

借：主营业务成本　100 000
　贷：库存商品　100 000

（3）不予抵扣项目的会计核算。

按照税法规定，企业购进用于集体福利或个人消费的货物或应税劳务等不予抵扣增值税进项税额。属于购入货物时即能认定其进项税额不能抵扣的，进行会计处理时，其增值税专用发票上注明的增值税额应计入购入货物或接受劳务的成本。属于购入货物后改变货物用途的，其进项税额应通过“应交税费——应交增值税（进项税额转出）”科目转入有关科目，借记“应付职工薪酬”等科目，贷记“原材料”“库存商品”等科目，同时贷记“应交税费——应交增值税（进项税额转出）”科目。另外按照税法规定，企业购进的货物发生非常损失，其进项税额不得从销项税额中抵扣，进项税额也应通过“应交税费——应交增值税（进项税额转出）”科目转入有关科目。

【例10-23】海华公司2022年10月份仓库被盗，原材料ABS塑料短缺2吨，价值50 000元。存货盘盈/亏处理报告表见表10-23。

表10-23 存货盘盈/亏处理报告表

企业名称：无锡海华股份有限公司　　2022年10月31日　　单位：元

存货名称	计量单位	单价	数量		盘盈		盘亏		差异原因
			账存	实存	数量	金额	数量	金额	
ABS塑料	吨	25 000	100	98			2	50 000	仓库被盗
财务部门建议处理意见	列入企业“管理费用”　张兵								
单位主管部门批复处理意见	同意　李明贤								

核准人：李明贤　　审批人：张兵　　部门负责人：陈红　　制表：赵振翔

海华公司应根据“存货盘盈/亏处理报告表”编制如下会计分录：

借：待处理财产损溢——待处理流动资产损溢　　56 500

　贷：原材料——ABS塑料　　50 000

　　　应交税费——应交增值税（进项税额转出）　　6 500

如果该批损失全部由企业自行承担，则海华公司应作如下处理：

借：管理费用　　56 500

　贷：待处理财产损溢——待处理流动资产损溢　　56 500

【例10-24】海华公司将仓库中原准备生产产品的材料一批，转用于职工集体福利，材料购进价值为80 000元，增值税税率为13%。海华公司应根据领料单编制如下会计分录：

借：应付职工薪酬　　90 400

　贷：原材料　　80 000

　　　应交税费——应交增值税（进项税额转出）　　10 400

（4）购进不动产或不动产在建工程进项税额抵扣的会计核算。

一般纳税人自2019年4月1日后取得并按固定资产核算的不动产或者2019年4月1日后取得的不动产在建工程，其进项税额不再分期抵扣，可在购进当期一次性抵扣。纳税人按取得成本，借记“固定资产”“在建工程”等科目，按当期可抵扣的增值税额，借记“应交税费——应交增值税（进项税额）”科目，贷记“应付账款”“应付票据”“银行存款”等科目。

【例10-25】2022年10月10日，海华公司购进办公大楼一幢，计入固定资产，并于次月开始计提折旧。10月20日，取得该大楼的增值税专用发票并认证相符，专用发票注明的金额为500万元，增值税税额为45万元。

海华公司根据增值税专用发票及付款凭证编制如下会计分录：

借：固定资产——办公楼　　5 000 000

　　应交税费——应交增值税（进项税额）　　450 000

　贷：银行存款　　5 450 000

（5）转出多交增值税和未交增值税的会计处理。

为了分别反映增值税一般纳税人欠交增值税款和待抵扣增值税的情况，确保企业及时足额上缴增值税，避免出现用以前月份欠缴增值税抵扣以后月份未抵扣增值税的情况，企业应在“应交税费”科目下设置“未交增值税”明细科目。核算企业月份终了从“应交税费——应交增值税”科目转入的当月未交或多交的增值税，同时在“应交税费——应交增值税”科目下设置“转出未交增值税”和“转出多交增值税”专栏，月份终了，企业计算出当月应交未交的增值税，借记“应交税费——应交增值税（转出未交增值税）”科目，贷记“应交税费——未交增值税”科目；根据当月多交的增值税，借记“应交税费——未交增值税”科目，贷记“应交税费——应交增值税（转出多交增值税）”科目。经过结转后，月份终了，“应交税费——应交增值税”科目的余额反映企业尚未抵扣的增值税。

值得注意的是，企业当月交纳当月的增值税，通过“应交税费——应交增值税（已交税金）”科目核算；当月交纳以前各期未交的增值税，则通过“应交税费——未交增值税”科目核算，不通过“应交税费——应交增值税（已交税金）”科目核算。

4）小规模纳税人核算

视频课程

小规模纳税人增值税的账务处理

小规模纳税人采用简易办法计征增值税，按照不含税销售额和规定的增值税征收率计算交纳增值税，销售货物、提供应税劳务或提供应税服务时不能开具增值税专用发票，购入货物无论是否取得增值税专用发票，其支付的增值税均不计入进项税额，应计入购入货物的成本。因而，小规模纳税人只需在“应交税费”科目下设置“应交增值税”明细科目，不需要在“应交增值税”明细科目中设置专栏。“应交税费——应交增值税”科目贷方登记应交纳的增值税；借方登记已交纳的增值税；期末贷方余额反映尚未交纳的增值税，借方余额反映多交纳的增值税。

【例10-26】学华公司（增值税小规模纳税人①）2022年3月购入原材料，取得的增值税专用发票上注明的价款为200 000元、增值税为26 000元。原材料已验收入库，开出商业承兑汇票一张。3月份销售额共计309 000元（含税），假定符合收入确认条件，款项已收到并存入银行。学华公司应编制如下会计分录：

（1）购进时：

借：原材料　　226 000

① 自2022年4月1日至2022年12月31日，增值税小规模纳税人适用3%征收年的应税销售收入，免征增值税；适用3%预征率的预缴增值税项目，暂停预缴增值税。自2023年1月1日至2023年12月31日，增值税小规模纳税人适用3%征收率的应税销售收入，减按1%征收率征收增值税；适用3%预征率的预缴增值税项目，减按1%预征率预缴增值税。

　　贷：应付票据　　226 000

（2）销售时：

应交增值税=309 000÷（1+3%）×3%=9 000（元）

借：银行存款　　309 000

　　贷：主营业务收入　　300 000

　　　　应交税费——应交增值税　　9 000

10.4.2 消费税

消费税是对在我国境内生产、委托加工和进口应税消费品的单位和个人，按其流转额征收的一种税。消费税的征收方法有从价定率、从量定额和复合计征三种。

企业按规定应交的消费税，通过“应交税费——应交消费税”科目核算。该明细科目的借方发生额，反映实际交纳的消费税和待扣的消费税；贷方发生额，反映按规定应交纳的消费税；期末贷方余额，反映尚未交纳的消费税；期末借方余额，反映多交或多扣的消费税。

1）销售应税消费品的核算

企业对外销售应税消费品应交纳的消费税，通过“税金及附加”科目核算。

视频课程

应交税费——应交消费税

【例10-27】海天公司为一化妆品企业，经税务机关认定为增值税一般纳税人。本月销售高档化妆品500 000元（不含增值税），款项已全部收到并存入银行。增值税税率为13%，消费税税率为15%。海天公司应编制如下会计分录：

（1）销售时，根据发票等账单：

借：银行存款　　565 000

　　贷：主营业务收入　　500 000

　　　　应交税费——应交增值税（销项税额）　　65 000

（2）计提消费税时：

借：税金及附加　　75 000

　　贷：应交税费——应交消费税（500 000×15%）　　75 000

2）委托加工应税消费品的核算

企业如有委托加工的应交消费税的物资，一般应由受托方代收代缴税款。委托加工物资收回后，如果用于直接销售的，应将受托方代收代缴的消费税计入委托加工物资的成本，借记“委托加工物资”等科目；如果收回后是用于连续生产应税消费品的，按税法规定准予抵扣的消费税，应借记“应交税费——应交消费税”科目。

【例10-28】海青公司提供一批木材委托海蓝公司加工实木地板。该批木材成本为70 000元，加工费为30 000元（不含税）。海青公司收到对方公司开来的增值税专用发票，并代收消费税5 263.16元，款项已全部交付对方。该实木地板收回后全部用于销售。海青公司应编制如下会计分录：

（1）海青公司发出材料后：

借：委托加工物资　　70 000

　　贷：原材料　　70 000

（2）地板收回后如果是用于直接销售的：

借：委托加工物资　　30 000

　　应交税费——应交增值税（进项税额）　　3 900

贷：银行存款 33 900

借：委托加工物资（（70 000+30 000）÷（1−5%）×5%） 5 263.16

贷：银行存款 5 263.16

借：库存商品 105 263.16

贷：委托加工物资 105 263.16

（3）地板收回后如果是用于继续加工地板：

借：委托加工物资 30 000

应交税费——应交增值税（进项税额） 3 900

贷：银行存款 33 900

借：应交税费——应交消费税 5 263.16

贷：银行存款 5 263.16

借：原材料 100 000

贷：委托加工物资 100 000

3）进口应税消费品的核算

企业进口应税消费品在进口环节应交纳的消费税，计入进口物资的成本，借记“原材料”或“固定资产”等科目，贷记“银行存款”等科目。

10.4.3 其他应交税费

视频课程

其他应交税费的核算

其他应交税费是指除上述增值税、消费税以外的其他各种应上交国家的税费。

1）资源税

资源税是以各种应税自然资源为课税对象、为了调节资源级差收入并体现国有资源有偿使用而征收的一种税。它采用从价定率为主、从量定额为辅的计征方法征收。企业根据销售应税产品应交纳的资源税，借记“税金及附加”科目，贷记“应交税费——应交资源税”科目；企业如果自产自用应税产品，借记“生产成本”或“制造费用”等科目，贷记“应交税费——应交资源税”科目。

2）土地增值税

土地增值税是对转让国有土地使用权、地上建筑物及其附着物（以下简称房地产）并取得增值性收入的单位和个人所征收的一种税。土地增值税按照转让房地产所取得的增值额和规定的税率计算征收。转让房地产的增值额是指转让收入减去税法规定扣除项目金额后的余额。其中，扣除项目主要包括取得土地使用权所支付的金额、房地产开发成本及费用、与转让房地产有关的税金、旧房及建筑物的评估价格，以及财政部确定的其他扣除项目等。土地增值税采用四级超率累进税率，其中最低税率为30%，最高税率为60%。

如果企业转让的土地使用权连同地上建筑物及其附着物一并在“固定资产”科目核算的，根据转让时应交的土地增值税，借记“固定资产清理”科目，贷记“应交税费——应交土地增值税”科目；如果土地使用权在“无形资产”科目核算的，则按实际收到的金额借记“银行存款”“累计摊销”“无形资产减值准备”科目，按应交的土地增值税，贷记“应交税费——应交土地增值税”科目，同时冲销土地使用权的账面价值，贷记“无形资产”科目，按其差额借记“资产处置损益”科目；如果是房地产开发经营企业销售房地产应交纳的土地增值税，则借记“税金及附加”科目，贷记“应交税费——应交土地增值税”科目。

3）城市维护建设税、教育费附加、地方教育附加

城市维护建设税是以增值税、消费税为计税依据征收的一种税，即纳税人为缴纳增值税、消费税的单位和个人，以纳税人实际缴纳的增值税、消费税税额为计税依据，并分别与这两项税金同时缴纳，税率因纳税人所在地不同，从1%到7%不等。

教育费附加是为了发展教育事业而向企业征收的附加费用。教育费附加的计税依据与城市维护建设税相同。教育费附加的征收率为3%。

地方教育附加是指根据国家有关规定，为实施“科教兴省”战略，增加地方教育的资金投入，促进各省、自治区、直辖市教育事业发展，开征的一项地方政府性基金。该收入主要用于各地方的教育经费的投入补充。地方教育附加的征收率为2%。

企业根据按规定计算出的应交纳的城市维护建设税、教育费附加、地方教育附加，借记“税金及附加”等科目，贷记“应交税费——应交城市维护建设税”“应交税费——应交教育费附加”“应交税费——应交地方教育附加”科目。

【例10-29】海华公司2022年10月份应交纳的增值税为200 000元、消费税为100 000元。海华公司所在地区的城市维护建设税税率为7%，教育费附加征收率为3%，地方教育附加征收率为2%。海华公司应编制如下会计分录：

借：税金及附加 36 000

贷：应交税费——应交城市维护建设税（（200 000+100 000）×7%） 21 000

——应交教育费附加 （（200 000+100 000）×3%） 9 000

——应交地方教育附加（（200 000+100 000）×2%） 6 000

4）房产税、城镇土地使用税、车船税

房产税是国家对城市、县城、建制镇和工矿区征收的由产权所有人缴纳的一种税。房产税有从价计征和从租计征两种。从价计征的房产税依照房产原值一次减计10%到30%后的余额计算缴纳。从租计征的以房产租金收入为房产税的计税依据。

城镇土地使用税是以城市、县城、建制镇、工矿区范围内使用土地的单位和个人为纳税人，以其实际占用的土地面积和规定的税额计算征收。

车船税是以车辆、船舶为课征对象向车船的所有人或者管理人征收的一种税。

企业应交的房产税、城镇土地使用税、车船税应记入“税金及附加”科目，借记“税金及附加”科目，贷记“应交税费——应交房产税（或应交城镇土地使用税、应交车船税）”科目。

10.5 交易性金融负债确认与计量

金融负债是金融工具的一种。企业确认金融负债必须满足一定条件。向其他单位交付现金或其他金融资产的合同义务就是一种金融负债。例如，企业的应付账款、应付票据和应付债券等均属于金融负债。而预收账款不是金融负债，因其导致的未来经济利益流出是商品或服务，不是交付现金或其他金融资产的合同义务。

金融负债应当在初始确认时划分为下列两类：

❶以公允价值计量且其变动计入当期损益的金融负债，包括交易性金融负债（含

属于金融负债的衍生工具）和指定为以公允价值计量且其变动计入当期损益的金融负债。

❷以摊余成本计量的金融负债。

交易性金融负债，指企业采用短期获利模式进行融资所形成的负债，比如应付短期债券。作为交易双方来说，甲方的金融债权就是乙方的金融负债，由于融资方需要支付利息，因此，就形成了金融负债。

企业初始确认交易性金融负债，应当按照公允价值计量，相关交易费用应当直接计入当期损益。交易性金融负债应当按照公允价值进行后续计量，其公允价值变动形成的利得或损失，除与套期会计有关外，应当计入当期损益。

【例10-30】2022年10月1日，甲公司经批准在全国银行间债券市场按面值公开发行100亿元人民币短期融资券，期限为1年，票面年利率为8%，每张面值为100元，到期一次性还本付息。所募集资金主要用于公司购买生产经营所需的原材料及配套件等。公司将该短期融资券指定为以公允价值计量且其变动计入当期损益的金融负债。假定发行短期融资券相关的交易费用为1 000万元。2022年12月31日，该短期融资券市场价格为每张108元（不含利息）；2023年3月31日，该短期融资券市场价格为每张105元（不含利息）；2023年6月30日，该短期融资券市场价格为每张103元（不含利息）；2023年9月30日，该短期融资券到期兑付完成。

要求：编制甲公司从发行债券至短期融资券到期的会计分录。

甲公司账务处理如下（金额单位：万元）：

（1）2022年10月1日，发行短期融资券：

借：银行存款　　999 000

　　投资收益　　1 000

　贷：交易性金融负债——成本　　1 000 000

（2）2022年12月31日，年末确认公允价值变动和利息费用：

借：公允价值变动损益　　80 000

　贷：交易性金融负债——公允价值变动　　80 000

借：投资收益　　20 000

　贷：应付利息　　20 000

（3）2023年3月31日，季末确认公允价值变动和利息费用：

借：交易性金融负债——公允价值变动　　30 000

　贷：公允价值变动损益　　30 000

借：投资收益　　20 000

　贷：应付利息　　20 000

（4）2023年6月30日，季末确认公允价值变动和利息费用：

借：交易性金融负债——公允价值变动　　20 000

　贷：公允价值变动损益　　20 000

借：投资收益　　20 000

　贷：应付利息　　20 000

（5）2023年9月30日，短期融资券到期：

借：投资收益 20 000
　贷：应付利息 20 000

借：交易性金融负债——成本 1 000 000
　　　　　　　　——公允价值变动 30 000
　　应付利息 80 000
　贷：银行存款 1 080 000
　　　投资收益 30 000

借：投资收益 30 000
　贷：公允价值变动损益 30 000

10.6 其他流动负债确认与计量

10.6.1 应付股利

应付股利是指企业经股东大会或类似机构审议批准分配的现金股利或利润，企业股东大会或类似机构审议批准利润分配方案、宣告分派的现金股利或利润在实际支付前形成的企业负债。

企业董事会或类似机构通过的利润分配方案中拟分配的现金股利或利润不应确认负债，但应在附注中披露。

企业根据经股东大会或类似机构审议批准的利润分配方案，按应支付的现金股利或利润，借记“利润分配”科目，贷记“应付股利”科目；实际支付现金股利或利润时，借记“应付股利”科目，贷记“银行存款”等科目。

10.6.2 其他应付款

其他应付款是指企业除应付票据、应付账款、预收账款、应付职工薪酬、应付利息、应付股利、应交税费等以外的其他各项应付、暂收的款项，如应付经营租赁固定资产租金、租入包装物租金、存入保证金等。

企业发生其他各种应付、暂收款项时，借记“管理费用”或“银行存款”等科目，贷记“其他应付款”科目；支付其他各种应付、暂收款项时，借记“其他应付款”科目，贷记“银行存款”等科目。

本章概要

流动负债，是指将在1年或超过1年的一个营业周期内偿还的各种债务。流动负债包括短期借款、应付账款、应交税费、应付职工薪酬、其他应付款等。本章主要介绍各主要流动负债的形成、内容以及确认与计量，包括：短期借款的账务处理；应付账款、应付票据、预收账款、其他应付款等应付及预收款项入账价值的确定及基本的账务处理；职工薪酬及其组成，应付职工薪酬的形成、结算及账务处理；主要应交税费的确定及账务处理等。

概念回顾

短期借款　应付票据　应付利息　预收账款　应付职工薪酬　增值税　消费税　其他应付款

会计分录

1.短期借款的核算

业务内容	会计处理
取得借款	借：银行存款 贷：短期借款
按月支付利息	借：财务费用 贷：银行存款
按月预提利息	借：财务费用 贷：应付利息
按月预提，按季支付利息时	借：应付利息 贷：银行存款
偿还本金	借：短期借款 贷：银行存款

2.应付账款的核算

业务内容		会计处理
赊销时	按不含现金折扣金额入账	借：原材料 应交税费——应交增值税（进项税额） 贷：应付账款（买价+运杂费+增值税等）
折扣期内享受现金折扣，偿还欠款		借：应付账款 贷：银行存款 财务费用
应付账款的转销		借：应付账款 贷：营业外收入

3.应付票据的核算

业务内容		会计处理
不带息票据的核算	签发商业汇票时	借：在途物资 应交税费——应交增值税（进项税额） 贷：应付票据
	票据到期支付货款时	借：应付票据 贷：银行存款
带息票据的核算	签发商业汇票时	借：在途物资 应交税费——应交增值税（进项税额） 贷：应付票据（面值）
	计提票据利息时	借：财务费用 应：应付票据
	票据到期支付票款时	借：应付票据（面值+已计提利息） 贷：银行存款
票据到期无力支付票据款	采用商业承兑汇票结算时	借：应付票据 贷：应付账款
	采用银行承兑汇票结算时	借：应付票据 贷：短期借款

4.预收账款的核算

业务内容		会计处理
设置“预收账款”账户的核算	收取款项时	借：银行存款（或库存现金） 贷：预收账款
	确认收入时	借：预收账款 贷：主营业务收入（或其他业务收入） 应交税费——应交增值税（销项税额）
	补收不足款项时	借：银行存款（或库存现金） 贷：预收账款
	退回多余款项时	借：预收账款 贷：银行存款（或库存现金）
不设置“预收账款”账户的核算	收取款项时	借：银行存款（或库存现金） 贷：应收账款
	确认收入时	借：应收账款 贷：主营业务收入（或其他业务收入） 应交税费——应交增值税（销项税额）
	补足不足款项时	借：银行存款（或库存现金） 贷：应收账款
	退还多余款项时	借：应收账款 贷：银行存款（或库存现金）

5.应付职工薪酬的核算

业务内容			会计处理
货币性职工薪酬	确认	分配工资、奖金、津贴和补贴时	借：生产成本 　　制造费用 　　管理费用 　　销售费用 　贷：应付职工薪酬——工资、奖金、津贴和补贴
		计提分配“五险一金”等社会保险费及住房公积金时	借：生产成本 　　制造费用 　　管理费用 　　销售费用 　贷：应付职工薪酬——社会保险费（医疗保险） 　　　　　　　　　——社会保险费（工伤保险） 　　　　　　　　　——社会保险费（生育保险） 　　　　　　　　　——设定提存计划（养老保险） 　　　　　　　　　——设定提存计划（失业保险） 　　　　　　　　　——住房公积金
		计提分配工会经费和职工教育经费时	借：生产成本 　　制造费用 　　管理费用 　　销售费用 　贷：应付职工薪酬——工会经费 　　　　　　　　　——职工教育经费
		计提分配职工福利费时	借：生产成本 　　制造费用 　　管理费用 　　销售费用 　贷：应付职工薪酬——职工福利费
	发放	发放职工薪酬、代扣社会保险及住房公积金、代扣个人所得税	借：应付职工薪酬——工资、奖金、津贴和补贴 　贷：银行存款（或库存现金） 　　　其他应付款——社会保险费 　　　　　　　　——住房公积金 　　　应交税费——应交个人所得税
		缴纳“五险一金”等社会保险费及住房公积金时	借：应付职工薪酬——社会保险费（医疗保险） 　　　　　　　　——社会保险费（工伤保险） 　　　　　　　　——社会保险费（生育保险） 　　　　　　　　——设定提存计划（养老保险） 　　　　　　　　——设定提存计划（失业保险） 　　　　　　　　——住房公积金 　　其他应付款——社会保险费 　　　　　　　——住房公积金 　贷：银行存款
		缴纳工会经费、职工教育经费时	借：应付职工薪酬——工会经费 　　　　　　　　——职工教育经费 　贷：银行存款
非货币性职工薪酬	分配职工非货币性福利时		借：生产成本 　　制造费用 　　管理费用 　　销售费用 　贷：应付职工薪酬——非货币性福利
	给企业管理人员提供非货币性福利时		借：管理费用 　贷：应付职工薪酬——非货币性福利
	给企业管理人员提供免费住房、汽车等固定资产计提折旧时		借：应付职工薪酬——非货币性福利 　贷：累计折旧
	以企业产品发放福利		借：应付职工薪酬——非货币性福利 　贷：主营业务收入 　　　应交税费——应交增值税（销项税额） 借：主营业务成本 　贷：库存商品

6.应交税费的核算

业务内容		会计处理
一般纳税人增值税的核算	采购商品和接受应税劳务	借：在途物资 应交税费——应交增值税（进项税额） 贷：银行存款
	管理不善等原因造成的外购存货非正常损失	借：待处理财产损溢——待处理流动资产损溢 贷：原材料 应交税费——应交增值税（进项税额转出）
	销售商品或者提供应税劳务	借：应收账款（或银行存款） 贷：主营业务收入 应交税费——应交增值税（销项税额）
	视同销售行为	借：长期股权投资（或应付职工薪酬等） 贷：主营业务收入 应交税费——应交增值税（销项税额） 借：主营业务成本 贷：库存商品
	缴纳当月应交增值税	借：应交税费——应交增值税（已交税金） 贷：银行存款
	月末转出应交未交增值税	借：应交税费——应交增值税（转出未交增值税） 贷：应交税费——未交增值税
	月末转出多交增值税	借：应交税费——未交增值税 贷：应交税费——应交增值税（转出多交增值税）
	缴纳上月应交增值税	借：应交税费——未交增值税 贷：银行存款
小规模纳税人增值税的处理	实现销售时	借：银行存款 贷：主营业务收入 应交税费——应交增值税
	上交增值税时	借：应交税费——应交增值税 贷：银行存款
应交消费税	实现销售时	借：银行存款 贷：主营业务收入 应交税费——应交增值税（销项税额） 借：税金及附加 贷：应交税费——应交消费税
	委托加工应税消费品发出材料	借：委托加工物资 贷：原材料
	支付委托加工应税消费品加工费及委托方代扣代缴消费税	借：委托加工物资 应交税费——应交增值税（进项税额） ——应交消费税（连续加工应税消费品时） 贷：银行存款
	自产自用应税消费品	借：在建工程 贷：库存商品 应交税费——应交消费税
其他应交税费	销售应税产品应交资源税	借：税金及附加 贷：应交税费——应交资源税
	自产自用应税产品应交资源税	借：应交税费——应交资源税 贷：银行存款
	应交城市维护建设税、教育费附加、地方教育附加	借：税金及附加 贷：应交税费——应交城市维护建设税 ——应交地方教育附加 ——应交教育费附加
	应交土地增值税	借：固定资产清理 贷：应交税费——应交土地增值税
	应交房产税、城镇土地使用税、车船税	借：税金及附加 贷：应交税费——应交房产税 ——应交城镇土地使用税 ——应交车船税
	应交个人所得税	（1）代扣个人所得税时： 借：应付职工薪酬——工资、奖金、津贴和补贴 贷：应交税费——应交个人所得税 （2）缴纳个人所得税： 借：应交税费——应交个人所得税 贷：银行存款

7. 交易性金融负债

业务内容	会计处理
发行短期融资券	借：银行存款 　　投资收益 　贷：交易性金融负债——成本
公允价值变动	借：公允价值变动损益 　贷：交易性金融负债——公允价值变动（或相反分录）
确认利息费用	借：投资收益 　贷：应付利息
融资券到期	借：交易性金融负债——成本 　　　　　　　　　——公允价值变动（或贷方） 　　应付利息 　贷：银行存款 　　　投资收益（或借方）

原始凭证目录

原始凭证1：借款借据（见表10-3）
原始凭证2：商业承兑汇票（见表10-4）
原始凭证3：银行承兑汇票（见表10-5）
原始凭证4：工资结算表（见表10-10）
原始凭证5：工资结算汇总表（见表10-11）
原始凭证6：职工福利费计提表（见表10-12）
原始凭证7：工会经费及职工教育经费计提表（见表10-13）
原始凭证8：社会保险费及住房公积金计提表（见表10-14）
原始凭证9：税收通用缴款书（见表10-15、表10-16）
原始凭证10：住房公积金汇缴书（见表10-17）
原始凭证11：非货币性福利分配表（见表10-21）
原始凭证12：福利发放表（见表10-22）
原始凭证13：存货盘盈/亏处理报告表（见表10-23）

法规链接

第11章　非流动负债

预习思考题

1.非流动负债包括哪些内容？

2.非流动负债与流动负债有何区别？

学习目标

理论目标

1.理解“长期借款”“应付债券”“长期应付款”等账户的含义；

2.了解债券的发行方式；

3.理解融资租赁与经营租赁的区别。

实务目标

1.能对长期借款的取得、利息确认、本息归还业务进行会计核算；

2.能对债券的发行、利息确认、到期偿还业务进行会计核算；

3.会对融资租入固定资产业务进行会计核算。

引例

游乐园融资租赁筹措建设资金

在国外，旅游设施（特别是大型游乐设施）的融资租赁业务模式已非常成熟，游乐场、景区等项目在购买设施设备时遇到的资金不足问题，往往通过融资租赁来解决。而在中国，尤其是西部地区，采用融资租赁来购买游乐设施的脚步才刚刚开始。A公司是位于成都的一家企业，在修建游乐园二期项目时，受国家调控政策影响，资金链普遍趋紧，A公司的资金不能满足二期游乐园的需求。经过考察，A公司选择了具有成都本土国有背景的成都金控融资租赁有限公司（简称“金控租赁公司”）来解决这笔融资款项。金控租赁公司根据A公司游乐园一期项目近年来良好的运营情况，测算了二期项目投入新设备后未来3年产生的现金流，整体评估出该项目未来现金流充足，不失为融资租赁的典型优质项目。金控租赁公司出具的融资方案为：A公司自行选择游乐设备生产厂商，采购总金额为4 759万元的设施设备，由A公司支付30%首付款给生产商，剩余70%资金由金控租赁公司提供。租赁期间设备所有权属于金控租赁公司，由金控租赁公司将游乐设备租给A公司使用，A公司向金控租赁公司支付租金，3年期满后，设备所有权从金控租赁公司转移给A公司。这样，既解决了A公司资金缺口问题，使得项目顺利开展，又满足了A公司最终获得设备所有权的需求。该融资款项到位后，A公司投资的游乐园二期项目迅速建设、安装并开始运营，开园后社会反响强烈，深受成都及周边游客的喜爱，为A公司赚取了大量利润。

资料来源　佚名. 融资租赁9大精选案例［EB/OL］.［2015-06-07］. http：//mt.sohu.com/20150627/n415752830.shtml.

11.1 长期借款确认与计量

11.1.1　长期借款概述

长期借款是指企业向银行或其他金融机构借入的期限在1年以上（不含1年）的各项借款。长期借款主要是用于企业固定资产的购建、改扩建工程、大修理工程、对外投资以及为了保持长期经营能力等方面的需要。长期借款属于非流动负债，在资产负债表中的“长期借款”项目列示。

企业应通过“长期借款”科目，核算长期借款的借入、归还等情况。该科目贷方登记长期借款本息的增加额，借方登记本息的减少额；期末贷方余额，表示企业尚未偿还的长期借款。本科目可按照贷款单位和贷款种类设置明细账，分别“本金”“利息调整”等进行明细核算。

11.1.2　长期借款取得的核算

企业借入长期借款，应按实际收到的金额，借记“银行存款”科目；按合同约定的借款本金，贷记“长期借款——本金”科目；按借贷双方之间的差额，借记“长期借款——利息调整”科目。

视频课程

长期借款取得、利息确认及本息归还的核算

【例11-1】海华公司于2022年10月31日从银行借入资金2 000 000元，用于购买一新生产线，借款期限为3年，借款年利率为6%，到期一次还本付息，不计复利，所借款项存入银行。海华公司应编制如下会计分录：

借：银行存款　　2 000 000

　贷：长期借款——本金　　2 000 000

11.1.3　长期借款利息的确认

长期借款利息费用应当在资产负债表日按实际利率法计算确定。如果实际利率与合同利率相差不大，也可以采用合同利率计算确定利息费用。在资产负债表日，企业应按长期借款的摊余成本和实际利率计算确定的长期借款的利息费用，借记“在建工程”“财务费用”“制造费用”“研发支出”等科目，按借款本金和合同利率计算确定的应付未付利息，如果属于分期付息的，贷记“应付利息”科目，如果属于到期一次还本付息的，贷记“长期借款——应计利息”科目。

【例11-2】承【例11-1】，海华公司于2022年11月30日计提长期借款利息，假定企业采用合同利率计算确定利息费用。海华公司应编制如下会计分录：

借：财务费用　　10 000

　贷：长期借款——应计利息（2 000 000×6%÷12）　　10 000

2022年12月至2025年9月每月预提利息的会计分录同上。

11.1.4　长期借款利息的归还

企业归还长期借款时，按应归还本金的金额，借记“长期借款——本金”科目，贷记“银行存款”科目；按应归还的利息，借记“应付利息”或“长期借款——应计利息”科目，贷记“银行存款”科目。

【例11-3】承【例11-1】和【例11-2】，假设海华公司于2025年10月31日偿还该笔银行借款本息。海华公司应编制如下会计分录：

借：财务费用　　10 000
　　长期借款——本金　　2 000 000
　　　　　　——应计利息　　350 000
　贷：银行存款　　2 360 000

11.2 应付债券确认与计量

11.2.1 应付债券概述

视频课程
应付债券确认与计量

应付债券是指企业为筹集（长期）资金而发行的债券。通过发行债券取得的资金，构成了企业的一项非流动负债。企业会在未来某一特定日期按债券所记载的利率、期限等约定还本付息。

企业债券的发行有三种，即面值发行、溢价发行和折价发行。**所谓面值发行是指债券按债券的票面价格发行。**如果债券的票面利率与同期银行存款利率相同，一般按面值发行。**所谓溢价发行是指债券按超过面值的价格发行。**当债券的票面利率高于同期银行存款利率时，一般会溢价发行。溢价是企业以后各期多付利息而事先得到的补偿。所谓折价发行是指债券按低于面值的价格发行。如果债券的票面利率低于银行同期存款利率，一般会折价发行。折价是企业以后各期少付利息而预先给投资者的补偿。溢价或折价是发行债券企业在债券存续期间内对利息费用的一种调整。

企业应通过“应付债券”科目，核算应付债券发行、计提利息、还本付息等情况。该科目贷方登记应付债券的本金和利息；借方登记归还的债券本金和利息；期末贷方余额表示企业尚未偿还的长期债券。本科目可按“面值”“利息调整”“应计利息”等设置明细科目进行明细核算。

企业应当设置“企业债券备查簿”，详细登记企业发行债券的票面金额、债券票面利率、还本付息期限与方式、发行总额、发行日期和编号、委托代售单位、转换股份等资料，企业债券到期结清时，应当在备查簿内逐笔注销。

11.2.2 债券发行的核算

企业发行债券时，按实际收到的款项，借记“银行存款”“库存现金”等科目，按债券票面价值，贷记“应付债券——面值”科目，按实际收到的款项与票面价值之间的差额，贷记或借记“应付债券——利息调整”科目。

【例 11-4】2022年12月31日，海华公司经批准发行5年期一次还本、分期付息的公司债券2 000 000元，债券利息在每年的12月31日支付，票面年利率为6%，假定债券发行时市场利率为5%，债券的发行价格为2 086 540元。海华公司在发行债券收到存款时应编制如下会计分录：

借：银行存款　　2 086 540
　贷：应付债券——面值　　2 000 000
　　　　　　　——利息调整　　86 540

11.2.3 债券利息的核算

对应付债券利息应采用实际利率法进行核算（实际利率与票面利率差异较小时也可简化核算，用票面利率进行核算）。实际利率法是指按照应付债券的实际利率计算其摊余成本及各项利息费用的方法。实际利率是指将应付债券在债券存续期间的未来现金流量，折现为该债券当前账面价值所使用的利率。

资产负债表日，对于分期付息、一次还本的债券，企业应根据应付债券的摊余成本和实际利率计算确定的债券利息费用，借记“在建工程”“制造费用”“财务费用”等科目，按票面利率计算确定的应付未付的利息，贷记“应付利息”科目，按其差额，借记或贷记“应付债券——利息调整”科目。对于一次还本付息的债券，其按票面利率计算确定的应付未付的利息，贷记“应付债券——应计利息”科目。

【例11-5】承【例11-4】，采用实际利率法和摊余成本计算确定的利息费用，见表11-1。

表11-1 利息费用计算表 单位：元

付息日期	支付利息	利息费用	摊销的利息调整	应付债券摊余成本
	①=面值×6%	②=上期④×5%	③=①-②	④=上期④-③
2022年12月31日				2 086 540
2023年12月31日	120 000	104 327	15 673	2 070 867
2024年12月31日	120 000	103 543.35	16 456.65	2 054 410.35
2025年12月31日	120 000	102 720.52	17 279.48	2 037 130.87
2026年12月31日	120 000	101 856.54	18 143.46	2 018 987.41
2027年12月31日	120 000	101 012.59	18 987.41	2 000 000

2023年12月31日，海华公司计提利息时：

借：财务费用　　104 327
　　应付债券——利息调整　　15 673
　贷：应付利息　　120 000

支付利息时：

借：应付利息　　120 000
　贷：银行存款　　120 000

2024年12月31日、2025年12月31日、2026年12月31日确认利息费用的会计处理同理。

11.2.4 债券偿还的核算

企业债券到期时，采用一次还本付息方式的，支付本息时，应借记“应付债券——面值”“应付债券——应计利息”科目，贷记“银行存款”科目；采用分次付息、一次还本方式，在每期支付利息时，应借记“应付利息”科目，贷记“银行存款”科目，待债券到期偿还本金及最后一期利息时，借记“应付债券——面值”“在建工程”“财务费用”“制造费用”等科目，贷记“银行存款”科目，借记或贷记“应付债券——利息调整”科目。

【例11-6】承【例11-4】，2027年12月31日海华公司归还债券本金及最后一期利息时，应编制如下会计分录：

借：应付债券——面值　　2 000 000
　　财务费用　　101 012.59
　　应付债券——利息调整　　18 987.41
　贷：银行存款　　2 120 000

11.3 长期应付款确认与计量

长期应付款是指企业除长期借款和应付债券以外的其他各种长期应付款项，包括应付融资租入固定资产的租赁费、以分期付款方式购入固定资产发生的应付款项等。

11.3.1 应付融资租入固定资产的租赁费

融资租赁实质上是转移了与资产所有权有关的全部或大部分风险和报酬的租赁方式。企业融资租入的固定资产，在租赁有效期内，其所有权仍归出租方，但承租方获得了租赁资产的实质控制权，享有了资产在有效使用期限内带来的各种经济利益，同时作为取得这项权利的代价，其需要支付大致等于该项资产的公允价值的金额，这些款项支付前构成了应付融资租赁款。

企业采用融资租赁方式租入的固定资产，应在租赁开始日，将租赁开始日租赁资产公允价值与最低租赁付款额现值两者中较低者，加上初始直接费用，作为租入资产的入账价值，借记“固定资产”等科目；按最低租赁付款额，贷记“长期应付款”科目；按发生的初始直接费用，贷记“银行存款”等科目；按其差额，借记“未确认融资费用”科目。

承租人向出租人支付的租金中，包含本金和利息两部分，承租人在支付租金时一方面应减少长期应付款，另一方面应将未确认的融资费用在租赁各个期间按一定方法确认融资费用。企业应当采用实际利率法计算确认当期的融资费用。

【例 11-7】海华公司融资租入一条全新生产线，融资租赁合同约定，租赁开始日为2022年1月1日，租赁期为4年，生产线使用寿命为5年，每年年末支付租金300 000元，租赁期满该生产线的担保余值为50 000元，该生产线于2021年12月31日运达企业并投入使用，企业采用年限平均法计提折旧，每年年末确认一次融资费用，并计提折旧。假设租赁开始日该生产线公允价值为1 100 000元，租赁内含利率为6%；2025年12月31日，租赁期满该生产线转归海华公司所有。海华公司的会计处理如下：

（1）2022年1月1日，租入固定资产：

该生产线最低租赁付款额现值＝每期支付租赁费×年金现值系数+担保余值×复利现值系数
＝300 000×（P/A，6%，4）+50 000×（P/F，6%，4）
＝300 000×3.4651+50 000×0.7921
＝1 079 135（元）

该生产线最低租赁付款额现值低于其公允价值（1 100 000元），根据孰低原则，融资租入固定资产入账价值应为最低租赁付款额现值1 079 135元，编制会计分录如下：

未确认融资费用＝300 000×4+50 000－1 079 135＝170 865（元）

借：固定资产——融资租入固定资产　　1 079 135
　　未确认融资费用　　170 865
　贷：长期应付款——应付融资租赁款　　1 250 000

（2）2022年12月31日，支付租金，分摊未确认融资费用（见表11-2）并计提折旧：

表11-2 **未确认融资费用分摊表** 单位：元

日期	租金	确认的融资费用	应付本金减少额	应付本金余额
	①	②=期初④×6%	③=①-②	④=期初④-③
2022年1月1日				1 079 135.00
2022年12月31日	300 000.00	64 748.10	235 251.90	843 883.10
2023年12月31日	300 000.00	50 632.99	249 367.01	594 516.09
2024年12月31日	300 000.00	35 670.97	264 329.03	330 187.06
2025年12月31日	300 000.00	19 812.94*	280 187.06	50 000.00
合计	1 200 000.00	170 865.00	1 029 135.00	

*该数据作了尾数调整。

根据表11-2，2022年应编制如下会计分录：

①支付租金：

借：长期应付款　300 000

　贷：银行存款　300 000

②分摊未确认融资费用：

借：财务费用　64 748.10

　贷：未确认融资费用　64 748.10

③计提折旧=（1 079 135-50 000）÷5 = 205 827（元）

借：制造费用　205 827

　贷：累计折旧　205 827

2023—2025年支付租金、分摊未确认融资费用并计提折旧的账务处理参考2022年。

（3）2025年12月31日租赁期满，企业留购租赁资产：

借：长期应付款——应付融资租赁款　50 000

　贷：银行存款　50 000

借：固定资产——生产用固定资产　1 079 135

　贷：固定资产——融资租入固定资产　1 079 135

知识拓展

2018年12月7日财政部公布了修订后的《企业会计准则第21号——租赁》。新租赁准则在租赁定义和识别、承租人会计处理方面作了较大修改，出租人会计处理基本延续现有规定。修改的主要内容如下：

（一）完善了租赁的定义，增加了租赁识别、分析、合并等内容。

（二）取消了承租人经营租赁和融资租赁的分类，要求对所有租赁（短期租赁和低价值资产租赁除外）确认使用权资产和租赁负债。

（三）改进了承租人后续计量，增加选择权重估和租赁变更情形下的会计处理。

（四）丰富出租人披露内容，为报表使用者提供更多有用信息。

财政部通知指出，修订后的租赁准则，在境内外同时上市的企业以及在境外上市并采用国际财务报告准则或企业会计准则编制财务报表的企业，自2019年1月1日起施行；其他执行企业会计准则的企业自2021年1月1日起施行。

老会计的经验点滴

融资租赁的主要程序：

一、承租企业确认拟租赁设备：承租企业根据自身需要，通过广泛询价，在最佳性价比的基础上，确认拟租赁的设备型号及该设备的供应商。

二、承租企业向出租企业提交融资租赁申请及有关材料。

三、出租企业对承租企业的租赁申请进行调查、审查、审批。

四、承租企业与出租企业双方签订《融资租赁合同》，出租企业与设备供应商签订合同，支付设备价款，完成租赁投放。

五、承租企业支付租金，履行融资租赁合同所约定的义务。

融资租赁的主要程序如图11-1所示。

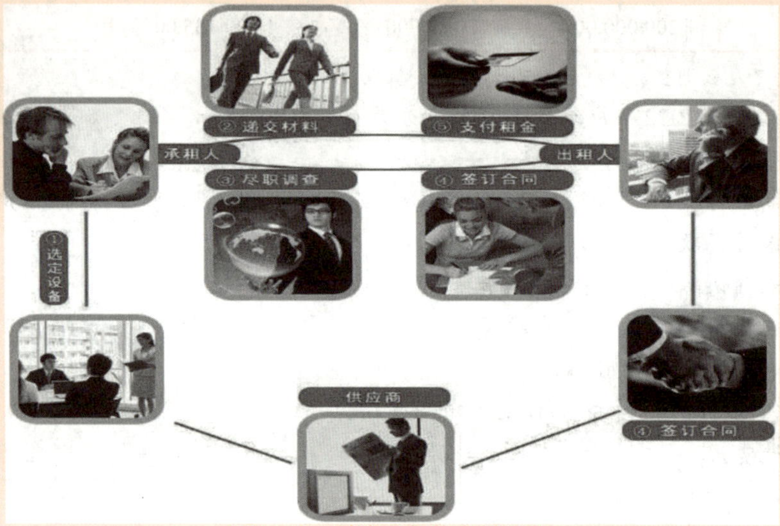

图11-1 融资租赁的主要程序

11.3.2 具有融资性质的延期付款

企业购买资产有可能延期支付有关价款，如果延期支付的购买价款超过正常信用条件，实质上具有融资性质的，所购资产的成本应当以延期支付购买价款的现值为基础确定，实际支付的价款与购买价款的现值之间的差额应当在信用期间内采用实际利率法进行摊销，计入相关资产成本或当期损益，具体来说，企业购入资产超过正常信用条件延期付款，实质上具有融资性质时应按购买价款的现值借记“固定资产”“在建工程”等科目，按应支付的价款总额，贷记“长期应付款”科目，按差额借记“未确认融资费用”科目，企业在信用期间内应采用实际利率法摊销未确认融资费用，应按摊销额借记“在建工程”“财务费用”等科目，贷记“未确认融资费用”科目。

本章概要

非流动负债是指偿还期限在1年或超过1年的一个营业周期以上的债务。企业举借非流动负债是企业的筹资策略，能对企业的生产经营活动产生重大影响。企业的非流动负债主要有长期借款、应付债券、长期应付款等。本章主要介绍：长期借款的取得、计息和本息偿还的账务处理；应付债券的取得、计息和偿还的账务处理；长期应付款的账务处理等。

概念回顾

长期借款　应付债券　面值发行　溢价发行　折价发行　融资租赁　长期应付款

会计分录

1.长期借款的核算

<table>
<tr><th colspan="2">业务内容</th><th>会计处理</th></tr>
<tr><td colspan="2">取得借款时</td><td>借：银行存款
　贷：长期借款——本金</td></tr>
<tr><td colspan="2">分期付息、到期还本方式下，计提利息时</td><td>借：在建工程（符合资本化条件）
　　财务费用（不符合资本化条件）
　贷：应付利息</td></tr>
<tr><td rowspan="2">到期一次还本付息方式下</td><td>计提利息时</td><td>借：在建工程（符合资本化条件）
　　财务费用（不符合资本化条件）
　贷：长期借款——应计利息</td></tr>
<tr><td>还本付息时</td><td>借：长期借款——本金
　　　　　　——应计利息
　　应付利息
　贷：银行存款</td></tr>
</table>

2.应付债券的核算

<table>
<tr><th>业务内容</th><th colspan="2">会计处理</th></tr>
<tr><td rowspan="3">债券发行时</td><td>面值发行</td><td>借：银行存款
　贷：应付债券——面值</td></tr>
<tr><td>溢价发行</td><td>借：银行存款（实际收到的金额）
　贷：应付债券——面值
　　　　　　　——利息调整</td></tr>
<tr><td>折价发行</td><td>借：银行存款（实际收到的金额）
　　应付债券——利息调整
　贷：应付债券——面值</td></tr>
<tr><td>计提利息时</td><td>采用分期付息方式，溢价发行</td><td>借：财务费用（不符合资本化条件）
　　在建工程（符合资本化条件）
　　应付债券——利息调整（溢价摊销额）
　贷：应付利息</td></tr>
<tr><td rowspan="3">计提利息时</td><td>采用分期付息方式，折价发行</td><td>借：财务费用（不符合资本化条件）
　　在建工程（符合资本化条件）
　贷：应付利息
　　　应付债券——利息调整（折价摊销额）</td></tr>
<tr><td>采用到期一次还本付息方式，溢价发行</td><td>借：财务费用（不符合资本化条件）
　　在建工程（符合资本化条件）
　　应付债券——利息调整（溢价摊销额）
　贷：应付债券——应计利息</td></tr>
<tr><td>到期一次还本付息方式，折价发行</td><td>借：财务费用（不符合资本化条件）
　　在建工程（符合资本化条件）
　贷：应付债券——应计利息
　　　　　　　——利息调整（折价摊销额）</td></tr>
<tr><td colspan="2">债券到期</td><td>借：应付债券——面值
　　　　　　——应计利息
　　应付利息（分期付息）
　　财务费用
　贷：银行存款</td></tr>
</table>

♚原始凭证目录

原始凭证1：利息费用计算表（见表11-1）

原始凭证2：未确认融资费用分摊表（见表11-2）

法规链接

第12章　所有者权益

预习思考题

1.所有者权益包括有哪些内容？

2.所有者权益具有哪些特征？

学习目标

理论目标

1.理解所有者权益的含义及特征，掌握所有者权益与负债的区别；

2.理解实收资本的含义，掌握实收资本增加和减少的账务处理；

3.掌握资本公积的构成和资本溢价（或股本溢价）的账务处理；

4.掌握留存收益的构成，盈余公积、未分配利润的计算和账务处理。

实务目标

1.能对所有者权益各组成项目的确认进行职业判断；

2.能运用所有者权益核算规则进行实收资本、资本公积和留存收益的会计实务处理；

3.能利用影响留存收益的事项熟练计算盈余公积、未分配利润。

引例

股东权益=免费午餐？

——我国上市公司的权益融资偏好

四川长虹于1994年在上海证券交易所挂牌上市，上市后的10年中，资产负债率明显呈逐年下降趋势，按照资本结构决策原理，在发展进入成熟阶段后，会更多考虑利用外部负债进行融资，以提高净利润和每股收益，但是四川长虹在融资时更倾向于使用留存收益或增发新股，有明显的权益融资偏好。究其原因，有以下几点：

（1）由于债务融资存在按期支付本息的付现约束，上市公司现金流量不足，自然权益融资更受青睐。

（2）由于债务融资需要按期支付本息，减少了管理层可支配的现金流，故即使对企业有利，也不会成为管理层的决策。

（3）权益融资带来的每股资产增长远大于由股权稀释导致的每股权益损失，故国有股大股东倾向于权益融资。

（4）对配股资金的募集和使用缺乏有效监督。

资料来源　郑伟．中级财务会计［M］．上海：格致出版社、上海人民出版社，2012：29-30.

所有者权益是指企业资产扣除负债后由所有者享有的剩余权益。股份公司的所有者权益又称为股东权益。所有者权益来源于所有者投入的资本、其他综合收益、留存收益等。

1）所有者权益的特征

❶除非发生减资、清算或分派现金股利，企业不需要偿还所有者权益；

❷企业清算时，只有在清偿所有的负债后，所有者权益才返还给所有者；

❸所有者凭借所有者权益能够参与企业利润的分配。

2）所有者权益与负债的区别

所有者权益与债权人权益（负债）比较，具有以下不同：

❶所有者权益在企业经营期内可供企业长期、持续使用，企业不必向投资人返还资本金；而负债需按期返还给债权人，成为企业的负担。

❷企业所有人凭其对企业投入的资本，享受税后分配利润的权益。所有者权益是企业分配税后净利润的主要依据；而债权人除按规定取得利息外，无权分配企业的盈利。

❸企业所有人有权行使企业的经营管理权，或者授权管理人员行使经营管理权；但债权人并没有经营管理权。

❹企业的所有者对企业的债务和亏损负有无限的责任或有限的责任；而债权人对企业的其他债务不发生关系，一般也不承担企业的亏损。

3）所有者权益的分类

所有者权益按其核算的内容和要求，可分为实收资本（或股本）、资本公积、其他综合收益、盈余公积和未分配利润等。其中，盈余公积和未分配利润统称为留存收益。

12.1 实收资本确认与计量

12.1.1 实收资本（股本）的确认

实收资本是指企业按照章程规定或合同、协议约定，接受投资者投入企业的资本。我国《公司法》规定，股东可以货币资金的方式出资，也可以材料物资、固定资产等实物资产的方式出资，符合国家规定的还可以知识产权、土地使用权等无形资产的方式出资；但是，法律、行政法规规定不得作为出资的财产除外。需要注意的是，不论以何种方式出资，全体股东的货币出资金额不得低于有限责任公司注册资本的30%，而且，投资者如在投资过程中违反投资合约或协议约定，不按规定如期缴足出资额，企业可以依法追究投资者的违约责任。

实收资本的构成比例即投资者的出资比例或股东的股份比例，通常是确定所有者在企业所有者权益中所占的份额和参与企业生产经营决策的基础，也是企业进行利润分配或股利分配的依据，同时还是企业清算时确定所有者对净资产的要求权的依据。

知识拓展

1.注册资本是指公司制企业章程规定的全体股东或发起人认缴的出资额或认购的股本总额，并在公司登记机关依法登记。

（1）《公司法》规定，有限责任公司的注册资本为在公司登记机关登记的全体股东认缴的出资额。法律、行政法规以及国务院决定对有限责任公司注册资本实缴、注册资本最低限额另有规定的，从其规定。

（2）《公司法》规定，股份有限公司采取发起方式设立的，注册资本为在公司登记机关登记的全体发起人认购的股本总额。法律、行政法规以及国务院决定对股份有限公司注册资本实缴、注册资本最低限额另有规定的，从其规定。

2.第十二届全国人民代表大会常务委员会第六次会议决定，对《公司法》作出修改，并自2014年3月1日起施行：

（1）将注册资本实缴登记制改为认缴登记制。也就是说，除法律、行政法规以及国务院决定对公司注册资本实缴有另行规定的以外，取消了关于公司股东（发起人）应自公司成立之日起两年内缴足出资，投资公司在五年内缴足出资的规定；取消了一人有限责任公司股东应一次足额缴纳出资的规定。转而采取公司股东（发起人）自主约定认缴出资额、出资方式、出资期限等，并记载于公司章程的方式。

（2）放宽注册资本登记条件。除对公司注册资本最低限额有另行规定的以外，取消了有限责任公司、一人有限责任公司、股份有限公司最低注册资本分别应达3万元、10万元、500万元的限制；不再限制公司设立时股东（发起人）的首次出资比例以及货币出资比例。

（3）简化登记事项和登记文件。有限责任公司股东认缴出资额、公司实收资本不再作为登记事项。公司登记时，不需要提交验资报告。

3.注册资本与实收资本的区别：

（1）注册资本是法律上规定的强制性要素，而实收资本则是企业在实际业务中遵循法律规定的结果，二者不是同一个概念，但在现行制度下，它们在金额上又是相等的。

（2）注册资本是公司在设立时募集的、由章程载明的、经公司登记机关注册的资本，是股东认缴或认购的出资额。实收资本是公司成立时实际收到的股东的出资总额，是公司现实拥有的资本，由于公司认缴股份以后，可以一次全部缴清，也可以分期缴纳，所以实收资本在某段时间内可能小于注册资本，但公司的注册资本与实收资本最终应当是一致的。

企业收到所有者投入企业的资本后，应根据有关原始凭证（如投资清单、银行通知单等），分别不同的出资方式进行会计处理。

12.1.2 实收资本（股本）的计量

视频课程

实收资本增减变动的账务处理

为了反映和监督投资者投入资本的增减变动情况，有限责任公司应设置“实收资本”账户（股份有限公司应设置“股本”账户）。该账户属于所有者权益类，贷方反映企业实际收到投资者投入的资本；借方反映企业按法定程序减资时所减少的注册资本数额；期末余额在贷方，表示企业期末实有的资本或股本。该账户可按投资者设置明细分类账，进行明细分类核算。

1）接受现金资产投资

（1）股份有限公司以外的企业接受现金资产投资

企业接受现金资产投资时，应以实际收到的金额或存入企业开户银行的金额，借记“银行存款”等科目，按投资合同或协议约定的投资者在企业注册资本中所占份额的部分，贷记“实收资本”科目，按企业实际收到或存入开户银行的金额超过投资者在企业注册资本中所占份额的部分，贷记“资本公积——资本溢价”科目。

【业务链接12-1】2021年5月1日，南翔投资有限公司（简称“南翔公司”）、铅华投资有限公司（简称“铅华公司”）、宗臣投资有限公司（简称“宗臣公司”）三家公司共同投资设立万方实业有限公司（简称“万方公司”）。其中，南翔公司以货币出资105万元，宗臣公司以货币出资45万元。万方公司已如期收到各投资者一次缴足的款项。

问题：万方公司对于接受货币投资应如何进行账务处理？

分析：万方公司于2021年5月1日收到南翔公司和宗臣公司的货币投资分别为105万元和45万元，增加实收资本，款项已收妥入账。（万方公司的实务操作指导见表12-1）

表12-1 实务操作指导

出纳	制单会计	稽核会计	会计主管	财务经理
	1.审核投资协议书、银行进账单（收账通知）、收款收据等 2.编制记账凭证	3.审核记账凭证	4.系统记账	

万方公司该业务涉及的原始凭证具体见表12-2。

表12-2 万方公司【业务链接12-1】业务原始凭证

序号	单据名称	对应编号
1	投资协议书（南翔公司）	表12-3
2	投资协议书（宗臣公司）	略，格式参考表12-3
3	银行进账单（收账通知）（南翔公司）	表12-4
4	收款收据（南翔公司）	表12-5
5	银行进账单（收账通知）（宗臣公司）	略，格式参考表12-4
6	收款收据（宗臣公司）	略，格式参考表12-5

表12-3

投资协议书

投出单位（以下简称甲方）：南翔投资有限公司

投入单位（以下简称乙方）：万方实业有限公司

甲乙双方经过友好协商，就甲方向乙方投资固定资产、原材料等相关事宜，达成如下协议，以资信守：

1. 南翔投资有限公司向万方实业有限公司投资1 500 000.00元，其中，以人民币出资1 050 000.00元，以无形资产（自动化专利权）作价450 000.00元。

2. 南翔投资有限公司投资后占万方实业有限公司注册资本的比例为50%。

3. 南翔投资有限公司必须在2021年5月1日前将人民币及无形资产移交万方实业有限公司。

……

6. 本合同一式两份，甲乙双方各执一份。

（印章：南翔投资有限公司）（印章：万方实业有限公司）

甲方：南翔投资有限公司　　　　乙方：万方实业有限公司

签约日期：2021年05月01日　　　签约日期：2021年05月01日

表12-4

中国银行　进账单　（收账通知）　3

2021年05月01日

汇款人	全称	南翔投资有限公司	收款人	全称	万方实业有限公司
	账号	6013826102039029396		账号	6013542810256635214
	开户银行	中国银行锡山支行		开户银行	中国银行无锡分行
金额	人民币（大写）	壹佰零伍万元整		亿千百十万千百十元角分	¥105000000
票据种类	转账支票	票据张数	1		
票据号码	Ⅻ34567				
复核：117	记账：118			收款人开户银行签章（中国银行 无锡分行 2021.05.01 转讫）	

此联是收款人开户银行交给收款人的收账通知

表 12-5

收 款 收 据

2021年05月01日　　No.00490253

今收到　南翔投资有限公司

交来：投资款

金额（大写）壹 佰 零 拾 伍 万 零 仟 零 佰 零 拾 零 元 零 角 零 分

¥1 050 000.00　□现金　☑支票　□信用卡　□其他　收款单位（盖章）

万方实业有限公司 财务专用章

第三联 交财务

复核 李娜　会计 王宁　记账 张瑞　出纳 王 思　经手人 吴为

万方公司编制如下1张记账凭证（以会计分录代替）：

借：银行存款　　1 500 000　　记 1

　贷：实收资本——南翔投资有限公司　　1 050 000　　附件 6 张

　　　　　　——宗臣投资有限公司　　450 000

（2）股份有限公司接受现金资产投资

股份有限公司的全部资本由等额股份构成，并通过发行股票筹集资本。股票是指股份有限公司发行的、证明股东按其股份享有权利和承担义务的凭证。股份有限公司应在核定的股本总数和核定的股份总数范围内发行股票。股份有限公司发行股票时，既可以按面值平价发行，也可以按高于面值的价格溢价发行。按照《公司法》的规定，股票发行价格不得低于面值，即我国不允许折价发行股票。

股份有限公司发行股票时，应按实际收到的金额，借记“银行存款”等科目，按每股股票面值和发行股份总数的乘积计算的金额，贷记“股本”科目，实际收到的金额与该股本之间的差额，贷记“资本公积——股本溢价”科目。

【例 12-1】2022年5月1日，海华公司委托华泰证券股份有限公司代理发行普通股15 000 000股，每股面值1元，每股发行价格4元。假定股票发行成功，股款已全部收到，不考虑发行过程中的税费等因素。（海华公司的实务操作指导见表12-6）

表 12-6　**实务操作指导**

出纳	制单会计	稽核会计	会计主管	财务经理
	1. 审核股东大会决议、银行进账单（收账通知）等 2. 编制记账凭证	3. 审核记账凭证	4. 系统记账	

海华公司该业务涉及的原始凭证具体见表12-7。

表 12-7　**海华公司【例 12-1】业务原始凭证**

序号	单据名称	对应编号
1	股东大会决议	表 12-8
2	银行进账单（收账通知）	略，格式参照表 12-4

表12-8 **股东大会决议**

根据《公司法》及公司章程的有关规定，无锡海华股份有限公司于2022年5月1日在无锡梁溪大饭店召开股东大会，出席本次会议的股东共85人，代表公司股东92%的表决权，所作出的决议经出席会议的股东所持表决权的80%通过，决议事项如下：

1.同意无锡海华股份有限公司委托华泰证券股份有限公司代理发行普通股15 000 000股，每股面值1元，每股发行价格4元。

……

股东：李明贤

王畅

刘诗

张兵

……

无锡海华股份有限公司

2022年05月01日

海华公司编制如下1张记账凭证：

收到发行款= 15 000 000×4= 60 000 000（元）

应记入“股本”科目的金额= 15 000 000×1= 15 000 000（元）

应记入“资本公积——股本溢价”科目的金额=60 000 000-15 000 000=45 000 000（元）

借：银行存款	60 000 000		记2
贷：股本		15 000 000	附件2张
资本公积——股本溢价		45 000 000	

2）接受非现金资产投资

企业接受非现金投资时，应按投资合同或协议约定的价值（不公允的除外）作为非现金资产的入账价值，按投资合同或协议约定的投资者在企业注册资本或股本中所占份额的部分作为实收资本或股本入账，投资合同或协议约定的价值（不公允的除外）超过投资者在企业注册资本或股本中所占份额的部分，计入资本公积。

（1）接受投入固定资产

企业接受投资者作价投入的房屋、建筑物、机器设备等固定资产，应按投资合同或协议约定的价值，借记“固定资产”科目；按增值税专用发票上注明的增值税税额，借记“应交税费——应交增值税（进项税额）”科目；按其在注册资本中应享有的份额，贷记“实收资本（或股本）”科目。如果双方确认的价值大于其在注册资本中应享有的份额，应将其差额记入“资本公积”科目。

【业务链接12-2】沿用【业务链接12-1】资料，2021年5月1日，南翔公司、铅华公司、宗臣公司三家公司共同投资设立万方公司。其中，铅华公司以一台不需要安装的机床出资，合同约定该机床的价值为530 973.45元（与公允价值相符），增值税进项税额为69 026.55元（由铅华公司支付税款，并提供增值税专用发票）。经约定，万方公司接受铅华公司的投入资本为600 000元，并已如期收到固定资产，不考虑其他因素。

问题：万方公司对于接受固定资产投资应如何进行账务处理？

分析：万方公司于2021年5月1日收到铅华公司固定资产投资，合同约定的价值与公允价值相同，接受铅华公司投入的固定资产按合同约定金额及增值税进项税额作为实收资本，因此，可按600 000元作为实收资本。（万方公司的实务操作指导见表12-9）

表12-9 实务操作指导

出纳	制单会计	稽核会计	会计主管	财务经理
	1.审核投资协议书、增值税专用发票（发票联、抵扣联）、固定资产验收单等 2.编制记账凭证	3.审核记账凭证	4.系统记账	

万方公司该业务涉及的原始凭证具体见表12-10。

表12-10 万方公司【业务链接12-2】业务原始凭证

序号	单据名称	对应编号
1	投资协议书	略，格式参照表12-3
2	增值税专用发票（发票联、抵扣联）	表12-11（抵扣联略）
3	固定资产验收单	表12-12

表12-11

江苏增值税专用发票

发票联

№ 60972960

1100082140　　开票日期：2021年05月01日

购买方	名称：万方实业有限公司 纳税人识别号：91521496543212458M 地址、电话：无锡市崇安区中心路34号88451235 开户行及账号：中国银行无锡分行6013542810256635214	密码区	（略）

货物或应税劳务、服务名称	规格型号	单位	数量	单价	金额	税率	税额
机床		台	1	530 973.45	530 973.45	13%	69 026.55
合计					¥530 973.45		¥69 026.55
价税合计（大写）	⊗陆拾万元整				（小写）¥600 000.00		

销售方	名称：铅华投资有限公司 纳税人识别号：91321542584312564M 地址、电话：无锡市南长区永乐路19号88451357 开户行及账号：中国工商银行南长区支行6213548794585412579	备注	铅华投资有限公司 91321542584312564M 发票专用章

收款人：王龙　复核：李兰　开票人：吴娜　销售方（章）

第三联 发票联 购买方记账凭证

表12-12

固定资产验收单

2021年05月01日　　编号：08

名称	规格型号	来源	数量	购（造）价	使用年限	预计残值
机床		投入	1台	530 973.45元	10年	0
安装费	月折旧率	建造单位		交工日期	附件	
	0.83%			2021年05月01日		
验收部门	仓库	验收人员	李旺	管理部门 资产管理部	管理人员	周明
备注	该固定资产为铅华投资有限公司投入					

审核：陆河　制单：杨芸

万方公司编制如下1张记账凭证（以会计分录代替）：

借：固定资产　530 973.45　记3

　　应交税费——应交增值税（进项税额）　69 026.55　附件3张

　贷：实收资本——铅华投资有限公司　600 000.00

（2）接受投入材料物资

企业接受投资者作价投入的材料物资，应按投资合同或协议约定的价值确定材料物资价值（但投资合同或协议约定价值不公允的除外），借记“原材料”科目；按增值税专用发票上注明的增值税税额，借记“应交税费——应交增值税（进项税额）”科目；按其在注册资本中应享有的份额，贷记“实收资本（或股本）”科目；按其差额，贷记“资本公积”科目。

【业务链接12-3】沿用【业务链接12-1】和【业务链接12-2】资料，2021年5月1日，南翔公司、铅华公司、宗臣公司三家公司共同投资设立万方公司。其中，铅华公司以一批钢材作为原材料投资，投资合同约定价值为398 230.09元（与公允价值相符），增值税进项税额为51 769.91元（由铅华公司支付税款，并提供增值税专用发票）。经约定，万方公司接受铅华公司的投入资本为450 000元，并已如期收到钢材，原材料按实际成本进行日常核算，不考虑其他因素。

问题：万方公司对于接受原材料投资应如何进行账务处理？

分析：万方公司于2021年5月1日收到铅华公司原材料投资，合同约定价值与公允价值相同，接受铅华公司投入的原材料按合同约定金额与增值税进项税额之和450 000元作为实收资本。（万方公司的实务操作指导见表12-13）

表12-13　实务操作指导

出纳	制单会计	稽核会计	会计主管	财务经理
	1.审核投资协议书、增值税专用发票（发票联、抵扣联）、收料单等 2.编制记账凭证	3.审核记账凭证	4.系统记账	

万方公司该业务涉及的原始凭证具体见表12-14。

表12-14　万方公司【业务链接12-3】业务原始凭证

序号	单据名称	对应编号
1	投资协议书	略，格式参照表12-3
2	增值税专用发票（发票联、抵扣联）	略，格式参照表12-11
3	收料单	表12-15

表12-15　收　料　单　编号：2

供应单位：铅华投资有限公司　收料仓库：第二仓库

材料类别：原材料　2021年05月01日　金额单位：元

材料编号	材料名称	规格	计量单位	数量		实际价格				计划价格	
				应收	实收	单价	发票金额	运杂费	合计	单价	金额
01	钢材		吨	40	40	9 955.75	398 230.09		398 230.09		
备注：											

会计联

部门经理：董红　会计：郑丽　仓库：张薇　经办人：何呈

万方公司编制如下1张记账凭证（以会计分录代替）：

借：原材料——钢材　398 230.09　记4

　　应交税费——应交增值税（进项税额）　51 769.91　附件3张

　贷：实收资本——铅华投资有限公司　450 000.00

（3）接受投入无形资产

企业收到投资者作价投入的专利权、土地使用权、非专利技术等无形资产，应按投资合同或协议约定的价值确定无形资产的价值（但投资合同或协议约定的价值不公允的除外），借记“无形资产”科目；按增值税专用发票上注明的增值税税额，借记“应交税费——应交增值税（进项税额）”科目；按其在注册资本中应享有的份额，贷记“实收资本（或股本）”科目。如果双方确认的价值大于其在注册资本中应享有的份额，应将其差额记入“资本公积”科目。

【业务链接12-4】沿用【业务链接12-1】资料，2021年5月1日，南翔公司、铅华公司、宗臣公司三家公司共同投资设立万方公司。其中，南翔公司以自动化专利权投资，投资合同约定的价值为424 528.30元（与公允价值相符），增值税进项税额为25 471.70元，不考虑其他因素。

问题：万方公司对于接受无形资产投资应如何进行账务处理？

分析：万方公司于2021年5月1日收到南翔公司自动化专利权投资，合同约定价值与公允价值相同，接受南翔公司投入的自动化专利权按合同约定金额与增值税进项税额之和450 000元作为实收资本。（万方公司的实务操作指导见表12-16）

表12-16　实务操作指导

出纳	制单会计	稽核会计	会计主管	财务经理
	1.审核投资协议书、增值税专用发票（发票联、抵扣联）等 2.编制记账凭证	3.审核记账凭证	4.系统记账	

万方公司该业务涉及的原始凭证具体见表12-17。

表12-17　万方公司【业务链接12-4】业务原始凭证

序号	单据名称	对应编号
1	投资协议书	略，格式参照表12-3
2	增值税专用发票（发票联、抵扣联）	略，格式参照表12-11

万方公司编制如下1张记账凭证（以会计分录代替）：

借：无形资产——自动化专利权　424 528.30　记5

　　应交税费——应交增值税（进项税额）　25 471.70　附件2张

　贷：实收资本——南翔投资有限公司　450 000

3）实收资本（或股本）的增减变动

我国有关法律规定，在一般情况下，企业的实收资本应相对固定不变，但在下列特定情况下，实收资本也可能发生增减变动：一是符合增资条件并经有关部门批准增资；二是企业按法定程序报经批准减少注册资本。

我国《企业法人登记管理条例》规定，除国家另有规定外，企业的注册资金应当与实收资本相一致，当实收资本比原注册资金增加或减少的幅度超过20%时，应持资金使用证明或者验资证明，向原登记主管机关申请变更登记。如擅自改变注册资本或抽逃资金，要受到相关主管部门的处罚。

（1）实收资本（或股本）的增加

一般企业增加资本主要有三个途径：接受投资者追加投资、资本公积转增资本和盈余公积转增资本。

实收资本（或股本）增加的核算如图12-1所示。

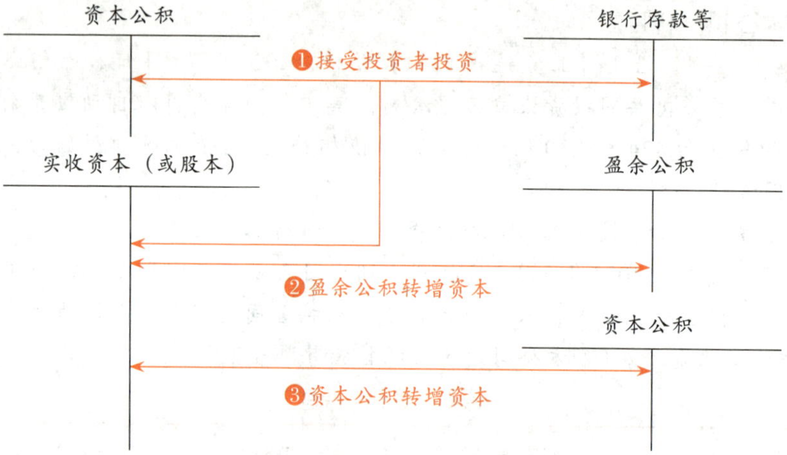

图12-1 实收资本（或股本）增加的核算示意图

❶接受投资者追加投资。在企业按规定接受投资者追加投资时，企业应按实际收到的货币资金或其他资产，借记“银行存款”“固定资产”“无形资产”等账户，按增加的实收资本（或股本）金额，贷记“实收资本（或股本）”账户，按两者的差额，贷记“资本公积”账户。

【业务链接12-5】沿用【业务链接12-1】至【业务链接12-4】资料，南翔公司、铅华公司、宗臣公司三家公司共同投资设立万方公司，原注册资本为3 000 000元，南翔公司、铅华公司、宗臣公司分别出资1 500 000元、1 050 000元和450 000元，持股比例分别为50%、35%和15%。2021年12月31日，为扩大经营规模，经批准，万方公司注册资本扩大2 000 000元，南翔公司、铅华公司、宗臣公司按照原出资比例分别追加投资1 000 000元、700 000元和300 000元。万方公司如期收到三家公司追加的现金投资。

问题：万方公司对于接受追加投资应如何进行账务处理？

分析：万方公司于2021年12月31日收到南翔公司、铅华公司、宗臣公司按原出资比例追加的实收资本，因此，万方公司应分别按照1 000 000元、700 000元和300 000元的金额贷记“实收资本”科目中的南翔公司、铅华公司、宗臣公司明细分类账。（万方公司的实务操作指导见表12-18）

表12-18 实务操作指导

出纳	制单会计	稽核会计	会计主管	财务经理
	1. 审核投资协议书、银行进账单（收账通知）、收款收据等 2. 编制记账凭证	3. 审核记账凭证	4. 系统记账	

万方公司该业务涉及的原始凭证具体见表12-19。

表12-19 万方公司【业务链接12-5】业务原始凭证

序号	单据名称	对应编号
1	投资协议书	略，格式参照表12-3
2	银行进账单（收账通知）	略，格式参照表12-4
3	收款收据	略，格式参照表12-5

万方公司编制如下1张记账凭证（以会计分录代替）：

借：银行存款 2 000 000 记6

贷：实收资本——南翔投资有限公司 1 000 000 附件3张

——铅华投资有限公司 700 000

——宗臣投资有限公司 300 000

❷资本公积转增资本。企业采用资本公积转增资本时，按转增的金额，借记“资本公积”账户，贷记“实收资本（或股本）”账户。如果是独资企业，直接结转即可，但如果是股份有限公司或有限责任公司，应按原投资者各自出资比例相应增加各投资者的实收资本（或股本）。

【业务链接12-6】沿用【业务链接12-1】至【业务链接12-5】资料，2022年2月3日，万方公司因扩大经营规模需要，经批准，按原出资比例将资本公积1 000 000元转增资本。

问题：万方公司对于将资本公积转增资本应如何进行账务处理？

分析：万方公司于2022年2月3日将资本公积1 000 000元转增资本，按南翔公司、铅华公司、宗臣公司原投资比例50%、35%、15%，增加三家投资者的实收资本金额分别为500 000元、350 000元和150 000元。（万方公司的实务操作指导见表12-20）

表12-20 实务操作指导

出纳	制单会计	稽核会计	会计主管	财务经理
	1. 审核股东会决议等 2. 编制记账凭证	3. 审核记账凭证	4. 系统记账	

万方公司该业务涉及的原始凭证具体见表12-21。

表12-21 万方公司【业务链接12-6】业务原始凭证

序号	单据名称	对应编号
1	股东会决议	表12-22

表 12-22

股东会决议

万方实业有限公司（以下简称公司）股东于2022年2月3日在公司会议室召开了股东会全体会议。

本次股东会会议于2022年1月20日通知全体股东到会参加会议，符合《公司法》及公司章程的有关规定。

本次股东会会议已按《公司法》及公司章程的有关规定通知全体股东参加会议。股东会确认本次会议已按照《公司法》及公司章程的有关规定有效通知。出席会议的股东持有公司100%的股权，会议合法有效，由董事长（法定代表人）王红仙主持。

本次股东会会议的召集与召开程序、出席会议人员资格及表决程序符合《公司法》及公司章程的有关规定。

会议就公司下一步经营发展事宜，全体股东一致同意如下决议：

1.全体股东一致通过有关公司章程。

2.股东对所持有该公司股份表示一致同意，会议合法有效。

3.同意将资本公积转增注册资本，金额为人民币1 000 000.00元，原股东按出资比例确定新增资本，符合公司财务有关规定。

4.同意公司下一步经营发展事项。

股东：南翔投资有限公司　　宗臣投资有限公司　　铅华投资有限公司

万方实业有限公司

2022年02月03日

万方公司编制如下1张记账凭证（以会计分录代替）：

借：资本公积	1 000 000		记7
贷：实收资本——南翔投资有限公司		500 000	附件1张
——铅华投资有限公司		350 000	
——宗臣投资有限公司		150 000	

❸盈余公积转增资本。企业采用盈余公积转增资本时，按转增的金额，借记“盈余公积”账户，贷记“实收资本（或股本）”账户。如果是独资企业，直接结转即可，但如果是股份有限公司或有限责任公司，应按原投资者各自出资比例相应增加各投资者的实收资本（或股本）。

【业务链接12-7】沿用【业务链接12-1】至【业务链接12-6】资料，2022年2月10日，万方公司因扩大经营规模需要，经批准，按原出资比例将盈余公积2 000 000元转增资本。

问题：万方公司对于将盈余公积转增资本应如何进行账务处理？

分析：万方公司于2022年2月10日将盈余公积2 000 000元转增资本，按南翔公司、铅华公司、宗臣公司原投资比例50%、35%、15%增加三家投资者的实收资本金额分别为

1 000 000元、700 000元和300 000元。（万方公司的实务操作指导见表12-23）

表12-23 实务操作指导

出纳	制单会计	稽核会计	会计主管	财务经理
	1.审核股东会决议 2.编制记账凭证	3.审核记账凭证	4.系统记账	

万方公司该业务涉及的原始凭证具体见表12-24。

表12-24 万方公司【业务链接12-7】业务原始凭证

序号	单据名称	对应编号
1	股东会决议	略，格式参照表12-22

万方公司编制如下1张记账凭证（以会计分录代替）：

借：盈余公积　2 000 000　记8

　贷：实收资本——南翔投资有限公司　1 000 000　附件1张

　　　　　　——铅华投资有限公司　700 000

　　　　　　——宗臣投资有限公司　300 000

知识拓展

股份有限公司可以通过发放股票股利的方式增加股本，通常叫“送股”。股份有限公司经股东大会批准的利润分配方案中分配的股票股利，应在办理增资手续后，借记“利润分配——转作股本的股利”科目，贷记“股本”等科目。

（2）实收资本（或股本）的减少

企业应按法定程序报经批准减少实收资本的，按减少的注册资本金额减少实收资本。股份有限公司采用收购本公司股票方式减资的，通过“库存股”科目核算回购股份的金额。

收购本公司股票时，应按实际支付的金额借记“库存股”科目，贷记“银行存款”科目。

根据法定程序报经批准注销股本时，按股票面值和注销股数计算的股票面值总额冲减股本，借记“股本”科目；按注销库存股的账面余额，贷记“库存股”科目；按其差额，借记“资本公积——股本溢价”科目。股本溢价不足冲减的，应借记“盈余公积”“利润分配——未分配利润”科目。

如果购回股票支付的价款低于面值总额的，应按股票面值总额，借记“股本”科目；按注销库存股的账面余额，贷记“库存股”科目；按其差额，贷记“资本公积——股本溢价”科目。

实收资本（或股本）减少的核算如图12-2所示。

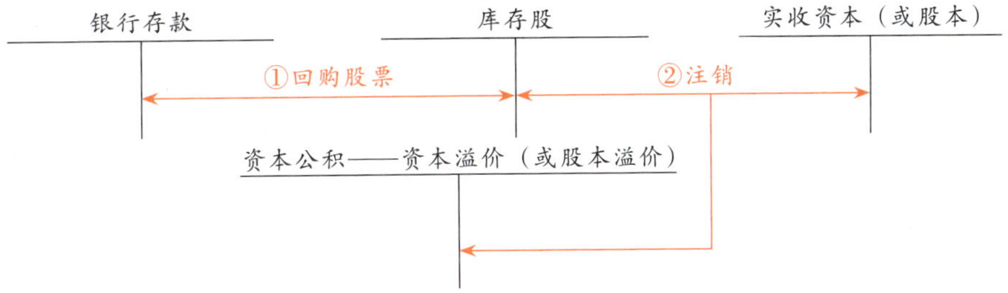

注：注销股票时，“资本公积——资本溢价（或股本溢价）”的发生额可能在借方。

图12-2 实收资本（或股本）减少的核算示意图

【例 12-2】海华公司2022年12月31日的股本为150 000 000元，每股面值为1元，资本公积（股本溢价）为40 000 000元，盈余公积为45 000 000元。经股东大会批准，海华公司以现金回购本公司股票35 000 000股并注销。假定海华公司按每股2元回购股票，不考虑其他因素。（实务操作指导见表12-25）

表12-25 实务操作指导

出纳	制单会计	稽核会计	会计主管	财务经理
	1. 审核股东大会决议、转账支票存根、银行进账单（回单）等 2. 编制记账凭证	3. 审核记账凭证	4. 系统记账	

海华公司该业务涉及的原始凭证具体见表12-26。

表12-26 海华公司【例12-2】业务原始凭证

序号	单据名称	对应编号
1	股东大会决议	略，格式参照表12-8
2	转账支票存根	略，格式参照表2-23
3	银行进账单（回单）	略，格式参照表12-4

海华公司编制如下记账凭证（以会计分录代替）：

（1）回购本公司股份时：

库存股成本=35 000 000×2=70 000 000（元）

借：库存股　　70 000 000　　记9

　贷：银行存款　　70 000 000　　附件3张

（2）注销本公司股份时：

应冲减的资本公积=35 000 000×2-35 000 000×1=35 000 000（元）

借：股本　　35 000 000　　记10

　　资本公积——股本溢价　　35 000 000

　贷：库存股　　70 000 000

【例 12-3】承【例12-2】，假定海华公司按每股3元回购股票，其他条件不变。（实务操作指导同表12-25）

海华公司该业务涉及的原始凭证具体同表12-26。

海华公司编制如下记账凭证（以会计分录代替）：

（1）回购本公司股份时：

库存股成本=35 000 000×3=105 000 000（元）

借：库存股　　105 000 000　　记11

　贷：银行存款　　105 000 000　　附件3张

（2）注销本公司股份时：

应冲减的资本公积=35 000 000×3-35 000 000×1=70 000 000（元）

本例中，由于应冲减的资本公积大于公司现有的资本公积，所以只能冲减资本公积40 000 000元，剩余的30 000 000元应冲减盈余公积。

借：股本　　35 000 000　　记12

　　资本公积——股本溢价　　40 000 000

　　盈余公积　　30 000 000

　贷：库存股　　105 000 000

【例12-4】承【例12-2】，假定海华公司按每股0.9元回购股票，其他条件不变。（实务操作指导同表12-25）

海华公司该业务涉及的原始凭证具体同表12-26。

海华公司编制如下记账凭证（以会计分录代替）：

（1）回购本公司股份时：

库存股成本=35 000 000×0.9=31 500 000（元）

借：库存股　　31 500 000　　记13

　贷：银行存款　　31 500 000　　附件3张

（2）注销本公司股份时：

应增加的资本公积=35 000 000×1-35 000 000×0.9=3 500 000（元）

借：股本　　35 000 000　　记14

　贷：库存股　　31 500 000

　　　资本公积——股本溢价　　3 500 000

知识拓展

库存股票不能作为公司的资产，因为公司自己不能投资自己，成为自己的股东；公司应为投资者所有，公司购买自己的股票不能像购买资产一样确认利得或损失。因此，公司回购股票实际上减少股东权益，“库存股”是所有者权益类科目，在资产负债表中的所有者权益下以“减”项列示。

12.2 资本公积确认与计量

12.2.1 资本公积的确认

资本公积包括资本溢价（或股本溢价）和其他资本公积等。

视频课程 资本公积的核算

资本溢价（或股本溢价）是指企业收到投资者出资额超出其在注册资本（或股本）中所占份额的部分。形成资本溢价（或股本溢价）的原因有溢价发行股票、投资者超额缴入资本等。

其他资本公积是指除净损益、其他综合收益和利润分配以外所有者权益的其他变动。如企业的长期股权投资采用权益法核算时，因被投资单位除净损益、其他综合收益和利润分配以外的所有者权益的其他变动，投资企业按应享有份额而增加或减少的资本公积。

资本公积和实收资本（或股本）不同，实收资本（或股本）体现了企业所有者对企业的基本产权关系，而资本公积并不能直接体现。另外，实收资本（或股本）的构成比例是确定所有者参与企业财务经营决策、企业进行利润分配或股利分配，以及清算时对净资产的要求权的依据，而资本公积并没有这些用途，在我国，资本公积主要是用来转增资本（或股本）的。

知识拓展

企业根据国家有关规定实行股权激励的，如果在等待期内取消了授予的权益工具，企业应在进行权益工具加速行权处理时，将剩余等待期内应确认的金额立即计入当期损益，并同时确认资本公积。企业集团（由母公司和其全部子公司构成）内发生的股份支付交易，如结算企业是接受服务企业的投资者，应当按照授予日权益工具的公允价值或应承担负债的公允价值确认对接受服务企业的长期股权投资，同时确认资本公积（其他资本公积）或负债。

12.2.2 资本公积的计量

为了核算企业资本公积的增减变动情况，企业应设置“资本公积”账户。该账户属于所有者权益类，贷方核算企业资本公积增加数；借方反映企业资本公积减少数；期末余额在贷方，表示企业期末实有的资本公积。为了反映各类不同性质的资本公积的增减变动情况，该账户应设置“资本溢价（或股本溢价）”“其他资本公积”等明细账户进行明细核算。

1）资本溢价（或股本溢价）

（1）资本溢价

资本溢价是指投资者的出资额大于该投资者在企业注册资本中所占有份额的数额。除股份有限公司外的其他类型的企业，在企业创立时，投资者认缴的出资额与注册资本一致，一般不会产生资本溢价。但在企业重组或有新的投资者加入时，常常会出现资本溢价。原因在于：第一，在企业进行正常生产经营后，其资本利润率通常要高于企业初创阶段；第二，企业有内部积累，新投资者加入企业后，对这些积累也要分享，新加入的投资者往往要付出大于原投资者的出资额，才能取得与原投资者相同的出资比例。

企业接受投资者投资资产的金额超过投资者在企业注册资本中所占份额的部分，通过“资本公积——资本溢价”账户核算。

【业务链接12-8】沿用【业务链接12-1】至【业务链接12-7】资料，万方公司目前注册资本为800万元，投资者南翔公司、铅华公司、宗臣公司分别占注册资本的50%、35%、15%。2022年3月1日，联华投资有限公司出资250万元，而仅占该公司股份的20%。

问题：万方公司对于联华投资有限公司新加入投资应如何计算和进行账务处理？

分析：联华投资有限公司于2022年3月1日出资投入万方公司，占20%的股份，增加实收资本，这里可以设联华投资有限公司投入资本应计入实收资本的金额为x，则（800+x）×20%=x，得出x=200万元，也就是应计入实收资本的金额为200万元，那么联华投资有限公司的出资额250万元大于其在万方公司注册资本中所占份额200万元的数额50万元，只能计入资本溢价。（万方公司实务操作指导见表12-27）

表12-27 实务操作指导

出纳	制单会计	稽核会计	会计主管	财务经理
	1.审核投资协议书、银行进账单（收账通知） 2.编制记账凭证	3.审核记账凭证	4.系统记账	

万方公司该业务涉及的原始凭证具体见表12-28。

表12-28　万方公司【业务链接12-8】业务原始凭证

序号	单据名称	对应编号
1	投资协议书	略，格式参照表12-3
2	银行进账单（收账通知）	略，格式参照表12-4

万方公司编制如下1张记账凭证（以会计分录代替）：

借：银行存款　2 500 000　记15

　贷：实收资本——联华投资有限公司　2 000 000　附件1张

　　资本公积——资本溢价　500 000

（2）股本溢价

股份有限公司是以发行股票的方式筹集股本，股东按其所持企业股份享有权利和承担义务。股票可按面值发行，也可按溢价发行，我国目前不允许折价发行。

在按面值发行股票的情况下，企业发行股票取得的收入，应全部记入“股本”账户；在溢价发行股票的情况下，企业发行股票取得的收入，等于股票面值的部分记入“股本”账户，超出股票面值的溢价收入（含发行股票冻结期间所产生的利息收入）扣除发行中支付给代理商的手续费等记入“资本公积——股本溢价”账户。

发行股票相关的手续费、佣金等交易费用，如果是溢价发行股票的，应从溢价中抵扣，冲减资本公积（股本溢价）；无溢价发行股票或溢价金额不足以抵扣的，应将不足抵扣的部分冲减盈余公积和未分配利润。

【例12-5】2022年1月1日，海华公司委托华泰证券股份有限公司代理发行普通股10 000 000股，每股面值1元，每股发行价格5元。海华公司与华泰证券股份有限公司约定，按发行收入的4%收取佣金，从发行收入中扣除。假定收到的股款已存入银行。（海华公司的实务操作指导见表12-29）

表12-29　实务操作指导

出纳	制单会计	稽核会计	会计主管	财务经理
	1.审核股东大会决议、银行进账单（收账通知）等 2.编制记账凭证	3.审核记账凭证	4.系统记账	

海华公司该业务涉及的原始凭证具体见表12-30。

表12-30　海华公司【例12-5】业务原始凭证

序号	单据名称	对应编号
1	股东大会决议	略，格式参照表12-8
2	银行进账单（收账通知）	略，格式参照表12-4

海华公司编制如下1张记账凭证（以会计分录代替）：

海华公司收到证券公司转来的发行收入=10 000 000×5×（1-4%）=48 000 000（元）

应记入“资本公积——股本溢价”科目的金额=溢价收入-发行佣金

=10 000 000×（5-1）-10 000 000×5×4%

=38 000 000（元）

借：银行存款　48 000 000　记16

　贷：股本　10 000 000　附件2张

　　资本公积——股本溢价　38 000 000

2）其他资本公积

其他资本公积，是指除资本（股本）溢价以外原因形成的资本公积。本书以因被投资单位除净损益、其他综合收益和利润分配以外的所有者权益的其他变动为例，介绍相关的其他资本公积的核算。

企业对被投资单位的长期股权投资采用权益法核算的，在持股比例不变的情况下，对因被投资单位除净损益、其他综合收益和利润分配以外的所有者权益的其他变动，应按持股比例计算其应享有或应分担被投资单位所有者权益的增减数额。在处置长期股权投资时，应转销与该笔投资相关的其他资本公积。

【例12-6】海景有限责任公司（简称“海景公司”）于2022年1月1日向云溪股份有限公司（简称“云溪公司”）投资6 000 000元，拥有该公司30%的股份，并对该公司有重大影响，因而对云溪公司长期股权投资采用权益法核算。2022年12月31日，云溪公司除净损益、其他综合收益和利润分配之外的所有者权益增加了2 000 000元。假定除此以外，云溪公司的所有者权益没有变化，海景公司的持股比例没有变化，云溪公司资产的账面价值与公允价值一致，不考虑其他因素。（海景公司的实务操作指导见表12-31）

表12-31　**实务操作指导**

出纳	制单会计	稽核会计	会计主管	财务经理
	1.审核关于所有者权益的其他变动说明、总经理办公室决议等 2.编制记账凭证	3.审核记账凭证	4.系统记账	

海景公司该业务涉及的原始凭证具体见表12-32。

表12-32　**海景公司【例12-6】业务原始凭证**

序号	单据名称	对应编号
1	关于所有者权益的其他变动说明	表12-33
2	总经理办公室决议	表12-34

表12-33　**关于所有者权益的其他变动说明**

海景有限责任公司：

至2022年12月31日，我公司因接受新股东黄石公司资本投入增加资本公积的金额为2 000 000.00元。

云溪股份有限公司

2022年12月31日

表12-34　**总经理办公室决议**

2022年1月1日，我公司与云溪股份有限公司签订股权转让协议。该股权转让协议规定，海景有限责任公司收购云溪股份有限公司股份总额的30%，收购价格为6 000 000.00元，收购价款于协议生效后以银行存款支付，该协议生效日期为2022年1月1日。

2022年度，因云溪股份有限公司接受新股东黄石公司资本投入增加资本公积的金额为2 000 000.00元。我公司按持股比例确认享有份额。

海景有限责任公司

2022年12月31日

海景公司编制如下1张记账凭证（以会计分录代替）：

海景公司对云溪公司投资增加的资本公积=2 000 000×30%=600 000（元）

借：长期股权投资——云溪股份有限公司（其他权益变动） 600 000 记17

贷：资本公积——其他资本公积 600 000 附件2张

本例中，海景公司对云溪公司的长期股权投资采用权益法核算，云溪公司发生了除净损益、其他综合收益和利润分配之外的所有者权益的其他变动，海景公司应按其持股比例计算应享有的云溪公司权益的数额600 000元作为增加其他资本公积处理。

3）资本公积转增资本

经股东大会或类似机构决议，用资本公积转增资本时，应冲减资本公积，同时按照转增资本前的实收资本（或股本）的结构或比例，将转增的金额记入“实收资本”（或“股本”）科目下各所有者的明细分类账。有关账务处理参见本章【业务链接12-6】的有关内容。

课堂讨论

下列项目中，哪些会引起资本公积的变动？

（1）与发行权益性证券直接相关的手续费、佣金等交易费用；

（2）计入当期损益的利得；

（3）发放现金股利；

（4）发放股票股利；

（5）接受捐赠资产；

（6）资本公积转增资本；

（7）处置采用权益法核算的长期股权投资。

知识拓展

其他综合收益，是指企业根据其他会计准则规定未在当期损益中确认的各项利得和损失，包括以后会计期间不能重分类进损益的其他综合收益和以后会计期间满足规定条件时将重分类进损益的其他综合收益两类。

（一）以后会计期间不能重分类进损益的其他综合收益项目，主要包括重新计量设定受益计划净负债或净资产导致的变动，以及按照权益法核算因被投资单位重新计量设定受益计划净负债或净资产变动导致的权益变动，投资企业按持股比例计算确认的该部分其他综合收益。

（二）以后会计期间满足规定条件时将重分类进损益的其他综合收益项目，主要包括：

1.以公允价值计量且其变动计入其他综合收益的金融资产公允价值与账面余额的差额；

2.金融资产的重分类；

3.采用权益法核算的长期股权投资；

4.存货或自用房地产转换为投资性房地产；

5.现金流量套期工具产生的利得或损失中属于有效套期的部分；

6.外币财务报表折算差额。

12.3 留存收益确认与计量

12.3.1 留存收益的确认

留存收益是指企业从历年实现的利润中提取或形成的留存于企业的内部积累，包括盈余公积和未分配利润两类。其中，盈余公积是有特定用途的累计盈余；未分配利润是没有指定用途的累计盈余。

1）盈余公积

盈余公积是指企业按照有关规定从净利润中提取的积累资金。盈余公积一般分为两种：

❶法定盈余公积。按照《公司法》的有关规定，公司制企业应按照净利润（减弥补以前年度亏损，下同）的10%提取法定盈余公积。非公司制企业法定盈余公积的提取比例可超过净利润的10%。法定盈余公积累计额已达注册资本的50%时，可以不再提取。

知识拓展

如果以前年度未分配利润有盈余（即年初未分配利润余额为正数），在计算提取法定盈余公积的基数时，不应包括企业年初未分配利润；如果以前年度有亏损（即年初未分配利润余额为负数），应先弥补以前年度亏损再提取盈余公积。

❷任意盈余公积。公司制企业可根据股东会或股东大会的决议提取任意盈余公积。非公司制企业经类似权力机构批准，也可提取任意盈余公积。

法定盈余公积和任意盈余公积的区别在于其各自计提的依据不同，前者以国家的法律法规为依据；后者由企业的权力机构自行决定。

企业提取的盈余公积经批准可用于弥补亏损、转增资本、发放现金股利或利润等。

2）未分配利润

未分配利润是经过弥补亏损、提取法定盈余公积、提取任意盈余公积和向投资者分配利润等利润分配之后剩余的利润，也就是指截止到本年度累计未分配的利润，包括企业以前年度累计的尚未分配的利润以及本年度的未分配利润数。相对于所有者权益的其他部分来说，企业对于未分配利润的使用有较大的自主权。

课堂讨论

留存收益和资本公积有何不同？

12.3.2 留存收益的计量

1）盈余公积

为了反映和监督盈余公积的提取和使用等增减变动情况，企业应设置“盈余公积”账户。该账户属于所有者权益类，贷方登记企业提取的盈余公积，借方登记企业使用的盈余公积，期末余额在贷方，表示企业盈余公积的实有数。“盈余公积”账户下分别设置“法定盈余公积”“任意盈余公积”等进行明细核算。

盈余公积的核算如图12-3所示。

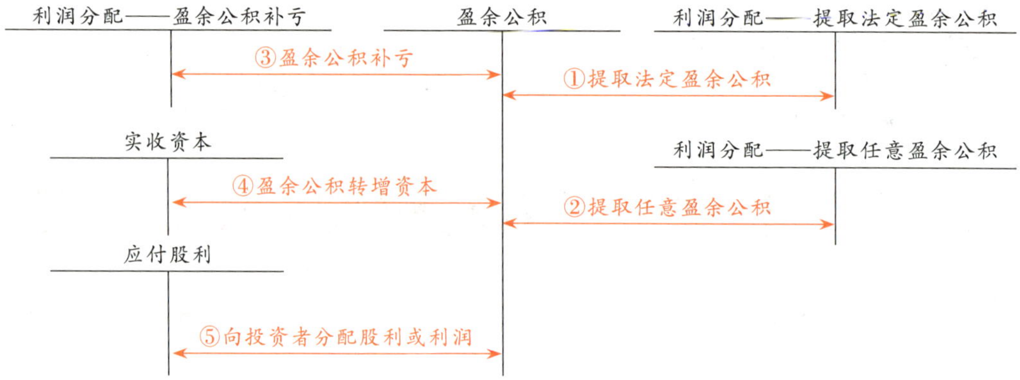

图12-3　盈余公积核算示意图

（1）盈余公积的计提

企业按规定提取盈余公积时，应借记“利润分配——提取法定盈余公积（或提取任意盈余公积）”科目，贷记“盈余公积——法定盈余公积（或任意盈余公积）”科目。

【例12-7】海华公司2022年度实现净利润6 000 000元，年初未分配利润为零。经股东大会批准，海华公司按当年净利润的10%提取法定盈余公积，按5%提取任意盈余公积，假定不考虑其他因素。（实务操作指导见表12-35）

表12-35　实务操作指导

出纳	制单会计	稽核会计	会计主管	财务经理
	1.审核盈余公积计提表等 2.编制记账凭证	3.审核记账凭证	4.系统记账	

海华公司该业务涉及的原始凭证具体见表12-36。

表12-36　海华公司【例12-7】业务原始凭证

序号	单据名称	对应编号
1	盈余公积计提表	表12-37

表12-37　盈余公积计提表

2022年12月31日　　单位：元

项目	金额
计提基数	6 000 000.00
提取法定盈余公积（10%）	600 000.00
提取任意盈余公积（5%）	300 000.00

审核：张兵　　制单：赵振翔

海华公司编制如下1张记账凭证（以会计分录代替）：

本年提取法定盈余公积金额=6 000 000×10%=600 000（元）

本年提取任意盈余公积金额=6 000 000×5%=300 000（元）

借：利润分配——提取法定盈余公积　　600 000　　记18

　　　　　　——提取任意盈余公积　　300 000　　附件1张

　贷：盈余公积——法定盈余公积　　600 000

　　　　　　　——任意盈余公积　　300 000

（2）盈余公积的使用

❶弥补亏损。

企业用盈余公积弥补亏损时，应借记“盈余公积”科目，贷记“利润分配——盈余公积补亏”科目。

【例12-8】2022年12月31日，经股东大会批准，海华公司用以前年度提取的盈余公积弥补当年亏损，当年弥补亏损的数额为500 000元。假定不考虑其他因素。（实务操作指导见表12-38）

表 12-38 实务操作指导

出纳	制单会计	稽核会计	会计主管	财务经理
	1.审核股东大会决议等 2.编制记账凭证	3.审核记账凭证	4.系统记账	

海华公司该业务涉及的原始凭证具体见表12-39。

表 12-39 海华公司【例 12-8】业务原始凭证

序号	单据名称	对应编号
1	股东大会决议	略，格式参照表12-8

海华公司编制如下1张记账凭证（以会计分录代替）：

借：盈余公积 500 000 记 19

　贷：利润分配——盈余公积补亏 500 000 附件1张

知识拓展

按照现行制度规定，企业发生亏损时，应由企业自行弥补。弥补亏损的方式主要有三种：

一是用以后年度税前利润弥补。企业发生亏损时，可以用以后五年内实现的税前利润弥补，即税前利润弥补亏损的期间为五年。

二是用以后年度税后净利润弥补。企业发生的经过五年期间未足额弥补的亏损，应用税后净利润弥补。

三是以盈余公积弥补亏损。企业以提取的盈余公积弥补亏损时，应当由董事会提议，并经股东大会批准。

课堂讨论

用利润弥补亏损和用盈余公积弥补亏损的账务处理有何不同？

❷转增资本。

企业将盈余公积转增资本时，必须经股东大会决议批准。在实际将盈余公积转增资本时，要按原有持股比例结转。按照《公司法》的规定，法定公积金（资本公积和盈余公积）转为资本时，所留存的该项公积金不得少于转增前公司注册资本的25%。有关账务处理，参见本章【业务链接12-7】的有关内容。

❸发放现金股利或利润。

企业经股东大会或类似机构批准，用盈余公积向股东或投资者派发现金股利或利润时，借记“盈余公积”科目，贷记“应付股利”科目；实际支付现金股利或利润时，借记“应付股利”科目，贷记“银行存款”等科目。

【例 12-9】海华公司2021年12月31日的股本为50 000 000元（每股面值1元），可供投资者分配的利润为5 000 000元，盈余公积为20 000 000元。2022年2月20日，股东大会批准了2021年度的利润分配方案，按每10股2元发放现金股利。海华公司共需要分派10 000 000元现金股利，其中，动用可供投资者分配的利润5 000 000元、盈余公积5 000 000元。假定不考虑其他因素。（实务操作指导见表12-40）

表 12-40 **实务操作指导**

出纳	制单会计	稽核会计	会计主管	财务经理
	1. 审核股东大会决议等 2. 编制记账凭证	3. 审核记账凭证	4. 系统记账	

海华公司该业务涉及的原始凭证具体见表 12-41。

表 12-41 **海华公司【例 12-9】业务原始凭证**

序号	单据名称	对应编号
1	股东大会决议	略，格式参照表 12-8

编制如下 1 张记账凭证（以会计分录代替）：

借：利润分配——应付现金股利　　5 000 000　　记 20

　　盈余公积　　5 000 000　　附件 1 张

　贷：应付股利　　10 000 000

本例中，海华公司经股东大会批准，以未分配利润和盈余公积发放现金股利，其中，属于以未分配利润发放现金股利的部分 5 000 000 元应记入“利润分配——应付现金股利”科目，属于以盈余公积发放现金股利的部分 5 000 000 元，应记入“盈余公积”科目。

知识拓展

扩大企业生产经营也是盈余公积的用途，并不是指其实际占用形态，提取盈余公积也并不是单独将这部分资金从企业资金周转过程中抽取。企业盈余公积的结存数，实际只表现为企业所有者权益的组成部分，表明企业生产经营资金的一个来源而已。其形成的资金可能表现为一定的货币资金，也可能表现为一定的实物资产（如存货和固定资产等），随同企业的其他来源所形成的资金进行循环周转，用于企业的生产经营。

2）利润分配

视频课程

利润分配的核算

利润分配是指企业根据国家有关规定和企业章程、投资者协议等，对企业当年可供分配的利润所进行的分配。

可供分配的利润=当年实现的净利润（或净亏损）+年初未分配利润（或-年初未弥补亏损）+其他转入

利润分配的顺序依次是：❶提取法定盈余公积；❷提取任意盈余公积；❸向投资者分配利润。

为了反映和监督企业利润的分配（或亏损的弥补）和历年分配（或弥补）后的未分配利润（或未弥补亏损），企业应设置“利润分配”账户。该账户属于所有者权益类。年度终了，企业应将全年实现的净利润或发生的净亏损，自“本年利润”科目转入“利润分配——未分配利润”科目，并将“利润分配”科目所属其他明细科目的余额，转入“未分配利润”明细科目。结转后，“利润分配——未分配利润”科目如为贷方余额，表示累积未分配的利润数额；如为借方余额，则表示累积未弥补的亏损数额。该科目应分别“提取法定盈余公积”“提取任意盈余公积”“应付现金股利或利润”“盈余公积补亏”“未分配利润”等进行明细核算。

未分配利润的核算如图 12-4 所示。

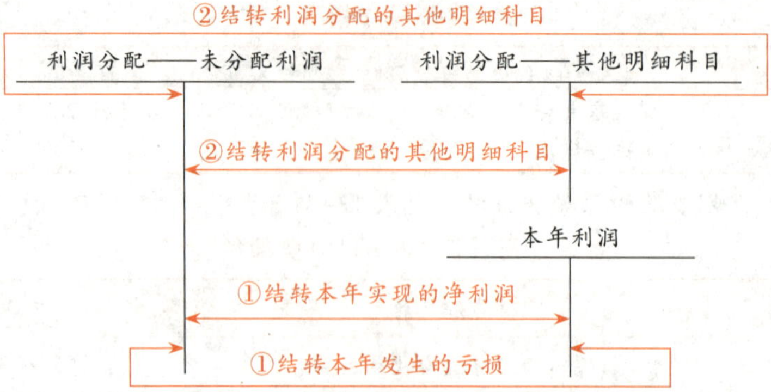

图12-4 未分配利润核算示意图

【例12-10】2022年12月31日，天山有限责任公司（简称“天山公司”）年初未分配利润为零，本年实现净利润2 400 000元，本年提取法定盈余公积240 000元、任意盈余公积120 000元，宣告发放现金股利700 000元，假定不考虑其他因素。（实务操作指导见表12-42）

表12-42 实务操作指导

出纳	制单会计	稽核会计	会计主管	财务经理
	1. 审核年度净利润计算及结转表、盈余公积计提表、股东会决议等 2. 编制记账凭证	3. 审核记账凭证	4. 系统记账	

天山公司该业务涉及的原始凭证具体见表12-43

表12-43 天山公司【例12-10】业务原始凭证

序号	单据名称	对应编号
1	年度净利润计算及结转表	表12-44
2	盈余公积计提表	略，格式参照表12-37
3	股东会决议	略，格式参照表12-22

表12-44 年度净利润计算及结转表

2022年12月31日　　单位：元

项目	金额
利润总额	3 200 000.00
所得税费用	800 000.00
净利润	2 400 000.00

制单人：董坤　　复核人：周小清

天山公司编制如下3张记账凭证（以会计分录代替）：

（1）结转实现净利润时：

借：本年利润　　2 400 000　　记21

　贷：利润分配——未分配利润　　2 400 000　　附件1张（表12-44）

（2）提取法定盈余公积、任意盈余公积及宣告发放现金股利时：

借：利润分配——提取法定盈余公积　　240 000　　记22
　　　　　　——提取任意盈余公积　　120 000　　附件2张
　　　　　　——应付现金利润　　700 000
　贷：盈余公积——法定盈余公积　　240 000
　　　　　　　——任意盈余公积　　120 000
　　　应付利润　　700 000

（3）将“利润分配”科目所属其他明细科目的余额结转至“未分配利润”明细科目：

借：利润分配——未分配利润　　1 060 000　　记23
　贷：利润分配——提取法定盈余公积　　240 000
　　　　　　　——提取任意盈余公积　　120 000
　　　　　　　——应付现金利润　　700 000

结转后，如果“未分配利润”明细科目的余额在贷方，表示累积未分配的利润；如果余额在借方，则表示累积未弥补的亏损。本例中，“利润分配——未分配利润”明细科目的余额在贷方，此贷方余额1 340 000元（本年利润2 400 000元-提取法定盈余公积240 000元-提取任意盈余公积120 000元-应付现金股利700 000元）即为天山公司本年年末的累计未分配利润。

本章概要

所有者权益是指企业资产扣除负债后由所有者享有的剩余权益。所有者权益由实收资本（或股本）、资本公积、盈余公积和未分配利润组成。实收资本是指企业按照章程规定或合同、协议约定，接受投资者投入企业的资本。资本公积是企业收到投资者出资额超出其在注册资本（或股本）中所占份额的部分，以及其他资本公积等。留存收益是指企业从历年实现的利润中提取或形成的留存于企业的内部积累，包括盈余公积和未分配利润两类。

概念回顾

所有者权益　实收资本　资本公积　资本溢价　留存收益　盈余公积　未分配利润

会计分录

<table>
<tr><th colspan="3">业务内容</th><th>会计处理</th></tr>
<tr><td rowspan="5">实收资本</td><td colspan="2">接受投资</td><td>借：银行存款/固定资产/原材料/无形资产
　贷：实收资本（或股本）
　　　资本公积——资本溢价（或股本溢价）</td></tr>
<tr><td rowspan="3">实收资本增加</td><td>接受追加投资</td><td>同上</td></tr>
<tr><td>资本公积转增资本</td><td>借：资本公积
　贷：实收资本（或股本）</td></tr>
<tr><td>盈余公积转增资本</td><td>借：盈余公积
　贷：实收资本（或股本）</td></tr>
<tr><td colspan="2">实收资本减少</td><td>（1）回购股份
借：库存股
　贷：银行存款
（2）注销股份
借：股本
　　资本公积
　　盈余公积
　贷：库存股
　　　资本公积</td></tr>
</table>

续表

业务内容			会计处理
资本公积	资本公积——资本溢价（或股本溢价）		借：银行存款 贷：实收资本 资本公积——资本溢价（或股本溢价）
资本公积	资本公积——其他资本公积		借：长期股权投资 贷：资本公积——其他资本公积
留存收益	盈余公积提取		借：利润分配——提取法定（或任意）盈余公积 贷：盈余公积——法定（或任意）盈余公积
留存收益	盈余公积使用	弥补亏损	借：盈余公积 贷：利润分配——盈余公积补亏
留存收益	盈余公积使用	转增资本	借：盈余公积 贷：实收资本（或股本）
留存收益	盈余公积使用	发放现金股利或利润	借：盈余公积 贷：应付股利/应付利润
留存收益	利润分配	结转本年净利润	借：本年利润 贷：利润分配——未分配利润 （若为净亏损编制相反分录）
留存收益	利润分配	分配现金股利	借：利润分配——应付现金股利或利润 贷：应付股利/应付利润
留存收益	利润分配	结转利润分配明细科目	借：利润分配——未分配利润 贷：利润分配——应付现金股利或利润 ——提取法定（或任意）盈余公积

原始凭证目录

原始凭证1：投资协议书（见表12-3）

原始凭证2：银行进账单（收账通知）（见表12-4）

原始凭证3：收款收据（见表12-5）

原始凭证4：股东大会决议（见表12-8）

原始凭证5：增值税专用发票（发票联）（见表12-11）

原始凭证6：固定资产验收单（见表12-12）

原始凭证7：收料单（见表12-15）

原始凭证8：股东会决议（见表12-22）

原始凭证9：关于所有者权益的其他变动说明（见表12-33）

原始凭证10：总经理办公室决议（见表12-34）

原始凭证11：盈余公积计提表（见表12-37）

法规链接

第13章　收入和费用

预习思考题

收入的含义是什么？

学习目标

➢ 理论目标

1.理解收入、费用的概念；

2.理解销售商品收入的确认条件的含义；

3.理解不同销售商品方式收入核算程序的差异；

4.理解完工百分比法的适用条件、使用方法；

5.理解不同期间费用核算内容的差异。

➢ 实务目标

1.掌握通常情况下，销售商品收入的计量；

2.掌握销售商品涉及销售折扣、销售折让、销售退回的计量；

3.掌握委托代销方式销售商品的计量；

4.掌握预收款、分期收款、售后回购方式销售商品的计量；

5.掌握销售商品不符合收入确认条件的计量；

6.掌握提供劳务收入的计量，尤其是完工百分比法的应用；

7.掌握让渡资产使用权收入的计量；

8.掌握期间费用的计量。

引例

天津东港公司收入的确认

2022年12月，天津东港公司将委托广东云海公司开发的两项POS机技术，协议转让给第三方公司，收取技术转让费5 500万元，确认收入5 500万元，扣除委托开发成本230万元，形成营业毛利5 270万元。

按照天津东港公司与广东云海公司签订的委托开发合同规定，天津东港公司必须在支付广东云海公司全部开发经费和报酬后，方可对两项POS机技术享有完全的使用权和转让权，但截至2022年12月31日，天津东港公司尚欠80万元开发费。天津东港公司在尚未享有POS机技术完全使用权和转让权的情况下，向第三方公司转让使用权，并将所收取的费用确认为收入。该案例中，天津东港公司尚不符合收入确认的条件，属于提前确认收入5 500万元，提前确认成本230万元，虚增利润5 270万元。

13.1 收入确认与计量

13.1.1 收入的概念与特征

1）收入的概念

收入，是指企业在日常活动中形成的、会导致所有者权益增加的、与所有者投入资本无关的经济利益的总流入。

合同，是指双方或多方之间订立有法律约束力的权利义务的协议。合同有书面形式、口头形式以及其他形式。

2）收入的特征

❶收入是在企业日常活动中所形成的经济利益的流入。

❷收入可能表现为企业资产的增加，如增加银行存款、应收账款、应收票据等，也可能表现为企业负债的减少，或者二者兼而有之。

❸收入会导致企业所有者权益的增加。

❹收入只包括本企业经济利益的流入，不包括为第三方或客户代收的款项，如企业代税务机关收取的税款、旅行社代客户收取的门票等。

13.1.2 收入的分类

按照企业经营业务的主次分类，收入可以分为主营业务收入和其他业务收入。

❶主营业务收入，是指企业通过主要经营活动所获取的收入。

❷其他业务收入，是指企业通过主要经营业务以外的其他经营业务所获取的收入。

13.1.3 收入的确认与计量

视频课程

收入的确认条件

1）收入确认和计量的“五个步骤”

收入的确认和计量大致分为五步：第一步，识别与客户订立的合同；第二步，识别合同中的单项履约义务；第三步，确定交易价格；第四步，将交易价格分摊至各单项履约义务；第五步，履行各单项履约义务时确认收入。其中，第一步、第二步和第五步主要与收入的确认有关，第三步和第四步主要与收入的计量有关。

（1）识别与客户订立的合同

❶合同识别。

合同，是指双方或多方之间订立有法律约束力的权利义务的协议。合同包括书面形式、口头形式以及其他形式（如隐含于商业惯例或企业以往的习惯做法中等）。

企业与客户之间的合同同时满足下列五个条件的，企业应当在履行了合同中的履约义务，即在客户取得相关商品控制权时确认收入：

一是合同各方已批准该合同并承诺将履行各自义务；

二是该合同明确了合同各方与所转让商品相关的权利和义务；

三是该合同有明确的与所转让商品相关的支付条款；

四是该合同具有商业实质，即履行该合同将改变企业未来现金流量的风险、时间分布或金额；

五是企业因向客户转让商品而有权取得的对价很可能收回。

企业销售商品应同时满足上述五个条件，才能确认收入。任何一个条件没有满足，即使收到货款，也不能确认收入。

❀课堂讨论

甲公司向乙公司销售一批商品，乙公司已预付货款，商品已经发出，发票账单已交付乙公司。乙公司收到商品后，发现商品质量没有达到合同约定的要求，立即根据合同有关条款与甲公司交涉，要求在价格上给予一定折让，否则要求退货。双方没有就此达成一致意见，甲公司也未采取任何补救措施。请问：在这种情况下，甲公司能确认收入吗？

企业在进行上述判断时，需要注意下列三点：

一是合同约定的权利和义务是否具有法律约束力，需要根据企业所处的法律环境和实务操作进行判断。

二是合同具有商业实质，是指履行该合同将改变企业未来现金流量的风险、时间分布或金额。

三是企业在评估其因向客户转让商品而有权取得的对价是否很可能收回时，仅应考虑客户到期时支付对价的能力和意图（即客户的信用风险）。

对于不符合上述五个条件的合同，企业只有在不再负有向客户转让商品的剩余义务（如合同已完成或取消），且已向客户收取的对价（包括全部或部分对价）无须退回时，才能将已收取的对价确认为收入；否则，应当将已收取的对价作为负债进行会计处理。企业向客户收取无须退回的对价的，应当在已经将该部分对价所对应的商品的控制权转移给客户，并已停止向客户转让额外的商品，且也不再负有此类义务时或者相关合同已经终止时，将该部分对价确认为收入。

❷合同合并。

企业与同一客户（或该客户的关联方），同时订立或在相近时间内先后订立的两份或多份合同，在满足下列条件之一时，应当合并为一份合同进行会计处理：

一是该两份或多份合同，基于同一商业目的而订立并构成“一揽子”交易，如一份合同在不考虑另一份合同对价的情况下将会发生亏损。

二是该两份或多份合同中的一份合同的对价金额，取决于其他合同的定价或履行情况，如一份合同如果发生违约，将会影响另一份合同的对价金额。

三是该两份或多份合同中所承诺的商品（或每份合同中所承诺的部分商品）构成单项履约义务。两份或多份合同合并为一份合同进行会计处理的，仍然需要区分该一份合同中包含的各单项履约义务。

❸合同变更。

合同变更，是指经合同各方批准对原合同范围或价格作出的变更。合同各方可能以书面形式、口头形式或其他形式（如隐含于企业以往的习惯做法中）批准合同变更。

企业应当区分下列三种情形对合同变更分别进行会计处理：

一是合同变更部分作为单独合同。合同变更增加了可明确区分的商品及合同价款，且新增合同价款反映了新增商品单独售价的（以下简称“合同变更的第1种情形”），应当将该合同变更部分作为一份单独的合同进行会计处理。此类合同变更不影响原合同的会计处理。

二是合同变更作为原合同终止及新合同订立。合同变更不属于合同变更的第1种情形，且在合同变更日已转让的商品与未转让的商品之间可明确区分的（以下简称“合同变更的第2种情形”），应当视为原合同终止，同时，将原合同未履约部分与合同变更部分合并为新合同进行会计处理。

三是合同变更部分作为原合同的组成部分。合同变更不属于合同变更的第1种情形，且在合同变更日已转让的商品与未转让的商品之间不可明确区分的（以下简称“合同变更的第3种情形”），应当将该合同变更部分作为原合同的组成部分，在合同变更日重新计算履约进度，并调整当期收入和相应成本等。

如果在合同变更日未转让的商品为上述第2种和第3种情形的组合，企业应当分别相应按照上述第2或第3种情形的方式，对合同变更后尚未转让（或部分未转让）的商品进行会计处理。

（2）识别合同中的单项履约义务

合同开始日，企业应当识别合同中所包含的各单项履约义务，并确定各单项履约义务是在某一时段内履行，还是在某一时点履行；然后，在履行各单项履约义务时分别确认收入。

履约义务，是指合同中企业向客户转让可明确区分商品的承诺。企业应当将下列向客户转让商品的承诺作为单项履约义务：

❶企业向客户转让可明确区分商品（或者商品或服务的组合）的承诺。

企业向客户承诺的商品同时满足下列条件的，应当作为可明确区分商品：

A.客户能够从该商品本身或者从该商品与其他易于获得的资源一起使用中受益。当客户能够使用、消耗或以高于残值的价格出售商品，或者以能够产生经济利益的其他方式持有商品时，表明客户能够从该商品本身获益。对于某些商品而言，客户可能需要将其与其他易于获得的资源一起使用才能从中获益。在评估某项商品是否能够明确区分时，应当基于该商品自身的特征，无须考虑合同中可能存在的阻止客户从其他来源取得相关资源的限制性条款。

B.企业向客户转让该商品的承诺与合同中其他承诺可单独区分，以识别企业承诺转让的是每一项商品，还是由这些商品组成的一个或多个组合产出。组合产出的价值通常高于或者显著不同于各单项商品的价值总和。

下列情形通常表明，企业向客户转让该商品的承诺，与合同中的其他承诺不可明确区分：

a.企业需提供重大的服务以将该商品与合同中承诺的其他商品进行整合，形成合同约定的某个或某些组合产出转让给客户。

如企业为客户建造写字楼的合同中，企业向客户提供的砖头、水泥、人工等都能够使客户获益，但是，企业对客户承诺的是为其建造一栋写字楼，而并非提供这些砖头、水泥和人工等，企业需提供重大的服务将这些商品进行整合，以形成合同约定的一项组合产出（即写字楼）转让给客户。因此，在该合同中，砖头、水泥和人工等商品彼此之间不能单独区分。

b.该商品将对合同中承诺的其他商品予以重大修改或定制。如企业承诺向客户提供其开发的一款现有软件，并提供安装服务，虽然该软件无须更新或技术支持也可直接使用，但是企业在安装过程中，需要在该软件现有基础上对其进行定制化的重大修改，以使其能够与客户现有的信息系统相兼容。此时，转让软件的承诺与提供定制化重大修改的承诺在合同层面是不可明确区分的。

c.该商品与合同中承诺的其他商品具有高度关联性。即合同中承诺的每一项商品均受到合同中其他商品的重大影响。如企业承诺为客户设计一种新产品并负责生产六个样品，企业在生产和测试样品的过程中需要对产品的设计不断进行修正，并导致已生产的样品均可能需要进行不同程度的返工。此时，企业提供的设计服务和生产样品的服务是不断交替反复进行的，二者高度关联，因此，在合同层面是不可明确区分的。

需要说明的是，企业向客户销售商品时，往往约定企业需要将商品运送至客户指定的地点。通常情况下，商品控制权转移给客户之前发生的运输活动不构成单项履约义务；相反，商品控制权转移给客户之后发生的运输活动可能表明企业向客户提供了一项运输服务，企业应当考虑该项服务是否构成单项履约义务。

❷一系列实质相同且转让模式相同的、可明确区分的商品。

当企业向客户连续转让某项承诺的商品时，如每天提供类似劳务的长期劳务合同等，如果这些商品属于实质相同且转让模式相同的一系列商品时，企业应当将这一系列商品作为单项履约义务。

转让模式相同，是指每一项可明确区分的商品均满足在某一时段内履行履约义务的条件，且采用相同方法确定其履约进度。

企业在判断所转让的一系列商品是否实质相同时，应当考虑合同中承诺的性质，当企业承诺的是提供确定数量的商品时，需要考虑这些商品本身是否实质相同；当企业承诺的是在某一期间内随时向客户提供某项服务时，需要考虑企业在该期间内的各个时间段（如每天或每小时）的承诺是否相同，而并非具体的服务行为本身，如企业向客户提供三年的酒店管理服务（包括保洁、维修、安保等），但没有具体的服务次数或时间的要求，尽管企业每天提供的具体服务不一定相同，但是企业每天对于客户的承诺都是相同的，即按照约定的酒店管理标准，随时准备根据需要为其提供相关服务，因此，该酒店管理服务符合实质相同的条件。

（3）确定交易价格

交易价格，是指企业因向客户转让商品而预期有权收取的对价金额。企业代第三方收取的款项（如增值税）以及企业预期将退还给客户的款项，应当作为负债处理，不计入交易价格。合同标价并不一定代表交易价格，企业应当根据合同条款，并结合以往的习惯做法等确定交易价格。

❶可变对价。

企业与客户的合同中约定的对价金额可能是固定的，也可能会因折扣、价格折让、返利、退款、奖励积分、激励措施、业绩奖金、索赔、未来事项等因素而变化。此外，企业有权收取的对价金额，将根据一项或多项或有事项的发生有所不同的情况，也属于可变对价的情形。如企业售出商品但允许客户退货时，企业有权收取的对价金额将取决于客户是否退货，因此该合同的交易价格是可变的。

A.可变对价最佳估计数的确定。企业应当按照期望值或最可能发生金额确定可变对价的最佳估计数。期望值，是按照各种可能发生的对价金额及相关概率计算确定的金额。当企业拥有大量具有类似特征的合同，并据此估计合同可能产生多个结果时，按照期望值估计可变对价金额通常是恰当的。

【例 13-1】2022 年 3 月，海华公司向江苏红星商贸有限公司销售 1 000 台洗衣机，每台价格为 2 000 元，合同价款合计 200 万元。同时，海华公司承诺，如果在未来 6 个月内，同类洗衣机售价下降，则按照合同价格与最低售价之间的差额向乙公司支付差价。海华公司根据以往执行类似合同的经验，预计未来 6 个月内，不降价的概率为 50%；每台降价 200 元的概率为 40%；每台降价 500 元的概率为 10%。假定不考虑增值税等因素。

本例中，海华公司认为期望值能够更好地预测其有权获取的对价金额。假定不考虑下述有关"计入交易价格的可变对价金额的限制"要求，海华公司估计交易价格为每台 1 870 元（2 000×50%+1 800×40%+1 500×10%）。

最可能发生金额是一系列可能发生的对价金额中最可能发生的单一金额，即合同最可能产生的单一结果。当合同仅有两个可能结果（如企业能够达到或不能达到某业绩奖金目标）时，按照最可能发生金额估计可变对价金额通常是恰当的。

【例 13-2】2022 年 3 月，海华公司为其客户建造一栋厂房，合同约定的价款为 100 万元，当海华公司不能在合同签订之日起的 120 天内竣工时，须支付 10 万元罚款，该罚款从合同价款中扣除。海华公司对合同结果的估计如下：工程按时完工的概率为 90%，工程延期的概率为 10%。假定上述金额均不含增值税。

本例中，由于该合同涉及两种可能结果，海华公司认为按照最可能发生金额能够更好地预测其有权获取的对价金额。因此，海华公司估计的交易价格为 100 万元，即最可能发生的单一金额。

企业采用期望值或最可能发生金额估计可变对价时，应当选择能够更好地预测其有权收取的对价金额的方法。对于某一事项的不确定性对可变对价金额的影响，企业应当在整个合同期间一致地采用同一种方法进行估计；对于类似的合同，应当采用相同的方法进行估计。但是，当存在多个不确定性事项均会影响可变对价金额时，企业可以采用不同的方法对其进行估计。

B. 计入交易价格的可变对价金额的限制。企业按照期望值或最可能发生金额确定可变对价金额之后，计入交易价格的可变对价金额还应该满足限制条件，即包含可变对价的交易价格，应当不超过在相关不确定性消除时累计已确认的收入极可能不会发生重大转回的金额。企业在对此进行评估时，应当同时考虑收入转回的可能性及转回金额的比重。其中，"极可能"发生的概率应远高于"很可能"（即可能性超过 50%），但不要求达到"基本确定"（即可能性超过 95%）；在评估收入转回金额的比重时，应同时考虑合同中包含的固定对价和可变对价。企业应当将满足上述限制条件的可变对价的金额计入交易价格。

每一资产负债表日，企业应当重新估计可变对价金额（包括重新评估对可变对价的估计是否受到限制），以如实反映报告期末存在的情况以及报告期内发生的情况变化。

❷合同中存在的重大融资成分。

当企业将商品的控制权转移给客户的时间与客户实际付款的时间不一致时，对于企业以赊销的方式销售商品，或者要求客户支付预付款等，如果各方以在合同中明确（或者以隐含的方式）约定的付款时间为客户或企业就转让商品的交易提供了重大融资利益，则合同中即包含了重大融资成分。合同中存在重大融资成分的，企业应当按照假定客户在取得商品控制权时即以现金支付的应付金额（即现销价格）确定交易价格。

在评估合同中是否存在融资成分以及该融资成分对于该合同而言是否重大时，企业应当考虑所有相关的事实和情况，具体包括：

A.已承诺的对价金额与已承诺商品的现销价格之间的差额。

B.企业将承诺的商品转让给客户与客户支付相关款项之间的预计时间间隔和相应的市场现行利率的共同影响。企业向客户转让商品与客户支付相关款项之间虽然存在时间间隔，但两者之间的合同没有包含重大融资成分的情形。

合同中存在重大融资成分的，企业在确定该重大融资成分的金额时，应使用将合同对价的名义金额折现为商品现销价格的折现率。该折现率一经确定，不得因后续市场利率或客户信用风险等情况的变化而变更。企业确定的交易价格与合同承诺的对价金额之间的差额，应当在合同期间内采用实际利率法摊销。

需要说明的是，企业应当在单个合同层面考虑融资成分是否重大，而不应在合同组合层面考虑这些合同中的融资成分的汇总影响对企业整体而言是否重大。企业只有在确认了合同资产（或应收款项）和合同负债时，才应当分别确认重大融资成分相应的利息收入和利息支出。

为简化实务操作，如果在合同开始日，企业预计客户取得商品控制权与客户支付价款间隔不超过一年的，可以不考虑合同中存在的重大融资成分。企业应当对类似情形下的类似合同一致地应用这一简化处理方法。

③非现金对价。

当企业因转让商品而有权向客户收取的对价是非现金形式时，如实物资产、无形资产、股权、客户提供的广告服务等，企业通常应当按照非现金对价在合同开始日的公允价值确定交易价格。非现金对价公允价值不能合理估计的，企业应当参照其承诺向客户转让商品的单独售价间接确定交易价格。

非现金对价的公允价值可能会因对价的形式而发生变动（如企业有权向客户收取的对价是股票，股票本身的价格会发生变动），也可能会因为对价形式以外的原因而发生变动（如企业有权收取非现金对价的公允价值因企业的履约情况而发生变动）。合同开始日后，非现金对价的公允价值因对价形式以外的原因而发生变动的，应当作为可变对价，按照与计入交易价格的可变对价金额的限制条件相关的规定进行处理；合同开始日后，非现金对价的公允价值因对价形式而发生变动的，该变动金额不应计入交易价格。

④应付客户对价。

企业在向客户转让商品的同时，需要向客户或第三方支付对价的，除为了自客户取得其他可明确区分商品的款项外，应当将该应付对价冲减交易价格，并在确认相关收入与支付（或承诺支付）客户对价二者孰晚的时点冲减当期收入。应付客户对价还包括可以抵减应付企业金额的相关项目金额，如优惠券、兑换券等。

（4）将交易价格分摊至各单项履约义务

合同中包含两项或多项履约义务的，企业应当在合同开始日，按照各单项履约义务所承诺商品的单独售价的相对比例，将交易价格分摊至各单项履约义务。单独售价，是指企业向客户单独销售商品的价格。企业在类似环境下向类似客户单独销售某商品的价格，应作为该商品的单独售价。单独售价无法直接观察的，企业应当综合考虑其能够合理取得的全部相关信息，采用市场调整法、成本加成法、余值法等方法合理估计单独售价。企业在估计单独售价时，应当最大限度地采用可观察的输入值，并对类似情况采用一致的估计方法。

市场调整法，是指企业根据某商品或类似商品的市场售价，考虑本企业的成本和毛利等进行适当调整后的金额，确定其单独售价的方法。

成本加成法，是指企业根据某商品的预计成本加上其合理毛利后的金额，确定其单独售价的方法。

余值法，是指企业根据合同交易价格减去合同中其他商品可观察单独售价后的余额，确定某商品单独售价的方法。企业在商品近期售价波动幅度巨大，或者因未定价且未曾单独销售而使售价无法可靠确定时，可采用余值法估计其单独售价。

【例 13-3】2022年5月1日，海华公司与客户签订合同，向其销售A、B两项商品，合同价款为2 000元。合同约定，A商品于合同开始日交付，B商品在一个月之后交付，只有当A、B两项商品全部交付之后，海华公司才有权收取2 000元的合同对价。

假定A商品和B商品构成两项履约义务，其控制权在交付时转移给客户，分摊至A商品和B商品的交易价格分别为500元和2 000元，合计2 500元。上述价格均不包含增值税，且假定不考虑相关税费影响。

本例中，根据交易价格分摊原则，A商品应当分摊的交易价格为400元（500÷2 500×2 000），B产品应当分摊的交易价格为1 600元（2 000÷2 500×2 000），海华公司将A商品交付给客户之后，与该商品相关的履约义务已经履行，但是需要等到后续交付B商品时，企业才具有无条件收取合同对价的权利。

（5）履行各单项履约义务时确认收入

企业应当在履行了合同中的履约义务，即客户取得相关商品控制权时确认收入，控制权转移是确认收入的前提。对于履约义务，企业首先判断履约义务是否满足在某一时段内履行的条件，如不满足，则该履约义务属于在某一时点履行的履约义务。对于在某一时段内履行的履约义务，企业应当选取恰当的方法来确定履约进度；对于在某一时点履行的履约义务，企业应当综合分析控制权转移的迹象，判断其转移时点。

❶在某一时段内履行的履约义务。

A.在某一时段内履行履约义务的条件。满足下列条件之一的，属于在某一时段内履行的履约义务：

a.客户在企业履约的同时即取得并消耗企业履约所带来的经济利益。企业在履约过程中持续地向客户转移企业履约所带来的经济利益的，该履约义务属于在某一时段内履行的履约义务。

b.客户能够控制企业履约过程中在建的商品。

c.企业履约过程中所产出的商品具有不可替代用途，且企业在整个合同期间内有权就累计至今已完成的履约部分收取款项。

【例 13-4】海华公司是一家造船企业，与乙公司签订了一份船舶建造合同，按照乙公司的具体要求设计和建造船舶。海华公司在自己的厂区内完成该船舶的建造，乙公司无法控制在建过程中的船舶。海华公司如果想把该船舶出售给其他客户，需要发生重大的改造成本。双方约定，如果乙公司单方面解约，乙公司需向海华公司支付相当于合同总价30%

的违约金，且建造中的船舶归海华公司所有。假定该合同仅包含一项履约义务，即设计和建造船舶。

本例中，船舶是按照乙公司的具体要求进行设计和建造的，海华公司需要发生重大的改造成本将该船舶改造之后才能将其出售给其他客户，因此，该船舶具有不可替代用途。然而，如果乙公司单方面解约，仅需向海华公司支付相当于合同总价30%的违约金，表明海华公司无法在整个合同期间内，都有权就累计至今已完成的履约部分收取能够补偿其已发生成本和合理利润的款项。因此，海华公司为乙公司设计和建造船舶不属于在某一时段内履行的履约义务。

B.在某一时段内履行的履约义务的收入确认。对于在某一时段内履行的履约义务，企业应当在该段时间内按照履约进度确认收入，但是，履约进度不能合理确定的除外。企业应当考虑商品的性质，采用产出法或投入法确定恰当的履约进度，并且在确定履约进度时，应当扣除那些控制权尚未转移给客户的商品。企业按照履约进度确认收入时，通常应当在资产负债表日，按照合同的交易价格总额乘以履约进度扣除以前会计期间累计已确认的收入后的金额，确认为当期收入。

a.产出法。产出法是根据已转移给客户的商品对于客户的价值确定履约进度，通常可采用实际测量的完工进度、评估已实现的结果、已达到的工程进度节点、时间进度、已完工或交付的产品等产出指标确定履约进度。企业在评估是否采用产出法确定履约进度时，应当考虑具体的事实和情况，并选择能够如实反映企业履约进度和向客户转移商品控制权的产出指标。当选择的产出指标无法计量控制权已转移给客户的商品时，不应采用产出法。

【例13-5】2022年8月1日，海华公司与客户签订合同，为该客户拥有的一条铁路更换100根铁轨，合同价格为10万元（不含税价）。截至2022年12月31日，海华公司共更换铁轨60根，剩余部分预计在2023年3月31日之前完成。该合同仅包含一项履约义务，且该履约义务满足在某一时段内履行的条件。假定不考虑其他情况。

本例中，海华公司提供的更换铁轨的服务属于在某一时段内履行的履约义务，海华公司按照已完成的工作量占预计总工作量的比例确定履约进度。因此，截至2022年12月31日，该合同的履约进度为60%（60÷100×100%），甲公司应确认的收入为6万元（10×60%）。

b.投入法。投入法是根据企业为履行履约义务的投入确定履约进度，通常可采用投入的材料数量、花费的人工工时或机器工时、发生的成本和时间进度等投入指标确定履约进度。当企业从事的工作或发生的投入是在整个履约期间内平均发生时，企业也可以按照直线法确认收入。产出法下有关产出指标的信息有时可能无法直接观察获得，或者企业为获得这些信息需要花费很高的成本时，可能需要采用投入法来确定履约进度。

【例13-6】海华公司于2022年12月1日接受一项设备安装任务，安装期为3个月，合同总收入600 000元，至年底已预收安装费440 000元，实际发生安装费用为280 000元（假定均为安装人员薪酬），估计还将发生安装费用120 000元。假定海华公司按实际发生的成本占估计总成本的比例确定安装的履约进度，不考虑增值税等其他因素。

海华公司实际发生的成本占估计总成本的比例=280 000÷（280 000+120 000）×100%=70%

海华公司2022年12月31日确认的劳务收入=600 000×70%-0=420 000（元）

❷在某一时点履行的履约义务。

对于不属于在某一时段内履行的履约义务，应当属于在某一时点履行的履约义务，企业应当在客户取得相关商品控制权时点确认收入。

在判断控制权是否转移时，企业应当考虑下列五个迹象：

一是企业就该商品享有现时收款权利，即客户就该商品负有现时付款义务。当企业就该商品享有现时收款权利时，可能表明客户已经有能力主导该商品的使用并从中获得几乎全部的经济利益。

二是企业已将该商品的法定所有权转移给客户，即客户已拥有该商品的法定所有权。当客户取得了商品的法定所有权时，表明客户可能已取得对该商品的控制权。如果企业仅仅是为了确保到期收回货款而保留商品的法定所有权，那么企业拥有的该权利通常并不妨碍客户取得对该商品的控制权。

三是企业已将该商品实物转移给客户，即客户已占有该商品实物。客户占有了某项商品实物并不意味着其就一定取得了该商品的控制权，反之亦然。

四是企业已将该商品所有权上的主要风险和报酬转移给客户，即客户已取得该商品所有权上的主要风险和报酬。企业在判断时不应考虑导致企业在所转让商品之外产生其他单项履约义务的风险。如企业将产品销售给客户，并承诺提供后续维护服务的安排中，销售产品和提供维护服务均构成单项履约义务。企业将产品销售给客户之后，虽仍然保留了与后续维护服务相关的风险，但是由于维护服务构成单项履约义务，该保留的风险并不影响企业已将产品所有权上的主要风险和报酬转移给客户的判断。

五是客户已接受该商品。当商品通过了客户的验收，通常表明客户已接受该商品。客户验收通常有两种情况：一是企业向客户转让商品时，能够客观地确定该商品符合合同约定的标准和条件，客户验收只是一项例行程序，不会影响企业判断客户取得该商品控制权的时点；二是企业向客户转让商品时，无法客观地确定该商品是否符合合同规定的条件，在客户验收之前，企业不能认为已经将该商品的控制权转移给了客户，企业应当在客户完成验收并接受该商品时才能确认收入。实务中，定制化程度越高的商品，越难以证明客户验收仅仅是一项例行程序。

需要强调的是，在上述五个迹象中，并没有哪一个或哪几个迹象是决定性的，企业应当根据合同条款和交易实质进行分析，综合判断其是否将商品的控制权转移给客户以及何时转移，从而确定收入确认的时点。此外，企业应当从客户的角度进行评估，而不应当仅考虑企业自身的看法。

2）合同成本

（1）合同履约成本

企业为履行合同会发生各种成本，企业在确认收入的同时应当对这些成本进行分析，属于本书其他章节（如存货、固定资产、无形资产等章节）范围的，应当按照相关章节的要求进行会计处理；不属于上述其他章节范围且同时满足下列条件的，应当作为合同履约成本确认为一项资产：

❶该成本与一份当前或预期取得的合同直接相关。

预期取得的合同应当是企业能够明确识别的合同，如现有合同续约后的合同、尚未获得批准的特定合同等。与合同直接相关的成本包括直接人工（如支付给直接为客户提供所承诺服务的人员的工资、奖金等)、直接材料(如为履行合同耗用的原材料、辅助材料、构配件、零件、半成品的成本和周转材料的摊销及租赁费用等)、制造费用(或类似费用,如组织和管理相关生产、施工、服务等活动发生的费用,包括管理人员的职工薪酬、劳动保护费、固定资产折旧费及修理费、物料消耗、取暖费、水电费、办公费、差旅费、财产保险费、工程保修费、排污费、临时设施摊销费等)、明确由客户承担的成本以及仅因该合同而发生的其他成本(如支付给分包商的成本、机械使用费、设计和技术援助费用、施工现场二次搬运费、生产工具和用具使用费、检验试验费、工程定位复测费、工程点交费用、场地清理费等)。

❷该成本增加了企业未来用于履行(或持续履行)履约义务的资源。

❸该成本预期能够收回。

下列支出不属于合同履约成本,企业应当在下列支出发生时,将其计入当期损益:

A.管理费用,除非这些费用明确由客户承担。

B.非正常消耗的直接材料、直接人工和制造费用(或类似费用),这些支出为履行合同发生,但未反映在合同价格中。

C.与履约义务中已履行(包括已全部履行或部分履行)部分相关的支出,即该支出与企业过去的履约活动相关。

D.无法在尚未履行的与已履行(或已部分履行)的履约义务之间区分的相关支出。

【例13-7】海华公司经营一家酒店,该酒店是海华公司的自有资产。海华公司除发生餐饮、商品材料等成本外,还需要计提固定资产折旧(如酒店、客房以及客房内的设备家具等)、无形资产摊销(如酒店土地使用权等)费用等,这些费用中哪些应确认为合同履约成本,哪些不能确认为合同履约成本?

本例中,海华公司经营一家酒店,主要通过提供客房服务赚取收入,而客房服务的提供直接依赖于酒店物业(包含土地)以及家具等相关资产,即与客房服务相关的资产折旧和摊销,属于海华公司为履行与客户的合同而发生的服务成本。该成本需先考虑是否满足上述资本化条件,如果满足,应作为合同履约成本进行会计处理,并在收入确认时对合同履约成本进行摊销,计入营业成本。此外,这些酒店物业等资产中与客房服务不直接相关的,如财务部门相关的资产折旧等费用或者销售部门相关的资产折旧等费用,则需要按功能将相关费用计入管理费用或销售费用等。

满足上述条件确认为资产的合同履约成本,初始确认时摊销期限不超过一年或一个正常营业周期的,在资产负债表中列示为存货;初始确认时摊销期限在一年或一个正常营业周期以上的,在资产负债表中列示为其他非流动资产。

(2)合同取得成本

企业为取得合同发生的增量成本预期能够收回的,应当作为合同取得成本确认为一项资产。增量成本,是指企业不取得合同就不会发生的成本,如销售佣金等。为简化实务操作,该资产摊销期限不超过一年的,可以在发生时计入当期损益。

企业为取得合同发生的、除预期能够收回的增量成本之外的其他支出,如无论是否取得合同均会发生的差旅费、投标费、为准备投标资料发生的相关费用等,应当在发生时计入当期损益,除非这些支出明确由客户承担。

【例13-8】海华公司是一家咨询公司,其通过竞标赢得一个新客户,为取得和该客户的合同，海华公司聘请外部律师进行尽职调查支付相关费用15 000元，为投标而发生的差旅费为10 000元，支付销售人员佣金5 000元。海华公司预期这些支出未来均能够收回。此外，海华公司根据其年度销售目标、整体盈利情况及个人业绩等，向销售部门经理支付年度奖金10 000元。

本例中，海华公司因签订该客户合同而向销售人员支付的佣金属于为取得合同发生的增量成本，应当将其作为合同取得成本确认为一项资产。甲公司聘请外部律师进行尽职调查发生的支出、为投标发生的差旅费，无论是否取得合同都会发生，不属于增量成本。因此，应当于发生时直接计入当期损益。甲公司向销售部门经理支付的年度奖金也不是为取得合同发生的增量成本，这是因为该奖金发放与否以及发放金额还取决于其他因素（包括公司的盈利情况和个人业绩），其并不能直接归属于可识别的合同。

企业因现有合同续约或发生合同变更需要支付的额外佣金，也属于为取得合同发生的增量成本。实务中，当涉及合同取得成本的安排比较复杂时，对于合同续约或合同变更时需要支付额外的佣金、企业支付的佣金金额取决于客户未来的履约情况或者取决于累计取得的合同数量或金额等，企业需要运用判断，对发生的合同取得成本进行恰当的会计处理。

满足上述条件确认为资产的合同取得成本，初始确认时摊销期限不超过一年或一个正常营业周期的，在资产负债表中列示为其他流动资产；初始确认时摊销期限在一年或一个正常营业周期以上的，在资产负债表中列示为其他非流动资产。

（3）合同履约成本和合同取得成本的摊销和减值

❶摊销。

确认为企业资产的合同履约成本和合同取得成本（以下简称“与合同成本相关的资产”），应当采用与该资产相关的商品收入确认相同的基础（即在履约义务履行的时点或按照履约义务的履约进度）进行摊销，计入当期损益。

❷减值。

与合同成本相关的资产，其账面价值高于下列第一项减去第二项的差额的，应按超出部分的金额计提减值准备，并确认为资产减值损失：一是企业因转让与该资产相关的商品预期能够取得的剩余对价；二是为转让该相关商品估计将要发生的成本。以前期间减值的因素之后发生变化，使得第一项减去第二项的差额高于该资产账面价值的，应当转回原已计提的资产减值准备，并计入当期损益，但转回后的资产账面价值，不应超过假定不计提减值准备情况下，该资产在转回日的账面价值。在确定上述资产的减值损失时，企业应当首先对相关的其他资产确定减值损失，然后再按上述要求确定上述资产的减值损失。

企业在按照资产减值的规定，测试相关资产组的减值情况时，应当将按照上述要求确定与合同成本相关的资产减值后的新账面价值计入相关资产组的账面价值。

3）销售商品收入的计量

（1）通常情况下销售商品收入的计量

企业发生的一般销售商品业务，在同时满足收入确认的五个条件，确认销售商品收入时，企业应按已收或应收的合同或协议价款，加上应收取的增值税税额，借记“银行存款”“应收账款”“应收票据”等科目，按确定的收入金额，贷记“主营业务收入”“其他业务收入”等科目，按应收取的增值税税额，贷记“应交税费——应交增值税（销项税额）”科目；同时或在资产负债表日，按已销商品的账面价值，借记“主营业务成本”“其他业务成本”科目，贷记“库存商品”“原材料”科目；按应交纳的消费税、资源税、城市维护建设税、教育费附加等税费金额，借记“税金及附加”科目，贷记“应交税费——应交消费税（或应交资源税、应交城市维护建设税、应交教育费附加等）”科目。

知识拓展

合同资产与应收款项的区别

◇应收款项代表的是无条件收取合同对价的权利，即企业仅仅随着时间的流逝即可收款。应收款项仅承担信用风险。

◇合同资产并不是一项无条件收款权，该权利除了时间流逝之外，还取决于其他条件（如履行合同中的其他履约义务）才能收取相应的合同对价。合同资产除信用风险之外，还可能承担其他风险，如履约风险等。

如销售两项可明确区分的商品，企业因已交付其中一项商品而有权收取款项，但收取该款项还取决于企业交付另一项商品，企业就应当将该收款权利作为合同资产。

【例13-9】2022年5月1日，海华公司向江苏红星商贸有限公司销售100台电视机，每台售价2 000元，每台成本1 500元，产品已经发出，款项尚未收到，江苏红星商贸有限公司已将该批产品入库。海华公司的实务操作指导见表13-1。

表13-1　**实务操作指导**

出纳	制单会计	稽核会计	会计主管
1.填写增值税专用发票	2.审核增值税专用发票、出库单等 3.编制记账凭证	4.审核记账凭证	5.系统记账

海华公司该业务涉及的原始凭证具体见表13-2。

表13-2　**海华公司【例13-9】业务原始凭证**

序号	单据名称	对应编号
1	增值税专用发票（记账联）	表13-3
2	出库单	表13-4

表13-3

江苏增值税专用发票

№ 75454921

8102167130　　此联不作报销、扣税凭证使用　　开票日期：2022年05月01日

购买方	名　　称：江苏红星商贸有限公司 纳税人识别号：91123456789098765 4 地 址、电 话：苏州市苏州新区平江路29号 83241234 开户行及账号：中国工商银行苏州新区支行6222003526722119	密码区	（略）

货物或应税劳务、服务名称	规格型号	单位	数量	单价	金额	税率	税额
*家用音视频设备*电视机		台	100	2 000.00	200 000.00	13%	26 000.00
合　计					¥200 000.00		¥26 000.00
价税合计（大写）	⊗贰拾贰万陆仟元整					（小写）	¥226 000.00

销售方	名　　称：无锡海华股份有限公司 纳税人识别号：91160102244212469M 地 址、电 话：无锡市滨湖区太湖东东路128号 85680721 开户行及账号：中国工商银行无锡太湖支行6222464654546553	备注	无锡海华股份有限公司 91160102244212469M 发票专用章

收款人：陈美丽　　复核：李芳　　开票人：张婷婷　　销售方（章）

第一联　记账联　销售方记账凭证

表 13-4

出 库 单

会计部门编号：34520004

NO. 3400056

仓库部门编号：75000012　　　　2022 年 05 月 01 日

编号	名称	规格	单位	出库数量	单位成本	金额	备注
1	电视机		台	100	1 500.00	150 000.00	
合　计				100	1 500.00	150 000.00	

第二联　交财务部

仓库管理员：李明

海华公司编制如下 2 张记账凭证（以会计分录代替）：

借：应收账款　226 000　　记 13-1

　贷：主营业务收入　200 000　　附件 1 张（表 13-3）

　　　应交税费——应交增值税（销项税额）　26 000

借：主营业务成本　150 000　　记 13-2

　贷：库存商品　150 000　　附件 1 张（表 13-4）

（2）销售商品涉及销售折扣的计量

销售折扣，是指企业为鼓励购货方早日付款或多购商品而给予的价格折扣，包括商业折扣和现金折扣。

❶商业折扣，是指企业根据市场供需情况，或针对不同的顾客，在商品标价上给予的扣除。商业折扣是企业最常用的促销手段。由于商业折扣实际上是对商品报价进行的折扣，扣除折扣后的净额才是实际销售价格，商品是按实际销售价格成交的，并按其开具发票，所以，商业折扣对应收账款入账价值没有什么实质性的影响，它仅仅是确定实际售价的一种手段，不需要在买卖双方任何一方的账上反映。因此，在存在商业折扣的情况下，企业应收账款金额应按扣除商业折扣以后的实际售价确认。

【例 13-10】2022 年 5 月 2 日，海华公司向江苏红星商贸有限公司销售 200 台电冰箱，每台售价 4 000 元，每台成本 3 000 元。根据规定的折扣条件，江苏红星商贸有限公司可得到 10% 的商业折扣。产品已经发出，款项未收到，江苏红星商贸有限公司已将该批产品验收入库。海华公司的实务操作指导同表 13-1。

海华公司该业务涉及的原始凭证具体同表 13-2。

海华公司编制如下 2 张记账凭证（以会计分录代替）：

借：应收账款　813 600　　记 13-3

　贷：主营业务收入（4 000×90%×200）　720 000　　附件 1 张

　　　应交税费——应交增值税（销项税额）　93 600

借：主营业务成本　600 000　　记 13-4

　贷：库存商品　600 000　　附件 1 张

❷现金折扣，是指债权人为鼓励债务人在规定的期限内付款，而向债务人提供的债务减让。现金折扣通常发生在以赊销方式销售商品或提供劳务的交易中。企业为了鼓励客户提前偿付货款，通常与债务人达成协议，在信用期内规定一个折扣期限，债务人在不同的

折扣期限内付款可享受不同比例的折扣，越早付款，得到的折扣优惠越大，超过折扣期付款，则得不到折扣。

现金折扣一般用符号“折扣/付款期限”表示。例如，某企业赊销商品，提供的现金折扣条件为“2/10，1/20，N/30”，计算现金折扣时不包含增值税。该折扣条件表明：买方在10天内付款可按售价给予2%的折扣；在11～20天内付款，可按售价给予1%的折扣；在21～30天内付款，则不给予折扣。由此可见，现金折扣使得销售方的应收账款的收回金额随客户付款时间不同而有差异，必然对销售收入的入账金额产生影响。

【例13-11】2022年5月5日，海华公司向江苏红星商贸有限公司销售100台空调，付款条件为“2/10，1/20，N/30”，计算现金折扣时不包含增值税，每台售价5 000元，每台成本3 500元。产品已经发出，江苏红星商贸有限公司已将该批产品验收入库。海华公司的实务操作指导见表13-5。

表13-5　**实务操作指导**

出纳	制单会计	稽核会计	会计主管
1.填写增值税专用发票 2.填写银行进账单	3.审核增值税专用发票、出库单、银行进账单等 4.编制记账凭证	5.审核记账凭证	6.系统记账

海华公司该业务涉及的原始凭证具体见表13-6。

表13-6　**海华公司【例13-11】业务原始凭证**

序号	单据名称	对应编号
1	增值税专用发票（记账联）	略，格式参照表13-3
2	出库单	略，格式参照表13-4
3	银行进账单	表13-7

表13-7　**中国工商银行　进账单**（收账通知）　3

2022年05月12日

付款人	全称	江苏红星商贸有限公司	收款人	全称	无锡海华股份有限公司
	账号	6222003526122119		账号	6222464654546553
	开户银行	工行苏州新区支行		开户银行	工行无锡太湖支行
金额	人民币（大写）	伍拾伍万伍仟元整		亿千百十万千百十元角分	¥ 5 5 5 0 0 0 0 0
票据种类	转账支票	票据张数	1		
票据号码	略				
复核：171　记账：182				收款人开户银行签章	

中国工商银行 无锡太湖支行 2022.05.12 转讫

此联是收款人开户银行交给收款人的收账通知

由于交易价格的确认涉及可变对价，经过判断应该采用可变对价最佳估计数来确认销售收入。假如海华公司认为最可能发生金额是对方选择“2/10”的条件付款，则编制如下

1张记账凭证：

借：应收账款　565 000　记13-5

　贷：主营业务收入　490 000　附件1张

　　合同负债——可变对价　10 000

　　应交税费——应交增值税（销项税额）　65 000

❶如果江苏红星商贸有限公司2022年5月12日付款，付款额为555 000元（565 000-500 000×2%）。

海华公司收到款项时，编制如下1张记账凭证：

借：银行存款　555 000　记13-6

　合同负债——可变对价　10 000　附件1张

　贷：应收账款　565 000

❷如果江苏红星商贸有限公司于2022年5月18日付款，则付款额为560 000元（565 000-500 000×1%）。

海华公司收到款项时，编制如下1张记账凭证：

借：银行存款　560 000　记13-7

　合同负债——可变对价　10 000　附件1张

　贷：应收账款　565 000

　　主营业务收入　5 000

❸如果江苏红星商贸有限公司于2022年5月29日付款，则不能享受现金折扣优惠，需按全额支付。

海华公司收到款项时，编制如下1张记账凭证：

借：银行存款　565 000　记13-8

　合同负债——可变对价　10 000　附件1张

　贷：应收账款　565 000

　　主营业务收入　10 000

（3）销售商品涉及销售折让的计量

销售折让，是指企业因售出商品的质量、品种等不符合要求而在售价上给予的减让。销售行为在先，购货方希望售价减让在后。通常情况下，销售折让发生在销售收入已经确认之后，因此，销售折让发生时，直接冲减当期销售商品收入。

需要注意的是，销售折让属于资产负债表日后事项的，应按资产负债表日后事项的相关规定进行处理。

【例13-12】接【例13-9】，假定2022年6月20日，江苏红星商贸有限公司发现2022年5月1日购买的商品质量有问题，经协商，海华公司同意给予10%的折让。海华公司的实务操作指导见表13-8。

表13-8　**实务操作指导**

出纳	制单会计	稽核会计	会计主管
1.开具增值税红字专用发票	2.审核红字增值税专用发票 3.编制记账凭证	4.审核记账凭证	5.系统记账

海华公司该业务涉及的原始凭证具体见表13-9。

表 13-9　　海华公司【例 13-12】业务原始凭证

序号	单据名称	对应编号
1	红字增值税专用发票	略，格式参照表 13-3

编制如下 1 张记账凭证（以会计分录代替）：

借：主营业务收入　　20 000　　记 13-9

　　应交税费——应交增值税（销项税额）　　2 600　　附件 1 张

　贷：应收账款　　22 600

（4）销售商品涉及销售退回的计量

销售退回，是指企业售出的商品由于质量、品种不符合要求等原因而发生的退货。对于销售退回，企业应分别不同情况进行会计处理：

❶如果已确认收入的售出商品发生销售退回的，企业一般应在发生时冲减当期销售商品收入，同时冲减当期销售商品成本。如该项销售退回已发生现金折扣的，应同时调整相关财务费用的金额；如该项销售退回允许扣减增值税的，应同时调整"应交税费——应交增值税（销项税额）"科目的相应金额。

❷如果已确认收入的售出商品发生的销售退回属于资产负债表日后事项的，应当按照有关资产负债表日后事项的相关规定进行会计处理。

【例 13-13】承【例 13-9】，2022 年 5 月 20 日，江苏红星商贸有限公司发现 2022 年 5 月 1 日购买的商品有严重质量问题，将货物退回海华公司。

海华公司的实务操作指导见表 13-10。

表 13-10　　实务操作指导

出纳	制单会计	稽核会计	会计主管
1. 开具红字增值税专用发票	2. 审核产品入库单、红字增值税专用发票 3. 编制记账凭证	4. 审核记账凭证	5. 系统记账

海华公司该业务涉及的原始凭证具体见表 13-11。

表 13-11　　海华公司【例 13-13】业务原始凭证

序号	单据名称	对应编号
1	入库单	表 13-12
2	红字增值税专用发票	略，格式参照表 13-3

表 13-12　　入　库　单

入库部门：1号库　　2022 年 05 月 20 日　　第 7 号

种类	编号	名称	规格	数量	单位	单价	运杂费	千	百	十	万	千	百	十	元	角	分
		电视机		100	台	1 500				1	5	0	0	0	0	0	0
备注							合计		¥	1	5	0	0	0	0	0	0

第三联　财务记账

负责人：马丽　　记账：李清　　验收：王宁　　填单：李可

海华公司编制如下2张记账凭证（以会计分录代替）：

借：主营业务收入　　200 000　　记13-10

　　应交税费——应交增值税（销项税额）　　26 000　　附件1张

　贷：应收账款　　226 000

借：库存商品　　150 000　　记13-11

　贷：主营业务成本　　150 000　　附件1张

（5）销售商品不符合收入确认条件的计量

如果销售商品不符合收入确认条件，则不应确认收入。已经发出的商品，应当通过"发出商品"科目进行核算。

【例13-14】2022年5月21日，海华公司向江苏红星商贸有限公司销售1 000台空调，每台售价4 500元，每台成本2 800元，产品已经发出；海华公司在售出该批商品时，已得知江苏红星商贸有限公司现金流转发生暂时困难，但为了减少存货积压，同时也为了维持与江苏红星商贸有限公司长期以来建立的商业关系，海华公司仍将商品发出并办妥托收手续。假定海华公司销售该批商品的纳税义务已经发生，不考虑其他因素。海华公司的实务操作指导见表13-13。

表13-13　　实务操作指导

出纳	制单会计	稽核会计	会计主管
1.填写增值税专用发票	2.审核增值税专用发票、出库单等 3.编制记账凭证	4.审核记账凭证	5.系统记账

海华公司该业务涉及的原始凭证具体见表13-14。

表13-14　　海华公司【例13-14】业务原始凭证

序号	单据名称	对应编号
1	增值税专用发票（记账联）	略，格式参照表13-3
2	出库单	略，格式参照表13-4

海华公司编制如下记账凭证（以会计分录代替）：

❶发出商品时：

借：发出商品　　2 800 000　　记13-12

　贷：库存商品　　2 800 000　　附件1张

借：应收账款　　585 000　　记13-13

　贷：应交税费——应交增值税（销项税额）　　585 000　　附件1张

❷海华公司得知江苏红星商贸有限公司经营情况出现好转并承诺近期付款时：

借：应收账款　　4 500 000　　记13-14

　贷：主营业务收入　　4 500 000

借：主营业务成本　　2 800 000　　记13-15

　贷：发出商品　　2 800 000

（6）委托代销商品的计量

委托代销销售商品，是指委托方根据协议，委托受托方代销商品的一种销售方式。委托代销通常分为视同买断和支付手续费两种方式。

视同买断方式，即由委托方和受托方签订协议，委托方按协议价格收取所代销的货款，实际售价可由受托方自定，实际售价与协议价之间的差额归受托方所有的销售方式。

如果委托方和受托方之间的协议明确标明，受托方在取得代销商品后，无论是否能够卖出、是否获利，均与委托方无关，那么委托方和受托方之间的代销商品交易，与委托方直接销售商品给受托方没有实质区别。因此，在符合销售商品收入确认条件时，委托方应确认相关销售商品收入。

如果委托方和受托方之间的协议明确表明，将来受托方没有将商品售出时，可以将商品退回给委托方，或受托方因代销商品出现亏损时可以要求委托方补偿，那么委托方在交付商品时不确认收入，受托方也不作购进商品处理；受托方将商品销售后，按实际售价确认销售收入，并向委托方开具代销清单；委托方收到代销清单时，再确认本企业的销售收入。

【例13-15】2022年6月1日，海华公司委托江苏红星商贸有限公司销售1 000台电视机，每台成本为3 000元，协议约定每台售价为5 000元；协议规定，江苏红星商贸有限公司在取得商品后，无论是否能够卖出、是否获利，均与委托方无关。江苏红星商贸有限公司自定代销商品实际售价为每台6 000元，于2022年6月30日全部售出，并向海华公司开具代销清单，结清协议价款。海华公司的实务操作指导见表13-15。

表13-15　**实务操作指导**

出纳	制单会计	稽核会计	会计主管
1.填写增值税专用发票 2.填写银行进账单	3.审核增值税专用发票、出库单、银行进账单等 4.编制记账凭证	5.审核记账凭证	6.系统记账

海华公司该业务涉及的原始凭证具体见表13-16。

表13-16　**海华公司【例13-15】业务原始凭证**

序号	单据名称	对应编号
1	增值税专用发票（记账联）	略，格式参照表13-3
2	出库单	略，格式参照表13-4
3	银行进账单	略，格式参照表13-7

海华公司的会计处理如下：

❶发出委托代销商品时：

借：应收账款	5 650 000		记13-16
贷：主营业务收入		5 000 000	附件1张
应交税费——应交增值税（销项税额）		650 000	
借：主营业务成本	3 000 000		记13-17
贷：库存商品		3 000 000	附件1张

❷收到受托方开具的代销清单及汇入货款时：

借：银行存款　5 650 000　记 13-18

　贷：应收账款　5 650 000　附件 1 张

江苏红星商贸有限公司的会计处理如下：

❶收到受托代销商品时：

借：库存商品　5 000 000　记 13-19

　　应交税费——应交增值税（进项税额）　650 000

　贷：应付账款　5 650 000

❷售出代销商品时：

借：银行存款　6 780 000　记 13-20

　贷：主营业务收入　6 000 000

　　　应交税费——应交增值税（销项税额）　780 000

借：主营业务成本　5 000 000　记 13-21

　贷：库存商品　5 000 000

❸按协议价将货款汇给海华公司时：

借：应付账款　5 650 000　记 13-22

　贷：银行存款　5 650 000

【例 13-16】资料同【例 13-15】，假定协议规定江苏红星商贸有限公司没有将商品售出时，可以将商品退回给海华公司，其他条件不变。海华公司的实务操作指导同表 13-15。

海华公司该业务涉及的原始凭证具体见同表 13-16。

海华公司的会计处理如下：

❶发出委托代销商品时：

借：发出商品　3 000 000　记 13-23

　贷：库存商品　3 000 000　附件 1 张

❷收到受托方开具的代销清单时：

借：应收账款　5 650 000　记 13-24

　贷：主营业务收入　5 000 000　附件 1 张

　　　应交税费——应交增值税（销项税额）　650 000

借：主营业务成本　3 000 000　记 13-25

　贷：发出商品　3 000 000　附件 1 张

❸收到受托方的汇入款项时：

借：银行存款　5 650 000　记 13-26

　贷：应收账款　5 650 000　附件 1 张

江苏红星商贸有限公司的会计处理如下：

❶收到受托代销商品时：

借：受托代销商品　5 000 000　记 13-27

　贷：受托代销商品款　5 000 000

❷售出代销商品时：

借：银行存款　6 780 000　记13-28
　贷：主营业务收入　6 000 000
　　应交税费——应交增值税（销项税额）　780 000

借：主营业务成本　5 000 000　记13-29
　贷：受托代销商品　5 000 000

借：受托代销商品款　5 000 000　记13-30
　贷：应付账款　5 000 000

❸收到增值税专用发票时：

借：应交税费——应交增值税（进项税额）　650 000　记13-31
　贷：应付账款　650 000

❹按协议价将货款汇给海华公司时：

借：应付账款　5 650 000　记13-32
　贷：银行存款　5 650 000

【例13-17】接【例13-15】资料，假定江苏红星商贸有限公司在取得商品后，按照协议价格于2022年6月30日全部售出，并按销售价格（包含增值税）的5%收取手续费，向海华公司开具代销清单，结清协议价款，其他条件不变。海华公司的实务操作指导同表13-15。

海华公司该业务涉及的原始凭证具体同表13-16。

海华公司的会计处理如下：

❶发出委托代销商品时：

借：发出商品　3 000 000　记13-33
　贷：库存商品　3 000 000　附件1张

❷收到受托方开具的代销清单时：

借：应收账款　5 650 000　记13-34
　贷：主营业务收入　5 000 000　附件1张
　　应交税费——应交增值税（销项税额）　650 000

借：主营业务成本　3 000 000　记13-35
　贷：发出商品　3 000 000

❸确认应付的代销手续费时：

借：销售费用　282 500　记13-36
　贷：应收账款　282 500

❹收到受托方的汇入款项时：

借：银行存款　5 367 500　记13-37
　贷：应收账款　5 367 500　附件1张

江苏红星商贸有限公司的会计处理如下：

❶收到受托代销商品时：

借：受托代销商品　5 000 000　记13-38
　贷：受托代销商品款　5 000 000

❷售出代销商品时：

借：银行存款　　5 650 000　　记 13-39

　贷：应付账款　　5 000 000

　　应交税费——应交增值税（销项税额）　　650 000

❸收到增值税专用发票时：

借：应交税费——应交增值税（进项税额）　　650 000　　记 13-40

　贷：应付账款　　650 000

❹转销受托代销商品以及受托代销商品款时：

借：受托代销商品款　　5 000 000　　记 13-41

　贷：受托代销商品　　5 000 000

❺计算代销手续费并结清代销商品款时：

借：应付账款　　5 650 000　　记 13-42

　贷：银行存款　　5 367 500

　　其他业务收入　　266 509.43

　　应交税费——应交增值税（销项税额）　　15 990.57

（7）分期收款销售商品的计量

分期收款销售商品，是指商品已经交付，但货款分期收回的一种销售方式。在分期收款销售商品方式下，销售方将商品交付给购货方，通常表明商品所有权上的主要风险和报酬已经转移给购货方。因此，销货方应当于发出商品时确认销售收入。

【例 13-18】2022年6月9日，海华公司向江苏红星商贸有限公司采用分期收款销售商品方式售出电视机200台，每台成本4 000元，每台售价5 000元，增值税税率为13%，价税合计1 130 000元。双方合同规定，江苏红星商贸有限公司分三个月支付全部款项，每月30日付款，付款比例分别为：30%、30%、40%。海华公司当日全额开具了增值税专用发票。

海华公司的实务操作指导同表13-15。

海华公司该业务涉及的原始凭证具体见表13-17。

表 13-17　　海华公司【例 13-18】业务原始凭证

序号	单据名称	对应编号
1	增值税专用发票（记账联）	略，格式参照表13-3
2	出库单	略，格式参照表13-4
3	银行进账单1	略，格式参照表13-7
4	银行进账单2	略，格式参照表13-7
5	银行进账单3	略，格式参照表13-7

海华公司编制如下5张记账凭证（以会计分录代替）：

❶2022年6月9日，海华公司销售商品发货时：

借：应收账款　　1 130 000　　记 13-43

　贷：主营业务收入　　1 000 000　　附件1张

　　应交税费——应交增值税（销项税额）　　130 000

借：主营业务成本　　800 000　　记 13-44

贷：库存商品　　800 000　　附件1张

❷2022年6月30日，海华公司收取30%货款时：

借：银行存款　　339 000　　记13-45

贷：应收账款　　339 000　　附件1张

❸2022年7月30日，海华公司收取30%货款时：

借：银行存款　　339 000　　记13-46

贷：应收账款　　339 000　　附件1张

❹2022年8月30日，海华公司收取40%货款时：

借：银行存款　　452 000　　记13-47

贷：应收账款　　452 000　　附件1张

（8）预收款销售商品的计量

预收款销售商品，是指购买方在商品尚未收到前按合同或协议约定分期付款，销售方在收到最后一笔款项时才交货的销售方式。在这种方式下，销售方直到收到最后一笔款项才将商品交付购货方，表明商品所有权上的主要风险和报酬只有在收到最后一笔款项时才转移给购货方，因此，企业通常应在发出商品时确认收入，在此之前预收的货款应确认为负债。

【例13-19】2022年6月15日，海华公司向江苏红星商贸有限公司采用预收款销售商品方式售出电视机500台，每台成本4 000元，每台售价5 000元，增值税税率为13%。双方合同规定，江苏红星商贸有限公司在签订协议当日预付50%款项，剩余50%款项于次月20日支付，海华公司收到全部货款后，给江苏红星商贸有限公司开具增值税专用发票，并交付货物。海华公司的实务操作指导同表13-15。

海华公司该业务涉及的原始凭证具体见表13-18。

表13-18　　海华公司【例13-19】业务原始凭证

序号	单据名称	对应编号
1	增值税专用发票（记账联）	略，格式参照表13-3
2	出库单	略，格式参照表13-4
3	银行进账单1	略，格式参照表13-7
4	银行进账单2	略，格式参照表13-7

海华公司编制如下3张记账凭证（以会计分录代替）：

❶6月15日预收50%的货款时：

借：银行存款　　1 412 500　　记13-48

贷：合同负债　　1 412 500　　附件1张

❷7月20日收到剩余货款并发出商品时：

借：合同负债　　1 412 500　　记13-49

银行存款　　1 412 500　　附件2张

贷：主营业务收入　　2 500 000

应交税费——应交增值税（销项税额）　　325 000

借：主营业务成本　　2 000 000　　记13-50

贷：库存商品　　2 000 000　　附件1张

（9）售后回购销售商品的计量

售后回购，是指销售商品的同时，销售方同意日后再将同样或类似的商品购回的销售方式。在这种方式下，销售方应根据合同或协议的条款判断企业是否已将商品所有权上的主要风险和报酬转移给购买方，以确定是否确认销售商品收入。在大多数情况下，售后回购交易属于融资交易，企业不应确认销售商品收入，收到的款项应确认为负债（其他应付款）；回购价格大于原售价的差额，企业应在回购期间按期计提利息费用，计入财务费用。有确凿证据表明售后回购交易满足销售商品收入确认条件的，销售的商品按售价确认收入，回购的商品作为购进商品处理。

【例13-20】2022年6月20日，海华公司向江苏红星商贸有限公司销售1 000台空调，每台成本3 500元，每台售价4 500元，增值税税率为13%；商品已经发出，款项已经收到。协议约定，海华公司应于10月20日将所售商品购回，回购价为每台5 000元（不含增值税额）。海华公司的实务操作指导见表13-19。

表13-19 **实务操作指导**

出纳	制单会计	稽核会计	会计主管	财务经理
1.填写报账（付款）审批单 3.签发转账支票 5.办理转账业务	6.审核报账（付款）审批单、转账支票存根联、出库单等 7.编制记账凭证	8.审核记账凭证	9.系统记账	2.审批报账（付款）审批单 4.审批转账支票

海华公司该业务涉及的原始凭证具体见表13-20。

表13-20 **海华公司【例13-20】业务原始凭证**

序号	单据名称	对应编号
1	报账（付款）审批单	略，格式参照表2-1
2	增值税专用发票（记账联）	略，格式参照表13-3
3	出库单	略，格式参照表13-4
4	转账支票	表13-21
5	银行进账单	略，格式参照表13-7

表13-21

中国工商银行
转账支票存根
41515021

附加信息

出票日期 2022年10月20日

收款人：	江苏红星商贸有限公司
金　额：	¥5 650 000.00
用　途：	支付回购商品款
备　注：	

单位主管　李明贤　　会计　张兵

海华公司编制如下记账凭证（以会计分录代替）：

❶2022年6月20日发出商品时：

借：银行存款　　5 085 000　　记13-51

　贷：应交税费——应交增值税（销项税额）　　585 000　　附件1张

　　　其他应付款　　4 500 000

❷2022年7月20日计提利息费用时：

借：财务费用　　125 000　　记13-52

　贷：其他应付款（（5 000-4 500）×1 000÷4）　　125 000

❸2022年8月20日、9月20日、10月20日计提利息费用的会计处理同上，此略。

❹2022年10月20日回购商品时：

借：其他应付款　　5 000 000　　记13-53

　　应交税费——应交增值税（进项税额）　　650 000　　附件3张

　贷：银行存款　　5 650 000

（10）附有销售退回条件的商品销售的计量

附有销售退回条件的商品销售，是指购买方依照合同或协议有权退货的销售方式。这种销售方式下，企业根据以往经验能够合理估计退货可能性且确认与退货相关负债的，通常应在发出商品时确认收入；企业不能合理估计退货可能性的，通常应在售出商品退货期满时确认收入。

（11）商品需要安装和检验的销售的计量

商品需要安装和检验的销售，是指售出的商品需要经过安装和检验等过程的销售方式。在这种销售方式下，在购买方接受交货以及安装和检验完毕前，企业通常不应确认收入。如果安装程序比较简单或检验是为了最终确定合同或协议价格而必须进行的程序，企业可以在发出商品时确认收入。

（12）以旧换新销售的计量

以旧换新销售，是指销售方在销售商品的同时回收与所售商品相同的旧商品。在这种销售方式下，销售的商品应当按照销售商品收入确认条件确认收入，回收的商品作为购进商品处理。

13.1.4 提供劳务收入的确认和计量

提供劳务收入，是指企业通过提供劳务作业而取得的收入。

劳务，通常是指其结果不形成有形资产的服务，如运输服务、旅游服务、饮食服务、广告策划、广告制作、管理咨询、业务培训、建筑安装、业务代理等。

劳务收入应当依据在资产负债表日提供劳务交易的结果是否能够可靠估计，分别采用不同的方法予以确认与计量。

1）资产负债表日，提供劳务交易的结果能够可靠估计

资产负债表日，企业提供劳务交易的结果如果能够可靠估计，应当采用完工百分比法确认提供劳务收入。

提供劳务交易的结果能够可靠估计，是指同时满足下列条件：

❶收入的金额能够可靠地计量。这是指提供劳务收入的总额能够合理地估计。通常情况下，企业应当按照从接受劳务方已收或应收的合同或协议价款确定提供劳务收入总额。

随着劳务的不断提供，可能会根据实际情况增加或减少已收或应收的合同或协议价款，此时，企业应及时调整提供劳务收入总额。

❷相关的经济利益很可能流入企业。这是指提供劳务收入总额收回的可能性大于不能收回的可能性。企业在确定提供劳务收入总额能否收回时，应当结合接受劳务方的信誉、以前的经验以及双方就结算方式和期限达成的合同或协议条款等因素，综合进行判断。

企业在确定提供劳务收入总额收回的可能性时，应当进行定性分析。如果确定提供劳务收入总额收回的可能性大于不能收回的可能性，即可认为提供劳务收入总额很可能流入企业。通常情况下，企业提供的劳务符合合同或协议要求，接受劳务方承诺付款，就表明提供劳务收入总额收回的可能性大于不能收回的可能性。如果企业判断提供劳务收入总额不是很可能流入企业，应当提供确凿证据。

❸交易的完工进度能够可靠地确定。这是指交易的完工进度能够合理地估计。企业确定提供劳务交易的完工进度，可以选用下列方法：

第一，已完工作的测量。这是一种比较专业的测量方法，由专业测量师对已经提供的劳务进行测量，并按一定方法计算确定提供劳务交易的完工程度。

第二，已经提供的劳务占应提供劳务总量的比例。这种方法主要以劳务量为标准确定提供劳务交易的完工程度。

第三，已经发生的成本占估计总成本的比例。这种方法主要以成本为标准确定提供劳务交易的完工程度。只有反映已提供劳务的成本才能包括在已经发生的成本中，只有反映已提供或将提供劳务的成本才能包括在估计总成本中。

❹交易中已发生和将发生的成本能够可靠地计量。这是指交易中已经发生和将要发生的成本能够合理地估计。企业应当建立完善的内部成本核算制度和有效的内部财务预算及报告制度，准确地提供每期发生的成本，并对完成剩余劳务将要发生的成本进行科学、合理地估计。同时应随着劳务的不断提供或外部情况的不断变化，随时对将要发生的成本进行修订。

完工百分比法，是指按照提供劳务交易的完工进度确认收入和费用的方法。企业应当在资产负债表日，按照提供劳务收入总额乘以完工进度，扣除以前会计期间累计已确认的提供劳务收入后的金额，确认当期提供劳务收入；同时，按照提供劳务估计总成本乘以完工进度，扣除以前会计期间累计已确认的提供劳务成本后的金额，结转当期提供劳务成本。用公式表示如下：

本期确认的提供劳务收入=提供劳务收入总额×完工进度−以前会计期间累计已确认的提供劳务收入

本期确认的提供劳务成本=提供劳务预计总成本×完工进度−以前会计期间累计已确认的提供劳务成本

在采用完工百分比法确认提供劳务收入的情况下，企业应按计算确定的提供劳务收入金额，借记“应收账款”“银行存款”等科目，贷记“主营业务收入”“应交税费”等科目。结转提供劳务成本时，借记“主营业务成本”科目，贷记“合同履约成本”科目。

【例13-21】2022年4月1日，海华公司与江苏红星商贸有限公司签订一项咨询合同，并于当日生效。合同约定，咨询期为2年，咨询费为300 000元，增值税18 000元，合计318 000元；江苏红星商贸有限公司分三次等额支付，第一次在项目开始时支付，第二次在项目中期支付，第三次在项目结束时支付。海华公司估计咨询劳务总成本为180 000元（均为咨询人员薪酬）。假定海华公司按时间比例确定完工进度，按年度编制财务报表，不考虑其他因素。假设海华公司2022年、2023年、2024年发生的劳务成本分别为70 000元、90 000元、20 000元。（海华公司的实务操作指导见表13-22）

表13-22　**实务操作指导**

出纳	制单会计	稽核会计	会计主管
1.填写增值税专用发票 2.填写银行进账单	3.审核增值税专用发票、银行进账单等 4.编制记账凭证	5.审核记账凭证	6.系统记账

海华公司该业务涉及的原始凭证具体见表13-23。

表13-23　**海华公司【例13-21】业务原始凭证**

序号	单据名称	对应编号
1	增值税专用发票（记账联）	略，格式参照表13-3
2	银行进账单	略，格式参照表13-7
3	劳务报酬结算表	表13-24

表13-24　**劳务报酬结算表**

2022年12月31日

劳务人员部门	劳务种类	劳务费金额（元）
对外服务部	咨询费	70 000.00
合计		¥70 000.00

填制人：　　　　审批：

海华公司编制如下记账凭证（以会计分录代替）：

2022年度的会计处理：

❶实际发生劳务成本时：

借：合同履约成本　　70 000　　记13-54

　贷：应付职工薪酬　　70 000　　附件1张

❷预收劳务款项时：

借：银行存款　　106 000　　记13-55

　贷：合同负债（318 000÷3）　　106 000　　附件1张

❸确认提供劳务收入并结转劳务成本时：

提供劳务的完工进度=9÷24×100%=37.5%

确认提供劳务收入=300 000×37.5%-0=112 500（元）

结转提供劳务成本=180 000×37.5%-0=67 500（元）

借：合同负债　119 250　记 13-56
　贷：主营业务收入　112 500
　　应交税费——应交增值税（销项税额）（112 500×6%）　6 750
借：主营业务成本　67 500　记 13-57
　贷：合同履约成本　67 500

2023年度的会计处理：

❶实际发生劳务成本时：

借：合同履约成本　90 000　记 13-58
　贷：应付职工薪酬　90 000　附件 1 张

❷预收劳务款项时：

借：银行存款　106 000　记 13-59
　贷：合同负债　106 000　附件 1 张

❸确认提供劳务收入并结转劳务成本时：

提供劳务的完工进度=21÷24×100%=87.5%

确认提供劳务收入=300 000×87.5%-112 500=150 000（元）

结转提供劳务成本=180 000×87.5%-67 500=90 000（元）

借：合同负债　159 000　记 13-60
　贷：主营业务收入　150 000
　　应交税费——应交增值税（销项税额）　9 000
借：主营业务成本　90 000　记 13-61
　贷：合同履约成本　90 000

2024年度的会计处理：

❶实际发生劳务成本时：

借：合同履约成本　20 000　记 13-62
　贷：应付职工薪酬　20 000　附件 1 张

❷预收劳务款项时：

借：银行存款　106 000　记 13-63
　贷：合同负债　106 000　附件 1 张

❸确认提供劳务收入并结转劳务成本时：

提供劳务的完工进度=24÷24×100%=100%

确认提供劳务收入=300 000×100%-112 500-150 000=37 500（元）

结转提供劳务成本=180 000×100%-67 500-90 000=22 500（元）

借：合同负债　39 750　记 13-64
　贷：主营业务收入　37 500
　　应交税费——应交增值税（销项税额）　2 250
借：主营业务成本　22 500　记 13-65
　贷：合同履约成本　22 500

2）资产负债表日，提供劳务交易的结果不能可靠估计

企业在资产负债表日，如不能可靠地估计所提供的劳务交易结果，则不能按完工百分比法确认收入。这时企业应正确预计已收回或将要收回的款项能弥补多少已经发生的成本，并应当分别下列情况处理：

❶已经发生的劳务成本预计能够得到补偿的，应当按照已经发生的劳务成本金额确认提供劳务收入，并按相同金额结转劳务成本。在这种情况下，企业应按已经发生的劳务成本金额，借记“应收账款”“合同负债”等科目，贷记“主营业务收入”“应交税费”等科目；同时，借记“主营业务成本”科目，贷记“合同履约成本”科目。

❷已经发生的劳务成本预计只能部分得到补偿的，应当按照能够得到补偿的劳务成本金额确认提供劳务收入，并按已经发生的劳务成本金额结转劳务成本。在这种情况下，企业应按能够得到补偿的劳务成本金额，借记“应收账款”等科目，贷记“主营业务收入”“应交税费”等科目；同时，借记“主营业务成本”科目，贷记“合同履约成本”科目。

❸已经发生的劳务成本预计全部不能得到补偿的，应当将已经发生的劳务成本计入当期损益，不确认提供劳务收入。在这种情况下，企业应按已经发生的劳务成本金额，借记“主营业务成本”科目，贷记“合同履约成本”科目。

【例13-22】2022年11月1日，海华公司接受江苏红星商贸有限公司委托，为其提供咨询服务，咨询期为6个月，当日开始咨询。协议约定，江苏红星商贸有限公司应向海华公司支付的咨询费总额为60 000元，增值税3 600元，合计63 600元；分三次等额支付，第一次在咨询开始时预付，第二次在2023年2月1日支付，第三次在咨询结束时支付。当日，江苏红星商贸有限公司预付第一次咨询费。

2022年12月31日，海华公司得知江苏红星商贸有限公司发生经营困难，后两次咨询费能否收回难以确定。截至2022年12月31日，海华公司已经发生咨询成本30 000元（假定均为咨询人员薪酬）。（海华公司的实务操作指导同表13-22）

海华公司该业务涉及的原始凭证具体同表13-23。

海华公司编制如下4张记账凭证（以会计分录代替）：

❶2022年11月1日收到江苏红星商贸有限公司预付的咨询费时：

借：银行存款	21 200		记13-66
贷：合同负债（63 600÷3）		21 200	附件1张

实际发生咨询支出时：

借：合同履约成本	30 000		记13-67
贷：应付职工薪酬		30 000	附件1张

❷2022年12月31日确认提供劳务收入并结转劳务成本时：

借：合同负债	21 200		记13-68
贷：主营业务收入		20 000	
应交税费——应交增值税（销项税额）		1 200	
借：主营业务成本	30 000		记13-69
贷：合同履约成本		30 000	

知识拓展

财政部于2017年7月5日印发《关于修订印发〈企业会计准则第14号——收入〉的通知》(财会〔2017〕22号)。通知中规定在境内外同时上市的企业以及在境外上市并采用国际财务报告准则或企业会计准则编制财务报表的企业，自2018年1月1日起施行；其他境内上市企业，自2020年1月1日起施行；执行企业会计准则的非上市企业，自2021年1月1日起施行。同时，允许企业提前执行。执行本准则的企业，不再执行财政部于2006年2月15日印发的《财政部关于印发〈企业会计准则第1号——存货〉等38项具体准则的通知》(财会〔2006〕3号)中的《企业会计准则第14号——收入》和《企业会计准则第15号——建造合同》，以及财政部于2006年10月30日印发的《财政部关于印发〈企业会计准则——应用指南〉的通知》(财会〔2006〕18号)中的《〈企业会计准则第14号——收入〉应用指南》。

新修订的收入准则主要内容为：企业应当在履行了合同中的履约义务，即在客户取得相关商品（劳务）控制权时确认收入。取得相关商品控制权，是指能够主导该商品的使用并从中获得几乎全部的经济利益。企业应当按照分摊至各单项履约义务的交易价格计量收入。交易价格，是指企业因向客户转让商品而预期有权收取的对价金额。企业代第三方收取的款项以及企业预期将退还给客户的款项，应当作为负债进行会计处理，不计入交易价格。

13.1.5 让渡资产使用权收入的确认和计量

让渡资产使用权收入主要包括两类，即利息收入和使用费收入。企业对外出租资产收取的租金、进行债权投资收取的利息、进行股权投资取得的股利，也属于让渡资产使用权形成的收入。

让渡资产使用权收入同时满足下列条件的，才能予以确认：一是相关的经济利益很可能流入企业；二是收入的金额能够可靠地计量。

1）利息收入

资产负债表日，企业按照他人使用本企业货币资金的时间和实际利率，计算确定利息收入金额。利息支付方式包括分期付息和到期一次付息。无论利息如何支付，企业均应分期计算并确认利息收入。

2）使用费收入

使用费收入应当按照有关合同或协议约定的收费时间和方法计算确定。不同的使用费收入，收费时间和方法各不相同。有一次性收取一笔固定金额的，如一次性收取10年的场地使用费；有在合同或协议规定的有效期内分期等额收取的，如合同或协议规定在使用期内每期收取一笔固定的金额；有分期不等额收取的，如合同或协议规定按资产使用方每期销售额的百分比收取使用费等。

如果合同或协议规定一次性收取使用费，且不提供后续服务的，应当视同销售该项资产一次性确认收入；提供后续服务的，应在合同或协议规定的有效期内分期确认收入。如果合同或协议规定分期收取使用费的，应按合同或协议规定的收款时间和金额或规定的收费方法计算确定的金额分期确认收入。

【例13-23】2022年7月1日，海华公司向江苏红星商贸有限公司转让其商品的商标使用权，合同规定江苏红星商贸有限公司每年年末按年销售收入的10%支付给海华公司使用费，使用期10年。假定江苏红星商贸有限公司第1年销售收入为2 000 000元，第2年销售收入为3 000 000元，这两年的使用费均已按期支付。(海华公司的实务操作指导见表13-25)

表 13-25 实务操作指导

出纳	制单会计	稽核会计	会计主管
1.填写增值税专用发票 2.填写银行进账单	3.审核增值税专用发票、银行进账单等 4.编制记账凭证	5.审核记账凭证	6.系统记账

海华公司该业务涉及的原始凭证具体见表13-26。

表 13-26 海华公司【例13-23】业务原始凭证

序号	单据名称	对应编号
1	增值税专用发票（记账联）1	略，格式参照表13-3
2	增值税专用发票（记账联）2	略，格式参照表13-3
3	银行进账单1	略，格式参照表13-7
4	银行进账单2	略，格式参照表13-7

海华公司编制如下2张记账凭证（以会计分录代替）：

❶第1年年末应确认使用费收入=2 000 000×10%=200 000（元）

借：银行存款 212 000 记13-70

　贷：其他业务收入 200 000 附件2张

　　应交税费——应交增值税（销项税额） 12 000

❷第2年年末应确认使用费收入=3 000 000×10%=300 000（元）

借：银行存款 318 000 记13-71

　贷：其他业务收入 300 000 附件2张

　　应交税费——应交增值税（销项税额） 18 000

13.2 费用确认与计量

13.2.1 费用的概念与分类

1）费用的概念

费用是指企业为销售商品、提供劳务等日常活动所发生的经济利益的流出，是企业在生产经营过程中发生的各项耗费，即企业在生产经营过程中为取得收入而支付或耗费的各项资产。我国《企业会计准则——基本准则》(2014年）将费用表述为："费用是指企业在日常活动中发生的、会导致所有者权益减少的、与向所有者分配利润无关的经济利益的总流出。"

费用应按照权责发生制和配比原则确认，凡应属于本期发生的费用，不论其款项是否支付，均确认为本期费用；反之，不属于本期发生的费用，即使其款项已在本期支付，也不确认为本期费用。

费用的确认除了应当符合费用的定义外，还应当满足严格的条件，即费用只有在经济利益很可能流出，从而导致企业资产减少或者负债增加、且经济利益的流出额能够可靠计量时才能予以确认。因此，费用的确认至少应当符合以下条件：❶与费用相关的经济利益应当很可能流出企业；❷经济利益流出企业的结果会导致资产的减少或者负债的增加；❸经济利益的流出额能够可靠计量。

2）费用的分类

费用按经济用途进行分类，可分为产品生产费用和期间费用两大类。

（1）产品生产费用

产品生产费用即生产成本，包括直接材料、直接人工、燃料及动力、制造费用等。

直接材料是指直接用于产品生产、构成产品实体的原料、主要材料、外购半成品及有助于产品形成的辅助材料。

直接人工是指直接参加产品生产的工人工资及按生产工人工资总额和规定的比例计算提取的职工福利费。

燃料及动力是指直接用于产品生产的外购和自制的燃料及动力。

制造费用是指企业各生产单位为组织和管理生产而发生的各项费用，如生产单位（车间）管理人员的工资及职工福利费、折旧费、修理费、办公费、物料消耗、劳动保护费、水电费等。

（2）期间费用

期间费用是指不能直接归属于某个特定产品成本的费用，包括销售费用、管理费用、财务费用。

❀课堂讨论

产品生产费用（生产成本）与期间费用有什么相同点与不同点？

13.2.2 期间费用的确认与计量

视频课程

费用确认与计量

1）销售费用

销售费用是指企业在销售过程中发生的各项费用，包括企业销售商品过程中发生的运输费、装卸费、包装费、保险费、展览费和广告费，以及为销售本企业商品而专设的销售机构（含销售网点、售后服务网点等）的职工工资及福利费、类似工资性质的费用、业务费等经营费用。

商品流通企业在购买商品过程中所发生的进货费用（如运输费、装卸费、包装费、保险费）、运输途中的合理损耗和入库前的挑选整理费用等也包括在内。

企业发生销售费用时，借记“销售费用”科目，贷记“库存现金”“银行存款”“应付职工薪酬”等科目。期末，应将“销售费用”科目的余额转入“本年利润”科目，结转后该科目应无余额。

【例13-24】2022年7月末，海华公司分配销售人员工资50 000元。（实务操作指导见表13-27）

表13-27　实务操作指导

出纳	制单会计	稽核会计	会计主管
1.填写工资费用分配表	2.审核工资费用分配表 3.编制记账凭证	4.审核记账凭证	5.系统记账

海华公司该业务涉及的原始凭证具体见表13-28。

表13-28　海华公司【例13-24】业务原始凭证

序号	单据名称	对应编号
1	工资费用分配表	表13-29

表13-29　**工资费用分配表**

2022年7月

项目	工资分配金额
销售费用	50 000.00
合计	¥50 000.00

海华公司编制如下1张记账凭证（以会计分录代替）：

借：销售费用　50 000　记13-72

　贷：应付职工薪酬　50 000　附件1张

2）管理费用

管理费用是指企业管理部门为组织和管理企业生产经营活动所发生的各种费用，具体包括的项目有：

❶企业管理部门及职工方面的费用。其主要包括：公司经费、工会经费、职工教育经费、劳动保险费、待业保险费。公司经费包括总部管理人员工资、职工福利费、差旅费、办公费、折旧费、修理费、物料消耗、低值易耗品摊销及其他公司经费。

❷用于企业直接管理之外的费用。其主要包括：董事会费、咨询费、聘请中介机构费、诉讼费。

❸提供生产技术条件的费用。其主要包括：研究与开发费、无形资产摊销、长期待摊费用摊销。

❹业务招待费，是指企业为业务经营的合理需要而支付的交际应酬费用。

❺损失或准备，主要包括：坏账准备、存货跌价准备、存货盘亏和盘盈。

❻其他费用，是指不包括在以上各项之内又应列入管理费用的费用。

企业发生管理费用时，借记“管理费用”科目，贷记“银行存款”“库存现金”“原材料”“应付职工薪酬”“累计折旧”“应交税费”等科目。期末应将“管理费用”科目的余额转入“本年利润”科目，结转后该科目应无余额。

【例13-25】2022年7月末，海华公司按行政部门职工工资总额100 000元的2%计提工会经费，按8%计提职工教育经费。（实务操作指导见表13-30）

表13-30　**实务操作指导**

出纳	制单会计	稽核会计	会计主管
1.填写工会经费及职工教育经费计提表	2.审核工会经费及职工教育经费计提表 3.编制记账凭证	4.审核记账凭证	5.系统记账

海华公司该业务涉及的原始凭证具体见表13-31。

表13-31　**海华公司【例13-25】业务原始凭证**

序号	单据名称	对应编号
1	工会经费及职工教育经费计提表	表13-32

表13-32 **工会经费及职工教育经费计提表**

2022年7月

部门	项目	工资总额	计提比例	计提金额
行政管理	工会经费	100 000.00	2%	2 000.00
	职工教育经费	100 000.00	8%	8 000.00
	合计			¥10 000.00

编制如下1张记账凭证（以会计分录代替）：

借：管理费用　　10 000　　记13-73

　贷：应付职工薪酬——工会经费　　2 000　　附件1张

　　　　　　　　——职工教育经费　　8 000

【例13-26】2022年7月末，海华公司分配行政管理人员的工资40 000元。（实务操作指导同表13-27）

海华公司该业务涉及的原始凭证具体同表13-28。

编制如下1张记账凭证（以会计分录代替）：

借：管理费用　　40 000　　记13-74

　贷：应付职工薪酬　　40 000　　附件1张

3）财务费用

财务费用是指企业为筹集生产经营所需资金等而发生的费用，包括利息费用、利息收入、汇兑损失（减汇兑收益）、金融机构手续费以及筹集生产经营资金发生的其他费用等。

企业发生财务费用时，借记“财务费用”科目，贷记“应付利息”“银行存款”等科目。期末，应将“财务费用”科目的余额转入“本年利润”科目，结转后该科目应无余额。

【例13-27】2022年6月末，海华公司计提银行借款半年利息3 000元。（实务操作指导见表13-33）

表13-33 **实务操作指导**

出纳	制单会计	稽核会计	会计主管
1.填写银行借款利息计算表	2.审核银行借款利息计算表 3.编制记账凭证	4.审核记账凭证	5.系统记账

海华公司该业务涉及的原始凭证具体见表13-34。

表13-34 **海华公司【例13-27】业务原始凭证**

序号	单据名称	对应编号
1	银行借款利息计算表	表13-35

表13-35

银行借款利息计算表

2022年6月30日

银行借款金额	借款年利率	利息计提时间	利息金额
100 000.00	6%	6个月	3 000.00
合计			¥3 000.00

审核：张兵　　　　制表：陈美丽

海华公司编制如下1张记账凭证（以会计分录代替）：

借：财务费用　　3 000　　记13-75

　贷：应付利息　　3 000　　附件1张

老会计的经验点滴

（1）收入有主营业务收入、其他业务收入，应注意区分收入对应科目是“银行存款”“应收账款”“应收票据”等时的不同情况。

（2）确认收入的核算，应注意商业折扣、现金折扣、销售折让、销售退回、分期收款、委托代销等不同销售商品收入方式核算的差异。

（3）提供劳务收入的核算，应注意区分劳务交易结果在资产负债表日是否能够可靠估计，以确定能否采用完工百分比法进行核算。

（4）期间费用的核算，应注意区分销售费用、管理费用、财务费用三种期间费用在核算具体内容上的差异，防止出现错误使用会计核算科目的情况。

本章概要

（1）收入按交易的性质，可分为销售商品收入、提供劳务收入、让渡资产使用权收入。

（2）企业应设置“主营业务收入”“主营业务成本”等科目，核算企业销售商品、提供劳务等日常活动中的主要业务交易所取得的收入以及所发生的相关成本。

（3）为了单独反映已经发出但不符合销售商品收入确认条件尚未确认销售收入的商品的成本，企业应增设“发出商品”科目进行核算。

（4）销售商品收入的核算注意商业折扣、现金折扣、销售折让、销售退回、分期收款、委托代销等不同销售商品收入方式核算的差异。

（5）提供劳务收入在交易结果能够可靠估计的情况下，采用完工百分比法进行核算。

（6）期间费用的核算注意区分销售费用、管理费用、财务费用核算内容的差异。

概念回顾

收入　费用　完工百分比法　销售折扣　销售折让　销售退回　委托代销销售商品　预收款销售商品　分期收款销售商品　售后回购销售商品　销售商品收入　提供劳务收入　让渡资产使用权收入　期间费用　销售费用　管理费用　财务费用

会计分录

<table>
<tr><th colspan="2">业务内容</th><th>会计处理</th></tr>
<tr><td rowspan="4">销售商品</td><td>同时满足收入确认条件</td><td>借：银行存款/应收账款/应收票据
　贷：主营业务收入/其他业务收入
　　　应交税费——应交增值税（销项税额）
同时或在资产负债表日：
借：主营业务成本/其他业务成本
　贷：库存商品
　　　原材料
借：税金及附加
　贷：应交税费——应交消费税
　　　　　　　——应交资源税
　　　　　　　——应交城市维护建设税
　　　　　　　——应交教育费附加等</td></tr>
<tr><td>销售商品涉及销售折扣</td><td>①商业折扣（即数量折扣）
借：银行存款/应收账款
　贷：主营业务收入
　　　应交税费——应交增值税（销项税额）
借：主营业务成本
　贷：库存商品
②现金折扣（总价法）
A.销售实现时：
借：应收账款
　贷：主营业务收入（涉及可变对价的，采用最佳估计数确定）
　　　合同负债——可变对价
　　　应交税费——应交增值税（销项税额）
B.付款期内付款：
借：银行存款
　　合同负债——可变对价
　贷：应收账款
　　　主营业务收入
注：一般情况下，税金不能享受折扣优惠。
C.付款期外付款：
借：银行存款
　　合同负债——可变对价
　贷：应收账款
　　　主营业务收入</td></tr>
<tr><td>销售商品涉及销售折让</td><td>销售方尚未确认收入：
借：应收账款
　贷：主营业务收入
　　　应交税费——应交增值税（销项税额）
销售方已确认收入：
借：主营业务收入（按折让后的金额计算）
　　应交税费——应交增值税（销项税额）
　贷：应收账款
注：此时“应交税费——应交增值税（销项税额）”可用红字冲减</td></tr>
<tr><td>销售商品涉及销售退回</td><td>①发生在收入确认之前
借：库存商品
　贷：发出商品
②发生在收入确认之后
A.冲减主营业务收入：
借：主营业务收入
　　应交税费——应交增值税（销项税额）
　贷：应收账款/银行存款
B.结转退回产品的成本：
借：主营业务成本
　贷：库存商品</td></tr>
</table>

续表

<table>
<tr><th colspan="2">业务内容</th><th>会计处理</th></tr>
<tr><td rowspan="3">销售商品</td><td>销售商品不符合收入确认条件</td><td>借：发出商品
　贷：库存商品
借：应收账款
　贷：应交税费——应交增值税（销项税额）</td></tr>
<tr><td>委托代销商品——视同买断方式（受托方无论是否能够卖出、是否获利，均与委托方无关）</td><td>委托方：
①发出委托代销商品时
借：应收账款
　贷：主营业务收入
　　　应交税费——应交增值税（销项税额）
借：主营业务成本
　贷：库存商品
②收到受托方开具的代销清单及汇入货款时
借：银行存款
　贷：应收账款
受托方：
①收到受托代销商品时
借：库存商品
　　应交税费——应交增值税（进项税额）
　贷：应付账款
②售出代销商品时
借：银行存款
　贷：主营业务收入
　　　应交税费——应交增值税（销项税额）
借：主营业务成本
　贷：库存商品
③按协议价将货款汇给委托方时
借：应付账款
　贷：银行存款</td></tr>
<tr><td>委托代销商品——视同买断方式（受托方没有将商品售出时，可以将商品退回给委托方）</td><td>委托方：
①发出委托代销商品时
借：发出商品
　贷：库存商品
②收到受托方开具的代销清单时
借：应收账款
　贷：主营业务收入
　　　应交税费——应交增值税（销项税额）
借：主营业务成本
　贷：发出商品
③收到受托方汇入货款时
借：银行存款
　贷：应收账款
受托方：
①收到受托代销商品时
借：受托代销商品
　贷：受托代销商品款
②售出代销商品时
借：银行存款
　贷：主营业务收入
　　　应交税费——应交增值税（销项税额）
借：主营业务成本
　贷：受托代销商品
借：受托代销商品款
　贷：应付账款
③收到增值税专用发票时
借：应交税费——应交增值税（进项税额）
　贷：应付账款
④按协议价将货款汇给委托方时
借：应付账款
　贷：银行存款</td></tr>
</table>

续表

业务内容		会计处理
销售商品	委托代销商品——收取手续费方式	委托方： ①发出委托代销商品时 借：发出商品 贷：库存商品 ②收到受托方开具的代销清单时 借：应收账款 贷：主营业务收入 应交税费——应交增值税（销项税额） 借：主营业务成本 贷：发出商品 ③确认应付的代销手续费时 借：销售费用 贷：应收账款 ④收到受托方汇入货款时 借：银行存款 贷：应收账款 受托方： ①收到受托代销商品时 借：受托代销商品 贷：受托代销商品款 ②售出代销商品时 借：银行存款 贷：应付账款 应交税费——应交增值税（销项税额） ③收到增值税专用发票时 借：应交税费——应交增值税（进项税额） 贷：应付账款 ④转销受托代销商品以及受托代销商品款时 借：受托代销商品款 贷：受托代销商品 ⑤计算代销手续费并结清代销商品款时 借：应付账款 贷：银行存款 其他业务收入 应交税费——应交增值税（销项税额）等
	分期收款销售商品	①销售商品发货时 借：应收账款 贷：主营业务收入 应交税费——应交增值税（销项税额） 借：主营业务成本 贷：库存商品 ②每期收取货款时 借：银行存款 贷：应收账款
	预收款销售商品	①预收货款时 借：银行存款 贷：合同负债 ②收到剩余货款并发出商品时 借：合同负债 银行存款 贷：主营业务收入 应交税费——应交增值税（销项税额） 借：主营业务成本 贷：库存商品
	售后回购销售商品	①发出商品时 借：银行存款 贷：应交税费——应交增值税（销项税额） 其他应付款 ②每期计提利息费用时 借：财务费用 贷：其他应付款 ③回购商品时 借：其他应付款 应交税费——应交增值税（进项税额） 贷：银行存款

续表

业务内容		会计处理
提供劳务	资产负债表日，提供劳务交易的结果能够可靠估计	①实际发生劳务成本时 借：合同履约成本 　贷：应付职工薪酬/原材料/银行存款等 ②预收劳务款项时 借：银行存款 　贷：合同负债 ③确认提供劳务收入并结转劳务成本时 借：合同负债 　贷：主营业务收入 　　　应交税费——应交增值税（销项税额） 借：主营业务成本 　贷：合同履约成本
	资产负债表日，提供劳务交易的结果不能可靠估计	①已经发生的劳务成本预计能够得到补偿 借：应收账款/合同负债（已经发生的劳务成本金额） 　贷：主营业务收入 　　　应交税费——应交增值税（销项税额） 借：主营业务成本（已经发生的劳务成本金额） 　贷：合同履约成本 ②已经发生的劳务成本预计部分得到补偿 借：应收账款/合同负债（能够得到补偿的劳务成本金额） 　贷：主营业务收入 　　　应交税费——应交增值税（销项税额） 借：主营业务成本（已经发生的劳务成本金额） 　贷：合同履约成本 ③已经发生的劳务成本预计全部不能得到补偿 借：主营业务成本（已经发生的劳务成本金额） 　贷：合同履约成本
让渡资产使用权	利息收入	借：银行存款/应收账款 　贷：财务费用
	使用费收入	借：银行存款/应收账款 　贷：其他业务收入 　　　应交税费——应交增值税（销项税额）
期间费用	销售费用	借：销售费用 　贷：库存现金/银行存款/应付职工薪酬等
	管理费用	借：管理费用 　贷：银行存款/库存现金/原材料/应付职工薪酬/累计折旧/应交税费等
	财务费用	借：财务费用 　贷：应付利息/银行存款

原始凭证目录

原始凭证1：增值税专用发票记账联（见表13-3）

原始凭证2：出库单（见表13-4）

原始凭证3：银行进账单（见表13-7）

原始凭证4：入库单（见表13-12）

原始凭证5：转账支票（见表13-21）

原始凭证6：劳务报酬结算表（见表13-24）

原始凭证7：工资费用分配表（见表13-29）

原始凭证8：工会经费及职工教育经费计提表（见表13-32）

原始凭证9：银行借款利息计算表（见表13-35）

法规链接

第14章 利 润

预习思考题

利润是怎样构成的？

学习目标

理论目标

1.理解利润的概念；

2.理解营业利润、利润总额、净利润的含义；

3.理解账面价值、计税基础的差异；

4.理解暂时性差异、递延所得税的含义；

5.理解资产负债表债务法的使用程序、使用方法。

实务目标

1.掌握营业利润、利润总额、净利润的计算，利润形成的会计核算；

2.掌握利润分配的会计核算；

3.掌握资产、负债的计税基础的计算；

4.掌握应纳税暂时性差异、可抵扣暂时性差异的计算；

5.掌握递延所得税资产、递延所得税负债的计算；

6.掌握资产负债表债务法的会计核算。

引例

“琼民源”事件

“琼民源”于1988年7月在海口注册成立。1993年4月30日，以琼民源A股的名义在深圳上市，上市后的第二年，“琼民源”经营业绩不佳。在1995年公布的年报中，“琼民源”每股收益不足1厘，年报公布日（1996年4月30日）其股价仅为3.65元。从1996年7月1日起，“琼民源”的股价以4.45元起步，在短短几个月内已升至20元，翻了数倍，“琼民源”成了创造1996年中国股市神话中的一匹“大黑马”。

1997年1月22日，“琼民源”率先公布1996年年报。年报赫然显示：“琼民源”1996年每股收益0.867元，净利润比上年同比增长1 290.68倍，分配方案为每10万股转送9.8万股；年报一公布，“琼民源”股价便赫然飙升至26.18元。

对“琼民源”在短短一年的时间内有如此惊人的业绩，略有会计常识的人都会提出怀疑。

首先，巨额利润令人疑惑。将“琼民源”1995年业绩与1996年业绩进行对比，公司1996年利润总额和净利润分别较1995年增长848倍和1 290倍。而对这种超常增长，公司解释为“公司投资北京的战略决策获得巨大成功，开启和培育了公司获得高收益的新利润增长点，使公司今后稳健、持续获得利润有了可靠保证”。这种含糊其辞的解释实在难以让人信服。实际情况是，在1996年利润总额5.7亿元中有5.4亿元是虚构出来的。

其次，巨额资本公积令人疑惑。公司新增加的6.57亿元的资本公积是从何而来的呢？有关部门经过调查发现，所谓的增加6.57亿元资本公积是"琼民源"在未取得土地使用权、未经国家有关部门批准立项和确认的情况下，对4个投资项目的资产进行评估而产生的。这6.57亿元资本公积显然是虚增的。

那么，"琼民源"为什么要这么做呢？不用说，是巨大的金钱利益在背后作祟。经查实，"琼民源"的控股股东民源海南公司与深圳有色金属财务公司联手，先大量买进"琼民源"股票，再以虚构的利润来抛出"利好消息"，使股价大幅上升，然后伺机大量抛出，牟取暴利。在这次操纵股市的违法行为中，两家公司分别非法获利6 651万元和6 630万元。

14.1 利润形成确认与计量

14.1.1 利润的概念与构成

1）利润的概念

利润是指企业在一定会计期间的经营成果，包括收入减去费用后的净额、直接计入当期利润的利得和损失等。

直接计入当期利润的利得和损失，是指应当计入当期损益、会导致所有者权益发生增减变动的、与所有者投入资本或者向投资者分配利润无关的利得和损失。

未计入当期利润的利得和损失扣除所得税影响后的净额，计入其他综合收益。

综合收益总额=净利润+其他综合收益的税后净额

2）利润的构成

（1）营业利润

营业利润 = 营业收入 − 营业成本 − 税金及附加 − 销售费用 − 管理费用 − 研发费用 − 财务费用 − 信用减值损失 − 资产减值损失 + 公允价值变动收益（−公允价值变动损失）+ 投资收益（−投资损失）+ 资产处置收益（−资产处置损失）+ 其他收益

其中：

营业收入是指企业经营业务所确认的收入总额，包括主营业务收入和其他业务收入。

营业成本是指企业经营业务所发生的实际成本总额，包括主营业务成本和其他业务成本。

信用减值损失是指各项金融工具计提信用减值准备所确认的信用损失。

资产减值损失是指企业计提各项资产减值准备所形成的损失。

公允价值变动收益（或损失）是指企业交易性金融资产等公允价值变动形成的应计入当期损益的利得（或损失）。

投资收益（或损失）是指企业以各种方式对外投资所取得的收益（或发生的损失）。

其他收益主要是指计入其他收益的政府补助等。

（2）利润总额

利润总额=营业利润+营业外收入−营业外支出

其中：

营业外收入是指企业发生的营业利润以外的收益。

营业外支出是指企业发生的营业利润以外的支出。

（3）净利润

净利润是企业利润总额减去所得税费用后的余额，即企业的税后利润。

净利润=利润总额-所得税费用

其中，所得税费用是指企业确认的应从当期利润总额中扣除的所得税费用。

14.1.2 营业外收入与营业外支出

1）营业外收入

营业外收入是指企业发生的营业利润以外的收益，主要包括盘盈利得、捐赠利得、与企业日常活动无关的政府补助得等。

其中：

盘盈利得，指企业对现金等资产清查盘点时发生盘盈，报经批准后计入营业外收入的金额。

捐赠利得，指企业接受捐赠产生的利得。

企业应通过“营业外收入”科目，核算营业外收入的取得及结转情况。该科目可按营业外收入项目进行明细核算。

企业确认盘盈利得、捐赠利得计入营业外收入时，借记“库存现金”“待处理财产损溢”等科目，贷记“营业外收入”科目。

期末，企业应将“营业外收入”科目的余额转入“本年利润”科目，借记“营业外收入”科目，贷记“本年利润”科目。结转后，“营业外收入”科目应无余额。

2）营业外支出

营业外支出是指企业发生的营业利润以外的支出，主要包括公益性捐赠支出、盘亏损失、非常损失、罚款支出、非流动资产毁损报废损失等。

其中：

公益性捐赠支出，指企业对外进行公益性捐赠发生的支出。

盘亏损失，主要指对于财产清查盘点中盘亏的资产，查明原因并报经批准计入营业外支出的损失。

非常损失，指企业对于因客观因素（如自然灾害等）造成的损失，扣除保险公司赔偿后应计入营业外支出的净损失。

罚款支出，指企业支付的行政罚款、税务罚款，以及其他违反法律法规、合同协议等而支付的罚款、违约金、赔偿金等支出。

企业应通过“营业外支出”科目核算营业外支出的发生及结转情况。该科目可按营业外支出项目进行明细核算。

企业确认报废毁损非流动资产损失时，借记“营业外支出”科目，贷记“固定资产清理”等科目。

确认盘亏、罚款支出计入营业外支出时，借记“营业外支出”科目，贷记“待处理财产损溢”“库存现金”等科目。

期末，应将“营业外支出”科目余额转入“本年利润”科目，借记“本年利润”科目，贷记“营业外支出”科目。结转后，“营业外支出”科目应无余额。

❀课堂讨论

营业外收入与营业外支出的主要特点是什么？

14.1.3 本年利润的结转

视频课程 本年利润的结转

为核算企业本年度内实现的利润总额（或亏损总额），企业应设置“本年利润”科目。

一个会计年度终了，企业应将各收益类科目的余额转入“本年利润”科目的贷方，将各成本、费用类科目的余额转入“本年利润”科目的借方。

结转后，“本年利润”科目如为贷方余额，反映本年度自年初开始累计发生的净利润；如为借方余额，反映本年度自年初开始累计发生的净亏损。年度终了，应将“本年利润”科目的全部累计余额，转入“利润分配”科目。如为净利润，借记“本年利润”科目，贷记“利润分配”科目；如为净亏损，编制相反会计分录。年度结转后，“本年利润”科目无余额。

【例14-1】2022年12月31日，海华公司年末一次结转损益类科目余额。（实务操作指导见表14-1）

表14-1 实务操作指导

制单会计	稽核会计	会计主管
1.编制年末损益类账户余额表 2.编制记账凭证	3.审核记账凭证	4.系统记账

海华公司该业务涉及的原始凭证具体见表14-2。

表14-2 海华公司【例14-1】业务原始凭证

序号	单据名称	对应编号
1	年末损益类账户余额表	表14-3

表14-3 2022年年末损益类账户余额表 单位：元

科目名称	借方余额	贷方余额
主营业务收入		8 200 000
其他业务收入		900 000
营业外收入		700 000
投资收益		180 000
主营业务成本	5 000 000	
税金及附加	100 000	
其他业务成本	400 000	
管理费用	820 000	
销售费用	600 000	
财务费用	300 000	
营业外支出	250 000	
所得税费用	330 000	

海华公司编制如下记账凭证（以会计分录代替）：

①结转收益类账户余额：

借：主营业务收入	8 200 000		记 14-1
其他业务收入	900 000		附件 1 张
营业外收入	700 000		
投资收益	180 000		
贷：本年利润		9 980 000	

②结转成本、费用类账户余额：

借：本年利润	7 800 000		记 14-2
贷：主营业务成本		5 000 000	
税金及附加		100 000	
其他业务成本		400 000	
管理费用		820 000	
销售费用		600 000	
财务费用		300 000	
营业外支出		250 000	
所得税费用		330 000	

③计算并结转本年净利润：

借：本年利润	2 180 000		记 14-3
贷：利润分配——未分配利润		2 180 000	

14.2 利润分配确认与计量

14.2.1 利润分配的一般程序

企业当期实现的净利润，加上年初未分配利润（或减去年初未弥补亏损）和其他转入后的余额，为可供分配的利润。

可供分配利润一般应按以下顺序分配：

1）弥补企业以前年度亏损

企业发生的年度亏损，可以用下一年度的税前利润等弥补。下一年度利润不足弥补的，可以在5年内延续弥补。5年内不足弥补的，改用企业的税后利润弥补，也可以用以前年度提取的盈余公积弥补。企业以前年度亏损未弥补完，不得提取法定盈余公积金。在提取法定盈余公积金前，不得向投资者分配利润。

2）提取法定盈余公积

法定盈余公积是企业按照本年实现净利润（扣除前一项）的一定比例提取的。股份公司按照公司法的规定按10%的比例提取，其他企业可以根据需要确定提取比例，但至少应按10%提取。法定盈余公积金已达注册资金的50%时，可不再提取。

外商投资企业应当按照法律、行政法规的规定按净利润提取储备基金、企业发展基金、职工奖励及福利基金等。

3）分配可供投资者分配的利润

可供分配的利润减去提取的法定盈余公积后，为可供投资者分配的利润。可供投资者分配的利润，按下列顺序分配：

❶支付优先股股利。股份公司按股东大会决议支付优先股的股利（此项内容只限股份公司）。

❷提取任意盈余公积。股份公司按照公司章程或者股东大会决议提取和使用任意盈余公积（此项内容只限股份公司）。

❸支付普通股股利（或向投资者分配利润）。企业以前年度未分配的利润，可以并入本年度向投资者分配。股份公司当年无利润时，不得分配股利，但在用盈余公积金弥补亏损后，经股东大会特别决议，可以按照不超过股票面值6%的比率用盈余公积金分配股利，在分配股利后，企业法定盈余公积金不得低于注册资金的25%。

❀课堂讨论

企业弥补亏损有哪些方式？

14.2.2 利润分配的计量

视频课程

利润分配的计量

企业应设置“利润分配”账户，核算企业利润的分配（或亏损的弥补）和历年分配（或弥补）后的积存余额。该账户应当分别“提取法定盈余公积”、“提取任意盈余公积”、“应付现金股利或利润”、“转作股本的股利”、“盈余公积补亏”和“未分配利润”等进行明细核算。

❶根据企业按规定提取的盈余公积，借记本科目（提取法定盈余公积、提取任意盈余公积），贷记“盈余公积——法定盈余公积（或任意盈余公积）”科目。

❷经股东大会或类似机构决议，按分配给股东或投资者的现金股利或利润，借记本科目（应付现金股利或利润），贷记“应付股利”科目。

经股东大会或类似机构决议，分配给股东的股票股利，应在办理增资手续后，借记本科目（转作股本的股利），贷记“股本”科目。

❸用盈余公积弥补亏损，借记“盈余公积——法定盈余公积（或任意盈余公积）”科目，贷记本科目（盈余公积补亏）。

❹年度终了，企业应将全年实现的净利润，自“本年利润”科目转入“利润分配——未分配利润”科目，并将“利润分配”科目下的其他有关明细科目的余额，转入“未分配利润”明细科目。结转后，“未分配利润”明细科目的贷方余额，就是累计未分配的利润数额；如为借方余额，则表示累计未弥补的亏损数额。结转后，本科目除“未分配利润”明细科目外，其他明细科目应无余额。

【例14-2】2022年12月31日，海华公司年初未分配利润为0，本年实现净利润2 180 000元，提取法定盈余公积218 000元，宣告发放现金股利1 000 000元。（实务操作指导见表14-4）

表14-4 实务操作指导

制单会计	稽核会计	会计主管
1.编制记账凭证	2.审核记账凭证	3.系统记账

编制如下3张记账凭证（以会计分录代替）：

❶结转本年利润：

借：本年利润　　2 180 000　　记 14-4

　贷：利润分配——未分配利润　　2 180 000

如企业当年发生亏损，则应借记“利润分配——未分配利润”科目，贷记“本年利润”科目。

❷提取法定盈余公积、宣告发放现金股利：

借：利润分配——提取法定盈余公积　　218 000　　记 14-5

　　　　——应付现金股利　　1 000 000

　贷：盈余公积——法定盈余公积　　218 000

　　应付股利　　1 000 000

同时：

借：利润分配——未分配利润　　1 218 000　　记 14-6

　贷：利润分配——提取法定盈余公积　　218 000

　　　　　——应付现金股利　　1 000 000

结转后，如果“未分配利润”明细科目的余额在贷方，表示累计未分配的利润；如果余额在借方，则表示累计未弥补的亏损。本例中，“利润分配——未分配利润”明细科目的余额在贷方，此贷方余额962 000元（本年利润2 180 000元-提取法定盈余公积218 000元-支付现金股利1 000 000元）即为海华公司本年年末的累计未分配利润。

14.3 所得税确认与计量

14.3.1 会计利润与应税利润

视频课程

所得税确认与计量

会计利润，又称税前会计利润或会计收益，是指一定时期内，按照符合企业会计准则的方法确认、计量的总收益或总亏损。一般来说，会计利润就是财务报告中的税前利润总额。

应税利润，又称应纳税所得额或应税收益，是指按照税法或相关法律法规规定的会计方法确认、计量的一定时期的收益，是确定应纳所得税额的基本依据。

由于计算税前会计利润的目的是公允地反映企业的经营成果，计算纳税所得的目的是对企业的经营所得以及其他所得进行征税。因此，会计制度与税法两者的目的不同，对收入、费用、资产、负债等确认时间和范围也不同，从而导致税前会计利润与应纳税所得额之间产生差异。

14.3.2 计税基础与暂时性差异

1）计税基础

计税基础是一项资产或负债据以计税的基础，是指计税时归属于该项资产或负债的金额，即按照税法的规定确认的一项资产或负债的金额。企业在取得资产、负债时，应当确定其计税基础。资产、负债的账面价值与其计税基础存在差异的，应当按照规定确认所产生的递延所得税资产或递延所得税负债。

（1）资产的计税基础

资产的计税基础，是指企业收回资产账面价值过程中，计算应纳税所得额时按照税法规定可以自应税经济利益中抵扣的金额，即某一项资产在未来期间计税时可以税前扣除的

金额。

通常情况下，资产在取得时其入账价值与计税基础是相同的，后续计量过程中因企业会计准则规定与税法规定不同，可能造成账面价值与计税基础的差异。

资产在初始确认时，其计税基础一般为取得成本。从所得税角度考虑，某一单项资产产生的所得，是指该项资产产生的未来经济利益流入扣除其取得成本之后的金额。一般情况下，税法认定的资产取得成本为购入时实际支付的金额。在资产持续持有的过程中，可在未来期间税前扣除的金额，是指资产的取得成本减去以前期间按照税法规定已经税前扣除的金额后的余额。如固定资产和无形资产等在某一资产负债表日的计税基础，是指其成本扣除按照税法规定已在以前期间税前扣除的累计折旧额或累计摊销额后的金额。

比如，交易性金融资产的公允价值变动。按照企业会计准则规定，交易性金融资产期末应以公允价值计量，公允价值的变动计入当期损益；按税法规定，交易性金融资产在持有期间公允价值变动不计入应纳税所得额，即其计税基础保持不变，则产生了交易性金融资产的账面价值与计税基础之间的差异。假设某企业持有一项交易性金融资产，成本为200万元，期末公允价值为300万元，如果计税基础仍维持200万元不变，由于该项资产计税基础小于其账面价值，两者之间的差异100万元即为应纳税暂时性差异。

（2）负债的计税基础

负债的计税基础，是指负债的账面价值减去未来期间计算应纳税所得额时按照税法规定可予抵扣的金额。

通常情况下，短期借款、应付票据、应付账款等负债的确认和偿还，不会对当期损益和应纳税所得额产生影响，其计税基础即为账面价值。但在某些情况下，负债的确认可能会影响损益，并影响不同期间的应纳税所得额，使其计税基础与账面价值之间产生差额。

比如，企业因或有事项确认的预计负债。企业会计准则规定，对于预计负债，在满足确认条件时，按照履行现时义务所需支出的最佳估计数确认，假定企业因产品售后服务确认了50万元预计负债，计入相关资产成本或者当期损益。按照税法规定，与预计负债相关的费用，视相关交易事项的具体情况，一般在实际发生时准予税前扣除，该类负债的计税基础为零，其账面价值与计税基础之间形成了50万元的差异，即为可抵扣暂时性差异。

2）暂时性差异

暂时性差异，是指资产或负债的账面价值与其计税基础之间的差额。未作为资产和负债确认的项目，按照税法规定可以确定其计税基础的，该计税基础与其账面价值之间的差额也属于暂时性差异。暂时性差异按照对未来期间应税金额的影响，分为应纳税暂时性差异和可抵扣暂时性差异。

（1）应纳税暂时性差异

应纳税暂时性差异，是指在确定未来收回资产或清偿负债期间的应纳税所得额时，将导致产生应税金额的暂时性差异。该差异在未来期间转回时，会增加转回期间的应纳税所得额。因此，在该暂时性差异产生当期，应当确认相关的递延所得税负债。

资产的账面价值大于其计税基础时，产生应纳税暂时性差异，即在确定未来收回资产或清偿负债期间的应纳税所得额时，将导致应税金额的暂时性差异。一项资产的账面价值代表的是企业在持续使用及最终出售该项资产时会取得的经济利益的总额，而计税基础代表的是一项资产在未来期间可予税前扣除的总金额。资产的账面价值大于其计税基础，该项资产未来期间产生的经济利益不能全部税前抵扣，两者之间的差额需要交税，产生应纳税暂时性差异。例如，一项无形资产账面价值为200万元，意味着企业从该项无形资产的持续使用及最终处置中可以取得200万元的经济利益流入，计税基础如果为150万元，意味着企业可以从未来流入的经济利益中抵扣的金额为150万元，两者之间的差额会造成未来期间应纳税所得额和应交所得税的增加。因该差异会造成流出企业经济利益的增加，相应地，在其产生当期，应确认相关的递延所得税负债。

（2）可抵扣暂时性差异

可抵扣暂时性差异，是指在确定未来收回资产或清偿负债期间的应纳税所得额时，将导致产生可抵扣金额的暂时性差异。该差异在未来期间转回时，会减少转回期间的应纳税所得额。因此，在该暂时性差异产生当期，应当确认相关的递延所得税资产。

资产的账面价值小于其计税基础时，产生可抵扣暂时性差异，即在确定未来期间收回资产或清偿负债期间的应纳税所得额时，将导致产生可抵扣金额的暂时性差异。从经济含义来看，资产在未来期间产生的经济利益少，按照税法规定允许税前扣除的金额多，则企业在未来期间可以减少应纳税所得额并减少应交所得税。例如，一项资产的账面价值为200万元，计税基础为260万元，则企业在未来期间就该项资产可以在其自身取得经济利益的基础上多扣除60万元，从整体上来看，未来期间应纳税所得额会减少，应交所得税也会减少，形成可抵扣暂时性差异，符合有关确认条件时，应确认相关的递延所得税资产。

14.3.3 递延所得税资产的确认与计量

1）递延所得税资产的确认

资产、负债的账面价值与其计税基础不同产生可抵扣暂时性差异的，在估计未来期间能够取得足够的应纳税所得额用以抵减该可抵扣暂时性差异时，应当以很可能取得用来抵扣可抵扣暂时性差异的应纳税所得额为限，确认相关的递延所得税资产。

2）递延所得税资产的计量

❶确认递延所得税资产时，应估计相关可抵扣暂时性差异的转回时间，采用转回期间适用的所得税税率为基础计算确定。无论相关的可抵扣暂时性差异转回期间如何，递延所得税资产均不予折现。

❷资产负债表日，企业应当对递延所得税资产的账面价值进行复核。如果未来期间很可能无法取得足够的应纳税所得额用以抵减递延所得税资产的利益，应当减记递延所得税资产的账面价值。递延所得税资产的账面价值减记以后，继后期间根据新的环境和情况判断能够产生足够的应纳税所得额抵减可抵扣暂时性差异，使得递延所得税资产包含的经济利益能够实现的，应相应恢复递延所得税资产的账面价值。

计算公式：递延所得税资产=可抵扣暂时性差异×转回期间适用的所得税税率

14.3.4 递延所得税负债的确认和计量

应纳税暂时性差异在转回期间将增加未来期间企业的应纳税所得额和应交所得税，导致企业经济利益的流出，从其发生当期来看，构成企业应支付税金的义务，应作为递延所得税负债确认。

1）递延所得税负债的确认

除企业会计准则中明确规定可不确认递延所得税负债的情况以外，企业对于所有的应纳税暂时性差异均应确认相关的递延所得税负债。除直接计入所有者权益的交易或事项以及企业合并外，在确认递延所得税负债的同时，应增加利润表中的所得税费用。

2）递延所得税负债的计量

递延所得税负债应以相关应纳税暂时性差异转回期间适用的所得税税率计量。在我国，除享受优惠政策的情况以外，企业适用的所得税税率在不同年度之间一般不会发生变化，企业在确认递延所得税负债时，可以现行适用税率为基础计算确定，递延所得税负债的确认不要求折现。

计算公式：递延所得税负债=应纳税暂时性差异×转回期间适用的所得税税率

14.3.5 所得税费用的确认和计量

1）当期所得税

当期所得税是指企业按照税法规定计算确定的针对当期发生的交易和事项，应交纳给税务部门的所得税金额，即应交所得税应以适用的税收法规为基础计算确定，即：

当期所得税=当期应交所得税

企业在确定当期所得税时，对于当期发生的交易或事项，会计处理与税收处理不同的，应在会计利润的基础上，按照适用税收法规的要求进行调整，计算出当期应纳税所得额，按照应纳税所得额与适用所得税税率计算确定当期应交所得税。

2）递延所得税

递延所得税是指按照企业会计准则规定应予确认的递延所得税资产和递延所得税负债在期末应有的金额相对于原已确认金额之间的差额，即递延所得税资产及递延所得税负债的当期发生额，但不包括直接计入所有者权益的交易或事项的所得税影响。用公式表示即为：

递延所得税=（期末递延所得税负债-期初递延所得税负债）-（期末递延所得税资产-期初递延所得税资产）

值得注意的是，如果某项交易或事项按照企业会计准则规定应计入所有者权益，由该交易或事项产生的递延所得税资产或递延所得税负债及其变化亦应计入所有者权益，不构成利润表中的递延所得税费用（或收益）。

3）所得税费用

利润表中的所得税费用由两个部分组成：当期所得税和递延所得税，即：

所得税费用=当期所得税+递延所得税

计入当期损益的所得税费用或收益不包括企业合并和直接在所有者权益中确认的交易或事项产生的所得税影响。与直接计入所有者权益的交易或者事项相关的当期所得税和递延所得税，应当计入所有者权益。

❀课堂讨论

会计与税法规定的固定资产折旧方法不同，是否会产生暂时性差异？

14.3.6 所得税的会计处理

我国企业会计准则规定，企业应采用资产负债表债务法核算所得税。

资产负债表债务法是从资产负债表出发，通过比较资产负债表上列示的资产、负债按照企业会计准则规定确定的账面价值与按照税法规定确定的计税基础，对于两者之间的差额分别按应纳税暂时性差异与可抵扣暂时性差异确认相关的递延所得税负债与递延所得税资产。资产负债表债务法较为完整地体现了资产负债表观。

采用资产负债表债务法核算所得税的情况下，企业一般应于每一资产负债表日进行所得税的核算。发生特殊交易或事项时，如企业合并，在确认因交易或事项产生的资产、负债时即应确认相应的所得税影响。企业进行所得税核算时一般应遵循以下程序：

❶确定资产负债表中除递延所得税资产和递延所得税负债以外的其他资产和负债项目的账面价值。其中，资产、负债的账面价值，是指企业按照相关会计准则的规定进行核算后在资产负债表中列示的金额。例如，企业持有的应收账款账面余额为2 000万元，企业对该应收账款计提了100万元的坏账准备，其账面价值为1 900万元，即为该应收账款在资产负债表中的列示金额。

❷按照资产和负债计税基础的确定方法，以适用的税收法规为基础，确定资产负债表中有关资产、负债项目的计税基础。

❸比较资产、负债的账面价值与其计税基础，对于两者之间存在差异的，分析其性质，除准则中规定的特殊情况外，分别应纳税暂时性差异与可抵扣暂时性差异，确定与应纳税暂时性差异及可抵扣暂时性差异相关的递延所得税负债和递延所得税资产在资产负债表日的应有金额，并将该金额与期初递延所得税资产和递延所得税负债的余额相比，确定当期应予进一步确认的递延所得税资产和递延所得税负债的金额或应予转销的金额。

❹确定利润表中的所得税费用。利润表中的所得税费用包括当期所得税和递延所得税两部分。其中，当期所得税是指当期发生的交易或事项按照适用的税法规定计算确定的当期应交所得税；递延所得税是当期确认的递延所得税资产和递延所得税负债金额或予以转销的金额的综合结果。

✲ 素养提升

党的“二十大”报告中提出“完善支持绿色发展的财税、金融、投资、价格政策和标准体系，发展绿色低碳产业，健全资源环境要素市场化配置体系，加快节能降碳先进技术研发和推广应用”。目前国家为了大力支持新产品、新技术等的研究和开发，对企业发生的符合政策的研究开发支出，允许在计算应纳税所得额时按实际发生支出的100%加计扣除。

【例14-3】海华公司2022年度利润表中利润总额为1 200万元，该公司适用的所得税税率为25%。2022年度发生的有关交易和事项中，会计处理与税收处理存在差别的有：

（1）2022年1月1日开始计提折旧的一项固定资产，成本为600万元，使用年限为10年，净残值为零，会计处理按双倍余额递减法计提折旧，税法规定按直线法计提折旧。假定税法规定的使用年限及净残值与会计规定相同。

（2）向关联企业提供现金捐赠200万元。

（3）当年度开发新产品发生研究开发支出900万元，较上年度增长20%，未形成无形资产计入当期损益。税法规定，按该企业的情况，可按实际发生研究开发支出的100%加计扣除。

（4）应付违反环保法规定的罚款20万元。

（5）期末对持有的存货计提了10万元的存货跌价准备。

2022年12月31日，海华公司资产、负债的账面价值与其计税基础存在差异的项目见表14-5。

表 14-5 资产、负债账面价值与计税基础比较表 单位：万元

项目	账面价值	计税基础	暂时性差异	
			应纳税暂时性差异	可抵扣暂时性差异
存货	800	830		30
固定资产原值	600	600		
减：累计折旧	120	60		
固定资产	480	540		60
交易性金融资产	300	0	300	
合计			300	90

海华公司的实务操作指导见表14-6。

表 14-6 实务操作指导

制单会计	稽核会计	会计主管
1.编制资产、负债账面价值与计税基础比较表 2.编制记账凭证	3.审核记账凭证	4.系统记账

海华公司该业务涉及的原始凭证具体见表14-7。

表 14-7 海华公司【例14-3】业务原始凭证

序号	单据名称	对应编号
1	资产、负债账面价值与计税基础比较表	表14-5

海华公司的会计处理如下：

2022年度当期应交所得税：

应纳税所得额=1 200+（600÷10×2-600÷10）+200-900×100%+20+10=590（万元）

应交所得税=590×25%=147.5（万元）

2022年度递延所得税：

2022年度应确认递延所得税资产=90×25%-0=22.5（万元）

2022年度应确认递延所得税负债=300×25%-0=75（万元）

递延所得税费用=75-22.5=52.5（万元）

计算利润表中应确认的所得税费用：

所得税费用=147.5+52.5=200（万元）

借：所得税费用　2 000 000　记14-7

　　递延所得税资产　225 000

　贷：应交税费——应交所得税　1 475 000

　　　递延所得税负债　750 000

【例14-4】沿用【例14-3】中有关资料，2023年12月31日，假定海华公司当年度应交所得税为462万元，当年末资产、负债的账面价值与其计税基础存在差异的项目见表14-8。

表 14-8 **资产、负债账面价值与计税基础比较表** 单位：万元

项目	账面价值	计税基础	暂时性差异	
			应纳税暂时性差异	可抵扣暂时性差异
存货	1 600	1 680		80
固定资产原值	600	600		
减：累计折旧	216	120		
固定资产	384	480		96
交易性金融资产	270	0	270	
预计负债	156	0		156
合计		0	270	332

海华公司的实务操作指导见表 14-9。

表 14-9 **实务操作指导**

制单会计	稽核会计	会计主管
1.编制资产、负债账面价值与计税基础比较表 2.编制记账凭证	3.审核记账凭证	4.系统记账

海华公司该业务涉及的原始凭证具体见表 14-10。

表 14-10 **海华公司【例 14-4】业务原始凭证**

序号	单据名称	对应编号
1	资产、负债账面价值与计税基础比较表	表 14-8

海华公司的会计处理如下：

2023 年应交所得税=462 万元

（1）2023 年期末递延所得税负债（270×25%） 67.50 万元

期初递延所得税负债 75 万元

递延所得税负债减少 7.50 万元

（2）2023 年期末递延所得税资产（332×25%） 83 万元

期初递延所得税资产 22.50 万元

递延所得税资产增加 60.50 万元

2023 年度递延所得税费用=-7.50-60.50=-68（万元）

2023 年度所得税费用=462-68=394（万元）

编制如下 1 张记账凭证（以会计分录代替）：

借：所得税费用 3 940 000 记 14-8

  递延所得税资产 605 000

  递延所得税负债 75 000

 贷：应交税费——应交所得税 4 620 000

知识拓展

所得税会计处理方法

1.应付税款法

应付税款法是指本期税前账面收益与应税收益之间的差异造成的纳税影响额直接计入当期损益的会计方法。所得税额是依据本期的应纳税所得额和所适用的所得税税率来计算确定的。利用应付税款法计

算应纳所得税额，无论是对永久性差异还是对时间性差异均完全按照税法规定处理。应付税款法核算简单，容易掌握，但是它违背了财务会计的基本原则——权责发生制和配比原则，容易造成企业各期净利润的剧烈波动。因此，我国企业会计准则不允许采用这种方法。

2.纳税影响会计法

纳税影响会计法是指企业发生的一个时期应纳税所得额和会计所得之间的差异，如果在本期发生，将本期所产生的时间性差异对所得税的影响采取跨期分摊的方法，递延和分配到以后各个期间。纳税影响会计法分为递延法和债务法。

（1）递延法

递延法是指在所得税税率发生变动时，运用纳税影响会计法确认所得税费用的方法。递延法确认了所得税的时间性差异，当所得税税率发生变动后，本期发生的时间性差异影响所得税的金额按现行税率计算，以前发生而在本期转回的各项时间性差异影响所得税的金额按原有税率计算。这种处理方法不符合资产或负债的定义，因此，我国企业会计准则不允许采用这种方法。

（2）债务法

债务法具体分为利润表债务法和资产负债表债务法。

❶利润表债务法。利润表债务法是指在所得税税率发生变动时，运用纳税影响会计法确认所得税费用的方法。递延税款余额反映的是按现行所得税税率计算的由于时间性差异产生的未转销影响纳税金额。利润表债务法是把本期由于时间性差异而发生的预计递延税款，保留到这一差异发生相反变化的以后期间予以转销。我国企业会计准则不再采用这种方法。

❷资产负债表债务法。资产负债表债务法从暂时性差异产生的本质出发，以资产负债表中的资产和负债项目为着眼点，逐一确认资产和负债项目的账面金额与计税时归属于该资产和负债的金额之间的暂时性差异。在资产负债表债务法中，如果一项资产或负债的账面金额的收回或清偿很可能使未来税款支付额大于没有纳税后果的收回或清偿数额，则企业应确认一项递延所得税负债；反之，企业应将其确认为递延所得税资产。我国现行企业会计准则只允许采用资产负债表债务法进行所得税的会计处理。

老会计的经验点滴

（1）利润形成核算过程中，注意区分营业利润、利润总额、净利润计算上的差异，注意正确将损益类科目结转到“本年利润”科目。

（2）利润分配核算过程中，注意利润分配的程序与要求，准确进行“利润分配”科目的核算。

（3）所得税会计核算中，准确确定资产、负债的计税基础是关键，在此基础上，确定不同类型的暂时性差异、递延所得税，正确进行所得税的会计核算。

本章概要

（1）利润包括营业利润、利润总额、净利润，其相互之间有联系、有区别。

（2）利润分配核算必须遵循会计准则规定的程序和要求，应设置“利润分配”科目，核算企业利润的分配（或亏损的弥补）和历年分配（或弥补）后的结存余额。

（3）会计制度与税法两者的目的不同，对收益、费用、资产、负债等确认时间和范围也不同，从而导致税前会计利润与应税所得之间产生差异，这是所得税会计产生的原因。

（4）计税基础是一项资产或负债据以计税的基础，是指计税时归属于该项资产或负债的金额，即按照税法规定的一项资产或负债的金额。计税基础与账面价值的差异形成暂时性差异，是计算递延所得税的关键。

（5）我国企业会计准则规定资产负债表债务法为所得税会计核算方法，所得税费用由当期所得税与递延所得税构成。

概念回顾

利润　净利润　资产的计税基础　负债的计税基础　应纳税暂时性差异　可抵扣暂时性差异　当期

所得税　递延所得税　资产负债表债务法

会计分录

业务内容		会计处理
利润形成	本年利润结转	借：收益类科目 　贷：本年利润 借：本年利润 　贷：成本、费用类科目 结转后，“本年利润”科目如为贷方余额： 借：本年利润 　贷：利润分配——未分配利润 结转后，“本年利润”科目如为借方余额： 借：利润分配——未分配利润 　贷：本年利润
利润分配	提取盈余公积	借：利润分配——提取法定盈余公积 　　　　　　——提取任意盈余公积 　贷：盈余公积——法定盈余公积 　　　　　　——任意盈余公积 借：利润分配——未分配利润 　贷：利润分配——提取法定盈余公积 　　　　　　——提取任意盈余公积
	宣告发放现金股利	借：利润分配——应付现金股利 　贷：应付股利 借：利润分配——未分配利润 　贷：利润分配——应付现金股利
所得税	确认递延所得税负债	借：所得税费用 　贷：递延所得税负债
	转回递延所得税负债	借：递延所得税负债 　贷：所得税费用
	确认递延所得税资产	借：递延所得税资产 　贷：所得税费用
	转回递延所得税资产	借：所得税费用 　贷：递延所得税资产
	确认所得税费用	借：所得税费用 　　递延所得税资产（或贷记） 　　递延所得税负债（或贷记） 　贷：应交税费——应交所得税

原始凭证目录

原始凭证1：年末损益类账户余额表（见表14-3）

原始凭证2：资产、负债账面价值与计税基础比较表（见表14-5、表14-8）

法规链接

第15章　财务报告

预习思考题

1.静态报表和动态报表反映的会计信息有何不同？

2.各种报表填制的依据是什么？

学习目标

理论目标

1.理解财务报告的含义、分类及附注的内容；

2.明确各种会计报表的构成，掌握会计报表各项目的填报方法；

3.明确相关会计报表之间的勾稽关系。

实务目标

1.能够编制资产负债表、利润表、所有者权益变动表；

2.能够理解现金流量表，能够编制会计报表附注。

思政课堂

职业道德修养的途径

引例

银广夏财务报表舞弊案

1994年6月17日，广夏（银川）实业股份有限责任公司以"银广夏A"的名字在深圳证券交易所上市。银广夏1994年在天津成立了控股子公司——天津保洁制品有限公司（简称"天津广夏"）。此后，银广夏每年均在为维持10%的净资产收益率奔忙。1999年，银广夏利润的75%来自于天津广夏。银广夏财务报告全年主营业务收入9.1亿元，净利润4.18亿元。

但是，谎言终究要被戳穿：

第一，以天津广夏萃取设备的产能，即使通宵达旦运作，也生产不出其所宣称的数量。

第二，天津广夏萃取产品出口价格高到近乎荒谬。

第三，银广夏对德出口合同中的某些产品，根本不能用二氧化碳超临界萃取设备提取。

银广夏财务报告舞弊案震惊了业界，其财务报表数据严重失实，为财务工作者和审计工作者敲响了警钟。

资料来源　佚名. 银广夏事件［EB/OL］.［2017-12-01］. http://baike.baidu.com/link?url=Q1gx-hqe7ShS5ppCfUvCNL_yrO7j-UIBqWxTHq3gZhpgGWKmVUeKAleoQjq6jqPISz2JrdQwxfekANrDibzEcna.

15.1　财务报告概述

15.1.1　财务报告的含义及其作用

财务报告，是指企业采用货币量度，全面、总括地对外提供的反映企业某一特定日期

的财务状况和某一会计期间的经营成果、现金流量等会计信息的文件。财务报告包括财务报表和其他应当在财务报告中披露的相关信息和资料。财务报表是对企业财务状况、经营成果和现金流量的结构性表述，至少应当包括下列组成部分：资产负债表；利润表；现金流量表；所有者权益（或股东权益，下同）变动表；附注。财务报表上述组成部分具有同等重要程度。

财务报告是企业提供会计信息的一种重要的方法和手段。企业定期编制财务报告具有重要作用，主要表现在以下几个方面：

❶为国家经济管理部门进行宏观调控和管理提供重要信息。国家有关部门为了加强宏观经济管理，需要各单位提供财务报告资料，以便通过汇总分析，了解和掌握各部门、各地区社会发展和国民经济计划的完成情况及各种财经法规制度的贯彻执行情况，并针对存在的问题，及时采取措施，调控经济活动，优化资源配置。

❷为企业的投资者和债权人进行决策提供重要信息。企业的投资者和债权人，包括潜在的投资者和债权人，为了进行正确的投资决策和信贷决策，需要利用财务报告提供的信息，了解企业的财务状况和经营成果，以防止作出错误的决策。

❸为企业加强和改善经营管理提供重要信息。企业管理者为了分析和考核本企业的生产经营活动状况和财务成本计划的完成情况，总结生产经营活动的成绩，找出存在的问题，评价经济效益，需要利用财务报告提供的有关财务状况、经营成果和现金流量等情况的信息。

15.1.2 财务报告的分类

财务报告可以按照不同的标准进行分类：

❶按财务报告编报期间的不同，可以分为中期财务报告和年度财务报告。中期财务报告是以短于一个完整会计年度的报告期间为基础编制的财务报告，包括月报、季报和半年报等。

❷按财务报表编报主体的不同，可以分为个别财务报告和合并财务报告。个别财务报告是由企业在自身会计核算基础上对账簿记录进行加工而编制的财务报告，它主要用以反映企业自身的财务状况、经营成果和现金流量情况。合并财务报告是以母公司和子公司组成的企业集团为会计主体，根据母公司和所属子公司的财务报告，由母公司编制的综合反映企业集团财务状况、经营成果及现金流量的财务报告。

15.1.3 财务报表列报的基本要求

（1）列报基础

企业管理层应当评价企业的持续经营能力。如果对企业的持续经营能力产生重大怀疑，应当在附注中披露导致对持续经营能力产生重大怀疑的影响因素。企业正式决定或被迫在当期或将在下一个会计期间进行清算或停止营业的，表明其处于非持续经营状态，应当采用其他基础编制财务报告，并在附注中声明财务报表未以持续经营为基础列报的事实、披露未以持续经营为基础编制的原因和财务报表的编制基础。

（2）重要性的判断

财务报表某项目的省略或错报会影响使用者据此作出经营决策，则该项目具有重要性。判断项目的重要性，应当考虑该项目的性质是否属于企业日常活动等因素；判断项目金额大小的重要性，应当通过单项金额占资产总额、负债总额、所有者权益总额、营业收入总额、营业成本总额、净利润等直接相关项目金额的比重加以确定。

（3）正常营业周期

判断流动资产、流动负债所指的一个正常营业周期，通常是指从购买用于加工的资产起至实现现金或现金等价物的期间。

正常营业周期通常短于一年，在一年内有几个营业周期；特殊情况也有超过一年的。

正常营业周期不能确定的，应当以一年（12个月）作为正常营业周期。

（4）终止经营

终止经营，是指企业已被处置或被划归为持有待售的、在经营和编制财务报表时能够单独区分的组成部分，该组成部分按照企业计划将整体或部分进行处置。

同时满足下列条件的企业组成部分应当确认为持有待售：❶企业已经就处置该组成部分作出决议；❷企业已经与受让方签订了不可撤销的转让协议；❸该项转让将在一年内完成。

15.2 资产负债表

15.2.1 资产负债表的定义及作用

资产负债表是反映企业在某一特定日期财务状况的财务报表。它反映企业在某一特定日期所拥有或控制的经济资源、所承担的现时义务和所有者对净资产的要求权。通过资产负债表，可以提供某一日期资产的总额及其结构，表明企业拥有或控制的资源及其分布情况，使用者可以一目了然地从资产负债表上了解企业在某一特定日期所拥有的资产总量及其结构；可以提供某一日期的负债总额及其结构，表明企业未来需要用多少资产或劳务清偿债务及其清偿时间；可以反映所有者所拥有的权益，据以判断资本保值、增值的情况以及对负债的保障程度。此外，资产负债表还可以提供进行财务分析的基本资料，如将流动资产与流动负债进行比较，计算出流动比率；将速动资产与流动负债进行比较，计算出速动比率等，可以表明企业的变现能力、偿债能力和资金周转能力，从而有助于报表使用者作出经济决策。

15.2.2 资产负债表的结构

视频课程

资产负债表的结构与编制

在我国，资产负债表采用账户式结构，报表分为左右两方，左方列示资产各项目，反映全部资产的分布及存在形态；右方列示负债和所有者权益各项目，反映全部负债和所有者权益的内容及构成情况。资产负债表左右双方平衡，资产总计等于负债和所有者权益总计，即“资产=负债+所有者权益”。此外，通过比较不同时点资产负债表的数据，使使用者掌握企业财务状况的变动情况及发展趋势。企业需要提供比较资产负债表。资产负债表还就各项目再分为“上年年末余额”和“期末余额”两栏分别填列。资产负债表的具体格式见表15-1，适用于执行新金融、收入、租赁准则的企业。

15.2.3 资产负债表的填列方法

❶根据总账科目余额填列。资产负债表中的有些项目，可直接根据有关总账科目的余额填列，如“交易性金融资产”“短期借款”“应付职工薪酬”等项目；有些项目则需根据几个总账科目的期末余额计算填列，如“货币资金”项目，需根据“库存现金”“银行存款”“其他货币资金”三个总账科目的期末余额的合计数填列。

表15-1

资产负债表

会企01表

编制单位：　　　　____年__月__日　　　　单位：元

资　产	期末余额	上年年末余额	负债和所有者权益（或股东权益）	期末余额	上年年末余额
流动资产：			流动负债：		
货币资金			短期借款		
交易性金融资产			交易性金融负债		
衍生金融资产			衍生金融负债		
应收票据			应付票据		
应收账款			应付账款		
应收款项融资			预收款项		
预付款项			合同负债		
其他应收款			应付职工薪酬		
存货			应交税费		
合同资产			其他应付款		
持有待售资产			持有待售负债		
一年内到期的非流动资产			一年内到期的非流动负债		
其他流动资产			其他流动负债		
流动资产合计			流动负债合计		
非流动资产：			非流动负债：		
债权投资			长期借款		
其他债权投资			应付债券		
长期应收款			其中：优先股		
长期股权投资			永续债		
其他权益工具投资			租赁负债		
其他非流动金融资产			长期应付款		
投资性房地产			预计负债		
固定资产			递延收益		
在建工程			递延所得税负债		
生产性生物资产			其他非流动负债		
油气资产			非流动负债合计		
使用权资产			负债合计		
无形资产			所有者权益（或股东权益）：		
开发支出			实收资本（或股本）		
商誉			其他权益工具		
长期待摊费用			其中：优先股		
递延所得税资产			永续债		
其他非流动资产			资本公积		
非流动资产合计			减：库存股		
			其他综合收益		
			专项储备		
			盈余公积		
			未分配利润		
			所有者权益（或股东权益）合计		
资产总计			负债和所有者权益（或股东权益）总计		

❷根据明细账科目余额计算填列。如“预付款项”项目，需要根据“应付账款”和“预付账款”两个科目所属的相关明细科目的期末借方余额计算填列。

❸根据总账科目和明细账科目余额计算分析填列。如“长期借款”项目，需要根据“长期借款”总账科目余额扣除“长期借款”科目所属的明细科目中将在一年内到期、且企业不能自主地将清偿义务展期的长期借款后的金额计算填列。

❹根据有关科目余额减去其备抵科目余额后的净额填列。如“固定资产”项目，应当根据“固定资产”科目的期末余额减去“累计折旧”和“固定资产减值准备”等备抵科目余额后的净额填列等。

❺综合运用上述填列方法分析填列。如资产负债表中的“存货”项目，需要根据“原材料”“库存商品”“委托加工物资”“周转材料”“材料采购”“在途物资”“发出商品”等总账科目期末余额的分析汇总数，再减去“存货跌价准备”科目余额后的净额填列。

15.2.4 资产负债表各项目的具体填列方法

（1）“上年年末余额”栏的填列方法

视频课程

资产负债表相关项目的填制

资产负债表“上年年末余额”栏内各项数字，应根据上年年末资产负债表“期末余额”栏内所列数字填列。如果上年度资产负债表规定的各个项目的名称和内容同本年度不相一致，应对上年年末资产负债表各项目的名称和数字按照本年度的规定进行调整，填入表中“上年年末余额”栏内。

（2）“期末余额”栏的填列方法

资产负债表“期末余额”栏内各项数字，一般应根据资产、负债和所有者权益类科目的期末余额填列。

❶“货币资金”项目，反映企业库存现金、银行结算户存款、外埠存款、银行汇票存款、银行本票存款、信用卡存款、信用证保证金存款等的合计数。本项目应根据“库存现金”“银行存款”“其他货币资金”账户的期末余额合计填列。

❷“交易性金融资产”项目，反映资产负债表日企业分类为以公允价值计量且其变动计入当期损益的金融资产，以及企业持有的指定为以公允价值计量且其变动计入当期损益的金融资产的期末账面价值。本项目应根据“交易性金融资产”科目的相关明细科目的期末余额分析填列。

❸“衍生金融资产”项目，反映企业期末持有的衍生工具、套期工具、被套期项目中属于衍生金融资产的金额。本项目应根据“衍生工具”“套期工具”“被套期项目”等科目借方余额分析计算填列。

❹“应收票据”项目，反映资产负债表日以摊余成本计量的、企业因销售商品、提供服务等收到的商业汇票，包括银行承兑汇票和商业承兑汇票。本项目应根据“应收票据”科目的期末余额，减去“坏账准备”科目中相关坏账准备期末余额后的金额分析填列。

❺“应收账款”项目，反映资产负债表日以摊余成本计量的、企业因销售商品、提供服务等经营活动应收取的款项。本项目应根据“应收账款”科目的期末余额，减去“坏账准备”科目中相关坏账准备期末余额后的金额分析填列。如“应收账款”账户所属有关明细账户有贷方余额，应在本表“预收款项”项目填制。

❻“应收款项融资”项目，反映资产负债表日以公允价值计量且其变动计入其他综合

收益的应收票据和应收账款等。

⑦“预付款项”项目，反映企业预付给供应单位的款项。本项目应根据“预付账款”和“应付账款”账户所属各明细账户的期末借方余额合计填列。如“预付账款”账户所属有关明细账户期末有贷方余额，应在本表“应付账款”项目内填列。

⑧“其他应收款”项目，应根据“应收利息”、“应收股利”和“其他应收款”科目的期末余额合计数，减去“坏账准备”科目中相关坏账准备期末余额后的金额填列。其中的“应收利息”仅反映相关金融工具已到期可收取但于资产负债表日尚未收到的利息。基于实际利率法计提的金融工具的利息应包含在相应金融工具的账面余额中。

⑨“存货”项目，反映企业期末在库、在途和在加工中的各项存货的实际成本，包括各种材料、商品、在产品、半成品、包装物、低值易耗品、分期收款发出商品、委托代销商品、受托代销商品等。本项目应根据“在途物资”“材料采购”“原材料”“周转材料”“库存商品”“委托加工物资”“委托代销商品”“受托代销商品”“生产成本”等账户的期末余额合计填列。材料采用计划成本核算，以及库存商品采用计划成本或售价核算的企业，还应按加或减材料成本差异、商品成本差异后的数额填列。填列该项目时，如已计提存货跌价准备，还应减去“存货跌价准备”账户的期末余额。

⑩“合同资产”和“合同负债”项目。企业应按照《企业会计准则第14号——收入》（财会〔2017〕22号）的相关规定根据本企业履行履约义务与客户付款之间的关系在资产负债表中列示合同资产或合同负债。“合同资产”和“合同负债”项目，应分别根据“合同资产”“合同负债”科目的相关明细科目的期末余额分析填列，同一合同下的合同资产和合同负债应当以净额列示，其中净额为借方余额的，应当根据其流动性在“合同资产”或“其他非流动资产”项目中填列，已计提减值准备的，还应按减去“合同资产减值准备”科目中相关的期末余额后的金额填列；其中净额为贷方余额的，应当根据其流动性在“合同负债”或“其他非流动负债”项目中填列。

由于同一合同下的合同资产和合同负债应当以净额列示，企业也可以设置“合同结算”科目（或其他类似科目），以核算同一合同下属于在某一时段内履行履约义务涉及与客户结算对价的合同资产或合同负债，并在此科目下设置“合同结算——价款结算”科目反映定期与客户进行结算的金额，设置“合同结算——收入结转”科目反映按履约进度结转的收入金额。资产负债表日，“合同结算”科目的期末余额在借方的，根据其流动性在“合同资产”或“其他非流动资产”项目中填列；期末余额在贷方的，根据其流动性在“合同负债”或“其他非流动负债”项目中填列。

⑪“持有待售资产”项目，反映资产负债表日划分为持有待售类别的非流动资产及划分为持有待售类别的处置组中的流动资产和非流动资产的期末账面价值。本项目应根据“持有待售资产”科目的期末余额，减去“持有待售资产减值准备”科目的期末余额后的金额填列。

⑫“一年内到期的非流动资产”项目，根据非流动资产项目中分析确定的一年内将要收回的资产额填列。“一年内到期的非流动资产”项目，通常反映预计自资产负债表日起一年内变现的非流动资产。对于按照相关会计准则采用折旧（或摊销、折耗）方法进行后续计量的固定资产、使用权资产、无形资产和长期待摊费用等非流动资产，折旧（或摊销、折耗）年限（或期限）只剩一年或不足一年的，或预计在一年内（含一年）进行折旧

（或摊销、折耗）的部分，不得归类为流动资产，仍在各该非流动资产项目中填列，不转入“一年内到期的非流动资产”项目。

⑬“其他流动资产”项目，反映企业除以上流动资产项目外的其他流动资产。本项目应根据有关账户的期末余额填列。如其他流动资产价值较大的，应在财务报表附注中披露其内容和金额。

⑭“债权投资”项目，反映资产负债表日企业以摊余成本计量的长期债权投资的期末账面价值。该项目应根据“债权投资”科目的相关明细科目期末余额，减去“债权投资减值准备”科目中相关减值准备的期末余额后的金额分析填列。自资产负债表日起一年内到期的长期债权投资的期末账面价值，在“一年内到期的非流动资产”项目反映。企业购入的以摊余成本计量的一年内到期的债权投资的期末账面价值，在“其他流动资产”项目反映。

⑮“其他债权投资”项目，反映资产负债表日企业分类为以公允价值计量且其变动计入其他综合收益的长期债权投资的期末账面价值。该项目应根据“其他债权投资”科目的相关明细科目的期末余额分析填列。自资产负债表日起一年内到期的长期债权投资的期末账面价值，在“一年内到期的非流动资产”项目反映。企业购入的以公允价值计量且其变动计入其他综合收益的一年内到期的债权投资的期末账面价值，在“其他流动资产”项目反映。

⑯“长期应收款”项目，反映企业的长期应收款项，包括融资租赁产生的应收款项，以及采用递延方式具有融资性质的销售商品和提供劳务等产生的应收款项等。实质上构成对被投资单位净投资的长期权益，也通过本项目核算。本项目应根据“长期应收款”账户的期末余额直接填列。

⑰“长期股权投资”项目，反映企业不准备在一年内变现的股权性质的投资。本项目应根据“长期股权投资”账户的期末余额减去提取的“长期股权投资减值准备”后的净额填列。

⑱“其他权益工具投资”项目，反映资产负债表日企业指定为以公允价值计量且其变动计入其他综合收益的非交易性权益工具投资的期末账面价值。该项目应根据“其他权益工具投资”科目的期末余额填列。

⑲“其他非流动金融资产”项目，反映自资产负债表日起超过一年到期且预期持有超过一年的以公允价值计量且其变动计入当期损益的非流动金融资产的期末账面价值。

⑳“投资性房地产”项目，反映企业投资性房地产的价值，包括采用成本模式计量的投资性房地产和采用公允价值模式计量的投资性房地产。采用成本模式计量的，应根据“投资性房地产”账户的期末余额减去“投资性房地产累计折旧（或摊销）”账户余额，再减去“投资性房地产减值准备”账户余额后的净额填列。

㉑“固定资产”项目，反映资产负债表日企业固定资产的期末账面价值和企业尚未清理完毕的固定资产清理净损益。本项目应根据“固定资产”科目的期末余额，减去“累计折旧”和“固定资产减值准备”科目的期末余额后的金额，以及“固定资产清理”科目的期末余额填列。

㉒“在建工程”项目，反映资产负债表日企业尚未达到预定可使用状态的在建工程的期末账面价值和企业为在建工程准备的各种物资的期末账面价值。本项目应根据“在

建工程”科目的期末余额，减去“在建工程减值准备”科目的期末余额后的金额，以及“工程物资”科目的期末余额，减去“工程物资减值准备”科目的期末余额后的金额填列。

㉓“生产性生物资产”项目，反映企业（农业）持有的生产性生物资产的原价。本项目应根据“生产性生物资产”账户余额减去“生产性生物资产累计折旧”账户余额，再减去“生产性生物资产减值准备”账户余额后的净额填列。

㉔“油气资产”项目，反映企业（石油、天然气开采）持有的探明矿区权益和油气井及相关设施的原值。本项目应根据“油气资产”账户余额减去“累计折耗”账户余额，再减去“油气资产减值准备”账户余额后的净额填列。

㉕“使用权资产”项目，反映资产负债表日承租人企业持有的使用权资产的期末账面价值。本项目应根据“使用权资产”科目的期末余额，减去“使用权资产累计折旧”和“使用权资产减值准备”科目的期末余额后的金额填列。

㉖“无形资产”项目，反映企业各项无形资产的原价扣除摊销后的净额。本项目应根据“无形资产”账户的期末余额减去“累计摊销”账户余额，再减去计提的减值准备后的净额填列。

㉗“开发支出”项目，反映企业进行开发和研究无形资产过程中发生的各项支出。本项目应根据“研发支出”账户的期末余额填列。

㉘“商誉”项目，反映非同一控制下企业合并中取得的商誉价值。本项目应根据“商誉”账户余额减去“商誉减值准备”账户余额后的净额填列。

㉙“长期待摊费用”项目，反映企业尚未摊销的摊销期限在一年以上（不含一年）的各种费用，如租入固定资产改良支出以及摊销期限在一年以上（不含一年）的其他待摊费用。本项目应根据“长期待摊费用”账户的期末余额扣除一年内（含一年）摊销的数额后的余额填列。

㉚“递延所得税资产”项目，反映企业确认的可抵扣暂时性差异产生的所得税资产。本项目应根据“递延所得税资产”账户的期末余额填列。

㉛“其他非流动资产”项目，反映企业除以上资产以外的其他非流动资产。本项目应根据有关账户的期末余额填列。如其他非流动资产价值较大的，应在财务报表附注中披露其内容和金额。

㉜“短期借款”项目，反映企业借入尚未归还的一年期以下（含一年）的借款。本项目应根据“短期借款”账户的期末余额填列。

㉝“交易性金融负债”项目，反映资产负债表日企业承担的交易性金融负债，以及企业持有的指定为以公允价值计量且其变动计入当期损益的金融负债的期末账面价值。本项目应根据“交易性金融负债”科目的相关明细科目的期末余额填列。

㉞“衍生金融负债”项目，反映衍生工具、套期工具、被套期项目中属于衍生金融负债的金额。本项目应根据“衍生工具”“套期工具”“被套期项目”等科目的期末贷方余额分析计算填列。

㉟“应付票据”项目，反映资产负债表日以摊余成本计量的、企业因购买材料、商品和接受服务等开出、承兑的商业汇票，包括银行承兑汇票和商业承兑汇票。本项目应根据“应付票据”科目的期末余额填列。

㊱“应付账款”项目，反映资产负债表日以摊余成本计量的、企业因购买材料、商品和接受服务等经营活动应支付的款项。本项目应根据“应付账款”和“预付账款”科目所属的相关明细科目的期末贷方余额合计数填列。

㊲“预收款项”项目，反映企业预收购买单位的账款。本项目应根据“预收账款”和“应收账款”账户所属各有关明细账户的期末贷方余额合计填列。如“预收账款”账户所属有关明细账户有借方余额，应在本表“应收账款”项目内填列。

㊳“合同负债”项目，见前文“合同资产”和“合同负债”项目的相关内容。

㊴“应付职工薪酬”项目，反映企业根据有关规定应付职工的各种薪酬。外商投资企业按规定从净利润中提取的职工奖励及福利基金，也在本项目核算。本项目应根据“应付职工薪酬”账户的期末贷方余额填列。

㊵“应交税费”项目，反映企业期末未交、多交或未抵扣的各种税金。本项目应根据“应交税费”账户的期末贷方余额填列；如“应交税费”账户期末为借方余额，以“-”号填列。

㊶“其他应付款”项目，应根据“应付利息”、“应付股利”和“其他应付款”科目的期末余额合计数填列。其中的“应付利息”仅反映相关金融工具已到期应支付但于资产负债表日尚未支付的利息。基于实际利率法计提的金融工具的利息应包含在相应金融工具的账面余额中。

㊷“持有待售负债”项目，反映资产负债表日处置组中与划分为持有待售类别的资产直接相关的负债的期末账面价值。本项目应根据“持有待售负债”科目的期末余额填列。

㊸“一年内到期的非流动负债”项目，根据非流动负债各账户中分析确定的将在一年内到期的金额之和填列。

㊹“其他流动负债”项目，反映企业除以上流动负债以外的其他流动负债。本项目应根据有关账户的期末余额填列。如其他流动负债价值较大，应在财务报表附注中披露其内容和金额。

㊺“长期借款”项目，反映企业借入尚未归还的一年期以上（不含一年）的借款本息。本项目应根据“长期借款”账户的期末余额填列。

㊻“应付债券”项目，反映企业发行的尚未偿还的各种长期债券的本息。本项目应根据“应付债券”账户的期末余额填列。

㊼“租赁负债”项目，反映资产负债表日承租人企业尚未支付的租赁付款额的期末账面价值。本项目应根据“租赁负债”科目的期末余额填列。自资产负债表日起一年内到期应予以清偿的租赁负债的期末账面价值，在“一年内到期的非流动负债”项目反映。

㊽“长期应付款”项目，反映资产负债表日企业除长期借款和应付债券以外的其他各种长期应付款项的期末账面价值。本项目应根据“长期应付款”科目的期末余额，减去相关的“未确认融资费用”科目的期末余额后的金额，以及“专项应付款”科目的期末余额填列。

㊾“预计负债”项目，反映企业根据或有事项等相关准则确认的各项预计负债，包括对外提供担保、未决诉讼、产品质量保证、重组义务以及固定资产和矿区权益弃置义务等

产生的预计负债。本项目应根据“预计负债”账户的期末余额填列。

㊿“递延收益”项目，反映企业应在以后期间计入当期损益的政府补助及其他。“递延收益”项目中摊销期限只剩一年或不足一年的，或预计在一年内（含一年）进行摊销的部分，不得归类为流动负债，仍在本项目中填列，不转入“一年内到期的非流动负债”项目。

51“递延所得税负债”项目，反映企业根据所得税准则确认的应纳税暂时性差异产生的所得税负债。本项目应根据“递延所得税负债”账户的期末余额填列。

52“其他非流动负债”项目，反映企业除以上非流动负债项目以外的其他非流动负债。本项目应根据有关账户的期末余额填列。如其他非流动负债价值较大，应在财务报表附注中披露其内容和金额。

上述非流动负债各项目中将于一年内（含一年）到期的，应在“一年内到期的非流动负债”项目内单独反映。上述非流动负债各项目均应根据有关账户期末余额扣除将于一年（含一年）到期偿还数后的余额填列。

53“实收资本（或股本）”项目，反映企业各股东实际投入的股本总额。本项目应根据“实收资本”（或“股本”）账户的期末余额填列。

54“其他权益工具”项目，反映资产负债表日企业发行在外的除普通股以外分类为权益工具的金融工具的期末账面价值。对于资产负债表日企业发行的金融工具，分类为金融负债的，应在“应付债券”项目填列，对于优先股和永续债，还应在“应付债券”项目下的“优先股”项目和“永续债”项目分别填列；分类为权益工具的，应在“其他权益工具”项目填列，对于优先股和永续债，还应在“其他权益工具”项目下的“优先股”项目和“永续债”项目分别填列。

55“资本公积”项目，反映企业资本公积的期末余额。本项目应根据“资本公积”账户的期末余额填列。

56“库存股”项目，反映企业收购、转让或注销本公司股份金额。本项目应根据“库存股”账户的期末余额填列。

57“其他综合收益”项目，反映企业未在当期损益中确认的各项利得和损失。本项目应根据“其他综合收益”账户的期末余额分析填列。

58“专项储备”项目，反映高危行业企业按国家规定提取的安全生产费的期末账面价值。本项目应根据“专项储备”科目的期末余额填列。

59“盈余公积”项目，反映企业盈余公积的期末余额。本项目应根据“盈余公积”账户的期末余额填列。

60“未分配利润”项目，反映企业尚未分配的利润。本项目年度内应根据“本年利润”和“利润分配”科目的余额计算填列，年终应根据“利润分配——未分配利润”明细科目填列。未弥补的亏损，在本项目内以“-”号反映。

知识拓展

按照《企业会计准则第14号——收入》（财会〔2017〕22号）的相关规定确认为资产的合同取得成本，应当根据“合同取得成本”科目的明细科目初始确认时摊销期限是否超过一年或一个正常营业周期，在“其他流动资产”或“其他非流动资产”项目中填列，已计提减值准备的，还应减去“合同取得成本减值准备”科目中相关的期末余额后的金额填列。

按照《企业会计准则第 14 号——收入》（财会〔2017〕22号）的相关规定确认为资产的合同履约成本，应当根据“合同履约成本”科目的明细科目初始确认时摊销期限是否超过一年或一个正常营业周期，在“存货”或“其他非流动资产”项目中填列，已计提减值准备的，还应减去“合同履约成本减值准备”科目中相关的期末余额后的金额填列。

按照《企业会计准则第 14 号——收入》（财会〔2017〕22号）的相关规定确认为资产的应收退货成本，应当根据“应收退货成本”科目是否在一年或一个正常营业周期内出售，在“其他流动资产”或“其他非流动资产”项目中填列。

按照《企业会计准则第 14 号——收入》（财会〔2017〕22号）的相关规定确认为预计负债的应付退货款，应当根据“预计负债”科目下的“应付退货款”明细科目是否在一年或一个正常营业周期内清偿，在“其他流动负债”或“预计负债”项目中填列。

企业按照《企业会计准则第 22 号——金融工具确认和计量》（财会〔2017〕7号）的相关规定对贷款承诺、财务担保合同等项目计提的损失准备，应当在“预计负债”项目中填列。

15.3 利润表

15.3.1 利润表的定义及作用

利润表是反映企业在一定会计期间的经营成果的财务报表。利润表的列报必须充分反映企业经营业绩的主要来源和构成，有助于使用者判断净利润的质量及其风险，有助于使用者预测净利润的持续性，从而作出正确的决策。利润表可以反映企业一定会计期间的收入实现情况，如实现的营业收入有多少、实现的投资收益有多少、实现的营业外收入有多少等；可以反映一定会计期间的费用耗费情况，如耗费的营业成本有多少，营业税费有多少，销售费用、管理费用、财务费用各有多少，营业外支出有多少等；可以反映企业生产经营活动的成果，即净利润的实现情况，据以判断资本保值、增值情况。

15.3.2 利润表的格式

目前国际上比较常用的利润表格式有两种：单步式利润表和多步式利润表。

单步式利润表是将当期所有的收入和所有的费用分别加以汇总，用收入合计减去费用合计得出本期利润。单步式利润表编制简单，收入、费用归类清楚，但对收入费用的性质不加以区分，不利于报表分析。

多步式利润表将收入、费用按性质加以归类，通过多步计算，逐步得出营业利润、利润总额、净利润。多步式利润表，便于企业进行生产经营活动分析和不同企业间盈利的分析比较以及企业未来盈利能力的预测等。我国企业会计准则规定，利润表采用多步式。利润表的格式见表 15-2。

15.3.3 利润表的填列方法

1）“上期金额”栏的填列方法

视频课程

利润表的结构与编制

利润表“上期金额”栏内各项数字，应根据上年该期利润表“本期金额”栏内所列数字填列。如果上年该期利润表规定的各个项目的名称和内容同本期不相一致，应对上年该期利润表各项目的名称和数字按本期的规定进行调整，填入利润表“上期金额”栏内。

表 15-2

利润表

会企 02 表

编制单位：　　　　　　　　____年度　　　　　　　　单位：元

项目	本期金额	上期金额
一、营业收入		
减：营业成本		
税金及附加		
销售费用		
管理费用		
研发费用		
财务费用		
其中：利息费用		
利息收入		
加：其他收益		
投资收益（损失以“-”号填列）		
其中：对联营企业和合营企业的投资收益		
以摊余成本计量的金融资产终止确认收益（损失以“-”号填列）		
净敞口套期收益（损失以“-”号填列）		
公允价值变动收益（损失以“-”号填列）		
信用减值损失（损失以“-”号填列）		
资产减值损失（损失以“-”号填列）		
资产处置收益（损失以“-”号填列）		
二、营业利润（亏损以“-”号填列）		
加：营业外收入		
减：营业外支出		
三、利润总额（亏损总额以“-”号填列）		
减：所得税费用		
四、净利润（净亏损以“-”号填列）		
（一）持续经营净利润（净亏损以“-”号填列）		
（二）终止经营净利润（净亏损以“-”号填列）		
五、其他综合收益的税后净额		
（一）不能重分类进损益的其他综合收益		
1.重新计量设定受益计划变动额		
2.权益法下不能转损益的其他综合收益		
3.其他权益工具投资公允价值变动		
4.企业自身信用风险公允价值变动		
⋮		
（二）将重分类进损益的其他综合收益		
1.权益法下可转损益的其他综合收益		
2.其他债权投资公允价值变动		
3.金融资产重分类计入其他综合收益的金额		
4.其他债权投资信用减值准备		
5.现金流量套期储备		
6.外币财务报表折算差额		
⋮		
六、综合收益总额		
七、每股收益		
（一）基本每股收益		
（二）稀释每股收益		

2)“本期金额”栏的填列方法

利润表“本期金额”栏内各项数字一般应根据损益类科目的发生额分析填列。

❶“营业收入”项目，反映企业经营业务所取得的收入总额。本项目应根据“主营业务收入”账户和“其他业务收入”账户的发生额分析填列。

❷“营业成本”项目，反映企业经营业务发生的实际成本。本项目应根据“主营业务成本”账户和“其他业务成本”账户的发生额分析填列。

❸“税金及附加”项目，反映企业经营活动发生的消费税、房产税、车船税、城镇土地使用税、印花税、城市维护建设税、资源税、教育费附加等相关税费。本项目应根据“税金及附加”账户的发生额分析填列。

❹“销售费用”项目，反映企业销售商品和材料、提供劳务的过程中发生的各种费用。本项目应根据“销售费用”账户的发生额分析填列。

❺“管理费用”项目，反映企业为组织和管理企业生产经营所发生的管理费用。本项目应根据“管理费用”账户的发生额分析填列。

❻“研发费用”项目，反映企业进行研究与开发过程中发生的费用化支出，以及计入管理费用的自行开发无形资产的摊销。本项目应根据“管理费用”科目下的“研究费用”明细科目的发生额，以及“管理费用”科目下的“无形资产摊销”明细科目的发生额分析填列。

❼“财务费用”项目，反映企业为筹集生产经营所需资金等而发生的筹资费用。本项目应根据“财务费用”账户的发生额分析填列。

❽“财务费用”项目下的“利息费用”项目，反映企业为筹集生产经营所需资金等而发生的应予费用化的利息支出。本项目应根据“财务费用”科目的相关明细科目的发生额分析填列。本项目作为“财务费用”项目的其中项，以正数填列。

❾“财务费用”项目下的“利息收入”项目，反映企业按照相关会计准则确认的应冲减财务费用的利息收入。本项目应根据“财务费用”科目的相关明细科目的发生额分析填列。本项目作为“财务费用”项目的其中项，以正数填列。

❿“其他收益”项目，反映计入其他收益的政府补助，以及其他与日常活动相关且计入其他收益的项目。本项目应根据“其他收益”科目的发生额分析填列。企业作为个人所得税的扣缴义务人，根据《中华人民共和国个人所得税法》收到的扣缴税款手续费，应作为其他与日常活动相关的收益在本项目中填列。

⓫“投资收益”项目，反映企业根据长期股权投资准则确认的投资收益。本项目应根据“投资收益”科目的发生额分析填列，损失以“-”号填列。对联营企业和合营企业的投资收益要单列。

⓬“以摊余成本计量的金融资产终止确认收益”项目，反映企业因转让等情形导致终止确认以摊余成本计量的金融资产而产生的利得或损失。本项目应根据“投资收益”科目的相关明细科目的发生额分析填列；如为损失，以“-”号填列。

⓭“净敞口套期收益”项目，反映净敞口套期下被套期项目累计公允价值变动转入当期损益的金额或现金流量套期储备转入当期损益的金额。本项目应根据“净敞口套期损益”科目的发生额分析填列；如为套期损失，以“-”号填列。

⓮“公允价值变动收益”项目，反映企业在初始确认时划分为以公允价值计量且其变

动计入当期损益的金融资产或金融负债（包括交易性金融资产或金融负债和直接指定为以公允价值计量且其变动计入当期损益的金融资产或金融负债），以及采用公允价值模式计量的投资性房地产、衍生工具、套期业务中公允价值变动形成的应计入当期损益的利得。本项目应根据“公允价值变动损益”科目的发生额分析填列，损失以“-”号填列。

⑮“信用减值损失”项目，反映企业按照《企业会计准则第22号——金融工具确认和计量》（财会〔2017〕7号）的要求计提的各项金融工具信用减值准备所确认的信用损失。本项目应根据“信用减值损失”科目的发生额分析填列。

⑯“资产减值损失”项目，反映企业根据资产减值等原则计提各项资产减值准备所形成的损失。本项目应根据“资产减值损失”账户的发生额分析填列。

⑰“资产处置收益”项目，反映企业出售划分为持有待售的非流动资产（金融工具、长期股权投资和投资性房地产除外）或处置组（子公司和业务除外）时确认的处置利得或损失，以及处置未划分为持有待售的固定资产、在建工程、生产性生物资产及无形资产而产生的处置利得或损失。债务重组中因处置非流动资产产生的利得或损失和非货币性资产交换产生的利得或损失也包括在本项目内。本项目根据“资产处置损益”科目的发生额分析填列；如为处置损失，以“-”号填列。

⑱“营业外收入”项目，反映企业发生的除营业利润以外的收益，主要包括与企业日常活动无关的政府补助、盘盈利得、捐赠利得（企业接受股东或股东的子公司直接或间接的捐赠，经济实质属于股东对企业的资本性投入的除外）等。本项目应根据“营业外收入”科目的发生额分析填列。

⑲“营业外支出”项目，反映企业发生的除营业利润以外的支出，主要包括公益性捐赠支出、非常损失、盘亏损失、非流动资产毁损报废损失等。本项目应根据“营业外支出”科目的发生额分析填列。“非流动资产毁损报废损失”通常包括因自然灾害发生毁损、已丧失使用功能等原因而报废清理产生的损失。企业在不同交易中形成的非流动资产毁损报废利得和损失不得相互抵销，应分别在“营业外收入”项目和“营业外支出”项目进行填列。

⑳“利润总额”项目，反映企业实现的利润总额；如为亏损，以“-”号填列。

㉑“所得税费用”项目，反映企业根据所得税准则确认的应从当期利润总额中扣除的所得税费用。本项目应根据“所得税费用”科目的发生额分析填列。

㉒“净利润”项目，反映企业实现的净利润；如为净亏损，以“-”号填列。其中，“持续经营净利润”和“终止经营净利润”项目，分别反映净利润中与持续经营相关的净利润和与终止经营相关的净利润；如为净亏损，以“-”号填列。这两个项目应按照《企业会计准则第42号——持有待售的非流动资产、处置组和终止经营》的相关规定分别列报。

㉓“其他综合收益的税后净额”项目，反映企业根据企业会计准则规定未在当期损益中确认的各项利得和损失扣除所得税影响后的净额，主要包括以下项目：

A.“不能重分类进损益的其他综合收益”项目，主要包括：重新计量设定受益计划变动额、权益法下不能转损益的其他综合收益等。

B.“将重分类进损益的其他综合收益”项目，主要包括：权益法下可转损益的其他综合收益、其他债权投资公允价值变动、外币财务报表折算差额等。

㉔“综合收益总额”项目，反映企业在某一期间除与所有者以其所有者身份进行的交易之外的其他交易或事项所引起的所有者权益变动。本项目反映净利润和其他综合收益扣除所得税影响后的净额相加后的合计金额。

㉕“基本每股收益”项目，仅考虑当期实际发行在外的普通股股份，按照归属于普通股股东的当期净利润除以当期实际发行在外普通股的加权平均数计算确定并填列。

㉖“稀释每股收益”项目。企业存在稀释性潜在普通股的，应当根据其影响分别调整归属于普通股股东的当期净利润以及发行在外普通股的加权平均数，并据以计算稀释每股收益。也就是说，假设潜在普通股在当期期初已经全部转换为普通股，如果潜在普通股为当期发行的，则假设在发行日就全部转换为普通股，据此计算稀释每股收益。

知识拓展

“其他权益工具投资公允价值变动”项目，反映企业指定为以公允价值计量且其变动计入其他综合收益的非交易性权益工具投资发生的公允价值变动。本项目应根据“其他综合收益”科目的相关明细科目的发生额分析填列。

“企业自身信用风险公允价值变动”项目，反映企业指定为以公允价值计量且其变动计入当期损益的金融负债，由企业自身信用风险变动引起的公允价值变动而计入其他综合收益的金额。本项目应根据“其他综合收益”科目的相关明细科目的发生额分析填列。

“其他债权投资公允价值变动”项目，反映企业分类为以公允价值计量且其变动计入其他综合收益的债权投资发生的公允价值变动。企业将一项以公允价值计量且其变动计入其他综合收益的金融资产重分类为以摊余成本计量的金融资产，或重分类为以公允价值计量且其变动计入当期损益的金融资产时，之前计入其他综合收益的累计利得或损失从其他综合收益中转出的金额作为该项目的减项。本项目应根据“其他综合收益”科目下的相关明细科目的发生额分析填列。

“金融资产重分类计入其他综合收益的金额”项目，反映企业将一项以摊余成本计量的金融资产重分类为以公允价值计量且其变动计入其他综合收益的金融资产时，计入其他综合收益的原账面价值与公允价值之间的差额。本项目应根据“其他综合收益”科目下的相关明细科目的发生额分析填列。

“其他债权投资信用减值准备”项目，反映企业按照《企业会计准则第 22 号——金融工具确认和计量》（财会〔2017〕7 号）第十八条分类为以公允价值计量且其变动计入其他综合收益的金融资产的损失准备。本项目应根据“其他综合收益”科目下的“信用减值准备”明细科目的发生额分析填列。

“现金流量套期储备”项目，反映企业套期工具产生的利得或损失中属于套期有效的部分。本项目应根据“其他综合收益”科目下的“套期储备”明细科目的发生额分析填列。

15.4　现金流量表

15.4.1　现金流量表的定义及作用

现金流量表，是指反映企业在一定会计期间现金和现金等价物流入和流出的报表。它的主要作用有：❶有助于评价企业支付能力、偿债能力和周转能力；❷有助于预测企业未来的现金流量；❸有助于分析企业收益质量及影响现金净流量的因素。

15.4.2　现金流量表的编制基础

现金流量表的编制基础是现金及现金等价物。现金是指企业的库存现金以及可以随时用于支付的存款。会计上所说的现金通常是指企业的库存现金，而现金流量表中的“现金”不仅包括“库存现金”账户核算的库存现金，而且包括“银行存款”账户核算的企业存入银行和其他金融机构的、可以随时用于支付的各种存款，也包括“其他货币资金”账户核算的企业的外埠存款、银行汇票存款、银行本票存款、信用卡存款、信用证保证金存款等。由此可见，现金流量表中的“现金”概念类似于会计上所说的“货币资金”概念。但银行存款和其他货币资金中有些不能随时用于支付的存款，如不能随时支取的定期存款，由于不符合《企业会计准则第31号——现金流量表》中的现金定义，则不应列作现金，而应列作短期投资或长期投资，与会计上的货币资金概念又有所差异。当然，在企业的银行存款和其他货币资金中，那些提前通知银行或其他金融机构便可支取的定期存款，由于其符合《企业会计准则第31号——现金流量表》中的现金定义，则应包括在现金范围内。现金等价物是指企业持有的期限短（一般是指从购买日起三个月内到期）、流动性强、易于转换为已知金额现金、价值变动风险很小的投资。现金等价物虽然不是现金，但其支付能力与现金的差别不大，可视为现金。一项投资被确认为现金等价物必须同时满足四个条件，即：❶期限短；❷流动性强；❸易于转换为已知金额现金；❹价值变动风险很小。根据这四个条件，所有长期投资都不应属于现金等价物的范畴；对于短期投资中的股票投资，由于其价值变动风险很大，也不应属于现金等价物的范畴；对于短期投资中的其他投资，如联营投资，由于其流动性差，也不应属于现金等价物的范畴；只有短期投资中的那些期限短、流动性强、易于转换为已知金额现金、价值变动风险很小的国库券和信誉很好的金边企业债券才应属于现金等价物的范畴。

15.4.3 现金流量的分类

现金流量是指现金和现金等价物的流入和流出，可分为三大类，即经营活动产生的现金流量、投资活动产生的现金流量和筹资活动产生的现金流量。

1）经营活动产生的现金流量

经营活动是指企业投资活动和筹资活动以外的所有交易和事项，包括销售商品或提供劳务、购买商品或接受劳务、收到税费返还、支付职工薪酬、支付各项税费、支付广告费用等。通过经营活动产生的现金流量，可以说明企业的经营活动对现金流入和流出的影响程度，判断企业在不动用对外筹得资金的情况下，是否足以维持生产经营、偿还债务、支付股利、对外投资等。

与一般企业相比，金融企业的经营活动性质不同，对经营活动产生的现金流量项目认定存在一定差异。在编制现金流量表时，应当根据本企业的实际情况，对经营活动产生的现金流量项目进行合理归类。

2）投资活动产生的现金流量

投资活动是指企业长期资产的购建和不包括在现金等价物范围内的投资及其处置活动。编制现金流量表中所涉及的“投资”既包括对外投资，又包括长期资产的购建与处置。投资活动包括取得和收回投资、购建和处置固定资产、购买和处置无形资产等。通过投资活动产生的现金流量，可以判断投资活动对企业现金流量净额的影响程度。

3）筹资活动产生的现金流量

筹资活动是指导致企业资本及债务规模和构成发生变化的活动。筹资活动包括发行股票或接受投入资本、分派现金股利、取得和偿还银行借款、发行和偿还公司债券等。通过筹资活动产生的现金流量，可以分析企业通过筹资活动获取现金的能力，判断筹资活动对企业现金流量净额的影响程度。

企业编制现金流量表进行现金流量分类时，对于未特别指明的现金流量，应当按照现金流量的分类方法和重要性原则，判断某项交易或事项所产生的现金流量应当归属的类别或项目，对于重要的现金流入或流出项目应当单独反映。对于自然灾害损失、保险索赔等特殊项目，应当根据其性质，分别归并到经营活动、投资活动和筹资活动现金流量类别中单独列报。

15.4.4 现金流量表的填列方法

1）经营活动产生的现金流量

在我国，企业经营活动产生的现金流量应当采用直接法填列。直接法，是指通过现金收入和现金支出的主要类别列示经营活动的现金流量。现金流量一般应按现金流入和流出总额列报，但代客户收取或支付的现金，以及周转快、金额大、期限短项目的现金流入和现金流出，可以按照净额列报。

有关经营活动现金流量的信息，可以通过企业的会计记录取得，也可以通过对利润表中的营业收入、营业成本以及其他项目进行调整后取得，如当期存货及经营性应收和应付项目的变动、固定资产折旧、无形资产摊销、计提资产减值准备等其他非现金项目，属于投资活动或筹资活动现金流量的其他非现金项目。

（1）“销售商品、提供劳务收到的现金”项目

该项目反映企业销售商品、提供劳务实际收到的现金（包括应向购买者收取的增值税销项税额），包括本期销售商品、提供劳务收到的现金，以及前期销售商品、提供劳务本期收到的现金和本期预收的款项，减去本期退回本期销售的商品和前期销售本期退回的商品支付的现金。企业销售材料和代购代销业务收到的现金，也在本项目反映。本项目可以根据“库存现金”“银行存款”“应收账款”“应收票据”“预收账款”“主营业务收入”“其他业务收入”等科目的记录分析填列。根据账户记录分析计算该项目的金额，通常可以采用以下公式：

销售商品、提供劳务收到的现金 = 当期销售商品、提供劳务收到的现金 + 当期收回前期的应收账款和应收票据 + 当期预收的款项 − 当期销售退回支付的现金 + 当期收回前期核销的坏账损失

（2）“收到的税费返还”项目

该项目反映企业收到返还的各种税费，包括收到返还的增值税、消费税、关税、所得税、教育费附加等。本项目可以根据“库存现金”“银行存款”“营业外收入”“其他应收款”等科目的记录分析填列。

（3）“收到其他与经营活动有关的现金”项目

该项目反映企业除了上述各项目以外所收到的其他与经营活动有关的现金，如罚款、流动资产损失中由个人赔偿的现金、经营租赁租金等。若某项其他与经营活动有关的现金流入金额较大，应单列项目反映。本项目可以根据“库存现金”“银行存款”“营业外收入”等科目的记录分析填列。

（4）“购买商品、接受劳务支付的现金”项目

该项目反映企业购买商品、接受劳务实际支付的现金（包括增值税进项税额），包括本期购买商品、接受劳务支付的现金，以及本期支付前期购买商品、接受劳务的未付款项以及本期预付款项，减去本期发生的购货退回收到的现金。企业代购代销业务支付的现金，也在本项目反映。本项目可以根据“库存现金”“银行存款”“应付账款”“应付票据”“预付账款”“主营业务成本”“其他业务成本”等科目的记录分析填列。

根据账户记录分析计算该项目的金额，通常可以采用以下公式：

购买商品、接受劳务支付的现金 = 当期购买商品、接受劳务支付的现金 + 当期支付前期的应付账款和应付票据 + 当期预付的账款 − 当期因购货退回收到的现金

（5）“支付给职工以及为职工支付的现金”项目

该项目反映企业实际支付给职工，以及为职工支付的现金，包括本期实际支付给职工的工资、奖金、各种津贴和补贴等，以及为职工支付的其他费用。企业代扣代缴的职工个人所得税，也在本项目反映。本项目不包括支付给离退休人员的各项费用及支付给在建工程人员的工资及其他费用。企业支付给离退休人员的各项费用（包括支付的统筹退休金以及未参加统筹的退休人员的费用），在“支付其他与经营活动有关的现金”项目反映；支付给在建工程人员的工资及其他费用，在“购建固定资产、无形资产和其他长期资产支付的现金”项目反映。本项目可以根据“应付职工薪酬”“库存现金”“银行存款”等科目的记录分析填列。

企业为职工支付的养老、失业等社会保险基金、补充养老保险、住房公积金、支付给职工的住房困难补助，以及企业支付给职工或为职工支付的其他福利费用等，应按职工的工作性质和服务对象，分别在本项目和“购建固定资产、无形资产和其他长期资产支付的现金”项目反映。

（6）“支付的各项税费”项目

该项目反映企业按规定支付的各种税费，包括企业本期发生并支付的税费，以及本期支付以前各期发生的税费和本期预交的税费，包括所得税、增值税、消费税、印花税、房产税、土地增值税、车船税、教育费附加等，但不包括计入固定资产价值、实际支付的耕地占用税，也不包括本期退回的增值税、所得税。本期退回的增值税、所得税在“收到的税费返还”项目反映。本项目可以根据“应交税费”“库存现金”“银行存款”等科目的记录分析填列。

（7）“支付其他与经营活动有关的现金”项目

该项目反映企业除上述各项目外所支付的其他与经营活动有关的现金，如经营租赁支付的租金，支付的罚款、差旅费、业务招待费、保险费等。若其他与经营活动有关的现金流出金额较大，应单列项目反映。本项目可以根据“库存现金”“银行存款”“管理费用”“营业外支出”等科目的记录分析填列。

2）投资活动产生的现金流量

（1）“收回投资收到的现金”项目

该项目反映企业出售、转让或到期收回除现金等价物以外的对其他企业的权益工具、债务工具和合营中的权益等投资收到的现金。收回债务工具实现的投资收益、处置子公司及其他营业单位收到的现金净额不包括在本项目内。本项目可根据“债权投资”“其他债

权投资”“长期股权投资”“库存现金”“银行存款”等科目的记录分析填列。

（2）“取得投资收益收到的现金”项目

该项目反映企业除现金等价物以外的对其他企业的权益工具、债务工具和合营中的权益投资分回的现金股利和利息等，不包括股票股利。本项目可以根据“库存现金”“银行存款”“投资收益”等科目的记录分析填列。

（3）“处置固定资产、无形资产和其他长期资产收回的现金净额”项目

该项目反映企业出售或报废固定资产、无形资产和其他长期资产收到的现金（包括因资产毁损收到的保险赔偿款），减去为处置这些资产而支付的有关费用后的净额。如所收回的现金净额为负数，则应在“支付其他与投资活动有关的现金”项目反映。本项目可以根据“固定资产清理”“库存现金”“银行存款”等科目的记录分析填列。

（4）“处置子公司及其他营业单位收到的现金净额”项目

该项目反映企业处置子公司及其他营业单位所取得的现金，减去相关处置费用以及子公司及其他营业单位持有的现金和现金等价物后的净额。本项目可以根据“长期股权投资”“银行存款”“库存现金”等科目的记录分析填列。

（5）“收到其他与投资活动有关的现金”项目

该项目反映企业除上述各项目以外，所收到的其他与投资活动有关的现金流入。比如，企业收回购买股票和债券时支付的已宣告但尚未领取的现金股利或已到付息期但尚未领取的债券利息。若其他与投资活动有关的现金流入金额较大，应单列项目反映。本项目可以根据“应收股利”“应收利息”“银行存款”“库存现金”等科目的记录分析填列。企业实际收到的政府补助，无论是与资产相关还是与收益相关，均在“收到其他与经营活动有关的现金”项目填列。

（6）“购建固定资产、无形资产和其他长期资产支付的现金”项目

该项目反映企业本期购买或建造固定资产、取得无形资产和其他长期资产实际支付的现金，以及用现金支付的应由在建工程和无形资产负担的职工薪酬，不包括为购建固定资产而发生的借款利息资本化部分，以及融资租入固定资产支付的租赁费。企业支付的借款利息和融资租入固定资产支付的租赁费，在筹资活动产生的现金流量中反映。本项目可以根据“固定资产”“在建工程”“无形资产”“库存现金”“银行存款”等科目的记录分析填列。

（7）“投资支付的现金”项目

该项目反映企业取得除现金等价物以外的对其他企业的权益工具、债务工具和合营中的权益投资所支付的现金，以及支付的佣金、手续费等交易费用，但取得子公司及其他营业单位支付的现金净额除外。本项目可以根据“债权投资”“其他债权投资”“长期股权投资”“库存现金”“银行存款”等科目的记录分析填列。

（8）“取得子公司及其他营业单位支付的现金净额”项目

该项目反映企业购买子公司及其他营业单位购买出价中以现金支付的部分，减去子公司及其他营业单位持有的现金和现金等价物后的净额。本项目可以根据“长期股权投资”“库存现金”“银行存款”等科目的记录分析填列。

（9）“支付其他与投资活动有关的现金”项目

该项目反映企业除上述各项目外所支付的其他与投资活动有关的现金流出。若某项其

他与投资活动有关的现金流出金额较大，应单列项目反映。本项目可以根据“应付股利”“应付利息”“银行存款”“库存现金”等科目的记录分析填列。

3）筹资活动产生的现金流量

(1)“吸收投资收到的现金”项目

该项目反映企业以发行股票、债券等方式筹集资金实际收到的款项，减去直接支付的佣金、手续费、宣传费、咨询费、印刷费等发行费用后的净额。本项目可以根据“实收资本（或股本）”“库存现金”“银行存款”等科目的记录分析填列。

(2)“取得借款收到的现金”项目

该项目反映企业举借各种短期、长期借款实际收到的现金。本项目可以根据“短期借款”“长期借款”“库存现金”“银行存款”等科目的记录分析填列。

(3)“收到其他与筹资活动有关的现金”项目

该项目反映企业除上述各项目外所收到的其他与筹资活动有关的现金流入，如接受现金捐赠等。若某项其他与筹资活动有关的现金流入金额较大，应单列项目反映。本项目可以根据“银行存款”“库存现金”“营业外收入”等科目的记录分析填列。

(4)“偿还债务支付的现金”项目

该项目反映企业偿还债务本金所支付的现金，包括偿还金融企业的借款本金、偿还债券本金等。企业支付的借款利息和债券利息在“分配股利、利润或偿付利息支付的现金”项目反映，不包括在本项目内。本项目可以根据“短期借款”“长期借款”“应付债券”“库存现金”“银行存款”等科目的记录分析填列。

(5)“分配股利、利润或偿付利息支付的现金”项目

该项目反映企业实际支付的现金股利、支付给其他投资单位的利润或用现金支付的借款利息、债券利息等。本项目可以根据“应付股利”“应付利息”“财务费用”“库存现金”“银行存款”等科目的记录分析填列。

(6)“支付其他与筹资活动有关的现金”项目

该项目反映企业除上述各项目外所支付的其他与筹资活动有关的现金流出，如捐赠现金支出、融资租入固定资产支付的租赁费等。若某项其他与筹资活动有关的现金流出金额较大，应单列项目反映。本项目可以根据“营业外支出”“长期应付款”“银行存款”“库存现金”等科目的记录分析填列。

4）汇率变动对现金及现金等价物的影响

该项目反映企业外币现金流量以及境外子公司的现金流量折算为人民币时，所采用的现金流量发生日的即期汇率或按照系统合理的方法确定的、与现金流量发生日即期汇率近似汇率折算的人民币金额与“现金及现金等价物净增加额”中的外币现金净增加额按期末汇率折算的人民币金额之间的差额。

在编制现金流量表时，可逐笔计算外币业务发生的汇率变动对现金的影响，也可不必逐笔计算而采用简化的计算方法，即通过现金流量表补充资料中“现金及现金等价物净增加额”数额与现金流量表中“经营活动产生的现金流量净额”“投资活动产生的现金流量净额”“筹资活动产生的现金流量净额”三项之和比较，其差额即为“汇率变动对现金及现金等价物的影响”项目的金额。

5）现金流量表补充资料

除现金流量表反映的信息外，企业还应在附注中披露将净利润调节为经营活动现金流量、不涉及现金收支的重大投资和筹资活动、现金及现金等价物净变动情况等信息。

（1）将净利润调节为经营活动现金流量

现金流量表采用直接法反映经营活动产生的现金流量，同时，企业还应采用间接法反映经营活动产生的现金流量。间接法，是指以本期净利润为起点，通过调整不涉及现金的收入、费用、营业外收支以及经营性应收应付等项目的增减变动，调整不属于经营活动的现金收支项目，据此计算并列报经营活动产生的现金流量的方法。在我国，现金流量表补充资料应采用间接法反映经营活动产生的现金流量情况，以对现金流量表中采用直接法反映的经营活动现金流量进行核对和补充说明。

采用间接法列报经营活动产生的现金流量时，需要对四大类项目进行调整：一是实际没有支付现金的费用；二是实际没有收到现金的收益；三是不属于经营活动的损益；四是经营性应收、应付项目的增减变动。将净利润调节为经营活动的现金流量，各项目的填列方法如下：

❶资产减值准备。该项目反映企业本期实际计提的各项资产减值准备，包括存货跌价准备、长期股权投资减值准备、投资性房地产减值准备、固定资产减值准备、在建工程减值准备、无形资产减值准备、商誉减值准备、生产性生物资产减值准备、油气资产减值准备等。本项目可以根据“资产减值损失”科目的记录分析填列。

❷固定资产折旧、油气资产折耗、生产性生物资产折旧。该项目反映企业本期累计计提的固定资产折旧、油气资产折耗、生产性生物资产折旧。本项目可根据“累计折旧”“累计折耗”等科目的贷方发生额分析填列。

❸无形资产摊销。该项目反映企业本期累计摊入成本费用的无形资产价值。本项目可以根据“累计摊销”科目的贷方发生额分析填列。

❹长期待摊费用摊销。该项目反映企业本期累计摊入成本费用的长期待摊费用。本项目可以根据“长期待摊费用”科目的贷方发生额分析填列。

❺处置固定资产、无形资产和其他长期资产的损失。该项目反映企业本期处置固定资产、无形资产和其他长期资产发生的净损失。如为净收益，以“-”号填列。本项目可以根据“营业外支出”“营业外收入”等科目所属有关明细科目的记录分析填列。

❻固定资产报废损失。该项目反映企业本期发生的固定资产盘亏净损失。如为净收益，以“-”号填列。该项目可以根据“营业外支出”和“营业外收入”科目所属有关明细科目的记录分析填列。

❼公允价值变动损失。该项目反映企业持有的交易性金融资产、交易性金融负债、采用公允价值模式计量的投资性房地产等公允价值变动形成的净损失。如为净收益，以“-”号填列。本项目可以根据“公允价值变动损益”科目所属有关明细科目的记录分析填列。

❽财务费用。该项目反映企业本期实际发生的属于投资活动或筹资活动的财务费用。属于投资活动、筹资活动的部分，在计算净利润时已扣除，但这部分发生的现金流出不属于经营活动现金流量的范畴，所以，在将净利润调节为经营活动现金流量时，需要予以加回。本项目可以根据“财务费用”科目的本期借方发生额分析填列；如为收益，以“-”

号填列。

❾投资损失。该项目反映企业对外投资实际发生的投资损失减去收益后的净损失。本项目可以根据利润表中“投资收益”项目的数字填列；如为收益，以“-”号填列。

❿递延所得税资产减少。该项目反映企业资产负债表“递延所得税资产”项目的期初余额与期末余额的差额。本项目可以根据“递延所得税资产”科目发生额分析填列。

⓫递延所得税负债增加。该项目反映企业资产负债表“递延所得税负债”项目的期初余额与期末余额的差额。本项目可以根据“递延所得税负债”科目发生额分析填列。

⓬存货的减少。该项目反映企业资产负债表“存货”项目的期初与期末余额的差额。期末数大于期初数的差额，以“-”号填列。

⓭经营性应收项目的减少。该项目反映企业本期经营性应收项目（包括应收票据、应收账款、预付账款、长期应收款和其他应收款等经营性应收项目中与经营活动有关的部分及应收的增值税销项税额等）的期初余额与期末余额的差额。期末数大于期初数的差额，以“-”号填列。

⓮经营性应付项目的增加。该项目反映企业本期经营性应付项目（包括应付票据、应付账款、预收账款、应付职工薪酬、应交税费和其他应付款等经营性应付项目中与经营活动有关的部分及应付的增值税进项税额等）的期初余额与期末余额的差额。期末数小于期初数的差额，以“-”号填列。

（2）不涉及现金收支的重大投资和筹资活动

该项目反映企业一定会计期间内影响资产和负债但不形成该期现金收支的所有重大投资和筹资活动的信息。这些投资和筹资活动是企业的重大理财活动，对以后各期的现金流量会产生重大影响，因此，应单列项目在补充资料中反映。目前，我国企业现金流量表补充资料中列示的不涉及现金收支的重大投资和筹资活动项目主要有以下几项：

❶债务转为资本，反映企业本期转为资本的债务金额。

❷一年内到期的可转换公司债券，反映企业一年内到期的可转换公司债券的本息。

❸融资租入固定资产，反映企业本期融资租入固定资产的最低租赁付款额扣除应分期计入利息费用的未确认融资费用后的净额。

（3）现金及现金等价物净变动情况

该项目反映企业一定会计期间现金及现金等价物的期末余额减去期初余额后的净增加额（或净减少额），是对现金流量表中“现金及现金等价物净增加额”项目的补充说明。该项目的金额应与现金流量表中“现金及现金等价物净增加额”项目的金额核对相符。

15.4.5 现金流量表的编制方法

在具体编制现金流量表时，企业可根据业务量的大小及复杂程度，采用工作底稿法、T形账户法，或直接根据有关科目的记录分析填列。

1）工作底稿法

工作底稿法是以工作底稿为手段，以利润表和资产负债表数据为基础，结合有关科目的记录，对现金流量表的每一项目进行分析并编制调整分录，从而编制出现金流量表的一种方法。

采用工作底稿法编制现金流量表的具体步骤是：

第一步，将资产负债表的上年年末余额和期末余额过入工作底稿的“年初余额”栏和“期末余额”栏。

第二步，对当期业务进行分析并编制调整分录。调整分录大体有这样几类：第一类涉及利润表中的收入、成本和费用项目以及资产负债表中的资产、负债及所有者权益项目，通过调整，将权责发生制下的收入、费用转换为现金基础；第二类是涉及资产负债表和现金流量表中的投资、筹资项目，反映投资和筹资活动的现金流量；第三类是涉及利润表和现金流量表中的投资和筹资项目，目的是将利润表中有关投资和筹资方面的收入和费用列入到现金流量表投资、筹资现金流量中去。此外，还有一些调整分录并不涉及现金收支，只是为了核对资产负债表项目的期末年初变动。

在调整分录中，有关现金和现金等价物的事项，并不直接借记或贷记现金，而是分别记入“经营活动产生的现金流量”“投资活动产生的现金流量”“筹资活动产生的现金流量”有关项目，借记表明现金流入，贷记表明现金流出。

第三步，将调整分录过入工作底稿中的相应部分。

第四步，核对调整分录，借贷合计应当相等，资产负债表项目年初余额加减调整分录中的借贷金额以后，应当等于期末余额。

第五步，根据工作底稿中的现金流量表项目部分编制正式的现金流量表。

2）T形账户法

T形账户法是以利润表和资产负债表为基础，结合有关科目的记录，对现金流量表的每一项目进行分析并编制调整分录，通过T形账户编制出现金流量表的一种方法。

采用T形账户法编制现金流量表的具体步骤是：

第一步，为所有的非现金项目（包括资产负债表项目和利润表项目）分别开设T形账户，并将各自的期末年初变动数过入各该账户。

第二步，开设一个大的“现金及现金等价物”T形账户，每边分为经营活动、投资活动和筹资活动三个部分，左边记现金流入，右边记现金流出。与其他账户一样，过入期末年初变动数。

第三步，以利润表项目为基础，结合资产负债表分析每个非现金项目的增减变动，并据此编制调整分录。

第四步，将调整分录过入各T形账户，并进行核对，该账户借贷相抵后的余额与原先过入的期末年初变动数应当一致。

第五步，根据大的“现金及现金等价物”T形账户编制正式的现金流量表。

3）分析填列法

分析填列法是直接根据资产负债表、利润表和有关会计科目明细账的记录，分析计算出现金流量表各项目的金额，并据以编制现金流量表的一种方法。

现金流量表的格式见表15-3。

表 15-3

现金流量表

会企 03 表

编制单位：　　　　　　　＿＿＿＿年度　　　　　　　单位：元

项　目	本期金额	上期金额
一、经营活动产生的现金流量		
销售商品、提供劳务收到的现金		
收到的税费返还		
收到其他与经营活动有关的现金		
经营活动流入现金小计		
购买商品、接受劳务支付的现金		
支付给职工以及为职工支付的现金		
支付的各项税费		
支付其他与经营活动有关的现金		
经营活动现金流出小计		
经营活动产生的现金流量净额		
二、投资活动产生的现金流量		
收回投资收到的现金		
取得投资收益收到的现金		
处置固定资产、无形资产和其他长期资产收回的现金净额		
处置子公司及其他营业单位收到的现金净额		
收到其他与投资活动有关的现金		
投资活动现金流入小计		
购建固定资产、无形资产和其他长期资产支付的现金		
投资支付的现金		
取得子公司及其他营业单位支付的现金净额		
支付其他与投资活动有关的现金		
投资活动现金流出小计		
投资活动产生的现金流量净额		
三、筹资活动产生的现金流量		
吸收投资收到的现金		
取得借款收到的现金		
收到其他与筹资活动有关的现金		
筹资活动现金流入小计		
偿还债务支付的现金		
分配股利、利润或偿付利息支付的现金		
支付其他与筹资活动有关的现金		
筹资活动现金流出小计		
筹资活动产生的现金流量净额		
四、汇率变动对现金及现金等价物的影响		
五、现金及现金等价物净增加额		
加：期初现金及现金等价物余额		
六、期末现金及现金等价物余额		

续表

补充资料	本期金额	上期金额
1.将净利润调节为经营活动现金流量		
净利润		
加：资产减值准备		
固定资产折旧、油气资产折耗、生产性生物资产折旧		
无形资产摊销		
长期待摊费用摊销		
处置固定资产、无形资产和其他长期资产损失（收益以“-”号填列）		
固定资产报废损失（收益以“-”号填列）		
公允价值变动损失（收益以“-”号填列）		
财务费用（收益以“-”号填列）		
投资损失（收益以“-”号填列）		
递延所得税资产减少（增加以“-”号填列）		
递延所得税负债增加（减少以“-”号填列）		
存货的减少（增加以“-”号填列）		
经营性应收项目的减少（增加以“-”号填列）		
经营性应付项目的增加（减少以“-”号填列）		
其他		
经营活动产生的现金流量净额		
2.不涉及现金收支的重大投资和筹资活动		
债务转为资本		
一年内到期的可转换公司债券		
融资租入固定资产		
3.现金及现金等价物净变动情况		
现金的期末余额		
减：现金的期初余额		
加：现金等价物的期末余额		
减：现金等价物的期初余额		
现金及现金等价物净增加额		

15.5 所有者权益变动表

15.5.1 所有者权益变动表的内容及结构

所有者权益变动表是反映构成所有者权益各组成部分当期增减变动情况的报表。综合收益和与所有者（或股东，下同）的资本交易导致的所有者权益的变动，应当分别列示。在所有者权益变动表中，企业至少应当单独列示反映下列信息的项目：

❶综合收益总额；

❷会计政策变更和差错更正的累积影响金额；

❸所有者投入资本和向所有者分配利润等；

❹按照规定提取的盈余公积；

❺所有者权益各组成部分的期初和期末余额及其调节情况。

为了清楚地表明构成所有者权益的各组成部分当期的增减变动情况，所有者权益变动表应当以矩阵的形式列示：一方面，列示导致所有者权益变动的交易或事项，改变了以往仅仅按照所有者权益的各组成部分反映所有者权益变动情况，而是从所有者权益变动的来源对一定时期所有者权益变动情况进行全面反映；另一方面，按照所有者权益各组成部分（包括实收资本、资本公积、其他综合收益、盈余公积、未分配利润和库存股等）及其总额列示交易或事项对所有者权益的影响。此外，企业还需要提供比较所有者权益变动表。所有者权益变动表还就各项目再分为“本年金额”和“上年金额”两栏分别填列，见表15-4。

15.5.2 所有者权益变动表的填列方法

1）“上年年末余额”项目

本项目反映企业上年资产负债表中实收资本（或股本）、其他权益工具、资本公积、其他综合收益、库存股、盈余公积、未分配利润等的上年年末余额。

2）“会计政策变更”和“前期差错更正”项目

“会计政策变更”和“前期差错更正”项目，分别反映企业采用追溯调整法处理的会计政策变更的累积影响金额和采用追溯重述法处理的会计差错更正的累积影响金额。

3）“本年增减变动金额”项目

（1）“综合收益总额”项目

反映企业当年的综合收益总额，应根据当年利润表中“其他综合收益的税后净额”和“净利润”项目填列。

（2）“所有者投入和减少资本”项目

反映企业当年所有者投入的资本和减少的资本。

❶“所有者投入的普通股”项目，反映企业接受普通股投资者投入形成的实收资本（或股本）和资本公积，应根据“实收资本”“资本公积”等科目发生额分析填列。

❷“其他权益工具持有者投入资本”项目，反映企业发行的除普通股以外分类为权益工具的金融工具的持有者投入资本的金额。该项目应根据金融工具类科目的相关明细科目的发生额分析填列。

❸“股份支付计入所有者权益的金额”项目，反映企业处于等待期中的权益结算的股份支付当年计入资本公积的金额，应根据“资本公积”科目所属的“其他资本公积”二级科目的发生额分析填列。

（3）“利润分配”项目

反映企业当年的利润分配金额。

❶“提取盈余公积”项目，反映企业按照规定提取的盈余公积。

表 15-4

所有者权益变动表

会企04表

____年度

编制单位：　　　　　　　　　　　　　　　　　　　　　　　　　　单位：元

项目	本年金额											上年金额										
	实收资本（或股本）	其他权益工具			资本公积	减：库存股	其他综合收益	专项储备	盈余公积	未分配利润	所有者权益合计	实收资本（或股本）	其他权益工具			资本公积	减：库存股	其他综合收益	专项储备	盈余公积	未分配利润	所有者权益合计
		优先股	永续债	其他									优先股	永续债	其他							
一、上年年末余额																						
加：会计政策变更																						
前期差错更正																						
其他																						
二、本年年初余额																						
三、本年增减变动金额（减少以“-”号填列）																						
（一）综合收益总额																						
（二）所有者投入和减少资本																						
1.所有者投入的普通股																						
2.其他权益工具持有者投入资本																						
3.股份支付计入所有者权益的金额																						
4.其他																						
（三）利润分配																						
1.提取盈余公积																						
2.对所有者（或股东）的分配																						
3.其他																						
（四）所有者权益内部结转																						
1.资本公积转增资本（或股本）																						
2.盈余公积转增资本（或股本）																						
3.盈余公积弥补亏损																						
4.设定受益计划变动额结转留存收益																						
5.其他综合收益结转留存收益																						
6.其他																						
四、本年年末余额																						

❷“对所有者（或股东）的分配”项目，反映对所有者（或股东）分配的利润（或股利）金额。

（4）“所有者权益内部结转”项目

反映不影响当年所有者权益总额的所有者权益各组成部分之间当年的增减变动。

❶“资本公积转增资本（或股本）”项目，反映企业以资本公积转增资本或股本的金额。

❷“盈余公积转增资本（或股本）”项目，反映企业以盈余公积转增资本或股本的金额。

❸“盈余公积弥补亏损”项目，反映企业以盈余公积弥补亏损的金额。

❹“其他综合收益结转留存收益”项目，主要反映：a.企业指定为以公允价值计量且其变动计入其他综合收益的非交易性权益工具投资终止确认时，之前计入其他综合收益的累计利得或损失从其他综合收益中转入留存收益的金额；b.企业指定为以公允价值计量且其变动计入当期损益的金融负债终止确认时，之前由企业自身信用风险变动引起而计入其他综合收益的累计利得或损失从其他综合收益中转入留存收益的金额等。该项目应根据“其他综合收益”科目的相关明细科目的发生额分析填列。

15.6 财务报表附注

15.6.1 财务报表附注的含义

财务报表附注是对资产负债表、利润表、现金流量表和所有者权益变动表等报表中列示项目的文字描述或明细资料，以及对未能在这些报表中所列示项目的补充和说明等。

15.6.2 财务报表附注的内容

附注是财务报表的重要组成部分，企业应当按照规定披露附注信息，一般企业报表附注主要包括下列内容：

（1）企业的基本情况

❶企业注册地、组织形式和总部地址。

❷企业的业务性质和主要经营活动。

❸母公司以及集团最终母公司的名称。

❹财务报告的批准报出者和财务报告批准报出日。

（2）财务报表的编制基础

（3）遵循企业会计准则的声明

企业应当声明编制的财务报表符合企业会计准则的要求，真实、完整地反映了企业的财务状况、经营成果和现金流量等有关信息。

（4）重要会计政策和会计估计

企业应当披露采用的重要会计政策和会计估计，不重要的会计政策和会计估计可以不披露。在披露重要会计政策和会计估计时，应当披露重要会计政策的确定依据和财务报表项目的计量基础，以及会计估计中所采用的关键假设和不确定因素。

（5）会计政策和会计估计变更以及差错更正的说明

企业应当按照《企业会计准则第28号——会计政策、会计估计变更和差错更正》及其应用指南的规定，披露会计政策和会计估计变更以及差错更正的有关情况。

（6）报表重要项目的说明

企业对报表重要项目的说明，应当按照资产负债表、利润表、现金流量表、所有者权益变动表及其项目列示的顺序，采用文字和数字描述相结合的方式进行披露。报表重要项目的明细金额合计，应当与报表项目金额相衔接。

（7）其他需要说明的重要事项

其主要包括或有事项、资产负债表日后事项、关联方关系及其交易等。

本章概要

财务报告是会计信息的表现形式，会计信息质量高低直接表现在会计报表数字是否真实、内容是否完整、编报是否及时。只有符合以上会计报表编制的要求，会计信息的提供才有意义，才能对企业管理以及外部利益相关者及时获取有用的会计信息起到重要作用，才能对地区乃至国家宏观经济调控起到重要参考作用。

概念回顾

财务报告　资产负债表　利润表　现金流量表　所有者权益变动表

原始凭证目录

原始凭证1：资产负债表（见表15-1）

原始凭证2：利润表（见表15-2）

原始凭证3：现金流量表（见表15-3）

原始凭证4：所有者权益变动表（见表15-4）

法规链接

第16章 债务重组

预习思考题

1. 什么是债务重组？

2. 债务重组主要有哪些方式？

学习目标

理论目标

1. 了解债务重组的定义和方式，理解债务重组日；

2. 掌握在不同债务重组方式下债务人的账务处理；

3. 掌握在不同债务重组方式下债权人的账务处理。

实务目标

1. 针对公司实际，能够灵活选用债务重组这种方式解决公司财务问题；

2. 能够本着利益最大化的原则，做好相关账务处理。

引例

澳柯玛股份有限公司2012年4月债务重组

2012年4月25日，中国农业银行青岛市北区第一支行（甲方）、澳柯玛股份有限公司（乙方）及该贷款的担保方青岛澳柯玛集团总公司（丙方）三方共同签署了《中国农业银行贷款利息减免协议》。协议主要条款：❶甲方同意乙方所欠的下列贷款可以根据本协议减免所欠部分利息：贷款总金额28 235万元，贷款结欠利息总计18 012.219945万元（截至2011年12月31日）。❷甲乙双方同意乙方在2013年1月6日前偿还贷款本金28 235万元，利息1 500万元，具体还款期限、金额根据约定的还款计划执行。❸甲方同意在乙方履行上述还款义务后，免除乙方所欠剩余利息16 512.219945万元（截至2011年12月31日）及至本息清偿日止的新生利息。❹如乙方未按照约定期限偿付贷款本金、利息及相关费用，甲方有权终（中）止本协议，对剩余贷款本金及利息进行追偿。

案例分析：澳柯玛的这项债务重组属于修改其他条款的债务重组，其特点在于：在债务重组日是否会免除利息，取决于该公司在2013年1月6日能否履行偿还义务，如果不能偿还，则这项债务重组是不能带来债务重组收益的。另外，根据双方协议，免除的利息由两部分组成：一是已计提的利息16 512.219945万元；二是至本息清偿日止的新生利息，这部分金额不确定，取决于偿还本金的进度，所以在债务重组日，重组收益的金额不确定。

资料来源 佚名. 上市公司债务重组典型案例［J］. 财会月刊（上），2014（11）.

16.1 债务重组的确认

16.1.1 债务重组的定义

视频课程

债务重组介绍

债务重组涉及债权人和债务人，对债权人而言为“债权重组”，对债务人而言为“债务重组”，为便于表述统称为“债务重组”。**债务重组是指不改变交易对手方的情况下，经债权人与债务人协定或法院裁定，就清偿债务的时间、金额或方式等重新达成协议的交易。**本章主要讲述经法院裁定进行债务重整并按持续经营进行会计核算的债务重组。

1）关于交易对手方

债务重组是在不改变交易对手方的情况下进行的交易。实务中经常出现第三方参与相关交易的情形，例如，某公司以不同于原合同条款的方式代债务人向债权人偿债；又如，新组建的公司承接原债务人的债务，与债权人进行债务重组；再如，资产管理公司从债权人处购得债权，再与债务人进行债务重组。在上述情形下，企业应当首先考虑债权和债务是否发生终止确认，再就债务重组交易按照本章要求进行会计处理。

债务重组不强调在债务人发生财务困难的背景下进行，也不论债权人是否作出让步。也就是说，无论何种原因导致债务人未按原定条件偿还债务，也无论双方是否同意债务人以低于债务的金额偿还债务，只要债权人和债务人就债务条款重新达成了协议，就符合债务重组的定义。例如，债权人在减免债务人部分债务本金的同时提高剩余债务的利息，或者债权人同意债务人用等值库存商品抵偿到期债务等，均属于债务重组。

2）关于债权和债务的范围

债务重组涉及的债权和债务，是符合金融资产和金融负债定义的债权和债务。针对合同资产、合同负债、预计负债等进行的交易安排，不属于债务重组；导致租赁应收款和租赁应付款终止确认的交易安排，属于债务重组。

知识拓展

债务重组构成权益性交易的，债权人和债务人不确认债务重组相关损益。债务重组构成权益性交易的情形包括：

（1）债权人直接或间接对债务人持股，或者债务人直接或间接对债权人持股，且持股方以股东身份进行债务重组；

（2）债权人与债务人在债务重组前后均受同一方或相同的多方最终控制，且该债务重组的交易实质是债权人或债务人进行了权益性分配或接受了权益性投入。

例如，甲公司是乙公司股东，为了弥补乙公司临时性经营现金流短缺，甲公司向乙公司提供1 000万元无息借款，并约定于6个月后收回。借款期满时，尽管乙公司具有充足的现金流，甲公司仍然决定免除乙公司部分本金还款义务，仅收回200万元借款。在此项交易中，如果甲公司不以股东身份而是以市场交易者身份参与交易，在乙公司具有足够偿债能力的情况下不会免除其部分本金。因此，甲公司和乙公司应当将该交易作为权益性交易，不确认债务重组相关损益。

债务重组中不属于权益性交易的部分仍然确认债务重组相关损益。例如，假设前例中债务人乙公司确实出现财务困难，其他债权人对其债务普遍进行了减半的豁免，那么甲公司作为股东比其他债务人多豁免300万元债务的交易应当作为权益性交易，正常豁免500万元债务的交易确认债务重组相关损益。

企业在判断债务重组是否构成权益性交易时，应当遵循实质重于形式原则。例如，债权人对债务人的权益性投资通过其他人代持，债权人不具有股东身份，但实质上以股东身份进行债务重组，债权人和债务人应当认为该债务重组构成权益性交易。

16.1.2 债务重组的方式

债务重组的方式主要包括：债务人以资产清偿债务、债务人将债务转为权益工具、修改其他条款，以及前述一种以上方式的组合。这些债务重组方式都是通过债权人和债务人重新协定或者法院裁定达成的，与原来约定的偿债方式不同。

1）债务人以资产清偿债务

债务人以资产清偿债务，是债务人转让其资产给债权人以清偿债务的债务重组方式。债务人用于偿债的资产通常是已经在资产负债表中确认的资产，例如，现金、应收账款、长期股权投资、投资性房地产、固定资产、在建工程、生物资产、无形资产等。债务人以日常活动产出的商品或服务清偿债务的，用于偿债的资产可能体现为存货等资产。

在受让上述资产后，按照相关会计准则要求及本企业会计核算要求，债权人核算相关受让资产的类别可能与债务人不同。例如，债务人以作为固定资产核算的房产清偿债务，债权人可能将受让的房产作为投资性房地产核算；债务人以部分长期股权投资清偿债务，债权人可能将受让的投资作为金融资产核算；债务人以存货清偿债务，债权人可能将受让的资产作为固定资产核算等。

除上述已经在资产负债表中确认的资产外，债务人也可能以不符合确认条件而未予确认的资产清偿债务。例如，债务人以未确认的内部产生品牌清偿债务，债权人在获得的商标权符合无形资产确认条件的前提下作为无形资产核算。在少数情况下，债务人还可能以处置组（即一组资产和与这些资产直接相关的负债）清偿债务。

2）债务人将债务转为权益工具

债务人将债务转为权益工具，这里的权益工具，是指能证明拥有某个企业在扣除所有负债后的资产中的剩余权益的合同，会计处理上体现为股本、实收资本、资本公积等科目。

实务中，有些债务重组名义上采用“债转股”的方式，但同时附加相关条款，如约定债务人在未来某个时点有义务以某金额回购股权，或债权人持有的股份享有强制分红权等。对于债务人，这些“股权”可能并不是权益工具，从而不属于债务人将债务转为权益工具的债务重组方式。债权人和债务人还可能协议以一项同时包含金融负债成分和权益工具成分的复合金融工具替换原债权债务，这类交易也不属于债务人将债务转为权益工具的债务重组方式。

3）修改其他条款

修改债权和债务的其他条款，是债务人不以资产清偿债务，也不将债务转为权益工具，而是改变债权和债务的其他条款的债务重组方式，如调整债务本金、改变债务利息、变更还款期限等。经修改其他条款的债权和债务分别形成重组债权和重组债务。

4）组合方式

组合方式，是采用债务人以资产清偿债务、债务人将债务转为权益工具、修改其他条款三种方式中一种以上方式的组合清偿债务的债务重组方式。例如，债权人和债务人约定，由债务人以机器设备清偿部分债务，将另一部分债务转为权益工具，调减剩余债务的本金，但利率和还款期限不变；再如，债务人以现金清偿部分债务，同时将剩余债务展期等。

16.1.3　债务重组日的确定

债务重组可能发生在债务到期前、到期日或到期后。债务重组日即为债务重组完成日，是指债务人履行协议或法院裁定，将相关资产转让给债权人、将债务转为资本或修改后的偿债条件开始执行的日期。

具体来讲，以资产方式进行抵债的债务重组日为资产已经到达债权人手里或已经交付债权人使用，并办理了有关债务解除手续的日期；债务转为资本的债务重组日为债务人已经办妥增资批准手续，向债权人出具出资证明，并办理了有关债务解除手续的日期；修改其他债务条件的债务重组日为旧债务解除、新债务开始日。

【同步案例16-1】华通公司欠海华公司货款100万元，到期日为2022年12月31日。2023年1月23日，双方签订债务重组合同，海华公司同意华通公司以价值80万元的产成品抵债。华通公司已于2023年2月23日将产成品运抵企业并办理有关债务解除手续。

问题：在此项债务重组交易中，债务重组日为哪一天？

分析：以资产方式进行抵债的债务重组日为资产已经到达债权人手里或已经交付债权人使用，并办理了有关债务解除手续的日期，所以在此项债务重组交易中，应以2023年2月23日为债务重组日，而不是2023年1月23日的协商日。

老会计的经验点滴

1.如果是以银行存款方式抵债的，以款项到账日为债务重组日。

2.如果是以存货方式抵债的，以存货的最终运抵日为债务重组日。

3.如果是以房产抵债的，通常以房产过户手续办妥日为债务重组日。

4.如果是以无形资产抵债的，通常以法律交接手续办妥日为债务重组日。

5.如果以债转股方式抵债的，则以增资手续办妥日为债务重组日。

6.如果以修改债务条件方式抵债的，则以新的偿债条件正式执行日为债务重组日。

7.如果是以混合清偿方式抵债的，以最终解除债务手续日为债务重组日。

16.2　债务重组的计量

16.2.1　债务人以资产清偿债务

1）债务人以金融资产清偿债务

（1）债务人的会计处理

债务人以单项或多项金融资产清偿债务的，按债务的账面价值借记“应付账款”等科目，按偿债金融资产的账面价值贷记“库存现金”“银行存款”“交易性金融资产”“债权投资”“其他债权投资”“其他权益工具投资”等科目，若偿债金融资产已计提减值准备的，应结转已计提的减值准备，借记“债权投资减值准备”“坏账准备”等科目，按债务的账面价值与偿债金融资产账面价值的差额，借记或贷记“投资收益”科目。

知识拓展

对于以分类为以公允价值计量且其变动计入其他综合收益的债务工具投资清偿债务的，之前计入其他综合收益的累计利得或损失应当从其他综合收益中转出，借记或贷记“投资收益”科目，贷记或借记“其他综合收益”科目。

对于以指定为以公允价值计量且其变动计入其他综合收益的非交易性权益工具投资清偿债务的，之前计入其他综合收益的累计利得或损失应当从其他综合收益中转出，借记或贷记“盈余公积”和“利润分配——未分配利润”等科目，贷记或借记“其他综合收益”科目。

（2）债权人的会计处理

债权人受让包括现金在内的单项或多项金融资产的，金融资产初始确认时应当以其公允价值计量，按受让金融资产的公允价值借记“库存现金”“银行存款”“交易性金融资产”“债权投资”“其他债权投资”“其他权益工具投资”等科目，同时转销债权账面价值，借记“坏账准备”等科目，贷记“应收账款”等科目，按金融资产确认金额与债权终止确认日账面价值之间的差额，借记或贷记“投资收益”科目。

【例16-1】2022年2月15日，西方公司从海华公司购进一批材料，含税价共计468 000元。按合同规定，西方公司应于2022年5月15日前偿还价款。2022年10月15日，双方签订债务重组合同，海华公司同意减免西方公司163 800元，余额304 200元用现金立即偿清，当日海华公司通过银行收到了该笔偿还的款项。海华公司对该项应收账款已计提了50 000元的坏账准备。

（1）债务人西方公司的账务处理（实务操作指导见表16-1）

表16-1 实务操作指导

出纳	制单会计	稽核会计	会计主管	财务经理
1.填写付款申请书 3.签发转账支票 5.填写银行进账单 6.办理转账业务	7.审核债务重组协议、报账（付__款）审批单、转账支票存根、银行进账单回单、债务重组收益计算表等 8.编制记账凭证	9.审核记账凭证	10.系统记账	2.审批付款申请书 4.审批转账支票

西方公司该业务涉及的原始凭证具体见表16-2。

表16-2 西方公司【例16-1】业务原始凭证

序号	单据名称	对应编号
1	报账（付款）审批单	略，格式参照表2-1
2	债务重组协议	表16-3
3	转账支票存根	表16-4
4	银行进账单（回单）	表16-5
5	债务重组收益计算表	表16-6

表16-3 债务重组协议

甲方：西方公司

乙方：无锡海华股份有限公司

签订时间：2022年10月15日

鉴于长期业务往来形成的债权债务关系，甲乙双方经友好协商达成如下债务重组协议，以兹共同遵守：

1.本次债务重组的金额为468 000元（大写：肆拾陆万捌仟元整）。

2.由于甲方生产经营遇到了前所未有的困难，资金匮乏，乙方充分考虑到甲方的实际情况，同意以欠款额折让35%来支持甲方，收取剩余欠款。

3.乙方同意按欠款金额65%折算后，甲方应支付乙方欠款为人民币304 200元（大写：叁拾万零肆仟贰佰元整）。

4.债务重组按65%折算后，乙方共放弃欠款金额163 800元（大写：壹拾陆万叁仟捌佰元整）。乙方同意甲方在一个月内以现金支付应付的余款。

5. 甲方按期支付乙方约定的欠款，乙方同意放弃索要欠款利息及约定外的欠款。

6. 协议双方各自承诺及保证，签署和履行本协议已履行了各自全部必要的审核和批准程序，获得了所有必要的授权。

7. 本协议自双方代表签字并加盖公章之日起生效。

8. 本协议如有未尽事宜，由协议双方协商解决。

9. 本协议正本一式四份，甲方双方各执两份。

甲方（盖章）：
法定代表人（签字）：高永
或委托代理人（签字）：
2022年10月15日

乙方（盖章）：
法定代表人（签字）：李明贤
或委托代理人（签字）：
2022年10月15日

表16-4

中国工商银行
转账支票存根
XII415528

附加信息

出票日期2022年10月15日

收款人：	无锡海华股份有限公司
金　额：	¥304 200.00
用　途：	支付材料款

单位主管　高永　　会计　黄云

表16-5　ICBC 中国工商银行　进账单（回单）　1

2022年10月15日

出票人	全称	西方公司	收款人	全称	无锡海华股份有限公司
	账号	6228215625428136		账号	6222464654546553
	开户银行	中国工商银行梁溪支行		开户银行	中国工商银行无锡太湖支行

金额	人民币（大写）	叁拾万零肆仟贰佰元整	亿	千	百	十	万	千	百	十	元	角	分
					¥	3	0	4	2	0	0	0	0

票据种类	转账支票	票据张数	1
票据号码	XII415528		

中国工商银行梁溪支行 2022.10.15 转讫

复核：136　　记账：137　　开户银行签章

此联是开户银行交给持（出）票人的回单

表 16-6 **债务重组收益计算表**

编制单位：西方公司　　2022年10月15日　　单位：元

项目	金额
应付账款（无锡海华股份有限公司）账面价值	468 000.00
减：偿还金融资产（银行存款）的账面价值	304 200.00
债务重组收益	163 800.00

审核：王宇强　　制表：冯锐

西方公司编制如下1张记账凭证（以会计分录代替）：

借：应付账款——海华公司　　468 000　　记1

　贷：银行存款　　304 200　　附件5张

　　投资收益——债务重组收益　　163 800

（2）债权人海华公司的账务处理（实务操作指导见表16-7）

表 16-7 **实务操作指导**

出纳	制单会计	稽核会计	会计主管	财务经理
	1. 审核债务重组协议、银行进账单（收账通知）、债务重组损失计算表等 2. 编制记账凭证	3. 审核记账凭证	4. 系统记账	

海华公司该业务涉及的原始凭证具体见表16-8。

表 16-8 **海华公司【例16-1】业务原始凭证**

序号	单据名称	对应编号
1	债务重组协议	表16-3
2	银行进账单（收账通知）	表16-9
3	债务重组损失计算表	表16-10

表 16-9 ICBC 中国工商银行 **进账单**（收账通知） 3

2022年10月15日

付款人	全称	西方公司	收款人	全称	无锡海华股份有限公司
	账号	6228215625428136		账号	6222464654546553
	开户银行	中国工商银行梁溪支行		开户银行	中国工商银行无锡太湖支行
金额	人民币（大写）	叁拾万零肆仟贰佰元整		亿千百十万千百十元角分	¥30420000
票据种类	转账支票	票据张数	1		
票据号码	Ⅻ415528				

中国工商银行 无锡太湖支行 2022.10.15 转讫

复核：136　记账：137　　收款人开户银行签章

此联是收款人开户银行交给收款人的收账通知

表16-10　**债务重组损失计算表**

编制单位：无锡海华股份有限公司　　2022年10月15日　　单位：元

项目	金额
应收账款（西方公司）账面余额	468 000.00
减：已计提的坏账准备	50 000.00
应收账款（西方公司）账面价值	418 000.00
减：受让金融资产（银行存款）的公允价值	304 200.00
债务重组损失	113 800.00

审核：张兵　　制表：赵振翔

海华公司编制如下记账凭证（以会计分录代替）：

借：银行存款　304 200　　记2

　　坏账准备　50 000　　附件3张（表16-3、表16-9至表16-10）

　　投资收益——债务重组损失　113 800

　贷：应收账款——西方公司　468 000

【例16-2】2022年9月10日，海华公司销售给天方公司含税价为1 000 000元的一批产品。按购销合同约定，天方公司应于2022年12月10日前支付价款，但至2022年12月15日，天方公司尚未支付。当日，双方签订债务重组合同，海华公司同意天方公司以其持有的某公司股票（划分为以公允价值计量且其变动计入当期损益的金融资产）抵偿债务。交易性金融资产的账面余额为870 000元（成本800 000元，公允价值变动70 000元），债务重组日的公允价值为900 000元。海华公司为该项债权提取了坏账准备50 000元。用于抵债的股票已于2022年12月27日办理了相关转让手续。海华公司将取得的股票仍划分为以公允价值计量且其变动计入当期损益的金融资产。假定不考虑相关税费和其他因素。

（1）债务人天方公司的账务处理（实务操作指导见表16-11）

表16-11　**实务操作指导**

出纳	制单会计	稽核会计	会计主管	财务经理
	1.审核债务重组协议、债务重组收益计算表等 2.编制记账凭证	3.审核记账凭证	4.系统记账	

天方公司该业务涉及的原始凭证具体见表16-12。

表16-12　**天方公司【例16-2】业务原始凭证**

序号	单据名称	对应编号
1	债务重组协议	略，格式参照表16-3
2	债务重组收益计算表	略，格式参照表16-6

天方公司编制如下2张记账凭证（以会计分录代替）：

债务重组收益=应付账款的账面价值-股票的账面价值

　　=1 000 000-870 000=130 000（元）

借：应付账款——海华公司　1 000 000　　记3

　贷：交易性金融资产——成本　800 000　　附件2张

　　　　——公允价值变动　70 000

　　投资收益——债务重组收益　130 000

（2）债权人海华公司的账务处理（实务操作指导见表16-13）

表16-13 实务操作指导

出纳	制单会计	稽核会计	会计主管	财务经理
	1.审核债务重组协议、债务重组损失计算表等 2.编制记账凭证	3.审核记账凭证	4.系统记账	

海华公司该业务涉及的原始凭证具体见表16-14。

表16-14 海华公司【例16-2】业务原始凭证

序号	单据名称	对应编号
1	债务重组协议	略，格式参照表16-3
2	债务重组损失计算表	略，格式参照表16-10

海华公司编制如下1张记账凭证（以会计分录代替）：

债务重组损失=应收账款的账面价值-交易性金融资产的公允价值

=1 000 000-50 000-900 000=50 000（元）

借：交易性金融资产——成本 900 000 记4

坏账准备 50 000 附件2张

投资收益——债务重组损失 50 000

贷：应收账款——天方公司 1 000 000

2）债务人以非金融资产清偿债务

（1）债务人的会计处理

债务人以单项或多项非金融资产（如固定资产、日常活动产出的商品或服务等）清偿债务，或者以包括金融资产和非金融资产在内的多项资产清偿债务的，按债务的账面价值借记“应付账款”等科目，按转让资产的账面价值贷记“固定资产”“无形资产”“库存商品”等科目，按转让资产公允价值开出的增值税专用发票贷记“应交税费”科目；偿债资产已计提减值准备的，应结转已计提的减值准备，借记“资产减值准备”“存货跌价准备”等科目；不需要区分资产处置损益和债务重组损益，也不需要区分不同资产的处置损益，而应将所清偿债务账面价值，与转让资产账面价值加增值税销项税额的和之间的差额，借记“其他收益——债务重组损失”或贷记“其他收益——债务重组收益”科目。

（2）债权人的会计处理

债权人初始确认受让的金融资产以外的资产时，应当按照下列原则以成本计量：

❶存货的成本，包括放弃债权的公允价值，以及使该资产达到当前位置和状态所发生的可直接归属于该资产的税金、运输费、装卸费、保险费等其他成本。

❷对联营企业或合营企业投资的成本，包括放弃债权的公允价值，以及可直接归属于该资产的税金等其他成本。

❸投资性房地产的成本，包括放弃债权的公允价值，以及可直接归属于该资产的税金等其他成本。

❹固定资产的成本，包括放弃债权的公允价值，以及使该资产达到预定可使用状态前所发生的可直接归属于该资产的税金、运输费、装卸费、安装费、专业人员服务费等其他成本。确定固定资产成本时，应当考虑预计弃置费用因素。

❺生物资产的成本，包括放弃债权的公允价值，以及可直接归属于该资产的税金、运输费、保险费等其他成本。

❻无形资产的成本，包括放弃债权的公允价值，以及可直接归属于使该资产达到预定用途所发生的税金等其他成本。

具体账务处理为：按照放弃债权的公允价值和直接相关费用，扣除可以抵扣的增值税进项税额，借记“原材料”“长期股权投资”“投资性房地产”“固定资产”“生物资产”“无形资产”等科目，按照可以抵扣的增值税进项税额，借记“应交税费”科目，按照转销的债权账面价值，借记“坏账准备”等科目，贷记“应收账款”等科目，按照放弃债权的公允价值与账面价值之间的差额，借记或贷记“投资收益”科目。

【例16-3】海华公司向蓝鲸有限公司（简称“蓝鲸公司”）购买了一批货物，价款430 000元（包括增值税），按照购销合同约定，海华公司应于2022年5月10日前支付该价款，但至2022年5月31日尚未支付。当日，双方签订债务重组合同，海华公司以其产品冰箱抵偿债务，交付产品后双方的债权债务结清。2022年6月3日，海华公司已将用于抵债的冰箱发出，并开出增值税专用发票。该批冰箱的公允价值为350 000元，实际成本为300 000元，适用的增值税税率为13%。2022年6月3日，蓝鲸公司应收款项的公允价值为425 000元，已计提坏账准备10 000元。该设备已于当日运抵蓝鲸公司，作为生产用固定资产入库，并开具转账支票支付安装费2 000元。海华公司应付款项的账面价值仍为430 000元。

（1）债务人海华公司的账务处理（实务操作指导见表16-15）

表16-15 实务操作指导

制单会计	稽核会计	会计主管	财务经理
1.审核债务重组协议、增值税专用发票（记账联）、债务重组收益计算表、出库单等 2.编制记账凭证	3.审核记账凭证	4.系统记账	

海华公司该业务涉及的原始凭证具体见表16-12。

表16-16 海华公司【例16-3】业务原始凭证

序号	单据名称	对应编号
1	债务重组协议	略，格式参照表16-3
2	增值税专用发票（记账联）	表16-17
3	出库单	表16-18
4	债务重组收益计算表	略，格式参照表16-6

表16-17

江苏增值税专用发票

№ 15453811

3102167130

此联不作报销、扣税凭证使用　开票日期：2022年06月03日

购买方	名　　称：蓝鲸有限公司 纳税人识别号：91320256635511546M 地 址、电 话：无锡市太湖大道54号85431153 开户行及账号：中行太湖支行7689765578			密码区	（略）		
货物或应税劳务、服务名称	规格型号	单位	数量	单价	金额	税率	税额
*制冷空调设备*冰箱		台	20	17 500.00	350 000.00	13%	45 500.00
合　计					¥350 000.00		¥45 500.00
价税合计（大写）	⊗叁拾玖万伍仟伍佰元整					（小写）	¥395 500.00
销售方	名　　称：无锡海华股份有限公司 纳税人识别号：91160102244212469M 地 址、电 话：无锡市滨湖区太湖东路128号85680721 开户行及账号：中国工商银行无锡太湖支行6222464654546553			备注	无锡海华股份有限公司 91160102244212469M 发票专用章		

第一联 记账联 销售方记账凭证

收款人：陈美丽　复核：杨芳　开票人：张婷婷　销售方（章）

表 16-18

出 库 单

会计部门编号：34520005

仓库部门编号：34000076　　2022年06月03日

编号	名称	规格	单位	出库数量	单位成本	金额	备注
1	冰箱		台	20	15 000.00	300 000.00	
合　计				20		300 000.00	

第二联　交财务部

仓库管理员：李丽

海华公司编制如下1张记账凭证（以会计分录代替）：

债务重组收益=应付账款的账面价值-（冰箱的账面价值+增值税）

=430 000-（300 000+350 000×13%）=84 500（元）

借：应付账款——蓝鲸公司　　430 000　　记5

　贷：库存商品　　300 000　　附件4张

　　应交税费——应交增值税（销项税额）　　45 500

　　其他收益——债务重组收益　　84 500

（2）债权人蓝鲸公司的账务处理（实务操作指导见表16-19）

表 16-19　**实务操作指导**

出纳	制单会计	稽核会计	会计主管	财务经理
	1.审核债务重组协议、增值税专用发票（发票联）、固定资产验收单、债务重组损失计算表等 2.编制记账凭证	3.审核记账凭证	4.系统记账	

蓝鲸公司该业务涉及的原始凭证具体见表16-20。

表 16-20　**蓝鲸公司【例16-3】业务原始凭证**

序号	单据名称	对应编号
1	债务重组协议	略，格式参照表16-3
2	增值税专用发票（发票联）	略，格式参照表16-17
3	固定资产验收单	表16-21
4	转账支票存根	略，格式参照表16-4
5	债务重组损失计算表	略，格式参照表16-10

表 16-21

固定资产验收单

金额单位：元

2022年06月03日　　编号：05

名称	规格型号	来源	数量	购（造）价	使用年限	预计残值
冰箱		债务重组投入	20台	350 000.00	5年	20 000.00
安装费	月折旧率	建造单位		交工日期	附件	
	1.57%			2022年06月03日	验收报告	
验收部门	资产管理部	验收人员	董腊梅	管理部门	资产管理部	管理人员：王鑫
备注	海华公司以该设备抵偿债务，采用年限平均法计提折旧					

审核：章华　　制单：陆忠

蓝鲸公司编制如下记账凭证（以会计分录代替）：

债务重组损失=应收账款的账面价值-应收账款的公允价值

=（430 000-10 000）-425 000=-5 000（元）

借：固定资产——冰箱	381 500		记6
应交税费——应交增值税（进项税额）	45 500		附件5张
坏账准备	10 000		
贷：应收账款——海华公司		430 000	
银行存款		2 000	
投资收益——债务重组收益		5 000	

【例16-4】2022年2月10日，海华公司销售一批材料给非却有限公司（简称“非却公司”），应收非却公司款项的入账金额为200 000元。海华公司将该应收款项分类为以摊余成本计量的金融资产，非却公司将该应付款项分类为以摊余成本计量的金融负债。当年8月10日，双方签订债务重组合同，海华公司同意非却公司用一台X设备偿还该债务。这台X设备的公允价值为160 000元，历史成本为240 000元，累计折旧为60 000元，清理费用等为2 000元，计提的减值准备为18 000元。当日，海华公司应收款项的公允价值为170 000元，已计提坏账准备20 000元。该设备已于当日运抵海华公司，海华公司将其用于本企业产品的生产。非却公司应付款项的账面价值仍为200 000元。

（1）债务人非却公司的账务处理（实务操作指导见表16-22）

表16-22 实务操作指导

出纳	制单会计	稽核会计	会计主管	财务经理
1. 填写报账（付款）审批单 3. 签发转账支票 5. 办理转账业务	6. 审核固定资产转出抵债审批单、报账（付款）审批单、转账支票存根、债务重组协议、固定资产转移单、增值税专用发票（记账联）、债务重组收益计算表等 7. 编制记账凭证	8. 审核记账凭证	9. 系统记账	2. 审批报账（付款）审批单 4. 审批转账支票

非却公司该业务涉及的原始凭证具体见表16-23。

表16-23 非却公司【例16-4】业务原始凭证

序号	单据名称	对应编号
1	固定资产转出抵债审批单	表16-24
2	报账（付款）审批单	略，格式参照表2-1
3	转账支票存根	略，格式参照表16-4
4	债务重组协议	略，格式参照表16-3
5	固定资产转移单	表16-25
6	增值税专用发票（记账联）	略，格式参照表16-17
7	债务重组收益计算表	略，格式参照表16-6

表 16-24

固定资产转出抵债审批单

因为我公司尚欠无锡海华股份有限公司原材料款无法归还，经董事会研究决定，以原有生产设备X一台抵偿债务，该设备将于2022年8月10日运抵无锡海华股份有限公司。该设备原值为人民币贰拾肆万元整，已计提折旧为人民币陆万元整；已计提的减值准备为人民币壹万捌仟元整，公允价值为人民币壹拾陆万元整。

非却有限公司

2022年08月10日

表 16-25

固定资产转移单

投出单位：非却有限公司　　2022年08月10日

投入单位：无锡海华股份有限公司　　金额单位：元

转移原因或收据			公司财务困难，转出设备抵偿债务					
固定资产名称	计量单位	数量	预计使用年限	尚可使用年限	原始价值	已提折旧	账面净值	双方确认价值
生产设备X	台	1	10年	7年	240 000.00	60 000.00	180 000.00	160 000.00
投出单位				投入单位				
财务：刘丹 经办：林郁	投出单位（盖章）			财务：张兵 经办：赵振翔		投入单位（盖章）		

非却公司编制如下3张记账凭证（以会计分录代替）：

债务重组收益=应付账款的账面价值-（X设备的账面价值+增值税）

=200 000-（164 000+160 000×13%）=15 200（元）

①固定资产转入清理：

借：固定资产清理　162 000　　记7

　　累计折旧　60 000　　附件1张（表16-24）

　　固定资产减值准备　18 000

　贷：固定资产——X设备　240 000

②支付清理费：

借：固定资产清理　2 000　　记8

　贷：银行存款　2 000　　附件2张（表16-23中的2、3）

③结转债务重组收益：

借：应付账款——海华公司　200 000　　记9

　贷：固定资产清理　164 000　　附件4张（表16-23中的后4项）

　　应交税费——应交增值税（销项税额）　20 800

　　其他收益——债务重组收益　15 200

（2）债权人海华公司的账务处理（实务操作指导见表16-26）

表16-26 实务操作指导

出纳	制单会计	稽核会计	会计主管	财务经理
	1.审核债务重组协议、增值税专用发票（发票联）、固定资产验收单、债务重组损失计算表等 2.编制记账凭证	3.审核记账凭证	4.系统记账	

海华公司该业务涉及的原始凭证具体见表16-27。

表16-27 海华公司【例16-4】业务原始凭证

序号	单据名称	对应编号
1	债务重组协议	略，格式参照表16-3
2	增值税专用发票（发票联、抵扣联）	略，格式参照表16-17
3	固定资产验收单	略，格式参照表16-21
4	债务重组损失计算表	略，格式参照表16-10

海华公司编制如下记账凭证（以会计分录代替）：

债务重组损失=应收账款的账面价值-应收账款的公允价值

=（200 000-20 000）-170 000=10 000（元）

借：固定资产——X设备 149 200 记10

应交税费——应交增值税（进项税额） 20 800 附件4张

坏账准备 20 000

投资收益——债务重组损失 10 000

贷：应收账款——非却公司 200 000

16.2.2 债务人将债务转为权益工具

1）债务人的会计处理

债务重组采用将债务转为权益工具方式进行的，债务人初始确认权益工具时，应当按照权益工具的公允价值计量，权益工具的公允价值不能可靠计量的，应当按照所清偿债务的公允价值计量，借记“应付账款”等科目，贷记“股本”“资本公积”等科目；所清偿债务账面价值与权益工具确认金额之间的差额，借记或贷记“投资收益”科目。债务人因发行权益工具而支出的相关税费等，应当依次冲减资本公积、盈余公积、未分配利润等。

2）债权人的会计处理

将债务转为权益工具投资方式进行债务重组导致债权人将债权转为对联营企业或合营企业的权益性投资时，债权人应该按照以资产清偿债务方式债权人会计处理相关规定计量其初始投资成本，即以放弃债权的公允价值以及可直接归属于该资产的税金等其他成本之和，借记“长期股权投资”等科目，同时转销债权账面价值，借记“坏账准备”等科目，贷记“应收账款”等科目，按照放弃债权的公允价值与账面价值之间的差额，借记或贷记

"投资收益"科目。

【例 16-5】2022 年 10 月 10 日，海华公司销售给万希公司一批洗衣机，价款 200 000 元，增值税 26 000 元，商品已发出，款项未收。2022 年 12 月 31 日，双方签订债务重组协议，海华公司同意万希公司以其股权抵偿该账款。假设转股后万希公司的注册资本为 5 000 000 元，净资产的公允价值为 7 600 000 元，抵债股权占万希公司注册资本的 2%。相关手续已办理完毕。2022 年年底，海华公司该应收款项的公允价值为 220 000 元，已计提坏账准备 2 400 元，万希公司应付款项的账面价值仍为 226 000 元。

（1）债务人万希公司的账务处理（实务操作指导同表 16-11）

万希公司该业务涉及的原始凭证具体同表 16-12。

编制如下 1 张记账凭证（以会计分录代替）：

债务重组收益=应付账款的账面价值-股权的公允价值

=226 000-7 600 000×2%=74 000（元）

应计入资本公积的金额=股权的公允价值-股权份额

=7 600 000×2%-5 000 000×2%=52 000（元）

借：应付账款——海华公司　226 000　记 11

　贷：实收资本——海华公司　100 000

　　资本公积——资本溢价　52 000

　　投资收益——债务重组收益　74 000

（2）债权人海华公司的账务处理（实务操作指导同表 16-13）

海华公司该业务涉及的原始凭证具体同表 16-14。

编制如下 1 张记账凭证（以会计分录代替）：

债务重组损失=应收账款的账面价值-应收账款的公允价值

=（226 000-2 400）-220 000=3 600（元）

借：长期股权投资——万希公司　220 000　记 12

　坏账准备　2 400

　投资收益——债务重组损失　3 600

　贷：应收账款——万希公司　226 000

16.2.3 修改其他条款

1）债务人的会计处理

债务重组采用修改其他条款方式进行的，如果修改其他条款导致债务终止确认，债务人应当按照公允价值计量重组债务，借记"应付账款""长期借款"等科目，贷记"应付账款"等科目；终止确认的债务账面价值与重组债务确认金额之间的差额，借记或贷记"投资收益"科目。

如果修改其他条款未导致债务终止确认，或者仅导致部分债务终止确认，对于未终止确认的部分债务，债务人应当根据其分类，继续以摊余成本、以公允价值计量且其变动计入当期损益或其他适当方法进行后续计量。对于以摊余成本计量的债务，债务人应当根据重新议定合同的现金流量变化情况，重新计算该重组债务的账面价值，并将相关利得或损失借记或贷记"投资收益"科目。重新计算的该重组债务的账面价值，应当根据将重新议定或修改的合同现金流量按债务的原实际利率折现的现值确定。对于修改或重新议定合同所产生的成本或费用，债务人应当调整修改后的重组债务的账面价值，并在修改后重组债务的剩余期限内摊销。

2）债权人的会计处理

债务重组采用修改其他条款方式进行的，如果修改其他条款导致全部债权终止确认，债权人应当按照修改后的条款以公允价值初始计量重组债权，借记“应收账款”等科目，转销债权账面价值，借记“坏账准备”等科目，贷记“应收账款”等科目，重组债权的确认金额与债权终止确认日账面价值之间的差额，借记或贷记“投资收益”科目。

如果修改其他条款未导致债权终止确认，债权人应当根据其分类，继续以摊余成本、以公允价值计量且其变动计入其他综合收益，或者以公允价值计量且其变动计入当期损益进行后续计量。对于以摊余成本计量的债权，债权人应当根据重新议定合同的现金流量变化情况，重新计算该重组债权的账面余额，并将相关利得或损失记入“投资收益”科目。重新计算的该重组债权的账面余额，应当根据将重新议定或修改的合同现金流量按债权原实际利率折现的现值确定。对于修改或重新议定合同所产生的成本或费用，债权人应当调整修改后的重组债权的账面价值，并在修改后重组债权的剩余期限内摊销。

16.2.4　组合方式

1）债务人的会计处理

债务重组采用债务人以资产清偿债务、债务人将债务转为权益工具、修改其他条款等方式的组合进行的，对于权益工具，债务人应当在初始确认时按照权益工具的公允价值计量，权益工具的公允价值不能可靠计量的，应当按照所清偿债务的公允价值计量。对于修改其他条款形成的重组债务，债务人应当参照上文“修改其他条款”部分，确认和计量重组债务。按所清偿债务的账面价值与转让资产的账面价值以及权益工具和重组债务的确认金额之和的差额，借记或贷记“其他收益——债务重组收益 ”或“投资收益”（仅涉及金融工具时）科目。

2）债权人的会计处理

债务重组采用组合方式进行的，一般可以认为对全部债权的合同条款作出了实质性修改，债权人应当按照修改后的条款，以公允价值初始计量重组债权和受让的新金融资产，按照受让的金融资产以外的各项资产在债务重组合同生效日的公允价值比例，对放弃债权在合同生效日的公允价值扣除重组债权和受让金融资产当日公允价值后的净额进行分配，并以此为基础分别确定各项资产的成本。放弃债权的公允价值与账面价值之间的差额，记入“投资收益”科目。

本章概要

债务重组是指不改变交易对手方的情况下，经债权人与债务人协定或法院裁定，就清偿债务的时间、金额或方式等重新达成协议的交易。债务重组包括以金融资产和非金融资产清偿债务、将债务转为权益工具、修改其他条款和组合方式等。

概念回顾

债务重组　以资产清偿债务　将债务转为权益工具　修改其他条款

会计分录

债务重组方式	会计处理	
	债务人	债权人
以现金资产清偿债务	借：应付账款 贷：银行存款 投资收益——债务重组收益（清偿债务的账面价值与偿债现金资产账面价值的差额）	借：银行存款 坏账准备 投资收益——债务重组损失（或在贷方） （债权账面价值与现金资产公允价值的差额） 贷：应收账款
以股票等金融资产抵偿债务	借：应付账款 贷：交易性金融资产——成本 ——公允价值变动 投资收益——债务重组收益（清偿债务的账面价值与偿债金融资产账面价值的差额）	借：交易性金融资产——成本 坏账准备 投资收益——债务重组损失（债权账面价值与金融资产公允价值的差额） 贷：应收账款 银行存款
以存货抵偿债务	借：应付账款 贷：库存商品 应交税费——应交增值税（销项税额） 其他收益——债务重组收益（清偿债务的账面价值与存货账面价值及增值税的差额）	借：原材料等 应交税费——应交增值税（进项税额） 坏账准备 投资收益——债务重组损失（或在贷方）（债权账面价值与公允价值的差额） 贷：应收账款 银行存款
以固定资产清偿债券	（1）固定资产转入清理 借：固定资产清理 累计折旧 固定资产减值准备 贷：固定资产 （2）支付清理费 借：固定资产清理 贷：银行存款 （3）结转债务重组收益 借：应付账款 贷：固定资产清理（账面价值） 应交税费——应交增值税（销项税额） 其他收益——债务重组收益（清偿债务的账面价值与固定资产账面价值及增值税的差额）	借：固定资产 应交税费——应交增值税（进项税额） 坏账准备 投资收益——债务重组损失（或在贷方）（债权账面价值与公允价值的差额） 贷：应收账款 银行存款
将债务转为权益工具	借：应付账款 贷：实收资本/股本 资本公积——资本溢价/股本溢价 投资收益——债务重组收益（清偿债务账面价值与权益工具公允价值的差额）	借：长期股权投资 坏账准备 投资收益——债务重组损失（或在贷方）（债权账面价值与公允价值的差额） 贷：应收账款 银行存款

♚原始凭证目录

原始凭证1：债务重组协议（见表16-3）

原始凭证2：转账支票存根（见表16-4）

原始凭证3：银行进账单（回单）（见表16-5）

原始凭证4：债务重组收益计算表（见表16-6）

原始凭证5：银行进账单（收账通知）（见表16-9）

原始凭证6：债务重组损失计算表（见表16-10）

原始凭证7：增值税专用发票（记账联）（见表16-17）

原始凭证8：出库单（见表16-18）

原始凭证9：固定资产验收单（见表16-21）

原始凭证10：固定资产转出抵债审批单（见表16-24）

原始凭证11：固定资产转移单（见表16-25）

法规链接

主要参考文献

［1］企业会计准则编审委员会．企业会计准则（2015年版）［M］．上海：立信会计出版社，2015.

［2］企业会计准则编审委员会．企业会计准则案例讲解（2016年版）［M］．上海：立信会计出版社，2016.

［3］中国注册会计师协会．会计［M］．北京：中国财政经济出版社，2022.

［4］中国注册会计师协会．税法［M］．北京：中国财政经济出版社，2022.